选题策划：郭洁

咨询方式：（0411）84710519 / 13322255985@163.com

普通高等教育"十一五"国家级规划教材

"十二五"普通高等教育本科省级规划教材

省级精品教材

省级精品课教材

高等学校经济与管理类专业共同课标准教材

管理信息系统

Management Information System

（第六版）

滕佳东　主　编

谢兰云　刘　伟　副主编

东北财经大学出版社　大连

Dongbei University of Finance & Economics Press

图书在版编目（CIP）数据

管理信息系统 / 滕佳东主编. —6版. —大连：东北财经大学出版社，2018.11
（2021.2重印）
（高等学校经济与管理类专业共同课标准教材）
ISBN 978-7-5654-3335-1

Ⅰ．管… Ⅱ．滕… Ⅲ．管理信息系统–高等学校–教材 Ⅳ．C931.6

中国版本图书馆 CIP 数据核字（2018）第222971号

东北财经大学出版社出版
（大连市黑石礁尖山街217号 邮政编码 116025）
网 址：http://www.dufep.cn
读者信箱：dufep@dufe.edu.cn
大连市东晟印刷有限公司印刷 东北财经大学出版社发行
幅面尺寸：185mm×260mm 字数：412千字 印张：20 插页：1
2018年11月第6版 2021年2月第26次印刷
责任编辑：郭 洁 责任校对：贺 欣
封面设计：张智波 版式设计：钟福建

定价：40.00元

第六版前言

IT领域的发展变化总是日新月异的，所以，《管理信息系统》的修订也总是必要而紧迫的，几乎是在追着形势跑，希望把最新的理论与实践成果展现给读者和选用本书的高校师生。

本次修订继续秉持注重理论分析与实际应用的结合的原则，坚持历史总结与创新探索相结合、国际前沿与中国国情相结合。主要做了两个方面的工作：

一是除旧布新——将一些陈旧冗余的内容进行了删减，介绍了目前最新的概念与技术，如人工智能技术、人脸识别技术、区块链技术、5G网络技术、物联网、小程序等等。

二是查缺补漏——对原书中的固有疏漏之处加以订正，使之得以进一步完善。

本书是省级精品课的主讲教材，参与精品课建设的主讲教师李红、薛剑虹、隋莉萍对本书的再版十分关注并给出了意见和建议，刘子龙、尹征杰、郭晓姝、田青参加了相关网络课程的建设；研究生唐冀开、付倩倩、滕梓菡、赵迪、王守鹏、张英鞠、张丽萍、刘俊玲、赵彤等参与了多次修订中的资料收集和调研工作。

由于编者水平有限，书中难免存在着缺陷和疏漏，恳请指正。

滕佳东

2018年9月

其他版次前言

前　言

世纪之初的中国，已正式加入 WTO，机遇与挑战并存。21世纪是信息社会，信息和管理信息系统的概念已深入到整个社会的各行各业。目前我国大部分企业都面临着信息化的改造、e 化的建设、向新经济转型等一系列的新问题。解决这些问题的一个重要途径是开发、使用管理信息系统。

管理信息系统是进行有效管理、正确决策和实现管理现代化的重要手段。作为一门新兴学科，管理信息系统综合了管理科学与工程、计算机科学、经济理论、统计学和运筹学等许多学科的概念和方法，形成了独特的体系和领域。本书的目的是让读者通过学习管理信息系统的基本概念和基本知识，建立系统的概念，从信息系统的角度来审视、考虑和处理组织中的问题，使读者初步掌握管理信息系统分析、设计、实施和评价的方法，懂得人的因素、社会因素在发展管理信息系统中的重要作用。本书并不要求读者具有信息技术和信息系统方面的专业知识，它适合大学本科各专业了解和掌握管理信息系统及其有关方面的内容使用。本书在论述方面力求通俗易懂，有关技术章节部分的内容可供以前没有这方面知识的学生选学。

全书共11章，第1，2章详细介绍管理信息系统的一些基本概念、管理信息系统的结构和类型、管理信息系统学科与其他学科的关系以及信息系统与管理决策的关系。第3，4章介绍了管理信息系统的技术基础：数据管理基本技术、数据通信与计算机网络。第5，6，7，8章全面介绍分布于各层的各种信息系统：事务处理系统、管理信息系统、决策支持系统和集成一体化信息系统。第9章详细介绍管理信息系统的开发过程和开发方法。第10章介绍管理信息系统管理的主要内容。第11章介绍管理信息系统开发实例。

本书由滕佳东副教授担任主编。具体分工是：第1，2，5，6章由滕佳东编写；第3，4章由谢兰云编写；第7，8章由刘继山编写；第9，10章由卢永艳编写；第11章由李翔编写。

　　编写过程中，我们引用、参考了大量中外文献(主要部分列于书后)，得到了大连圣达计算机有限公司高复先教授、武高明工程师等人的大力支持，他们为本书所附教学案例的编写提供了具体的理论指导和详尽的相关资料。全书承蒙姜继忱教授审校，并提出宝贵意见，在此，一并向所有我们引用的文献的著者、向给予我们指导和帮助的专家学者表示诚挚的谢意。同时，我们自知受编写时间、研究水平等因素的限制，书中还存在着缺陷和疏漏，恳请专家、读者批评指正。

滕佳东

2003 年 4 月

目　录

第1章　管理信息系统的基本概念 ………… 1

> 内容提要 ………………………… 1

1.1　信息 ………………………………… 2

1.1.1　信息的含义 ……………………… 2

1.1.2　信息的类型 ……………………… 8

1.1.3　信息量 …………………………… 11

1.2　系统的概念和系统思想 ………… 12

1.2.1　系统的定义与特性 ……………… 12

1.2.2　系统的分类 ……………………… 16

1.2.3　系统方法与系统工程 …………… 18

1.3　信息系统 ………………………… 20

1.3.1　信息系统的基本概念 …………… 20

1.3.2　一般信息系统的模式 …………… 21

1.4　管理信息系统的概念、特点和
　　　功能 ………………………………… 21

1.4.1　管理信息系统的概念 …………… 21

1.4.2　管理信息系统的特征 …………… 23

1.4.3　管理信息系统的功能 …………… 24

1.5　管理信息系统的结构 …………… 24

1.5.1　管理信息系统的概念结构 ……… 25

1.5.2　管理信息系统的层次结构 ……… 25

1.5.3　管理信息系统的功能结构 ……… 26

1.5.4　管理信息系统的综合结构 ……… 26

1.5.5　管理信息系统的物理结构 ……… 27

1.6　管理信息系统的发展阶段 ……… 28

1.6.1　事务处理系统 …………………… 29

1.6.2　管理信息系统 …………………… 29

1.6.3　决策支持系统 …………………… 30

1.6.4　集成一体化信息系统 …………… 32

1.7　管理信息系统学科与其他
　　　学科 ………………………………… 33

1.7.1　管理信息系统学科与其他学科的
　　　　关系 ……………………………… 33

1.7.2　管理信息系统的知识体系
　　　　结构 ……………………………… 34

> 案例1　销售主管的一天 …………… 34

> 案例2　管理信息系统使快时尚
　　　　　品牌ZARA迅猛发展 ……… 36

> 本章小结 …………………………… 38

> 关键概念 …………………………… 39

> 复习思考题 ………………………… 39

第2章　信息系统与管理决策 ………… 40

> 内容提要 …………………………… 40

2.1　信息系统与管理 ………………… 41

2.1.1　当今世界经济发展的特点 ……… 41

2.1.2　信息系统对企业管理的影响 …… 44

2.1.3　信息系统对企业管理的支持 …… 45

2.2　信息系统与决策 ………………… 48

2.2.1　决策概述 ………………………… 48

2.2.2　信息系统对不同决策类型的
　　　　支持 ……………………………… 54

2.2.3　决策的发展方向 ………………… 55

2.3　企业信息化与管理变革 ………… 56

2.3.1　企业信息化的概念和内涵 ……… 56

2.3.2　企业信息化的内容 ……………… 59

2.3.3　企业流程再造 …………………… 61

> 案例　互联网思维创新商业
　　　　模式 ……………………………… 65

> 本章小结 …………………………… 68

> 关键概念 …………………………… 68

> 复习思考题 ………………………… 68

第3章 管理信息系统的技术基础 ………… 70
  ➤ 内容提要 ……………………………… 70
  3.1 计算机系统 …………………………… 71
  3.1.1 计算机的发展 ……………………… 71
  3.1.2 计算机系统的构成 ………………… 71
  3.1.3 计算机硬件系统 …………………… 72
  3.1.4 计算机软件系统 …………………… 73
  3.2 数据管理技术 ……………………… 74
  3.2.1 数据库系统 ………………………… 74
  3.2.2 数据库系统的结构 ………………… 76
  3.2.3 数据库设计 ………………………… 81
  3.3 数据仓库与数据挖掘 ……………… 85
  3.3.1 数据仓库 …………………………… 85
  3.3.2 数据挖掘 …………………………… 88
  3.4 数据通信与计算机网络 …………… 91
  3.4.1 数据通信概述 ……………………… 91
  3.4.2 计算机网络概述 …………………… 95
  3.4.3 网络协议 …………………………… 98
  3.4.4 Internet …………………………… 99
  3.4.5 计算机网络应用 ………………… 101
  ➤ 本章小结 …………………………… 107
  ➤ 关键概念 …………………………… 107
  ➤ 复习思考题 ………………………… 107

第4章 云计算与大数据 ………………… 108
  ➤ 内容提要 …………………………… 108
  4.1 云计算概述 ………………………… 109
  4.1.1 云计算简介 ……………………… 109
  4.1.2 云计算的特点 …………………… 111
  4.1.3 云计算的发展 …………………… 112
  4.2 大数据概述 ………………………… 114
  4.2.1 大数据简介 ……………………… 114
  4.2.2 大数据处理系统 ………………… 115
  4.2.3 大数据处理的层次 ……………… 116
  4.3 云计算与大数据的相关技术 …… 117
  4.3.1 云计算与大数据 ………………… 117
  4.3.2 云计算与物联网 ………………… 118

  4.3.3 智能决策系统 …………………… 120
  4.3.4 数据挖掘与机器学习 …………… 121
  4.3.5 Hadoop——分布式大数据系统 … 123
  4.4 数据管理 …………………………… 124
  4.4.1 NoSQL数据库与关系型数据库 … 124
  4.4.2 Hadoop与关系型数据库 ………… 126
  4.4.3 实时数据处理 …………………… 127
  4.5 云计算和大数据在信息系统中的
        应用 ……………………………… 128
  4.5.1 大数据在信息系统中的应用 …… 128
  4.5.2 商业智能与大数据 ……………… 129
  4.5.3 基于云计算的企业信息化 ……… 130
  ➤ 案例 Nike+ +号背后的
          "大数据"秘密 ……………… 132
  ➤ 本章小结 …………………………… 134
  ➤ 关键概念 …………………………… 134
  ➤ 复习思考题 ………………………… 134

第5章 企业资源计划 …………………… 135
  ➤ 内容提要 …………………………… 135
  5.1 企业资源计划的发展过程 ……… 136
  5.1.1 ERP的发展阶段 ………………… 136
  5.1.2 ERP的主要作用 ………………… 137
  5.2 物料需求计划 …………………… 138
  5.2.1 MRP的基本思想 ………………… 138
  5.2.2 MRP的基本原理 ………………… 140
  5.2.3 MRP系统的输出 ………………… 143
  5.3 闭环MRP …………………………… 145
  5.3.1 闭环MRP的产生背景 …………… 145
  5.3.2 闭环MRP系统的工作原理 ……… 145
  5.3.3 闭环MRP系统的工作过程 ……… 145
  5.3.4 能力需求计划的计算逻辑 ……… 146
  5.4 制造资源计划 …………………… 147
  5.4.1 MRP II 的产生背景 ……………… 147
  5.4.2 MRP II 的原理与逻辑 …………… 148
  5.4.3 MRP II 管理模式的特点 ………… 149
  5.5 企业资源计划 …………………… 150

5.5.1　ERP的产生背景 …………… 150

5.5.2　ERP的概念 ………………… 150

5.5.3　ERP与MRPⅡ的区别 ……… 151

5.5.4　ERP系统的管理思想 ……… 152

5.5.5　ERP主要功能模块和总流程图 …… 153

5.5.6　ERP系统与企业的关系 …… 154

5.5.7　ERP系统实施 ……………… 155

5.5.8　ERP应用成功的标志 ……… 158

➤　案例　联想ERP"改造"之"道" …… 159

➤　本章小结 ……………………… 161

➤　关键概念 ……………………… 162

➤　复习思考题 …………………… 162

第6章　跨组织的信息系统 ………… 163

➤　内容提要 ……………………… 163

6.1　客户关系管理 ………………… 164

6.1.1　客户关系管理的产生 ……… 164

6.1.2　客户关系管理的概念和内涵 …… 165

6.1.3　客户关系管理的特点 ……… 167

6.1.4　客户关系管理的体系结构和
　　　 功能 …………………………… 168

6.2　供应链管理 …………………… 172

6.2.1　供应链概述 ………………… 172

6.2.2　供应链管理概述 …………… 175

6.2.3　供应链管理的内容 ………… 177

6.2.4　供应链管理系统的体系结构和
　　　 功能模块 ……………………… 179

➤　案例　"家居巨人"的发展
　　　　　奥妙——宜家 ………… 181

➤　本章小结 ……………………… 184

➤　关键概念 ……………………… 185

➤　复习思考题 …………………… 185

第7章　电子商务 ……………………… 186

➤　内容提要 ……………………… 186

7.1　电子商务概述 ………………… 187

7.1.1　电子商务的发展历程 ……… 187

7.1.2　电子商务的定义 …………… 188

7.1.3　电子商务的分类 …………… 189

7.1.4　电子商务系统的组成 ……… 190

7.1.5　电子商务的特点 …………… 191

7.1.6　电子商务对经济社会的影响 …… 191

7.2　电子商务安全 ………………… 192

7.2.1　电子商务交易的安全隐患 …… 192

7.2.2　电子商务系统的安全要素 …… 193

7.2.3　实现电子商务安全的策略 …… 194

7.2.4　电子商务安全技术 ………… 194

7.3　网上支付与网络银行 ………… 195

7.3.1　网上支付系统 ……………… 195

7.3.2　网上支付工具 ……………… 197

7.3.3　第三方支付 ………………… 199

7.3.4　网络银行 …………………… 201

7.4　电子商务与物流 ……………… 202

7.4.1　电子商务的物流模式 ……… 202

7.4.2　电子商务的物流信息技术 …… 203

7.5　移动电子商务及应用 ………… 205

7.5.1　移动电子商务的定义 ……… 205

7.5.2　移动电子商务的特点 ……… 205

7.5.3　移动电子商务的主要技术 …… 206

7.5.4　移动电子商务的主要业务
　　　 领域 …………………………… 207

7.5.5　移动支付 …………………… 208

➤　案例　大商集团的O2O电商
　　　　　模式 ………………… 209

➤　本章小结 ……………………… 212

➤　关键概念 ……………………… 212

➤　复习思考题 …………………… 212

第8章　管理信息系统总体规划 ………… 213

➤　内容提要 ……………………… 213

8.1　管理信息系统总体规划概述 …… 214

8.1.1　管理信息系统总体规划的
　　　 必要性 ………………………… 214

8.1.2　管理信息系统总体规划的任务 …… 215

8.1.3　管理信息系统总体规划的特点 ······ 215
8.1.4　管理信息系统总体规划的原则 ······ 216
8.1.5　管理信息系统总体规划的组织 ······ 216
8.1.6　管理信息系统总体规划的步骤 ······ 217
8.1.7　管理信息系统总体规划的技术
　　　　成果 ······ 217
8.2　管理信息系统总体规划的方法 ······ 217
8.2.1　关键成功因素法 ······ 218
8.2.2　战略目标集转化法 ······ 219
8.2.3　企业系统规划法 ······ 220
8.2.4　三种系统规划方法的比较 ······ 227
8.3　可行性研究 ······ 228
8.3.1　信息系统的初步调查 ······ 228
8.3.2　可行性研究的内容 ······ 229
8.3.3　可行性研究报告 ······ 231
8.3.4　可行性研究举例 ······ 231
　➤　本章小结 ······ 233
　➤　关键概念 ······ 234
　➤　复习思考题 ······ 234

第9章　管理信息系统开发 ······ 235
　➤　内容提要 ······ 235
9.1　管理信息系统的开发策略 ······ 236
9.1.1　自行开发 ······ 236
9.1.2　委托开发 ······ 236
9.1.3　合作开发 ······ 237
9.1.4　利用现成的软件包开发 ······ 237
9.1.5　信息系统外包 ······ 237
9.2　管理信息系统的开发方法 ······ 238
9.2.1　结构化系统开发方法 ······ 238
9.2.2　原型法 ······ 241
9.2.3　面向对象法 ······ 244
9.2.4　计算机辅助软件工程方法 ······ 246
9.3　信息系统分析 ······ 247
9.3.1　系统分析的任务 ······ 247
9.3.2　系统分析的方法 ······ 248
9.3.3　系统分析的主要工具 ······ 249

9.3.4　表达处理逻辑的工具 ······ 259
9.4　信息系统设计 ······ 262
9.4.1　功能模块结构图设计 ······ 262
9.4.2　代码设计 ······ 263
9.4.3　数据库设计 ······ 266
9.4.4　用户界面设计 ······ 266
9.4.5　处理流程设计 ······ 268
9.4.6　系统物理配置方案设计 ······ 268
9.5　信息系统实施 ······ 269
9.5.1　系统实施的主要内容 ······ 269
9.5.2　程序设计 ······ 270
9.5.3　系统测试 ······ 271
9.5.4　系统切换 ······ 271
　➤　本章小结 ······ 273
　➤　关键概念 ······ 273
　➤　复习思考题 ······ 274

第10章　信息系统的管理 ······ 275
　➤　内容提要 ······ 275
10.1　信息系统运行管理的组织
　　　　机构 ······ 276
10.1.1　信息系统管理机构 ······ 276
10.1.2　信息系统管理人员与职责 ······ 277
10.2　信息系统开发的项目管理 ······ 277
10.2.1　信息系统项目管理概述 ······ 277
10.2.2　信息系统开发项目的特点 ······ 278
10.2.3　信息系统项目管理的内容 ······ 278
10.3　信息系统的文档管理 ······ 284
10.3.1　信息系统文档的类型 ······ 284
10.3.2　信息系统文档管理的主要
　　　　工作 ······ 285
10.4　信息系统安全管理 ······ 286
10.4.1　信息系统安全概述 ······ 286
10.4.2　信息系统安全的特性 ······ 286
10.4.3　影响信息系统安全的主要
　　　　因素 ······ 287
10.4.4　信息系统安全策略 ······ 287

10.4.5　信息系统安全技术 …………… 289

10.5　信息系统外包管理 …………… 293

10.5.1　外包的概念 …………… 293

10.5.2　信息系统外包 …………… 294

10.5.3　信息系统外包的方式 …………… 295

10.5.4　信息系统外包关系的管理 ……… 296

＞　案例1　从联想 ERP 看 CIO 的

作用…………………… 298

＞　案例2　中国银行业 IT 外包的

破冰者——中国国家

开发银行 …………… 300

＞　本章小结 …………… 302

＞　关键概念 …………… 302

＞　复习思考题 …………… 303

主要参考文献 …………………… 304

第 *1* 章
管理信息系统的基本概念

内容提要
1. 数据、信息、系统和信息系统的基本概念
2. 管理信息系统的概念、特点和功能
3. 管理信息系统的结构
4. 管理信息系统的发展阶段
5. 管理信息系统的知识体系结构

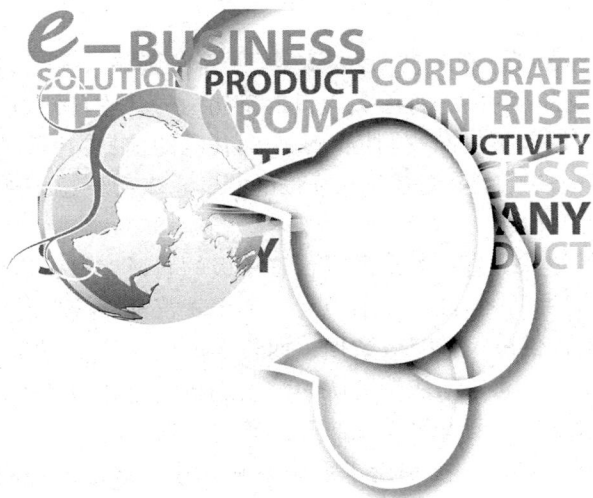

目前，"信息化"已成为一个国家经济和社会发展的关键环节，信息化水平的高低已经是衡量一个国家、一个地区现代化水平和综合国力的重要标志。信息同物质、能源一起构成了当代社会的三大支柱产业。以现代信息技术、管理科学和系统科学为基础建立的各种管理信息系统（Management Information System，MIS），在现代社会经济生活中，特别是企业经营管理决策中，正发挥着日益重要的作用。

管理信息系统是一门综合性、系统性和边缘性学科，是在一些基础学科的基础上发展起来的，因此，在论述管理信息系统之前，本章将介绍管理信息系统的基本知识、基本概念。

1.1 信息

当今时代信息无处不在、无时不有。在人们的日常生活中，几乎分分秒秒都要与信息打交道，会听到、看到、接触到各种各样的信息，小到人们的衣食住行，大到社会的交流沟通、科技的进步、经济的繁荣、国家的兴旺，无不与信息密切相关。信息同物质和能源一起被称为人类社会生产与生活不可缺少的三大资源。

1.1.1 信息的含义

1. 信息的定义

信息的概念是广泛的。古人的"结绳记事""烽火驿站"，揭示了人们存储和传递信息的方式。唐朝诗人王之涣的一首脍炙人口的诗句——"白日依山尽，黄河入海流。欲穷千里目，更上一层楼"不仅向我们传递了山河壮丽的信息，而且带来了登高远望的哲理信息。"信息"对应的英文单词是"information"，它来源于拉丁文"informatio"，意思是解释、陈述。

新世纪以来，科学界一直在对信息进行着积极的研讨。有关信息的定义很多，但由于其本身内涵的全面性和科学性，目前尚无一个令大家都能接受的定义。在经济管理领域，通常认为信息是提供决策的有效数据，而哲学家认为信息是熵的数理化，数学家认为信息是概率论的发展，通信工作者则认为信息是不确定性的描述，如此等等。

第二次世界大战以后，西方科学家们开始研究信息问题，与信息有关的理论和技术脱颖而出，其中包括信息论、控制论、系统论和计算机技术。1948年，信息论的创始人——美国科学家申农（C.E.Shannon）从通信工程的角度研究信息的传递与度量问题。通信系统中，信源（信息的发出方）可能会发出的那些消息，对信宿（信息的接受方）而言，是不确定的。申农认为，"信息是使信宿对信源发出何种消息的不确定性减少或消除的东西"。这种东西的表现形式是多样的，如一段文字、一幅图像等信号消息。但这里的消息并不是信息，而是信息的载体，消息中所包含的内容才称为信息，也即，信息是指"有新内容、新知识的消息""是传递中的知识差"①。控制论创始人、美国科学家维纳（N.Wiener）从人与外部环境交换信息的广义通信过程的角度，认为"信息这个名称的内容就是我们对外界进行调节并使我们的调节为外界所了解时而与外界交换来的东西"。维纳在《控制论》中指出："信息就是信息，不是物质也不是能量……"英国信息学家布鲁克斯（B.C.Brooks）曾为描述信息的效用和定义构造了一个方程式：

$$[S] + \Delta I = [S + \Delta S]$$

其中，[S]为原有知识结构，ΔI 为吸收的信息量，$[S+\Delta S]$ 为新的知识结构。

布鲁克斯认为，"信息是使人原有的知识结构发生变化的那部分知识"②，是决策所需的知识。比如，学生刚入学时的知识结构是高中阶段的知识，其中大多数同学对计算机系统的知识是缺乏的，通过一学期的计算机学习，他们不仅对计算机系统有了认识，还能开发出较好的程序来。那么，他们一学期所接受的东西对他们的当时状态而言就是信息了。

瓦立安认为，任何可被数字化——即编码成一段字节——的事物都是信息。

不管是消息中的内容、交换来的东西，还是决策所需的知识，上述对信息的描述无疑是正确的，但很抽象，可意会却不明了。无奈之中，人们常常将信息与消息、信号、数据、知识等概念混淆在一起使用。申农对信息与消息、信号的关系已给出了明确的界定，认为它们是内容与形式的关系。在此，考虑到我们的专业特点，以及面向应用的现实，我们想就信息与数据的联系与区别加以探讨，以便明确和理解本书所探讨的信息的含义。

所谓数据是由原始事实组成的，是对事实未加解释的原始表示，可以是数字、文学、音像等。如某企业的员工姓名、工资、企业存货数量、销售订单等，它们构成组织的数据集，是组织经营管理与决策的基础。要表示这些数据通常需要三个方面的要素：数据名称、数据类型、数据长度。一般常见的数据类型有：

（1）数值型数据，用数字表示。

（2）字符型数据，用字母和其他字符来表示。

（3）图表数据，用图形和图片表示。

（4）音频数据，用声音或音调表示。

（5）视频数据，用动画或图片表示。

当原始事实按照具有一定意义的方式组织和安排在一起时，它就成了信息，也即，信息是按一定的规则组织在一起的数据的集合，是对数据进行处理而产生的。这种组织规则和方式具有超出数据本身以外的额外价值。如企业的每笔销售数据和在一段时期内按月汇总的销售总额信息，对企业销售经理而言，后者更具价值，它可以让经理对市场

① 陈禹. 信息经济学教程 [M]. 北京：清华大学出版社，1998.
② 李刚. 市场信息学 [M]. 武汉：武汉大学出版社，1996.

需求有更多的了解并进一步做出市场需求的预测分析。

　　数据代表真实世界的简单的客观事实，除它本身以外没有什么价值。就数据与信息的关系而言，Ralph M.Stair 所著《信息系统原理》一书给出了一个绝好的比喻（见图1-1）[①]。我们可以将数据比做一块块木头，除了作为一个单独的物体而言，木头本身没有什么价值。但如果在各个木头之间定义了相互的关系，按一定的规则将它们组织在一起，它们就具有了价值。

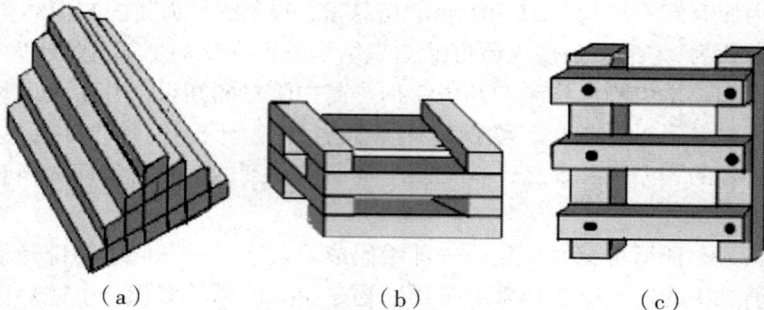

（a）　　　　　　　　（b）　　　　　　　　（c）

图1-1　数据和信息的关系

　　例如，将木头以图1-1中（a）的方式堆积在一起，它就可以被用来作为一个台阶使用，也可以做成一个如图1-1中（b）的结构，作为某种物体或物件的基座支撑。信息就是这些定义了关系的木头。

　　规则和关系能够将数据组织起来，成为有用的、有价值的信息。信息的类型视数据间所定义的关系而定。增加新的或不同的数据，意味着可以更新所定义的关系或规则，从而生成新的信息。这就是数据处理和信息加工。例如，若再添加几个钉子，就可以制作成一部梯子，如图1-1（c）。这大大提高了以木头为原料的最终产品的价值，梯子可以比台阶登得更高。同样，我们的决策者可以依据销售额的时间序列数据，建立企业产品的市场需求函数模型，不仅能看到市场需求规律，还能做出产品的市场需求预测，如果再增加一些居民的收入数据，从所构建的模型中还可以得到更有价值的消费者偏好信息。

　　这种将数据转换为信息的过程就是信息处理过程。信息处理就是通过一定的科学方法和手段对数据和信息实施一系列逻辑上相关的操作，以完成某项预期的输出过程。进行信息处理，需要有知识。知识是用于选择、组织和操纵数据，以使其适合于某种目的的规则、指南、规程和方法等信息结构。例如，"税收是财政的来源""税收减少，财政收入减少"等说明社会上某种已存在的事实，这种事实是人们通过长期工作学习而积累形成的事实型知识。进一步，"如果税收减少，那么财政预算就减少"就构成了规则型

---

① STAIR R M, 等. 信息系统原理［M］. 张靖，蒋传海，译. 北京：机械工业出版社，2000.

知识。本书认为知识就是信息，是信息的一个子集，从信息中能够获得深一层的知识和理解，知识是信息处理的基础。知识是必需的，如制作图1-1（c）所示的梯子，梯子的横档必须是水平放置的，而梯子的双腿必须是垂直的，这是一种规则知识。可以认为，数据是通过应用知识才变为有用的信息。有效的信息处理均建立在知识的基础之上。

在许多情况下，信息处理是用手工或脑力完成的。在另一些情况下，则是利用计算机进行处理，如管理人员可以用手工计算每个月的销售额，也可以用计算机来计算出这个总计数。这个处理过程如图1-2所示。

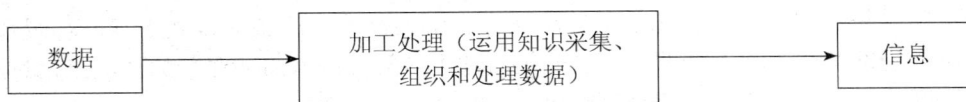

| 数据 | → | 加工处理（运用知识采集、组织和处理数据） | → | 信息 |

图1-2　将数据转换为信息的过程

有一点值得思考，在当今的信息时代，信息呈现急剧膨胀的爆炸态势。诺贝尔经济学奖获得者赫伯特·西蒙（Herbert Simon）说，"信息的丰富产生注意力的缺乏"，一名信息提供者产生的真正价值来自对顾客所需信息的定位、过滤和传播。信息超载越来越严重，作为经济管理与决策人员，不仅要注重有效地管理信息，注重数据从哪里来、信息怎样从数据中获得，更应该注重所得到的信息是否有用、有价值。

在管理信息系统学科中我们认为，信息是从记录客观事物的运动状态和运动方式的数据中提取出来的，对人们的决策提供帮助的一种特定形式的数据。

物质、信息、能源三者构成丰富多彩的世界，并且对应构成世界的三种基本资源，还有三大基本定律：物质不灭定律、能量守恒定律和信息不对称定律。正是因为大千世界存在着人与人之间的信息不对称，人们为了避免自己因信息不完全、不准确而造成的生产率低下和决策失误，才大量开发、采用管理信息系统，从而使作业效率提高、决策正确。

2.信息、知识和智能的关系

知识，是人类社会实践经验的总结，是人的主观世界对客观世界的概括和反映。也可以说，知识是人类通过信息对自然界、人类社会的思维方式与运动规律的认识和掌握，是人的大脑通过思维重新组合的系统化信息的组合。人类要通过信息来感知世界、认识世界和改造世界，又要根据所获的信息组织知识。知识是信息的一部分，是一种特定的人类信息。人类生活环境中普遍存在的信息是知识的原料，这些原料经过人类的接受、选择、处理，才能成为新的、系统的知识。

可见，信息是反映事物运动的状态及其变化方式的，知识则是研究事物运动的状态及其变化方式的规律的。只有通过对信息的加工，才能获得知识，没有信息，也就谈不上知识。因此，信息是知识的基础，而知识是信息的核心。在经合组织（OECD）对知识的分类中,"知道是什么"和"知道是谁"的知识属于原始信息,而"知道为什么"和"知道怎样做"的知识则属于深加工信息。

智能,则是指运用知识解决问题的能力,或者说,智能是激活了的知识。追本溯源,智能是收集、加工、传播和应用信息的能力,是信息能力的集中表现。

3.信息的特征

所谓信息的特征,就是指信息区别于其他事物的本质属性。信息的基本特征有以下几点:

(1)信息具有普遍性、客观性、主观性

信息是事物运动的状态和方式的反映,它所表征的、传送的是关于某一客观系统、某一事物中的某一方面的属性。运动的绝对性表明信息是普遍存在着的,这是信息的普遍性特征。信息与物质、能源一起构成了客观世界的三大要素。

信息是客观事物的反映,反映是以客观存在为前提的,即使是主观信息,如决策、指令等,也有它的客观内容。这对信息提出了最低的要求,就是信息所反映的内容要符合客观实际,即准确、真实,这是信息的客观性特征,也是正确认识客观事物对人们提出的最基本的要求。

然而,信息同时还具有主观性特征,信息是人们认识的来源,又是认识的结果,认识的过程实质上又是信息分析与处理的过程。如果只强调信息的客观性,面对汹涌的信息浪潮,就会茫然不知所措、不得要领。可以从各种不同角度、不同方面对信息进行分析探讨,但不分主次地谈论信息,是没有实际意义的。现实中,对信息的范围、信息的评价、信息的处理等,是由人们所要达到的目的来确定的。

(2)信息具有整体性、层次性、不完全性

信息的整体性又称为系统性。作为客观事物的属性,信息是多方面的、相互补充的。信息只有在作为表达客观系统的完整描述中的一个环节时,才有意义。零碎的、片段的信息不仅没有价值,而且会造成误导,无益而有害。以系统的观点来考察信息、收集信息、整合信息,将那些零碎的、片段的、零散的信息集成后,形成对客观事物的完整概念时,它们的作用才真正得以发挥,而且会产生倍数的增值。

信息的层次性是系统层次性的反映。系统、决策、管理、控制等都涉及层次问题。比如,组织机构的管理层次可分为:战略管理层——为组织确定战略计划和目标;策略管理层——负责设计实现战略计划的方式或策略;操作管理层——处理日常操作的管理层。相应地,各层次的管理有各自的信息需求,有战略信息、策略信息、操作规范信息,它们就像一个金字塔(见图1-3),自下而上,信息的价值越来越大。实践中,只有合理地确定了信息的层次,才能正确地确定信息需求的范围、信息的处理方法,建立既相互区别又相互联系,具有不同结构与功能的信息系统,来有效地完成相应的工作。

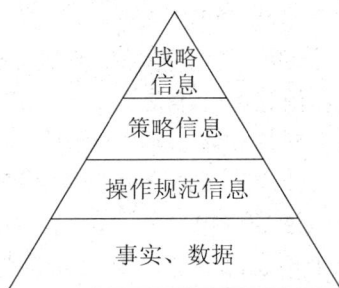

图1-3 组织的信息需求层次

从认识论角度，信息的层次性还体现在语法、语义、语用三个方面。语法信息是认识过程的第一个层次，只是事物形式上的单纯描述，只表述事物的现象而不深入揭示事物发展的内涵和意义，涉及符号、数据、编码系统，是信息沟通中所关心的问题。语义信息是认识过程的第二个层次，是认知主体所感知或所表述的事物存在方式和运动状态的逻辑含义，揭示了事物发展的内涵及其意义，是信息检索要考虑的问题。语用信息是认知过程中的最高层次，是认知主体所感知或所表述的事物存在方式和运动状态相对于某种目的所具有的效果和作用，是信息管理所关注的信息层次。语法信息、语义信息、语用信息这三者综合在一起就构成了认识论层次上的全部信息，即全信息。

信息的不完全性是指客观事物的信息是不可能全部得到的。客观事物的复杂性和动态性决定了信息的无限性，我们知道信息的获取是与人们认识事物的程度有关的，人们认识事物本身的局限性导致信息总是不完全的，所以在信息处理工作中，信息的完整性是相对的，信息的不完全性是绝对的。

（3）信息具有动态性、时效性

人们获取信息的目的在于利用信息服务于管理与支持决策，但信息的内容及效用会随时间的推移而改变，这是信息的动态性特征，它表现为信息在信源-信道（媒介）-信宿之间的输入输出的循环过程。客观事物本身在不断运动变化，信息也在不断发展更新。及时把握有效的信息将获得信息的最佳价值。事前的预测、及时的反馈对主体的决策能产生直接的影响，而使用滞后的信息就会降低效率甚至对工作造成危害。

因此，在获取和利用信息时，必须树立信息具有时效性的观念，注重时间这个因素对于信息"寿命"的影响。时间可以使信息部分地或完全失去效用，成为"过时的"或"老化的"信息。

比如，关于某学科的基础知识可能会使你受益终生，它的老化速度相对慢一些，而商业信息的老化速度则比较快，但完全过时仍要经过一段较长的时间。历史数据中的信息是累积信息，其中有其过时的部分，也有其有效的部分，这取决于你的使用目的。

（4）信息具有依存性、可传递性、可共享性

信息本身是看不见、摸不着的，它必须依存于某种载体（如声波、纸张、磁性材料、网络等）才能存在和传递。信息离开语言、文字、图像、符号等记录手段便不能表述。但同一信息可以转换使用不同的载体、不同的记录手段而不影响其性质和功能，这说明信息依附于载体而存在，又独立于载体之外。信息可以通过多种渠道、采用多种方式进行传递，比如，口头交流、通信、电话等个人传递方式，以及电台、电视、报纸、互联网等大众传播方式。每一个信息的接收者都可以成为一个新的"信息中心"，向其周围的次级信宿发布信息，形成信息传递的指数增长效应。物质交换是易物等价交换，失去一物才能得到一物；信息交换的双方不会失去原有的信息，而且还会增加新的信息。信息的可传递性特征使信息能够突破时间和空间上的限制，促进信息的开发和利用。同时，信息内容可以供多人同时使用，这是信息的可共享性特征。

（5）信息具有可生产性、经济性

信息是一种经济资源，作为生产中的一个经济要素，属于同黄金、香料、石油或其他任何物质商品或服务一样的经济系统，并具有影响力。市场经济的不确定性、科学研究乃至日常生活的决策等等，均对信息资源产生迫切的需求。通常，信息是零散的、分散的、无规则的，不进行信息的处理加工，就无法进行信息的存储、检索、传递和应用，更无法满足人们的信息需求。信息的生产性就体现在信息的加工处理上。信息可以被分析或综合、扩充或浓缩，可以把信息从一种形式变换成另一种形式，并在变换过程中增殖和增值。这同时体现了信息的经济性特征。信息的获取、生产与利用都是需要支付费用的，是有成本的。与信息的生产成本相比，信息的传递成本要低得多，这种高固定成本、低传播成本的成本结构，为信息产品的生产交流带来了许多与物质商品不同的特征，需要加以注意。信息可以作为产品被消费、作为商品被出售或作为资本用来进行投资，能够给人们带来使用价值和价值，但信息的价值和使用价值会因人而异，面对同一事物客体，不同的人会有不同的感受，取得不同的使用价值。由于人的知识素质与思维方法不同，以及理解处理问题的能力不同，同一信息将产生不等的价值。在20世纪50年代中期，美英两国的皮鞋厂各派一名推销员到太平洋某岛屿开辟新的市场。当发现当地人大都赤脚、无人穿鞋时，英国推销员的反应是：该地无人穿鞋，没有市场；美国推销员则深究其不穿鞋的原因，发现该岛地处热带雨林，普通鞋不防潮、不透气，从而得到"此地没有合适的鞋可穿，是最具潜力的市场"的信息。改进的美国鞋销售十分成功，获利巨大，而那家英国鞋厂一年后倒闭。信息的价值在此得到了充分体现。

1.1.2　信息的类型

信息的外延特征就是信息的各种类型，是对信息概念进一步的形象化认识。按不同

的分类标准，信息可以划分为不同的类型。图1-4是米哈依洛夫的信息两分分类，这一分类方法对我们从总体上理解信息的类型是有益的，世界上确实存在着我们理解不了也无法描述的现象。

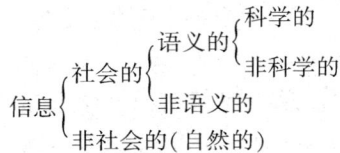

$$
信息
\begin{cases}
社会的
\begin{cases}
语义的
\begin{cases}
科学的 \\
非科学的
\end{cases} \\
非语义的
\end{cases} \\
非社会的(自然的)
\end{cases}
$$

图1-4　信息的两分分类图

根据我们的专业与教学目的，按以下标准进行的几种分类是值得我们注意的。不同级次的信息有不同的价值，不同形式的信息有不同的管理开发方式，不同内容的信息有不同的目的，同时它们又是相互联系、相辅相成的。

1.按信息产生的先后或加工深度划分

（1）一次信息

一次信息是客观事件的第一记录，即现实中所发生事件的原始记录。它可能来自于政府的调查与评论、新闻报道与广播、互联网、公共机构的内部信息源、营利性公司的市场调查等。政府的决议或专家的报告，一段出自某个人心得的直接引语，或由收音机、电视机或其他视听系统记录的一次谈话、图片都是一次信息。一次信息可能是口头的、图片的、图解的或数字的，也可由表格、清单、公式等组成。原始信息是大量的、零星的、分散的、无规则的，在存储、检索、传递和应用方面存在困难，依据人们的能力和需求，其质量与价值有多重表现。为了更有效地利用信息，需要对其进行加工处理形成二次信息、三次信息。

（2）二次信息

对一次信息加工处理后得到的信息就成了二次信息。典型的二次文献信息是文摘期刊、文摘报、索引期刊和简报等，这种信息已呈现有序的、有规则的特征。文摘或摘要提供一个主题的清晰轮廓，它是简要地把事实压缩成关键概念的信息，并清除或减少无关概念。索引是将一类相关的主题以标题或关键字的形式提供给使用者，通过它，人们可以方便地检索到所需要的内容。经过加工后的二次信息易于存储、检索、传递和使用，有较高的使用价值。比如，《世界经理人文摘》《管理科学文摘》《经济参考文摘》等提供了大量的二次信息。

随着计算机技术与互联网技术的应用和普及，网上信息是信息管理与信息开发者的重要信息来源，像雅虎（www.yahoo.com）、搜狐（www.sohu.com）等门户网站都提供了丰富的经过加工处理的信息及其索引服务，其中大量的信息均是经过多次处理与加工的结果，属二次以上级次的信息。

（3）三次信息

三次信息是系统地组织、压缩和分析一次和二次信息的结果，是通过二次信息提供的线索对某一范围的一次信息、二次信息进行分析、综合研究、核算加工所生成的信息，是人们深入研究的结晶。三次信息包括综述、专题报告、词典、年鉴等。

2.按信息的表现形式划分

（1）文献型信息。文献型信息主要包括各种研究报告、论文、资料、刊物、书籍、汇编，以及它们的二次文献（如索引、目录）、三次文献（如综合评述、评论等）。文献型信息的特点是以文字为主，有明确的专业或学术领域，可以通过编目、分类等进行整序处理生成二次文献，还可按照具体的研究需要进行二次加工形成专题研究报告等三次文献。

（2）档案型信息。档案型信息同文献型信息有很多相同之处，以文字为主，内容结构比较清晰。其主要不同之处是：档案型信息主要反映历史的事实和演变过程，是"事后"的，经过整理、筛选的文献。它的生命周期相对来说较长、较稳定，按时间序列贯穿始终。档案型信息包括行政、技术、财务、人事等各方面内容。但档案法规定在工作中继续使用的、未经整理归档的资料不算档案。

（3）统计型信息。这是信息管理工作者接触到的最重要的一类信息。统计型信息是数字型信息的集合，是反映大量现象的特征和规律的数字资料，包括以数据为基础的情况分析、趋势分析等内容。以数据、图表为主要表现形式是统计型信息区别于其他类型信息的主要特点。

（4）图像型信息。图像处理技术是当今信息技术的重要领域。数字化信息技术的发展，使图像信息成为信息管理的一种重要类型。照片、电影、遥测遥感图像、电视、录像等图像信息所传递的信息量远远大于文字所传递的信息量，是一种十分有效的记录信息的方式，其管理方式需要适应图像信息的特点。

（5）动态型信息。动态型信息主要是行情、商情、战况等等瞬息万变情况的反映，它的特点是生命周期很短，强调时效性，需要进行积累加工，才能产生有价值的信息。动态信息的收集、加工、存储和传递都与其他类型的信息不同，对接受主体的要求很高。人们需要丰富的知识和分析能力，才能利用和判别动态信息，得到正确的结论。

3.按信息记录内容与使用领域划分

（1）经济信息。经济信息是在经济活动过程中形成的，在生产、消费、流通、分配的各种经济活动中，必然伴随着大量信息的收集、处理和利用。在原始的物物交换中，信息还只是隐含在各种具体商品中。随着经济生活的发展，信息逐渐脱离了其具体载体，成为抽象的一般等价物。首先是货币，然后是各种有价证券，最后到现代的电子货币。在各种经济管理与经济活动中，还有繁多的其他形式的经济信息，国家经济政策法规信息、新技术开发与应用信息、生产经营信息、劳动人事信息、商业贸易信息、金融投资信息、市场需求信息等等都是经济信息。

（2）管理信息。管理信息是指各行业各个层次管理与决策活动所需要的信息，如人事、工资、计划、财务、统计、经济和政治等多方面的内容和外部信息。经济与管理是"孪生兄弟"，有明确目的的管理活动，离不开诸如经济、政治等多方面的相关信息。

（3）科技信息。人类的科学研究积累了大量的信息，包括各种理论、学说、发明、专利，以及大量的资料数据，与科学、技术等有关的信息称为科技信息。从内容性质上看有两部分，一是科学技术成果与科研方法等知识内容，二是科学研究、计划管理等工作活动的内容。科技信息较多地使用各种形式的文献，如通过报刊、电视、网络等媒介传递。知识经济时代，科学技术构成经济发展的重要因素，经济分析离不开科技信息。广义上讲，科技信息是信息的子集。

（4）政务信息。政府机关活动产生的信息，如方针政策、法规条例、政府决议、公报条约、国际往来、社会状况及日常活动等。政务信息多以文件形式传播。政务活动对人类的其他活动都有影响，经济管理决策离不开政务信息，这是信息管理与信息开发人员不容忽视的事实。

（5）文教信息。文化是个含义广泛的行业，是人类创造的物质文明和精神文明的总和。这里指教育、体育、文学、艺术等有关信息。教育是产业，体育是产业，文化艺术更是产业，知识产业是今天的热门话题，是经济发展的有生力量。

（6）军事信息。国防、战争等与军事活动有关的信息，如国防与军队的现代化建设、战略战术研究、武器发展研制、部队管理及作战等有关的信息。

总之，不管我们如何对信息进行分类，目的只是便于对信息的管理，各种类型的信息是相互交融、相互关联的。工作中，应把握住信息的特征，尤其是信息的整体性特征，用系统思想指导我们的信息管理工作。

1.1.3　信息量

前面所描述的信息含义基本上是定性的，但日常生活中人们经常谈论"信息量"这个概念。比如，在学校的教师讲课比赛中，就有以授课内容的信息量作为评分标准的。如何判断教师授课内容的信息量的多少呢？评委们靠的是直觉。再比如，我们可以说：这本书的信息量比那本书大，显然这是指这本书比那本书给人们提供了更多的知识和启发，而不是指这本书比那本书分量重或这本书比那本书的字数多。有时在谈论数据库时，常用容量、字节数、记录条数等来描述信息量。

不同的数据资料中包含的信息量是有差别的，有的数据资料包含的信息量多一些，有的则少一些，甚至空洞、啰唆，不包含信息量。数据资料中含信息量的多少是由消除对事物认识的"不确定程度"来决定的。在获得数据资料之前，人们对某一事物的认识不清，存在着不确定性，获得数据资料后，就有可能消除这种不确定性。数据资料能消除人们认识上的不确定性。数据资料所消除的人们认识上"不确定性"的大小，也就是数据资料中含有信息量的大小。

那么，信息量的大小如何衡量呢？

按照信息论的观点，信息量的大小取决于信息内容消除人们认识的不确定性的程度，消除的不确定程度大，则发出的信息量就大；消除的不确定程度小，则发出的信息量就小。如果事先就确切地知道消息内容，那么消息中所包含的信息量就等于零。

我们可以利用概率来度量信息。例如，渔民在安排明天的工作：是出海打鱼，或是在岸上结网。从工作的紧迫性、人力要求、收益性等条件看，做哪种工作都无所谓。正在人们犹豫不决时，收到天气预报消息，明天将有七级大风，出海打鱼是十分危险的，于是决定明天的工作是在岸上结网。

这里所谓的"犹豫不决"就是不确定性。比如有一半的意见赞成出海打鱼，有一半的意见赞成岸上结网。听了天气预报后，99%的人赞成岸上结网，决策就接近确定方案了。那么如何度量这个天气预报给人们带来的信息量大小呢？

美国贝尔实验室的申农1948年设计了一个信息量的计算公式。设某事件或某试验的所有可能结果数为 n，P_i 表示第 i 种结果发生的可能性（概率）大小，$0 \leq P_i \leq 1$，$\sum_i P_i = 1$。申农的信息量计算公式为：$H = -\sum_{i=1}^{n} P_i \log_2 P_i$。信息量的单位叫比特（bit）。

这样，在听天气预报之前，决策系统所拥有的信息量为：

$H_0 = -(0.5 \times \log_2 0.5 + 0.5 \times \log_2 0.5) = 1$

而听了天气预报后，决策系统所拥有的信息量为：

$H_1 = -(0.99 \times \log_2 0.99 + 0.01 \times \log_2 0.01) = 0.08079$

可见 $H_0 > H_1$，前者的不确定程度大，二者的差为 $1 - 0.08079 = 0.91921$，这个差额正是天气预报的结果，可以作为天气预报信息量的度量。

1.2 系统的概念和系统思想

1.2.1 系统的定义与特性

系统的概念，人们并不陌生。我们经常说到各种系统，诸如自然界的生物系统，农业的灌溉系统，人体的消化系统、呼吸系统，计算机的操作系统、数据库管理系统，教育系统，天体系统等等。我们无时无刻不与一定的系统相接触，也无时无刻不处于一定的系统之中。透过这些系统的具体形式，我们可以归纳出系统的一般概念。

系统这个词是从希腊语"system（系统）"一词派生出来的，意为"部分组成的整体"。一般系统论的创立者，著名的美籍奥地利生物学家贝塔朗菲（L.V.Bertalanffy）把系统定义为"相互作用的诸要素的复合体"，认为"系统的定义可以确定为处于一定的相互关系中并与环境发生关系的各种组成部分（要素）的总体（集）"。一般说来，系统是由相互联系、相互作用的多个元素（部件）有机集合而成的，能够执行特定功能的综合体。从系统的结构来看可以把系统分成五个基本要素：输入、处理、输出、反馈和控制。其结构如图1-5所示。

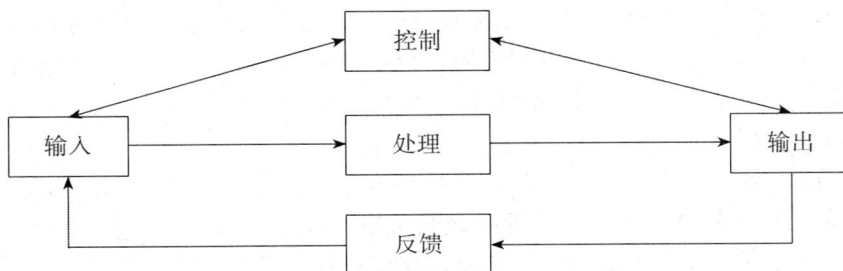

图1-5 系统的组成

下面以汽车自动清洗系统为例加以说明。

这个系统的输入包括：一辆脏的汽车、水、清洗剂、时间，人的精力、技能和知识。需要时间、精力和技能来操作系统，需要知识来确定系统运行的步骤及先后次序。

系统的处理机制包括：客户首先选择需要清洗的服务项目（清洗、清洗打蜡、干燥等），并将选择告诉汽车清洗操作员，操作员操作系统，系统按程序负责清洗汽车。

系统的反馈、控制机制是"对汽车干净程度的判断"。

系统的输出是一辆干净的汽车。

这个系统有以下特点：

（1）系统是由部件组成的，部件处于运动状态。

（2）部件之间存在着联系。

（3）系统行为的输出也就是对目标的贡献，系统各部分和的贡献大于各部分贡献之和，即系统的观点1+1>2。

（4）系统的状态是可以转换的，在某些情况下系统输入和输出的转换是可以控制的。

根据上述系统的含义可以得出系统的如下特性：

1.系统的目的性

任何一个系统都是为了完成某一特定目标而构造的。例如，学校的目标是培养经济建设人才和出科研成果。工厂的目标是生产出高质量、适销对路的产品，提高企业的经济效益。因此在建设系统的过程中，首先要明确系统目标，然后再考虑运用什么功能来达到这个目标。

系统最重要的特性是它的目的性。不能实现系统既定目标的系统没有存在的必要。如果开发出来的管理信息系统未达到原定系统目标，那么这个管理信息系统是一个失败的系统。

2.系统的整体性

从系统的含义中可以看出，系统内部的各个部分是为实现某一特定目标而联系在一起的。因此，组成系统的各个组成部分不是简单地集合在一起，而是有机地组成一个整体，每个部分都要服从整体，追求整体最优，而不是局部最优。这就是所谓全局的观点。一个系统中即使每个部分并非最完善，但通过综合、协调，仍然可使整个系统具有较好的功能；反之，如果每个部分都追求最好的结果而不考虑整体利益，也会使整个系统成为最差的系统。

系统的第二个重要特性是整体性。重视整体性，就会使我们在开发管理信息系统的过程中，时刻注意从整体出发，来统一界面风格、统一技术用语、统一协调开发进度，而不是各开发各的，最后再协调。如果不从整体考虑，就会既耽误时间、影响进度，又会增加开发成本，使系统得不到整体优化，从而最终影响系统的质量。

3.系统的层次性

一个系统可以分解成若干个组成部分，如果将这些组成部分看成是一个个的子系统的话，还可以进一步将这些子系统划分成一些子模块，以此类推，可以将一个系统逐层分解，体现出系统的层次性。例如，可以把一个企业看成是一个系统，它可以分解为财务管理子系统、制造子系统、营销服务子系统、物流配送子系统、厂长办公管理子系统等。系统层次示意图见图1-6。

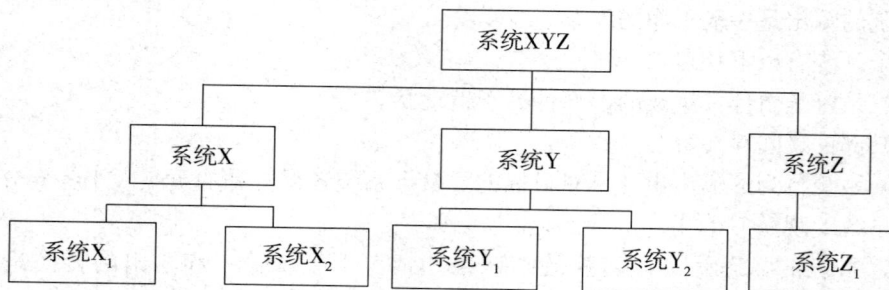

图1-6 系统的层次性

正是由于系统的层次性，才使得我们在开发管理信息系统的过程中可以采用系统分解的方法，先将系统分解成若干个功能相对独立的子系统，然后给予分别实施。

4.系统的相关性

由于系统是由内部各个互相依存的组成部分按照某种规则组合在一起的，因此，各个组成部分尽管功能上相对独立，但彼此之间是有联系的，即具有相关性。这种相关性往往表现为系统与环境、子系统与子系统、模块与模块之间的接口。对于信息系统的业务调研来讲，重点之一是必须了解构成系统的元素之间的相互关系，并从整体上和宏观上予以把握。例如，工业系统和农业系统之间互有联系并且相互作用，工业系统给农业系统提供生产用的设备及其他工业品，而农业系统要向工业系统提供工业生产用的原料和粮食，这种系统之间的支援和制约是相互的，它们之间有机地结合在一起形成一个具有特定功能的社会经济系统。

5. 系统的开放性

任何一个系统都不是孤立存在于社会环境之中的，它与社会环境有着千丝万缕的联系。无论是学校还是工厂，不仅要受到国家政策和法规的制约，而且还要受到地方和有关单位（系统）的影响，这就要求系统具有开放性，既能做到系统自身不断地升级和优化，也能为其他系统提供接口，从而与更多的系统互联。

根据梅特卡夫法则，网络的价值与节点数的平方成正比。互联的系统数越多，系统的价值也越大，系统的用户越能享受到更大的价值。因而，开发信息系统，必须注意开放性。封闭的系统或不留接口的系统最后只能是被人们所抛弃。

6. 系统的稳定性

系统的稳定性是指在外界作用下的开放系统具有一定的自我稳定能力，能够在一定范围内自我调节，从而使系统具有一定的抗干扰能力和抗冲击能力。

在开发信息系统过程中，如果只强调系统的开放性，那也是不行的。因为企业的业务天天在变，虽然大变很少，但小变相当多。如果一味地要求系统适应新的业务需求，那么新的信息系统永远开发不出来，永远在修改。这就要求系统必须具有一定的稳定性，在一定时间里保持相对稳定。对于信息系统来讲，无论是硬件、网络和软件，都可以认为存在一个"版本"的问题，要开发信息系统，就必须重视版本管理，重视系统的相对稳定性。

7. 系统的相似性

系统的相似性是指系统具有同构和同态的性质，体现为系统结构、存在方式和演化过程具有共同性。

正是因为系统具有相似性，才讲究在系统开发过程中程序、函数、模块等的共享，以减少重复开发；正是因为系统具有相似性，才鼓励信息系统开发人员多多研究并模仿别人的系统，以取得开发经验；正是因为系统具有相似性，才有许多的辅助开发工具推出，以加快开发进度，提高开发质量。

由系统的定义和特性分析可知，在信息系统建设过程中，系统的观点是进行信息系统开发的基础，它揭示出系统的开发必须首先明确系统的目标，划分小系统的边界，然后由上到下、由粗到细、由表及里地分析系统的每一个组成部分所应完成的功能，弄清各个组成部分的信息交换关系，从整体上对开发进行统一规划、统一管理，在此基础上进行系统的详细设计和实现。另外还要充分预测未来可能发生的情况，为将来系统的发展留出接口。

1.2.2　系统的分类

系统可以根据不同的特点来分类，复旦大学薛华成教授在《管理信息系统》（清华大学出版社1999年出版）中对系统进行了如下分类：

1.按系统的复杂程度分类

从系统的复杂程度方面考虑我们可以把系统分为三类九等，见图1-7。

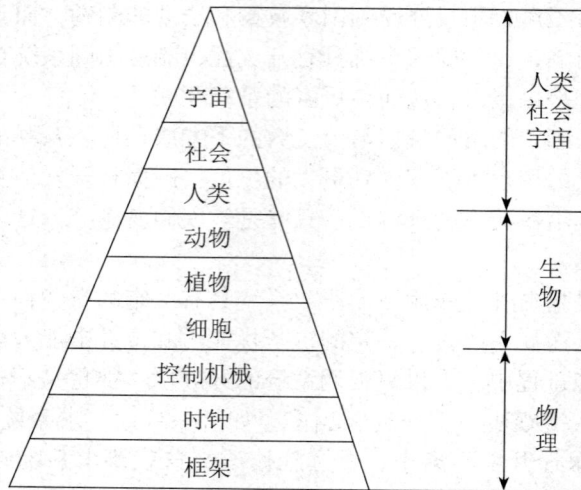

图1-7　系统分类

由图可以看出，系统的复杂性由下向上不断变化：

（1）框架。它是简单的系统，如桥梁、房子，其目的是交通和居住，其构件是桥墩、桥梁、墙、窗户等，这些构件有机地结合来提供服务。

（2）时钟。它按预定的规律变化，什么时候到达什么位置是完全确定的。

（3）控制机械。它能自动调整，如把温度控制在某个上下限内或者控制物体沿着某种轨道运行。

（4）细胞。它能新陈代谢、能自繁殖，有生命，是比物理系统更高级的系统。

（5）植物。这是细胞群体组成的系统，它显示了单个细胞所没有的作用，是比细胞复杂的系统，但其复杂性比不上动物。

（6）动物。动物的特性是可动性。它有寻找食物、寻找目标的能力，它对外界是敏感的，也有学习的能力。

（7）人类。人有较大的存储信息的能力，说明目标和使用语言均超过动物，人还能懂得知识和善于学习。人类系统还指人作为群体的系统。

（8）社会。这是人类政治、经济活动等上层建筑的系统。

（9）宇宙。这不仅包含地球以外的天体，而且包括一切我们所不知道的东西。

这里，底层的三个是物理系统，中间三个是生物系统，高层的三个是复杂的人类社会及宇宙系统。我们要讨论的管理信息系统属于最复杂的社会文化系统。

2.按系统的抽象程度分类

按系统的抽象程度分类，可把系统分为三类：概念系统、逻辑系统和实在系统。

（1）概念系统是最抽象的系统，它是人们根据系统的目标和以往的知识初步构思出的系统雏形，它在各方面均不很完善，有许多地方很含糊，也有可能不能实现，但它表述了系统的主要特征，描绘了系统的大致轮廓，从根本上决定了系统的成败。

（2）逻辑系统是在概念系统的基础上构造出的原理上可行的系统，它考虑到总体的合理性、结构的合理性和实现的可能性。它确信现在的设备一定能实现该系统所规定的要求，但它没有给出实现的具体元件。所以逻辑系统是摆脱了具体实现细节的合理的系统。

（3）实在系统也可以叫物理系统，它是完全的系统，是客观存在的并可以实际运行的系统，是按照逻辑系统进行加工生产而成的具体系统。如果是计算机系统，那么机器是什么型号，用多少终端，放在什么位置等，应当完全确定。这时系统已经完全能实现，所以叫实在系统。

如果说概念系统是回答"做什么"，逻辑系统是回答"怎么做"的问题，那么物理系统就是回答"用来做什么"的问题。

3.按系统功能来分类

按照系统服务内容的性质分，可把系统分为社会系统、经济系统、军事系统、企业管理系统等。不同的系统为不同的领域服务，有不同的特点。系统工作的好坏主要看这些功能完成的好坏，因此这样的分法是最重要的分法。

4.按系统和外界的关系分类

按系统和外界的关系分类，可以把系统分为封闭式系统和开放式系统。封闭式系统是说我们可以把系统和外界分开，如我们在超净车间中研究制造集成电路。开放式系统是指不可能和外界分开的系统，如商店，若不让进货，不让顾客来买东西就不成为商店。或者是可以分开，但分开后系统的重要性质将会变化。封闭式系统和开放式系统有时也可能相互转化，如我们说企业是个开放式系统，但如果我们把全国甚至全球都当成系统以后，那么总的系统就转化为封闭式系统。

5.按系统内部结构分类

按系统内部结构分类，可把系统分为开环系统和闭环系统。一个没有控制机制、反馈环和目标要素的系统称为开环系统。开环系统如图1-8所示。例如，一个小型电子空间加热器，从通电、开启、释放热量直到被关闭，系统输出是不受控制的。

图1-8 开环系统

一个由目标、控制机制和反馈环三个控制要素组成的系统称为闭环系统。如图1-9所示的系统是一个闭环系统，图1-10则是企业系统的通用模型。

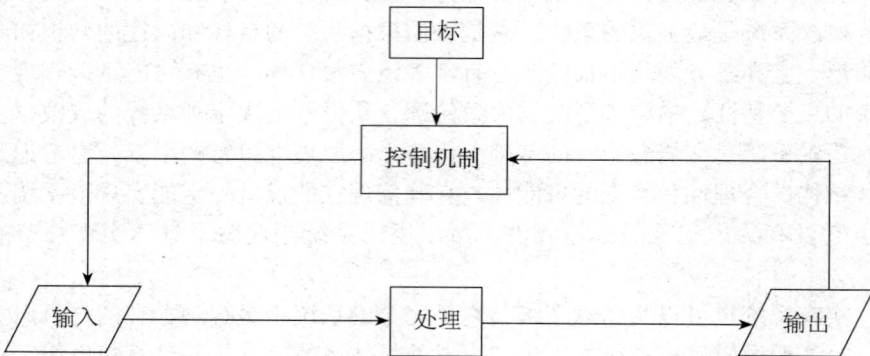

图1-9 闭环系统

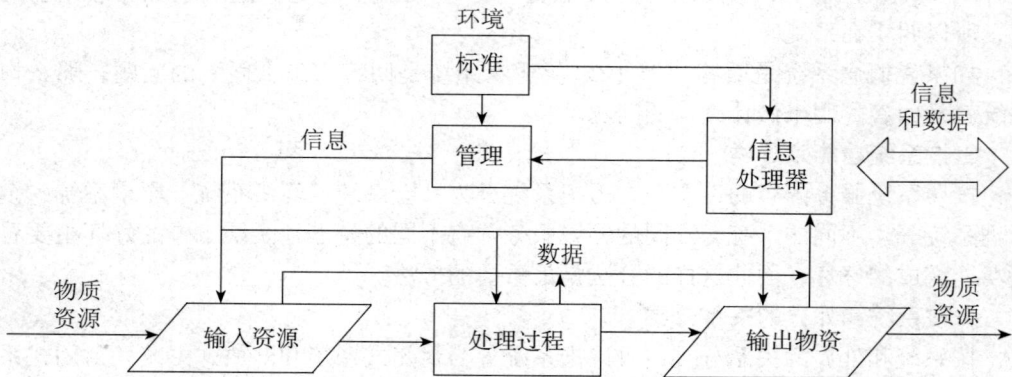

图1-10 企业系统的通用模型

1.2.3 系统方法与系统工程

1.系统方法

所谓系统方法，就是按照事物本身的系统性把对象放在系统的形式中加以考察的一种方法，是一种立足整体、统筹全局、使整体与部分辩证地统一起来的科学方法。具体地说，就是从系统的观点出发，始终着重在整体与部分（要素）、要素与要素、整体与外部环境的相互关系中揭示对象的系统性质和运动规律，以达到最佳地处理问题的一种方法。在运用系统方法考察客体对象时，一般应遵循整体性、历时性和最优化的原则。

整体性原则是系统方法的出发点。它是指把对象作为一个合乎规律的由各个构成要素组成的有机整体来研究。系统整体的性质和规律，只存在于各部分之间相互联系、相互作用、相互制约的关系中，单独研究其中任何一部分都不能揭示出系统的规律性。各组成部分的孤立特征和局部活动的总和，也不能反映整体的特征和活动方式。因此，它不要求人们像以前那样，事先把对象分割成许多简单的部分，分别加以考察后再把它们机械地叠加起来，而是把对象作为整体对待，从整体与部分的相互关系中揭示系统的特征和运动规律。

历时性原则是系统方法的又一个基本原则。所谓历时性，是指在运用系统方法分析研究对象时，应着重注意系统以什么方式产生，在其发展过程中经历了哪些历史阶段，以及它的发展前景如何。也就是说，把客体当做随时间变化着的系统来考察，从客体的形成过程和历史发展中认清现象的本质规律。任何系统都有一个生命周期，即系统从孕育、产生、发展到衰退、消亡的过程。由于现代社会系统内部信息流动的速度不断加快，对于信息系统来说，这种历时性则表现得更为明显。

最优化原则是指从许多可供选择的方案中挑选出一种最优方案，以便使系统运行于最优状态，达到最优效果。它可以根据需要和可能为系统确定最优目标，并运用最新技术手段和处理方法把整个系统分成不同等级和不同的层次结构，在动态中协调整体与部分的关系，使部分的功能和目标服从系统总体的最优功效，达到整体最佳的目的。例如，对一个信息系统的设计和控制问题，系统方法可以根据信息环境与信息系统的关系，根据信息需要和可能提供的资源条件，为该系统确定一个最优目标；通过分析系统结构，研究如何把这个大系统划分成若干个子系统，如财务管理、制造、营销、人力资源等；每个子系统又可分为更低一级的分支系统，以便逐阶分级进行最优处理，然后在最高一级统一协调求得整个系统的最优化。

2.系统工程基础

系统工程是系统思想和系统方法的具体应用过程，是在系统论的指导下，以数学、运筹学及计算机技术为手段来研究一般系统的规划、设计、组织、管理、评价等问题的科学方法。随着人类社会的发展，包括信息系统在内的现代社会系统越来越呈现出"大系统"的特征，即规模庞大、结构复杂、因素众多、功能综合。如何解决这类复杂大系统的开发与管理问题，是系统工程的主要任务。

（1）系统工程的产生与发展

系统工程的思想方法是人们在漫长的社会实践中逐步形成的。早在公元前250年的战国时期，秦国蜀郡太守李冰父子主持修筑的都江堰水利工程就体现出系统工程的思想萌芽。宋真宗时晋国公丁谓重造皇宫的过程则是系统工程的一次早期实践。到了20世纪中叶，随着现代科学技术的发展，特别是系统论、信息论、控制论以及运筹学和计算机技术的诞生和进步，使系统工程作为一种崭新的科学方法逐渐得到了广泛的运用。一般认为，1940年，美国贝尔电话公司为统筹安排微波通信网而提出了"系统工程"这一术语。在第二次世界大战中，运筹学和系统工程在军事活动领域发挥了应有的作用，在美国空军支持下于1945年成立的兰德公司还提出了系统分析的方法。1957年，古德（H.Goode）和麦克霍尔（R.E.Machol）出版了《系统工程》这一专著，标志着系统工程这门新兴学科的诞生。1957年，美国海军在实施研制导弹核潜艇的"北极星计划"时，由于采用了被称为"计划评审技术"（PERT）的系统工程方法，结果比原计划提前两年完成了任务。此后，系统工程被日益广泛地运用到宇航、环境、人口、经济管理等方面。比较著名的例子有1961—1972年间美国实现宇宙飞船载人登月的"阿波罗计划"、1970—1974年间墨西哥进行农业改造的"绿色计划"等。

（2）系统工程方法

系统工程的实质，就是用系统的观点来分析和解决问题。所谓系统的观点，就是不着眼于个别要素的优良与否，而是把一个系统内部的各个环节、各个部分，把一个系统的内部和外部环境都看成是相互联系、相互影响、相互制约着的综合体，从整体上追求系统的功能最优。这种方法的特征为：

①观察、测定、研究系统中各组成要素或子系统间以及系统内部与外部环境间的复杂关系，从而认识系统所特有的机制。

②分析、发现各组成要素或子系统的性质、构造与系统整体性质、功能间的固有关系，从而巧妙地利用要素或子系统间的联系来大大提高整体的水平。

③根据共同的目标和评价尺度确定各要素或子系统的重要程度，分配相互制约的资源，特别是重点资源的有效分配，做到充分共享。

3.系统方法解决问题的主要步骤

（1）定义问题：列出一个或一组希望达到的目标。

（2）列出资源和约束：供选择的技术或手段以及每个系统所需的"成本"或资源。

（3）给出方案：一个或一组数学模型。

（4）评估被选方案。

（5）选择最佳方案并实施。

（6）总结解决方案的有效性。

1.3 信息系统

1.3.1 信息系统的基本概念

信息系统（Information System，IS）是一系列相互关联的可以输入、处理、输出数据和信息,并提供反馈、控制机制以实现某个目标的元素或组成部分的集合。信息系统是一个专门的系统,它通常是一个为组织或企业的各级领导管理决策提供服务的系统。

在日常管理中,根据信息系统中信息的处理方式是否利用了计算机技术可以把信息系统分成基于计算机的信息系统(Computer-Based Information System,CBIS)和基于人工的信息系统。现在我们所讲的信息系统主要是指以计算机进行信息处理为基础的人-机系统。信息系统根据系统目标的需要,对输入的大量数据进行加工处理,代替人工处理的繁琐、重复劳动,为管理决策提供及时、准确的信息。

1.3.2　一般信息系统的模式

信息系统首先是一个系统,具有输入、处理、输出、反馈和控制这五个基本组成部分;其次,信息系统又是一个由人和机器共同组成的系统,其中人是系统的核心,人既可以是系统的管理者、操作者,也可以是系统的服务对象,为人们服务是各种信息系统构成的意义所在;而机器的含义较为广泛,它包括在信息的收集、存储、加工、检索和传递等过程中所采用的一切物理设备。图1-11显示了一般信息系统的模式。

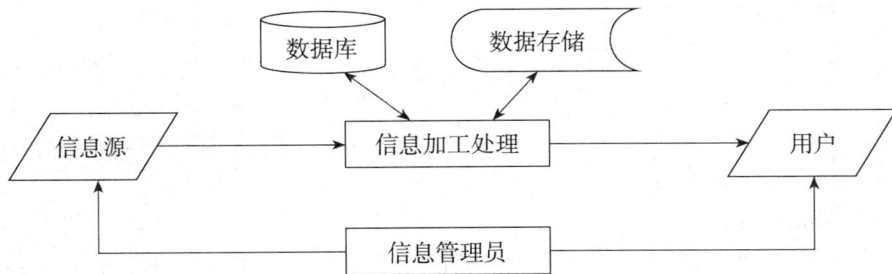

图1-11　信息系统模式图

1.4 管理信息系统的概念、特点和功能

1.4.1　管理信息系统的概念

1.管理的概念

管理是人有目的、有意识的实践活动,是管理者在一定的条件下,为了实现预定目标,对各种资源和实践环节进行规划安排、优化控制的总称。管理实践是通过对资源的合理配置,达到以最小的投入获得最大效益的目的。管理的基本职能包括计划、组织、领导和控制。

2.管理科学的发展阶段

管理科学的发展大致经历了六个阶段:

第一阶段：泰勒制。20世纪20年代，出现了以泰勒为代表的科学管理学派，泰勒在1911年撰写的《科学管理原理》中论述了改直线制为职能制、工作和时耗的研究、分工、劳动定额和计件工资，首次把科学原则引入管理之中。

第二阶段：行为科学学派。20世纪30年代，出现了行为科学学派，其代表作是美国人梅奥（George Elton Mayo）的著作——《工业文明中人的问题》（1933年），他主张激励人的积极性，主张工人参加管理。

第三阶段：数学管理学派。20世纪40年代，出现了数学管理学派，其代表作是1940年苏联人康托拉维奇所著的《生产组织与计划中的数学方法》，他把数学引入管理，并提出生产指挥的问题主要是数学问题。

第四阶段：计算机管理学派。计算机管理学派出现在20世纪50年代，在这一时期虽没有明显的代表作，但计算机已被广泛用于管理。继1954年计算机用于工资管理后，在50年代末至60年代初形成了计算机用于管理的第一次热潮。

第五阶段：系统工程学派。20世纪70年代，系统工程学派产生，其代表作是1970年华盛顿大学教授卡斯所著的《组织与管理——从系统出发的研究》，他提出用系统的理论和方法研究管理。

第六阶段：信息学派和管理信息系统学派。这一学派出现于20世纪80年代，这一时期出现了信息革命，信息被视为重要的无形资源用于管理。同一时期又产生了控制论，于是信息论、控制论、系统论在管理中有机结合，产生了管理信息系统学科，它的出现极大地推动了管理科学的发展，而且成为一门完整的科学学科。

3. 管理信息系统的定义

由于管理信息系统是一门正在发展的横跨信息科学、管理科学和行为科学等学科的新兴的边缘学科，关于管理信息系统的定义同样也在逐渐发展和成熟。随着人们对MIS的认识不断加深，先后给出了不少关于MIS的定义或解释，其中比较重要的有：

（1）1970年，瓦尔特·肯尼万（Walter T.Kennevan）给出了最早的定义："以书面或口头的形式，在合适的时间向经理、职员以及外界人员提供过去的、现在的、预测未来的有关企业内部及其环境的信息，以帮助他们进行决策。"

（2）1985年，高登·戴维斯（Gordon B.Davis）给出了被学术界普遍接受的定义："管理信息系统是一个利用计算机硬件、软件、人工规程、管理和决策模型以及数据库，为组织的作业、管理和决策职能提供信息的综合性的人–机系统。"

（3）国内学者薛华成教授在20世纪80年代给出的定义是："管理信息系统是一个由人、计算机等组成的能进行信息的收集、传递、存储、加工、维护和使用的系统。它能实测企业的各种运行情况；利用过去的数据预测未来；从全局出发辅助企业进行决策；利用信息控制企业的行为；帮助企业实现规划目标。"

（4）ISO（国际标准化组织）的定义是："管理信息系统是运用系统管理的理论和方

法，以计算机技术、网络通信技术和信息处理技术为工具和手段，具有对信息进行加工处理、存储和传递等功能，同时具有预测、控制、组织和决策等功能的人-机系统。"

这些定义都说明管理信息系统不仅仅是一个技术系统，而且是把人包括在内的人-机系统，因而是一个管理系统，是一个社会技术系统，是信息系统在社会管理领域的具体应用。管理信息系统不仅对管理活动中发生的信息进行收集、传递、存储、加工、维护和使用，同时又为管理决策提供服务。它能如实记载企业各种活动的运行情况，又能利用已经发生、存储的数据和决策模型预测未来，提供决策依据，利用信息控制企业行为，帮助企业实现规划目标。

管理信息系统本身是一个通用的概念、术语和技术，应用于政府管理时即为政府管理信息系统，应用于高校管理时即为高校管理信息系统，应用于军队管理时即为军队管理信息系统，应用于企业管理时即为企业管理信息系统。由于不同机构、行业的特点各异，管理重点和管理方式不同，所以不同机构、行业的管理信息系统存在非常大的差异。本书主要以企业管理信息系统为介绍对象。

4.管理信息系统三要素

（1）系统的观点

管理信息系统所处理的信息在组织内部不是孤立存在的，而是相互联系、相互影响的。因为任何客观事物都处在一个复杂运行的系统之中，所以我们在进行管理信息系统分析设计和开发过程中必须以系统的观点看待影响管理信息系统建设的各种因素，正确地理解管理信息系统建设环境中的各要素间的关系。

（2）数学的方法

管理信息系统在信息处理过程中用到的各种数学模型，使信息系统具备一定的数据统计、分析功能，进而具备基本的预测和控制能力。因此，管理信息系统的建设必须建立在科学的数学方法基础之上。

（3）信息技术的应用

管理信息系统是计算机技术、数据库技术和网络通信技术在管理领域的重要应用。如果没有计算机和网络通信技术，数据处理过程只能通过手工方法解决，那么就谈不上现代管理信息系统的建设。

从管理信息系统发展过程看，管理信息系统所采用的技术主要经历了以下三个阶段：单机版管理信息系统、C/S（Client/Server，客户机-服务器）结构的管理信息系统和B/S（Browser/Server，浏览器-服务器）结构的管理信息系统。这三个阶段都离不开计算机和网络通信技术的支持。

1.4.2 管理信息系统的特征

管理信息系统是在数据处理系统的基础上发展起来的，其特征是面向管理的一个集成系统，它覆盖了整个管理系统，对管理信息进行收集、传递、存储与处理，是多用户共享的系统，直接为基层和各级管理部门服务。管理信息系统不仅具有系统一般的特征，而且具有其特定的特征。管理信息系统具有以下特征：

（1）它是一个人－机系统，在管理信息系统中，需要充分发挥人和计算机系统的长处，一些工作由计算机系统处理，一些工作要由人进行处理，使人和计算机系统和谐工作。从技术角度看，管理信息系统已是比较完善的系统，但管理信息系统应用到管理实际工作中后，有许多失败的案例，究其原因，很重要的一个因素是系统中的人的作用问题没有解决好。

（2）管理信息系统是一个综合系统，它是人和信息技术的综合体，也是计算机硬件与软件的综合体。它包括了管理人员、系统分析人员、系统设计人员、程序员和工作人员等，还包括了计算机、通信工具、网络设备等各种硬件设备；它不仅包括了各种系统软件、应用软件，还包括了组织的规章制度和岗位职责等不被人们所重视的软件。

（3）它是一个动态系统，管理信息系统是一种软件产品，因此它具有其他产品所具有的生命周期的特点。随着组织外部环境和内部条件的变化，我们可以通过对系统的不断维护，以尽可能延长其生命周期，但管理信息系统的生命周期仍将会终结，需要在新的条件下开发新的管理信息系统，如此周而复始。

1.4.3　管理信息系统的功能

（1）信息处理功能。对各种类型的数据进行收集、输入、传输、存储、加工处理、输出和管理等。这是管理信息系统的首要任务和基本功能。

（2）预测功能。运用数学方法、管理方法和预测模型，利用历史的数据对未来可能发生的结果进行预测。这是管理计划和管理决策的前提。

（3）计划功能。对各种具体工作合理地计划和安排，并按照不同的管理层提供相应的计划报告。例如：市场开发计划、生产作业计划、销售计划等。这是指导各个管理层高效工作的前提。

（4）控制功能。通过对计划的执行情况进行监测、检查，比较执行与计划的差异，并分析其原因，辅助管理人员及时用各种方法加以控制。

（5）辅助决策功能。这是指运用数学模型，为合理的配置企业的各项资源，及时推导出有关问题的最优解，辅助各级管理人员进行科学决策。

1.5　管理信息系统的结构

管理信息系统的结构是指管理信息系统各个组成部分所构成的框架结构，就像一座高山，"横看成岭侧成峰"，从不同角度看它可以得出不同的结构形式一样，我们也可以从不同的角度来观察管理信息系统的结构形式。管理信息系统中主要有：概念结构、层次结构、功能结构、综合结构和物理结构。

1.5.1 管理信息系统的概念结构

管理信息系统从概念上看是由四大部件组成，即信息源、信息处理器、信息用户和信息管理者，它们之间的关系如图1-12所示。

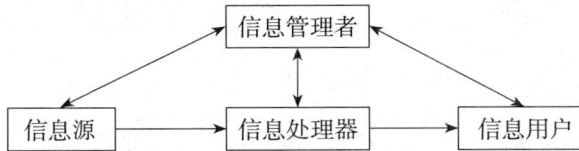

图1-12 管理信息系统的概念结构

图中，信息源是信息的产生地；信息处理器是进行信息的传输、加工、保存等任务的设备；信息用户是信息的使用者，它应用信息进行决策；信息管理者负责信息系统的设计实现，在实现以后负责信息系统的运行和协调。

1.5.2 管理信息系统的层次结构

由于管理信息系统是为管理决策服务的，我们知道管理是分层次的，纵向可以分为基层（作业处理）、中层（战术管理）和高层（战略策略）三个管理层次，因此管理信息系统也可以从纵向相应分解为三层子系统。另外管理又可按职能分条进行，因而在每个层次上又可横向地分为财务管理子系统、制造子系统、营销管理子系统、人力资源管理子系统和办公自动化子系统等。每个子系统都支持基层管理到高层管理的不同层次的管理需求，一般来说，基层管理所处理的数据量很大、加工方法固定，而高层管理所处理的数据量较小、加工方法灵活，但比较复杂，如图1-13所示。

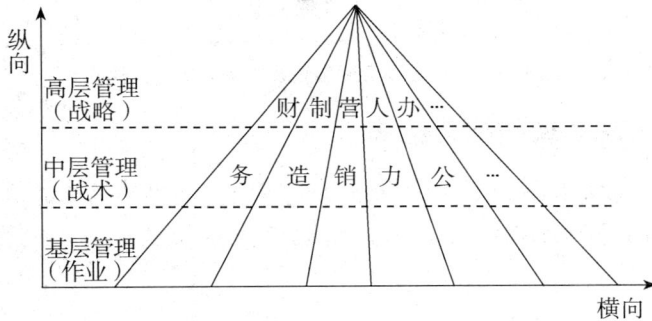

图1-13 管理信息系统的层次结构

1.5.3 管理信息系统的功能结构

从信息技术的角度看，管理信息系统具有信息的输入、处理和输出等功能。因此管理信息系统的功能结构从技术上看可以表示为图1-14的形式。

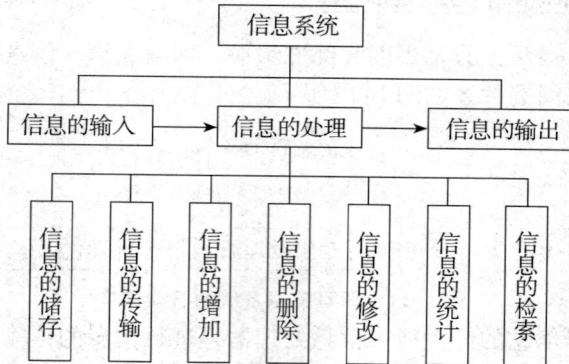

图1-14 从技术角度看信息系统功能结构

从业务角度来看，管理信息系统应该支持整个组织在不同层次上的各种功能。各种功能之间又有各种信息联系，构成一个有机的整体及系统的业务功能结构。图1-15是一个企业的内部管理信息系统，该系统划分为七个职能子系统。

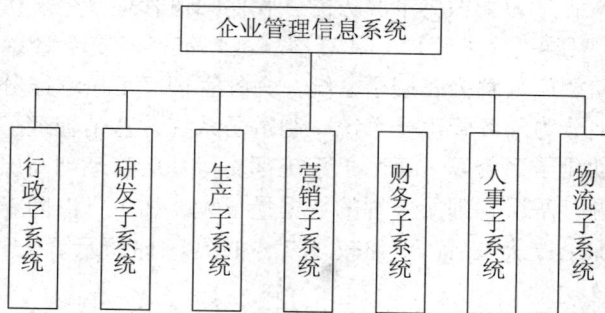

图1-15 从业务角度看信息系统的功能结构

1.5.4 管理信息系统的综合结构

由于各职能子系统有不同层次的信息处理结构，如果把前面介绍的管理信息系统的横向结构与纵向结构加以综合，就是管理信息系统的纵横综合结构，如图1-16所示。

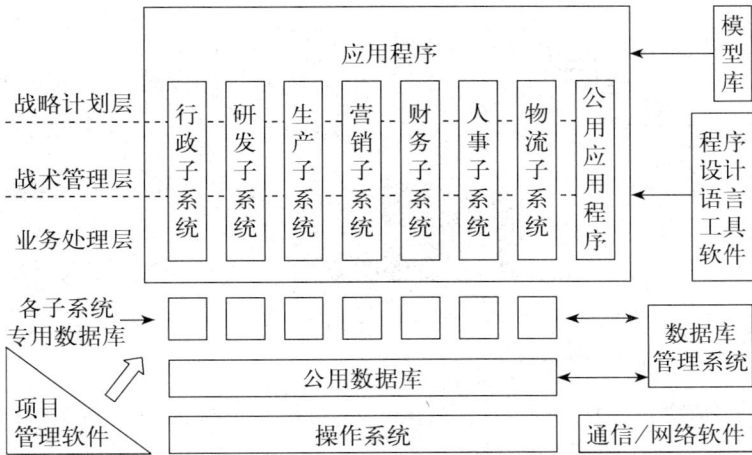

图1-16　管理信息系统综合结构

管理信息系统的综合结构是基于组织职能的各个职能子系统的联合体，而且每个子系统又分为三个层次，即战略管理、战术管理和作业管理的信息系统。每个职能子系统都有自己的专用数据库、模型库和专用的应用程序，此外，还有各个职能子系统使用的公用数据库、模型库和应用程序。

1.5.5　管理信息系统的物理结构

管理信息系统的物理结构是指系统的硬件、软件、数据等资源在空间的分布情况，是避开管理信息系统各部分的实际工作，只抽象地考察其硬件系统的拓扑结构。管理信息系统的物理结构一般有三种类型：集中式、分布式和分布-集中式。

这三种结构是随信息技术的发展而产生的。早期由于受计算机设备和通信设备所限，都采用集中式的系统，如图1-17（a）所示。集中式系统是资源在空间上集中配置的系统。单机系统是典型的集中式系统，将软件、数据和主要外部设备集中在一套计算机系统之中。20世纪80年代，由于微型计算机和计算机网络系统的出现，加之当时微机的功能又有限，故多采用由小型机或超级小型机所组成的分布-集中式的系统，如图1-17（b）所示。到了80年代中期，微机的功能甚至超过了几年前的中小型机，分布式计算机系统和分布式数据库也已出现，于是管理信息系统的结构又朝着分布式的方向发展，即以一台或几台高档微机作为网络服务器，用总线结构的网络连接网络服务器的各个网络工作站，如图1-17（c）所示。分布式系统通过网络把不同地点的计算机硬件、软件、数据等资源联系在一起，服务于一个共同的目标，实现不同地点的资源共享。

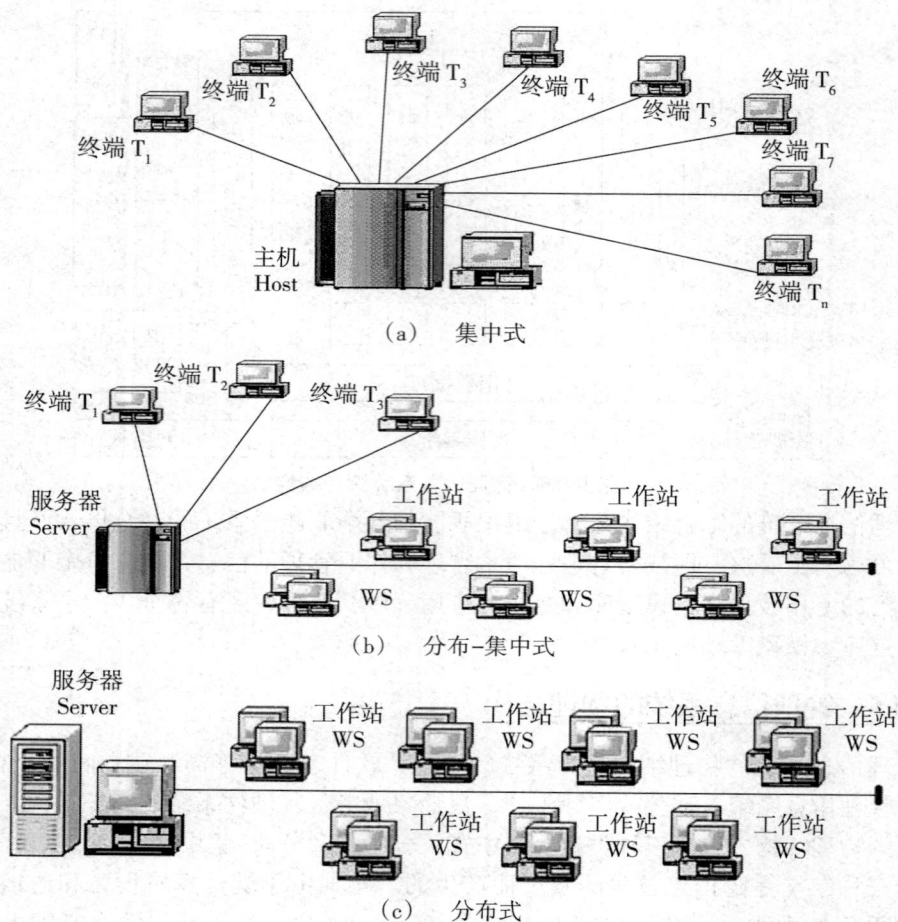

（a）　集中式

（b）　分布-集中式

（c）　分布式

图 1-17　管理信息系统的物理结构

1.6　管理信息系统的发展阶段

随着以计算机技术为代表的现代信息技术以及管理科学的不断发展，自20世纪50年代以来，管理信息系统经历了从简单到复杂的过程，从单项数据处理到多项业务综合管理，从单机版到网络版再到人机协作，从部门的管理信息系统到企业级的管理信息系统应用，从企业应用到政府机关以及社会各界的应用，直至现在的跨组织、跨国界的集成应用系统。这个发展过程大致经历了以下阶段：事务处理系统（Transaction Processing System，TPS）；管理信息系统（Management Information System，MIS）；决策支持系统（Decision Support System，DSS）；不同系统集成而成的一体化信息系统等。

1.6.1 事务处理系统

20世纪50年代初期，计算机开始应用在经营管理工作中的数据处理上，主要是在会计和统计工作上，代替算盘、手摇计算机、现金出纳机等，形成了所谓的电子数据处理系统（EDPS）。其特点是数据处理的计算机化，目的是提高数据处理的效率。由于它是用来处理一些具体事务的，所以也称事务处理系统（TPS）。

事务处理系统主要用于支持组织作业层的日常操作事务，所以可以在各个具体业务部门构成独立系统或子系统，如工薪系统、订货系统、库存系统、计价系统、货运系统、销售系统、收支账目系统、数据统计系统等。

事务处理系统的特点是：

（1）支持每日的运作。

（2）有很高的效率，能完成对大量数据的处理。

（3）逻辑关系简单。

（4）重复性强。

（5）能支持许多用户。

事务处理系统是面向数据的，对日常往来的数据进行常规处理，所处理的问题结构化程度高、处理步骤固定，它充分利用了计算机对数据进行快速运算和大量存储的能力，可以减轻业务人员大量重复性的劳动。因此，它是基层业务人员的得力助手，无论是大企业、大机关，还是中小企业或单位，甚至是个体业者或其他组织都可以使用。

在事务处理系统应用取得一定成效之后，无论是计算机方面还是用户方面，都有进一步发展应用的要求。考虑到事务处理系统输出的是数据，不一定能形成对管理有用的信息，只有经过加工的数据，形成对一定的人员有用的东西，才构成信息。在管理过程中，各管理层次（战略层、战术层、操作层等）都需要有关的信息，其中有的来自现场，有的来自基层，也有从外界来的信息和管理人员相互之间沟通的信息。为了把数据收集起来加以处理，形成有用的信息，在20世纪60年代初期，开始出现后来被称为管理信息系统（MIS）的计算机系统。

1.6.2 管理信息系统

对管理信息系统而言，当前有两种理解。广义的理解是，凡是使用于管理（包括基层、中层和高层）的信息系统都可以叫做管理信息系统，简称信息系统。狭义的理解则是指那些能从内部和外部收集数据，经过加工处理，形成有用信息，以预定的形式提供给各管理层次（中层为主）使用的信息系统。本书中介绍的管理信息系统是狭义的管理信息系统。

管理信息系统输入的是内部与外部的有关数据，内部数据有的来自事务处理系统或子系统（它是整个管理信息系统的有机组成部分），有的来自其他数据源（如生产现场），经过管理信息系统程序处理后可以存入数据库，当用户有请求时，系统能够打印出书面形式的报表，也可在用户终端屏幕上显示，或在其他屏幕显示设备上显示。

管理信息系统可以为各层次、各部门服务，它常常是由多个子系统构成的，各子系统有自己的功能与输入输出设备。在管理信息系统发展的初期，数据与信息是集中保存的，管理信息系统还有管理信息资源的任务，所以它的数据库及其管理系统（DBMS）比较完备。

管理信息系统与事务处理系统相比较，有许多不同的地方，这些不同之处正体现了管理信息系统的特点。这些不同之处表现在：

（1）管理信息系统为各管理层提供信息。

（2）管理信息系统能定期输出各类报表和报告，能使用户随时得到及时的信息。

（3）管理信息系统涉及各个职能部门，具有综合性。

（4）管理信息系统是建立在计算机网络基础上的。

管理信息系统之所以有广义的定义，是由于它是在事务处理系统（电子数据处理系统）的基础上发展而来，并且常常包含事务处理系统作为它的子系统，又在此基础上发展出决策支持系统的缘故，它本身的这种承上启下的作用，使其很容易成为各类系统集成后的统称。

如果按广义定义去理解，那么狭义的管理信息系统作为它的一个组成部分，有人称之为管理报告系统（Management Reporting System，MRS）。

管理信息系统使企业的信息获得了系统的开发和合理利用，将企业的管理水平提高到了一个新的层次。然而，最初的管理信息系统还不能利用信息来满足企业中的半结构化和非结构化问题的决策支持要求。人们也慢慢意识到对于复杂问题，不能用信息系统来取代决策者做出决策，而是设法支持决策者。在此背景下，人们寻求能有效解决这些问题的新方法，进而去研究针对特定人员与特定领域进行决策支持的系统，这就引出了在20世纪70年代研究开发的决策支持系统（DSS）。

1.6.3　决策支持系统

决策支持系统（Decision Support System，DSS）是在人的分析与判断能力的基础上，借助信息技术与科学方法支持决策者对半结构化和非结构化问题进行有序的决策，以获得尽可能令人满意的客观解决方案。决策支持系统是一个人机交互的计算机系统，是由人机对话系统和数据库、模型库、知识库等基本构件组成。决策支持系统的基本结构如图1-18所示。

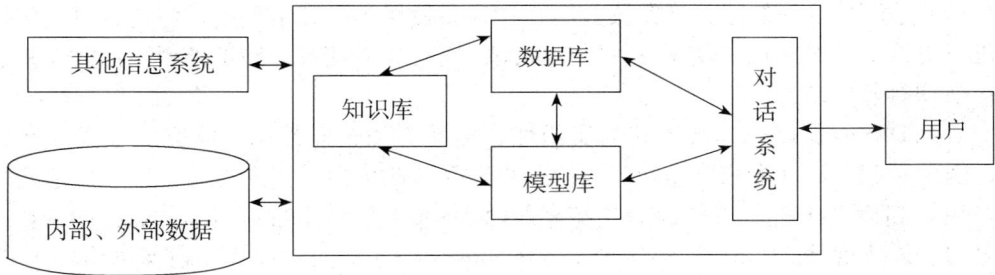

图1-18　决策支持系统的基本结构

用户与系统之间有一个对话系统，人机双方要用彼此都懂的语言进行对话。一般尽可能使用图形接口。

决策支持系统的输入信息来自管理信息系统或其他内外部信息源。决策支持系统是面向决策的，如果说事务处理系统是以数据为焦点，管理信息系统以信息为焦点，则决策支持系统是以知识为焦点，利用知识来进行分析、选择。

1.决策支持系统的特点

（1）决策支持系统是支持决策的一种信息系统。

（2）决策支持系统解决半结构化和非结构化的决策问题。

（3）决策支持系统是支持决策而不是代替决策。

（4）决策支持系统具有良好的人机交互界面，使人们能够非常方便地使用。

（5）决策支持系统具有充分的灵活性和适应能力，能够跟踪用户的决策方法和决策环境的变化。

（6）决策支持系统能够围绕决策问题组织数据和模型，即具有数据生成和模型生成功能。

（7）决策支持系统由用户启动和控制。

2.决策支持系统和管理信息系统之间的区别和联系

（1）在一个企业和组织内部，决策支持系统和管理信息系统可以并存，不是互相取代，它们所要解决的问题不同。管理信息系统主要用于解决结构化的决策问题，而决策支持系统主要是解决半结构化或非结构化的决策问题。

（2）决策支持系统和管理信息系统提供的信息和决策支持都需要大量的输入信息。这些输入信息主要来自于事务处理系统、管理信息系统和企业外部环境。

（3）一个管理信息系统往往支持人们解决多个决策问题，而一个决策支持系统往往是针对一个特定的半结构化或非结构化的决策问题开发的。因此，如果把管理信息系统看成是在一个面上的辅助决策的话，那么决策支持系统可以看成是在一个点上支持决策。

（4）管理信息系统进行决策支持时，往往只使用各种数学模型。但是，决策支持系统进行决策支持时不仅要使用各种数学模型，而且还使用各种知识模型，把数学模型和知识模型有效地结合起来。

自从 DSS 问世以来，由于它的实用性，给社会和企业带来了巨大的社会和经济效益，因而引起了许多专家和企业界人士的极大兴趣和关注，使之很快得到了长足的发展和应用。随后又出现了群体决策支持系统（Group Decision Support System，GDSS）、智能决策支持系统（Intelligence Decision Support System，IDSS）和主管信息系统（Executive Information System，EIS）等。

1.6.4　集成一体化信息系统

上述系统都是解决企业内部的信息收集、分析、处理、传递和信息资源共享问题的。这些系统的建立在为企业内部的各级管理和决策人员提供信息和决策支持，在提高企业的经营管理水平方面发挥了极其重要的作用。但是，随着企业面临的市场环境的变化，为了谋求生存和发展，企业必须具有快速响应市场变化的能力，要能及时提供适应市场需要的高质量、低价格、服务好的产品或服务。

为此，企业在处理内部信息的同时必须及时、准确、完整地收集、分析、处理和传递大量的外部信息。信息系统在企业中的应用不仅要解决企业内部各部门之间的信息快速、准确地传递和信息资源共享问题，还要实现企业与其合作伙伴之间的信息快速、准确传递和资源共享。

在这种企业内部需求的拉动下，在迅猛发展的计算机网络技术的推动下，出现了一种新型的管理信息系统——集成化信息系统，企业资源规划（Enterprise Resources Planning，ERP）系统、计算机集成制造系统（Computer Integrated Manufacturing System，CIMS）就是典型的集成化信息系统。

ERP 是在 MRP II 的基础上发展起来的，是当前最先进、最科学的企业管理信息系统。ERP 将企业内部各个部门，包括财务、会计、生产、物料管理、质量管理、销售与分销、人力资源管理、供应链管理等，利用信息技术集成连接在一起，它实现了企业内部资源和与企业相关的外部资源的信息集成。ERP 不仅仅扩充了企业的人力资源、产品研制、服务等信息，实现了企业内部全部信息的集成，而且把管理信息系统拓展到企业的外部，实现了包括供应商和客户资源的信息集成。ERP 展现出的是一个完全开放的信息集成的态势，它适应的是世界经济一体化的要求，将满足全球化市场变化的需求。企业管理人员通过 ERP 系统可以避免资源和人力上的不必要的浪费，高层管理者也可以根据这些信息及时准确地做出最好的决策。

计算机集成制造系统（CIMS）是借助计算机软硬件，综合运用现代管理、制造、信息、自动化、系统工程等技术，将企业生产经营全过程中有关人力、技术和管理三要素及有关的信息流、物流和资金流有机地集成并优化运行，以实现产品的高质量、低成本、短交货期，提高企业的应变能力和综合竞争能力，从而使企业赢得竞争优势。CIMS是工厂自动化的集成模式，它面向整个工厂，覆盖工厂的各种经营活动，包括生产经营管理、工程设计和生产制造各个环节，即从产品报价和接受订单开始，经计划安排、设计、制造直到产品出厂及售后服务等的全过程。CIMS包括四个功能子系统：①管理信息子系统，②产品设计子系统，③生产制造子系统，④质量保证子系统。

管理信息系统是一个不断发展的概念。TPS、MIS和OA（Office Automation）等技术在商贸中的应用已发展成为电子商务系统（Electronic Business Processing Systems，EBPS），这种系统以通信网络上的电子数据交换（Electronic Data Interchange，EDI）标准为基础，实现了集订货、发货、运输、报关、保险、商检和银行结算于一体的商贸业务，极大方便了商贸业务和进出口贸易。此外，还出现了不少新的概念，诸如总裁信息系统、供应链管理系统、客户关系管理系统和其他基于知识的信息系统等。

1.7 管理信息系统学科与其他学科

1.7.1 管理信息系统学科与其他学科的关系

管理信息系统是一门综合性边缘学科，我国已把它列为管理科学与工程一级学科下的二级学科。它引用其他学科的概念，把它们综合集成为一门系统性的学科。它面向管理，利用系统的观点、数学的方法和信息技术的应用三大要素，形成自己独特的内涵，成为系统型、交叉型、边缘型的学科。图1-19显示了本学科与其他学科之间的关系。

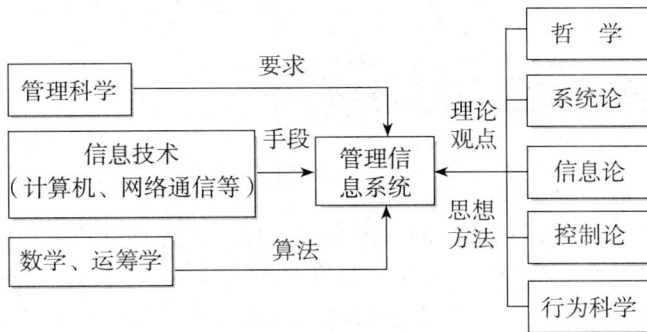

图1-19　管理信息系统与其他学科的关系

管理信息系统首先是管理科学的发展，换句话说，管理科学向管理信息系统提出了要求，它是产生本学科的直接原因，这从前面所讨论的管理科学的发展历史中已了解了。当然，如果不了解管理科学，管理信息系统的研究和开发将缺乏明确的目标和评价的基本原则。

管理信息系统同时又是依赖于现代技术而形成的。面向现代化管理活动中大量的、复杂的数据，没有现代技术的支持是难以完成对其的加工处理工作的，更谈不上对管理进行预测、控制和辅助决策了。

管理信息系统中的预测和决策功能，必须运用数学和运筹学的方法和模型来解决。

此外，管理信息系统还从哲学、系统理论、信息论、控制论和行为科学等学科吸取了有用的观点、概念和方法。

1.7.2 管理信息系统的知识体系结构

管理信息系统是一门综合性学科，所涉及的知识广泛，需要研究的问题很多，我们可以用图1-20来描述管理信息系统的知识体系结构。

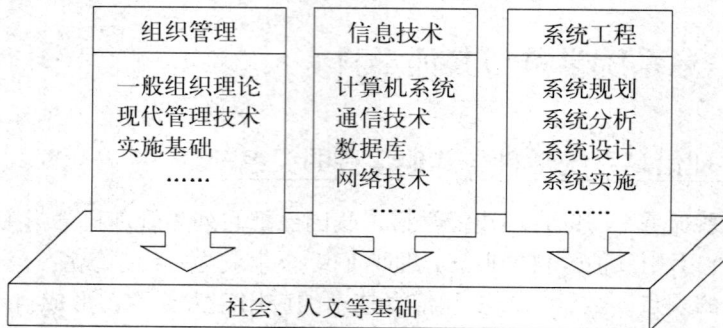

图1-20 管理信息系统知识体系结构

案例1 销售主管的一天

某公司销售主管刘洋，经过两天的休息后，周一精神抖擞地准备去上班。他的住所距公司只有20分钟的步行路程，刘洋一般喜欢步行上班。吃早餐时他习惯性地打开收音机听当天的新闻和天气预报，气象台预报说今天中午以后可能会下雨，于是刘洋决定开私家车去上班。

进入公司大门时，刘洋习惯性地将自己的公司身份卡在门禁的刷卡机上刷了一下，刘洋进入公司的时间立即被人力资源管理信息系统记录在案了。

进入自己办公室后，刘洋立即打开办公桌上的计算机。今天是周一，上午要召开公司业务汇报会，刘洋首先进入销售管理信息系统，要求系统立即将上周的产品销售报表打印出来，然后查看计算机桌面上等待处理的电子邮件，其中两份是外地代理商要求增加发货的信函，刘洋看过后立即将它们转发给成品库主管，并同时利用系统的短信发送功能通知成品库主管有邮件给他。此时上周的销售报表已经打印出来，刘洋发现产品销售量比上周下降了10%，刘洋让系统列出了上周销售数据下降的代理商名单，看到产品销售量下降最多的就是要求增加发货的两个代理商，刘洋在去开会以前要求秘书拟定一份对应产品销售量下降的分析报告。

公司业务汇报会议后，公司生产经营副总经理召集了生产部、销售部、信息部和财务部等部门的主管会议，讨论如何实现生产计划系统、销售系统、库房管理系统与采购系统的信息沟通问题。由于目前公司的销售系统便于销售人员在任何地方输入数据，查询客户资料、库存资料，可以很快汇总销售数据，已经能够满足销售部门的需要，因此，刘洋对销售系统与其他系统的集成并不感兴趣。

刘洋回到办公室后，秘书已经将销售量下降的报告拟好，刘洋修改后要求秘书再将销售系统中的一些代理商资料以及代理成本的分析数据添加进计划，并将报告制成明天公司专门讨论销售情况的幻灯片。

下午，刘洋与销售部中的几个业务骨干接待了某管理咨询公司的专家，专家向大家演示了一套营销管理决策支持系统，该软件提供了一些可以支持广告决策的营销模式，选择新产品市场开发方法的模式以及对各种销售情况进行分析的程序。大家对此很感兴趣，但是10万元的售价使他们不能立刻做出决定。刘洋询问是否可以将软件留在公司试用，专家说可以，但是只能试用3个月。

专家走后，刘洋上网搜索了与该公司产品有关的市场以及竞争对手情况，将一些重要的信息摘录下来，准备明天讨论会时用。接着又看了一下当天的一些重要新闻和已经收盘的股市情况。

下班后，刘洋在回家的路上到超市购买了一些食品和日常用品。结账的时候，超市工作人员用POS机扫描刘洋购买的商品，POS机从商品的条形码上读取了商品价格数据，汇总后，刘洋用信用卡结了账。

（根据周继雄主编，上海财经大学出版社2008年出版的《管理信息系统》第一章案例改编）

案例思考题：

1.在刘洋一天的工作生活中，他遇到、使用到了哪些管理信息系统？你能从这些系统的信息处理方式中分析出它们都有哪些特点吗？请设想一下，如何对其中的一些信息系统进行改进，增强它们的功能。

2.你能否再列举一些在日常生活和工作中所遇到的管理信息系统？

案例2 管理信息系统使快时尚品牌ZARA迅猛发展

对于以"时效性"著称的服装业界,"流行性"和"季节性"构成了其服装商品的显著特征,服装企业只有做到"信息反馈高效、市场反应灵敏",才能在日趋激烈的市场竞争中立稳脚跟。因此,如何突破传统经营模式的壁垒,将原辅料供应、生产制造、产品销售等环节有机协调,建立起高效而完整的供应链管理体系、共享信息网络的有效资源,实现"以销定产、以产定购"的快速反应机制,将是服装企业在发展过程中需要面对的严峻课题。

1.高速度——紧随"时尚"的脉动

时尚最大的特点就是多变,一部电影、一张专辑都可能改变人们对时尚的看法,而时装最动人处正是紧随时尚。当电影或电视媒体中出现新的流行元素,ZARA只需几天的时间就可以完成对歌星的装束或顶级服装大师创意作品的模仿。从流行趋势的识别到将迎合流行趋势的新款时装摆到店内,ZARA只需两周的时间,而传统生产方式下这个周期要长达到4~12个月。ZARA与顾客追求时尚的心态保持同步,能够更快地抓住每一个跃动的时尚讯号,以此来打动顾客。

2.小批量——"饥饿"疗法的实施

与其他服装零售商相比,ZARA每一款服装的生产数量都非常小,这就人为地创造了一种稀缺。越是不容易得到的,就越能激发人的购买欲望。ZARA执行永远"缺货"的策略,对于同一种款式的服装,零售店的库存一般只有几件,或许由于你的一时犹豫,从而错失了最终拥有它的机会,因为你明天看到的也许是摆放一新的货架。这最初的懊恼,换来的是顾客再次光顾时果断的购买速度。

3.多款式——让审美不再"疲劳"

ZARA并不讲求每种款式生产更多的数量,而是注重款式的多样性。ZARA每年生产的服装款式超过12 000种,比起它的许多竞争对手,ZARA能在流行时装上提供更多的选择。ZARA商店每周供货两次,因为很少有对售完款式的再定购,商店每隔3~4天架上货品会全部更新,总能给人以新鲜感。紧跟时尚趋势、频繁的更新和更多的选择,造就了ZARA对顾客的独特吸引力,从而大大增加了顾客对ZARA的偏好与忠诚度。

在如此短的前导时间内完成"小批量、多款式"的服装生产,对大多数企业而言几乎是"天方夜谭",但ZARA却做到了,并形成了其独特的商业模式。以信息和通信技术为核心的IT系统是ZARA独特的商业模式得以实现的关键。

4.信息收集的及时化

ZARA的资讯来源于大量分布在酒吧、秀场等时尚场所的时尚买手，他们搜集最新的时尚信息，及时向总部汇报；同时，ZARA专卖店也会及时反馈当日的销售报告及顾客需求的相关信息。关于时尚潮流趋势及顾客意见的各种信息每天源源不断地从世界各地进入ZARA总部的数据库。设计师们可以一边核对当天的发货数量和每天的销售数量，一边利用新信息来产生新的想法以及改进现有的服装款式。通过访问数据库中的实时信息，设计师与生产、运营团队一起决定一个具体的款式用什么布料、如何剪裁以及如何定价。

5.服装信息的标准化

对一个典型的服装零售商来讲，不同的或不完全的尺寸规格，不同产品的有效信息通常需要几个星期，才能被添加到他们的产品设计和批准程序中。但是在ZARA的仓库中，产品信息都是通用的、标准化的，这使得ZARA能快速、准确地准备设计，对裁剪给出清晰的生产指令。ZARA的裁剪系统也是在数字化信息系统的干预下完成的，准确而快捷。

6.库存管理的清晰化

卓越的产品信息和库存管理数据系统，使得ZARA的团队能够管理数以千计的布料、各种规格的装饰品以及设计清单和库存商品。ZARA的团队也能通过这个系统提供的信息，以现存的库存来设计服装，而不必去订购原料再等待它的到来。

7.生产模式的整合化

ZARA公司自己在西班牙拥有22家工厂，其所有产品的50%通过自己的工厂来完成，以保证绝对的快速。其余50%的产品ZARA外包给400家小加工厂，它们负责大量繁琐的缝制工作。而且，一个工厂只生产一种款式，这就绝对保证了生产的专业化水平和非常快的速度。这400家企业其中70%在欧洲，而且主要是在西班牙和葡萄牙，地理位置的便利让这些工厂能对ZARA的订单快速做出反应，尤其是异常时尚的款式。而剩下的30%则主要在亚洲生产，ZARA向这些地方订制"基础型"产品或者当地有明显优势的产品。这也是ZARA取得成功的关键之处。

8.物流配送的高效化

ZARA的物流配送系统十分发达，大约20公里的地下传送带将ZARA的产品运送到西班牙拉科鲁尼亚的货物配送中心，该中心拥有非常成熟的自动化管理软件系统。为了确保每一笔订单准时到达目的地，ZARA借用光学读取工具进行产品分拣，每小时能挑选并分拣超过6万件的服装。物流中心的运输卡车依据固定的发车时刻表，不断开往欧洲各地。ZARA还有两个空运基地，通常欧洲的连锁店可以在24小时之内收到货物，美国的连锁店需要48小时，日本则在48小时至72小时之间。在信息化手段的干预下，ZARA出货的正确率高达98.9%，而出错率不足0.5%。

"速度"虽然是ZARA占领市场的法宝，但"速度"的背后却是ZARA集约式的高效管理与强有力的管理信息系统。高科技支持下的信息手段对企业突破传统商业模式的壁垒起到巨大的推动作用。除了西班牙的ZARA，瑞典的H&M也在以信息化的管理手段演绎着另一段传奇。对于ZARA和H&M而言，速度快、款式多、批量少、迅速而准确地占有信息资源，有效地减少库存是它们取得成功的共同特征。

ZARA坚持将关键制造环节留在欧洲，而不是为生产成本在发展中国家生产。同它的竞争对手GAP相比，它证实了速度与灵活性比单纯的价格更有竞争力。

（根据同名网络文章改编，作者不详）

案例思考题：

1.如何理解信息系统能提高企业的市场应变能力、降低资金占用、提高产品质量、降低生产成本？

2.我国服装企业该从ZARA学点什么？

本章小结

本章首先全面介绍了管理信息系统的基本知识：信息、系统和信息系统。信息是使信宿对信源发出何种消息的不确定性减少或消除的东西，是从记录客观事物的运动状态和运动方式的数据中提取出来的，对人们的决策提供帮助的一种特定形式的数据。系统是由相互联系、相互作用的多个元素（部件）有机集合而成的，能够执行特定功能的综合体。从系统的结构来看可以把系统分成5个基本要素：输入、处理、输出、反馈和控制等。信息系统是一系列相互关联的可以输入、处理、输出数据和信息，并提供反馈、控制机制以实现某个目标的元素或组成部分的集合。信息系统是一个专门的系统，它通常是一个为组织或企业的各级领导管理决策提供服务的系统。然后介绍了管理信息系统的基本概念、特点、功能、结构、类型和管理信息系统与其他学科的关系。管理信息系统是运用系统管理的理论和方法，以计算机技术、网络通信技术和信息处理技术为工具和手段，具有对信息进行加工处理、存储和传递等功能，同时具有预测、控制、组织和决策等功能的人-机系统。

管理信息系统的结构主要有：概念结构、层次结构、功能结构、综合结构和物理结构。

管理信息系统的类型有：事务处理系统（TPS），管理信息系统（MIS），决策支持系统（DSS），集成一体化信息系统等。

关键概念

数据 信息 知识 智能 系统 信息系统 管理信息系统 事务处理系统 决策支持系统 集成一体化系统

复习思考题

1.何谓数据？何谓信息？信息和数据有何区别？

2.什么叫系统？有哪几类系统？请分别对各类系统进行举例说明。

3.什么是系统方法？什么是系统观点？说出系统方法解决问题的主要步骤。

4.什么是信息系统？

5.什么叫管理？如何理解管理信息系统的概念？其主要特征是什么？

6.管理信息系统的主要功能是什么？

7.事务处理系统的特点是什么？

8.你认为哪些主要学科有助于理解管理信息系统？

9.实地调查一个正在运行的管理信息系统，详细了解其功能结构和实际使用情况，写出调查报告。

第 2 章
信息系统与管理决策

内容提要

1. 世界经济发展的特点
2. 信息系统对企业管理的影响
3. 决策的概念、决策过程和决策类型
4. 企业信息化的概念和内涵
5. 企业流程再造（BPR）

决策贯穿于整个管理的全过程，管理工作的成败，首先取决于决策的正确与否。决策错了，再好的管理也无济于事。而决策的质量则取决于信息的质和量。正确、及时、适量的信息是减少不确定性因素的根本所在，而管理信息系统则是提供、处理和传播信息的载体。本章将讨论信息系统对管理和不同决策类型的支持，介绍决策的基本概念、决策的过程以及决策的类型，介绍企业信息化的概念，讨论信息技术与企业管理变革的关系。

2.1 信息系统与管理

2.1.1 当今世界经济发展的特点

20 世纪 80 年代以来，信息越来越被人们重视，成为企业的重要财富和战略性资源。这与当前世界经济的发展变化紧密相关。

1.经济全球化

所谓经济全球化，是指各国经济都在走向开放、走向市场化，世界经济趋向某种程度的一体化。国际货币基金组织在 1997 年把经济全球化概括为：通过贸易、资金流动、技术创新、信息网络和文化交流，使各国经济在世界范围高度融合，各国经济通过不断增长的各类商品和劳务的广泛输送，通过国际资金的流动，通过信息技术更快更广泛的传播，形成相互依赖关系。经济全球化的主要特征是：生产全球化、金融全球化与消费倾向的全球化。

经济全球化的基本动力来自于三个方面：首先是市场的作用范围扩大，各种贸易壁垒降低，以及资本和信息高度自由的流动；其次是以西方和亚洲新兴工业化国家与地区为基地的跨国公司加速扩张，构筑起一张张遍布全球的网络；然后则是根本性的信息技术和网络技术的进步，特别是互联网革命及其商业性的普及使得全球经济循环中的交易成本急剧下降。

信息使空间变小，距离对经济活动的约束日益弱化。今天成功的企业都依赖于其全球运作的能力。世界销售网点的建立，需要依靠信息系统来跟踪订货、货运和结算，进行世界范围内的协调和管理，实现各子公司、销售网点与总公司以至供应商、客户之间全天 24 小时的通信联系。

2.现代技术更新加快

现代社会的技术更新周期大大缩短，比以往任何一个时代都要快。农业经济时期，技术的平均寿命周期是 120 年；机械化大生产时期，技术的平均寿命周期是 50 年；电气化生产时期，技术的平均寿命周期是 15 年；信息化时代，技术的平均寿命周期只有 5 年，甚至更短。就拿计算机来说，从人类研制第一台计算机到现在，计算机芯片的面世周期从10年缩短到5个月甚至更短。

现代技术快速更新的主要原因是由于信息化趋势所导致的。互联网和各种网络已经形成一个不断迅速扩展、迥异于物理空间的信息交流空间。它从根本上跨越了传统物理空间的障碍，有力地扩大、增强、延伸了人和组织、组织与组织、人与人之间的各种信息交流，触发了人类知识智能的倍增，促进了社会系统基于计算机网络系统的整合。相对于过去的农牧化、机械化生存而言，信息化浪潮造就了崭新的数字化生存。反过来，社会越是发起信息化建设，就越会在生活的方方面面依赖信息技术。小到个人生活中的购物、休闲娱乐，大到企业间的交易、各类社会组织之间的信息传递等方面，对信息化空间的依存度都进一步加大。

信息化环境使信息流动、传播、吸收的速度大大提高，一个直接的后果就是企业技术进步的速度加快。计算机技术、生物技术等高新技术体系更新的频率加快，产业化的速度提高，使得新技术从研制到应用的时间大为缩短。除此以外，产品、服务的销售和支付等环节也大大缩短。

3. 市场需求的多样性和多变性

由于科学技术的发展和社会消费水平的提高，使产品市场步入了从以生产者为导向转向以顾客需求为导向的新的市场经济时代。社会对各种产品的需求要求在质量、规格、花色、品种上多样化，而且不断提出新要求，使需求呈现多变性，表现为以下三点：

（1）个性化。随着生产力水平和人均可支配收入的提高，顾客不再只满足于消费同样的产品，而是希望产品或者服务能够体现自己独特的需要，甚至能够代表自己的审美情趣。花样繁多的家庭装修风格、量身定做的保险计划等均是个性化需求的表现形式。

（2）高质量要求。当今社会，顾客对产品的质量要求发生了变化。工业经济时代，规模生产是时代主潮流，企业对质量的认定主要体现在产品的功能和技术指标上。而在信息化环境里，质量扩展到包括服务在内的全面质量。符合一般标准的产品质量已经被认为理所当然，质量正从一项单纯的产品指标或者属性上升为一种文化和生活哲学：精益求精、持续改进。质量概念的内涵和外延不断扩大，成为一个与人类生活息息相关的一般性范畴。

（3）青睐迅捷服务。随着顾客对时间的价值和重要性的日益珍视，时间和资金、人力、物力一样，成为经济生活中的稀缺资源。企业提供产品或者服务的迅捷程度，成为顾客选择的重要标准。这正是快餐、速递、电子资金划拨等产品和服务赢得顾客的重要原因。企业必须在短时间里对顾客的要求做出及时有效的回应。

市场需求的多样性和多变性意味着企业必须建立现代管理信息系统，充分掌握信息，才能及时把握时机，迅速对需求做出响应，从而赢得市场和客户。

4．"虚拟组织"的形成和发展

IT产业推动的全球经济一体化和现代技术更新速度的加快，既带来了广阔的市场空间和后来居上的机会，也带来了更激烈的竞争。同时，顾客需求的多样性、多变性、迅捷化和对质量的高标准要求成为时代潮流。这些外部变化推动着组织的变革，为了寻求生存和发展，一种新的动态组织机制——虚拟组织开始形成。

虚拟组织是指两个以上的独立的实体，为迅速向市场提供产品和服务，在一定时间内结成的动态联盟。它不具有法人资格，也没有固定的组织层次和内部命令系统，而是一种开放式的组织结构，因此可以在拥有充分信息的条件下，从众多的组织中通过竞争招标或自由选择等方式精选出合作伙伴，迅速形成各专业领域的独特优势，实现对外部资源的整合利用，从而以强大的结构成本优势和机动性完成单个企业难以承担的市场功能，如产品开发、生产和销售。

虚拟组织中的成员可以遍布在世界各地，彼此也许并不存在产权上的联系，不同于一般的跨国公司，相互之间的合作关系是动态的，完全突破了以内部组织制度为基础的传统管理方法。虚拟组织是建立在信息网络基础上的共享技术与信息、分担费用、联合开发、互助互利的联盟体，是网络经济中的一种高级、综合性的商业模式。它有利于借用外力和整合外部资源，将成为21世纪组织管理的重要形式。

应该指出，世界经济的这些发展趋势直接或间接地与信息技术的发展有紧密联系，全球经济一体化与企业经营国际化，首先要依靠信息技术所提供的条件。虚拟组织的技术依托的正是信息网络和信息工具。如果没有发达的通信基础设施和完备的信息网络，要达到这种一体化、国际化、虚拟化是不可想象的。而在现代科学技术中，以计算机为中心的信息技术是发展最快、渗透力最强、影响最大的技术。正是它的发展带动了当前新的世界性的技术革命，许多新技术领域离开计算机技术的支持，是建立不起来、发展不起来的。因此可以说，当今世界经济的发展是受到信息技术发展推动的。当前信息技术的发展，推动了全球范围的信息化，必将给世界经济带来更为广阔的发展前景。

5．互联网经济的到来

互联网经济是以互联网技术为平台，以网络为媒介，以应用技术创新为核心的经济活动的总称。随着信息技术和应用创新的发展，互联网经济正迅速渗透进社会生活的各个方面，给全世界带来了非同寻常的机遇。人类经历了农业社会、工业社会，当前正在迈进信息化社会。信息作为继材料、能源之后的又一重要战略资源，它的有效开发和充分利用，已经成为社会和经济发展的重要推动力和经济发展的重要生产要素，正在改变着人们的生产方式、工作方式、生活方式和学习方式，改变着人们的思维和消费习惯。电子商务的兴起改变了企业的商业结构和竞争规则，以前所未有的深度和广度推动经济社会向前发展。面对飞速发展的互联网经济，传统企业由于受各种因素影响，在价格体系、销售渠道、品牌市场、行业规则和生存环境等都面临激烈的挑战和竞争。

在互联网经济环境下，在优胜劣汰的市场规律下，企业要树立互联网思维，建立互联网运营模式，实现产业互联。

（1）互联网思维。互联网思维是指在互联网技术不断发展的背景下，对企业生态圈和产品价值链重新审视的思维方式。传统企业要在市场中生存和发展，必须深刻理解互联网的本质，掌控自身的核心优势，对市场、用户、产品、企业价值链，乃至对整个商业生态进行重新审视，进而调整企业战略和组织架构，实现向互联网经济转型。

互联网经济是在经济全球化、信息网络化、资本自由化的大背景下产生的。在互联网经济中，信息是公开透明的，所有主体都是平等的，市场更注重个性选择和个性创造。作为新经济业态，互联网经济的最主要的特征表现为边际成本递减和边际收益递增。互联网使得各市场主体无限连接，企业离消费者的距离越来越近，整个社会在飞速地社群化，人与人之间的相互连接成为商业世界的驱动力。互联网经济就是通过对时间和空间的整合，提高了劳动效率，从而创造出新的价值。

（2）互联网运营模式。互联网运营模式是围绕提升价值链，对企业组织形式、管理制度和营销方式等方面进行的设计、规划和控制。互联网经济下，用户决定企业，不是企业选择用户。企业的运营模式应该始终围绕如何吸引消费者，如何满足消费的需求，如何吸引用户时间与注意力，怎样提升用户体验，方便打通人和人、人和物、物和物之间的连接来设置。

（3）实现产业互联。人类在整个社会发展中一直在寻求彼此之间的沟通和理解，商业的本质就在于商业和消费者之间彼此发现资源实力和需求，并且进行对接。移动互联网的快速发展和普及，使人与人、人与商业资源、人与知识方面的连接会带来很多颠覆和突破，从根本上解决了人渴望发声、寻求联系、得到庇护的需求，为企业的创新提供了新的广阔前景。在以用户需求为核心重塑经营模式的基础上，企业应该以互联网思维为灵魂对市场、用户、产品、企业价值链乃至整个商业生态进行重新审视，应用大数据思维、平台思维、社会化思维等对企业的传统价值传递环节进行优化升级和转型，进一步实现对跨行业信息、资源和利益的整合，实现产业互联。

■ 2.1.2　信息系统对企业管理的影响

以计算机技术、网络通信技术和数据库技术为技术基础的管理信息系统是企业管理现代化的重要标志，它对现代企业具有以下几方面的深刻影响：

1.管理体制合理化

信息是企业管理的资源，是各级管理人员决策的重要依据。企业管理的过程实际上是对信息的处理过程。现行的管理体制对信息的处理仍是传统的人工分散处理，不仅中间层次多，也不便于横向联系，信息不能综合利用。MIS能使信息由分散处理转变为分布处理与集中控制相结合，从而适应市场经济体制下的管理需要，充分发挥信息综合利用的作用，同时还能提高信息的质量（及时、准确），大大增加信息量，以满足企业各级管理人员决策所需的信息。

2. 管理方法科学化

建立企业MIS之后，可以充分发挥计算机网络系统的大数据存储容量、快速信息传送的优点。这样，一方面可以利用数学模型对企业的管理活动进行模拟，或用各种计算方法进行定量分析，以提高管理决策的准确性，避免其主观随意性，使管理工作更加精确有效。另一方面，可以对过去大量数据进行分析、总结，利用近几年发展的数据仓库方法，找出规律，用来预测未来，做到事前有预测，使管理工作由粗变细，由事后管理向实时管理方向发展，由被动状态逐渐变为主动状态。

3. 加强企业管理的基础工作

企业MIS是对企业内外的大量数据进行收集和加工处理，为企业领导提供有用信息的系统。它要求输入系统的数据准确、完整，以反映客观真实情况。系统的处理应科学化，其输入的信息对管理才有指导意义。如果一个企业管理混乱、不科学，原始数据不全、不准，输入计算机的是"垃圾"，就不可能建设企业的管理信息系统。因此，建立企业MIS，必然会促进企业管理的基础工作。

4. 提高管理人员的素质和管理水平

建设MIS是对企业的人、财、物资源和商品的购、销、调、存环节在信息处理、工作方式、管理机制、工作习惯等方面的变革。因此，必须促进管理人员的思想观念变革和管理业务水平的提高，这样才能适应这一变革。开发MIS期间，管理人员可以从繁琐、重复的事务性工作中解脱出来，进行调查研究，使用各种数据分析手段和方法对企业的管理活动进行分析，制定改进和提高管理工作效率的措施，即从事信息分析、判断和决策等真正的信息管理工作，充分发挥信息在管理中的作用。

5. 提高企业的经济效益和社会效益

MIS使企业管理规范化、科学化、高速化，资源利用合理化。从国外的经验来看，它给企业带来的直接经济效益是显著的。由于MIS准确、及时提供信息，加强信息反馈，企业各部门据此合理地组织商品流通，减少库存积压，从而加快资金周转；MIS对企业内部的资金统一管理，从而减少由银行借入资金而节省银行利息的开支；MIS统一合理地组织调度生产中的各个环节，保持生产系统的综合优化。

2.1.3 信息系统对企业管理的支持

管理的任务在于通过有效地管理好人、财、物等资源来实现企业的目标，而要管理好这些资源，需要通过反映这些资源的信息来管理。管理职能主要包括计划、组织、领导和控制四大方面，其中任何一方面都离不开信息系统的支持。下面分别讨论信息系统对计划职能、组织职能、领导职能和控制职能的支持。

1.信息系统对计划职能的支持

计划是对未来做出安排和部署。管理的计划职能是为企业及其下属机构确定目标，拟订为达到目标的行动方案，并制订各种计划，使各项工作和活动都能围绕预定目标去进行，从而达到预期的效果。计划还应该为组织提供适应环境变化的手段与措施，因为急剧变化着的政治、经济、技术和其他因素，要求及时修订计划和策略。管理信息系统对计划的支持包括如下方面：

（1）支持计划编制工作。信息是制订计划和实施计划的基本依据。为了使计划切合实际，必须收集历史的和当前的数据，通过分析，研究变化的趋势并预测未来，还要围绕计划目标进行大量的计算，拟订多种方案。在这个过程中，多方案的比较及每个方案中个别数据的变动都可能引起其他许多相关数据的变动。虽然计算方法不一定那么复杂，但表达式之间的关系却都错综复杂，所以计算工作量特别大，通常需要事先设计一些计划模型，然后用不同的输入变量的值去反复计算。这是一项十分繁琐的工作，需要信息系统的支持。

（2）支持对计划数据的快速、准确存取。为了实现计划管理职能，重要的是建立与计划有关的各种数据库，如各类定额数据库、各类计划指标数据库、各种计划表格数据库等。

完善和充分利用上述各种数据库系统，可以实现对企业计划数据的快速、准确存取，从而使企业的生产经营指挥系统得到大大的加强。

（3）支持计划的基础——预测。计划与预测虽是两个不同的概念，但计划必须在预测的基础上进行。预测可以支持决策者做出正确的决策，制订可靠的计划。预测的范围很广，预测的方法也很多，诸如主观概率法、调查预测法、类推法、德尔菲法、因果关系分析法等。这些预测方法的计算量大，都需要用信息系统来处理。

（4）支持计划的优化。在企业编制计划时，可能是在某些约束条件下，获得最大的利润。对于这样一个问题，可以通过列出数学模型，然后在计算机上通过人机交互方式进行求解。

2.信息系统对组织职能的支持

组织职能包括人的组织和工作的组织。具体包括：确定管理层次、建立各级组织机构、配备人员、规定职责和权限，并明确组织机构中各部门之间的相互关系、协调原则和方法。信息技术是现阶段对企业组织进行改革的有效的技术基础。信息技术的发展促使企业组织的重新设计、企业工作的重新分工和企业职权的重新划分，从而进一步提高企业的管理水平。传统企业组织结构采用"金字塔"式的纵向的多层次的集中管理，其运作过程按照一种基本不变的标准模式进行。由于其各项职能（财务、制造、营销、人力资源等）分工严格，加之信息传递和反馈手段落后，导致应变能力差，管理效率低且成本高昂。随着信息技术的飞跃发展，信息技术在企业中的应用使得传统的等级管理向全员参与、模块化组织、水平型组织、流程型组织等新型组织模式转变，管理幅度可以冲破传统管理模式的限制，垂直的层级组织中大量的中间层已经没有必要，企业内部上下级之间的距离大为缩短，组织结构向扁平化方向发展。

扁平化组织的示意图如图2-1所示。在原组织中，有4个组织层次，30多个中层管理人员，在扁平化后的组织中，只有3个组织层次，且只剩下了3个中层管理人员。

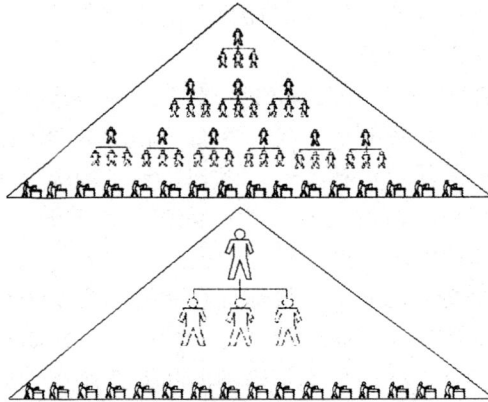

图2-1 扁平化组织示意图

另一方面，随着全球网络（Global Networks）的出现，通过使用各种信息系统，包括管理信息系统、计算机辅助设计、计算机辅助制造、电子邮件等，使企业、公司的经营和生产不再受地理位置的限制，可以在全世界范围内运作，工作人员没有必要完全集中在一个地方工作，可以分散在不同的位置（如图2-2所示），这样事务处理成本和协作成本都有明显降低。

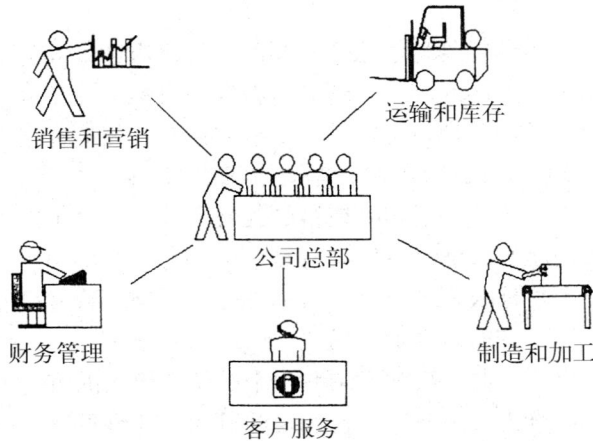

销售和营销

运输和库存

财务管理

公司总部

制造和加工

客户服务

图2-2 虚拟企业的结构示意图

3.信息系统对领导职能的支持

领导职能的作用在于指引、影响个人和组织按照计划去实现目标。这是一种行为过程。领导者在人际关系方面的职责是领导、组织和协调；在决策方面的职责是对组织的战略、计划、预算、选拔人才等重大问题做出决定；在信息方面的职责是作为信息汇合点和神经中枢，对内对外建立并维持一个信息网络，以沟通信息，及时处理矛盾和解决问题，由此可见，信息系统在支持领导职能方面的重要作用。

4.信息系统对控制职能的支持

一切管理内容都有控制问题。控制职能是对管理业务进行计量和纠正，确保计划得以实现。计划是为了控制，是控制的开始。执行过程中需要不断检测、控制，通常是把实际的执行结果和计划的阶段目标相比较，发现实施过程中偏离计划的缺点和错误。所以，为了实现管理的控制职能，就应随时掌握反映管理运行动态的系统监测信息和调控所必要的反馈信息。在企业管理方面，最主要的控制内容包括：行为控制、生产过程控制和财务控制等，这些控制系统分别与管理信息系统的各个子系统交换信息，形成具有反馈功能的综合信息控制系统，从而达到支持和辅助管理控制的目的。

综上可见，信息系统对管理具有重要的辅助和支持作用，现代管理要依靠信息系统来实现其管理职能、管理思想和管理方法。

2.2 信息系统与决策

2.2.1 决策概述

1.决策的含义

有关决策的概念，不同的管理学派从不同的角度给出了不同的描述。综合起来，决策就是为了解决现实中出现的问题，实现某个特定的目标，在充分收集并详细分析了相关信息后，提出解决问题和实现目标的各种可行方案，并依据评定准则，选定方案并实施，是解决问题，达到目标的一种方法和途径。简单地说，决策就是针对问题和目标，分析问题和解决问题的一个管理过程。决策的含义实际上包含了以下内容：

（1）决策需要有问题和目标。目标有时是一个，有时是由相互关联的几个目标形成的一个组。不管是一个目标或一组目标，目标都必须明确，且尽可能量化。所需解决的问题也必须明确，并用简洁的语言加以描述。

（2）决策需要有可行方案。决策必须在两个或两个以上的可行方案中进行选择。这些方案是平行的，都能解决设想的问题或预定的目标，并且可以加以定量或定性分析。

（3）决策是一个方案的取舍过程。决策面临着若干个可行方案，每个方案都具有独特的优点，也隐含着缺陷，有的方案还带有很大的风险。决策的过程就是对每个可行方案进行分析、判断、评价，从中选出较优的方案加以实施。

（4）决策必须有效。决策的有效性包含两层意思：首先是决策必须有效，这就要求有合理的决策评判准则。由于看问题的角度不同，大部分的决策特别是影响面很大的决策，对其决策结果的好坏有不同的结论。因此，必须使用合理的、与目标相吻合的评判准则（必要时可按重要性给这些准则打分）对选定方案进行验证，并对决策的结果进行判断，只有这样，才能保证有效地决策。其次是决策过程的有效性，这涉及决策的成本和经济性。

2.决策活动的三要素

在决策活动中有三个要素：一是决策者，二是决策对象，三是决策环境。决策者是决策的主体，可以是一个人或一个集体；决策对象是决策者施加选择和决定的对象；决策环境是决策者与决策对象所处的环境，它可以作用于决策对象，但决策者不能对它施加影响。例如，一个公司在进行生产经营决策时，公司的经理是决策者，而他经营的公司是决策对象，公司所处的外部社会环境便是决策环境，外界能对公司产生影响，而决策者却无法改变这个环境。

3.决策过程

决策过程实际上是一个提出问题、分析问题、解决问题的过程。广义上说，每个决策都需要经过四个阶段：情报阶段、设计阶段、选择阶段和执行阶段。其中前三个阶段最初是由 Herbert Simon 在 1960 年提出的。一般决策过程可用图2-3表示。

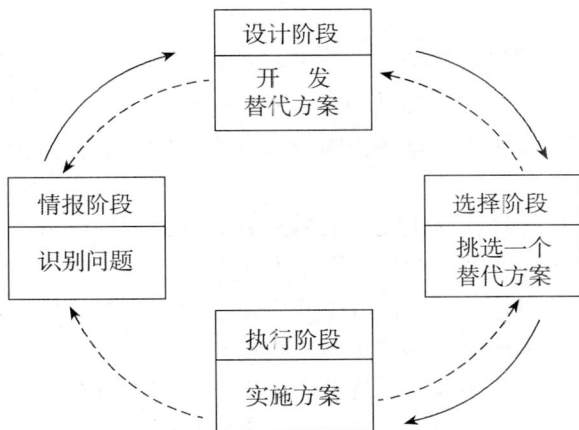

图2-3 决策过程流程图

各个阶段的功能解释及实例如下：

（1）情报阶段：包括找出、识别和确切地表述需要做出决策的问题或情况，即确定决策目标，也就是决定要对什么做决策。情报阶段的最终结果是决策陈述。

【实例】一天下课后，我们接到学校的通知，要求我们在未来两周内，一定要选好下学期要上的课。此时我们很清楚，该是我们做出选课决策的时候了。当然决策陈述十分简单：我们应该注册哪些课程？这时决策的情报阶段已经结束，我们可以开始进入第二阶段了。

（2）设计阶段：我们要寻找实现目标的各种途径，也就是要开发实现目标的替代方案。此阶段可将大量的研究结果吸纳到可获得的替代方案中去。

【实例】在选什么课程的决策过程中，首先我们必须要知道我们所学专业的必修课是什么，允许选择的选修课有哪些，在下学期的什么时间会安排这些课程等，然后在此基础上编制出各种各样的替代方案，这样就完成了设计阶段的任务。

（3）选择阶段：我们要对在设计阶段开发的各种替代方案进行评估，从中选择一项。该阶段结束时要产生一个我们可以实施的决策。

【实例】在最初选择课程时，我们可能要考虑未来的工作需要和个人偏好，要考虑完成不同课程需要做些什么，要考虑不同教师的声誉等。这些因素的相对重要性因人而异，不同的人情况各不相同。如果打算将来从事金融工作，就可能会多选一些金融类课程；如果计划周末课外打工，就不能选择星期日的课程。

（4）执行阶段：就是将已选择的方案付诸实施的过程。

这四个阶段并不是相互分离的，而是一个循环往复的过程。如当我们发觉对要做的事还了解得不够，而去尝试挑选一个替代方案时，可能需要再回过头去收集更多的数据资料（图2-3中的虚线表明这种情况）。

4.决策的类型

（1）按制定决策的组织层次分

组织中的层次不同，其决策的类型也不同。通常把组织中的决策类型分为三类：战略决策、管理决策和业务决策。这种决策分类同组织中的层次结构，即战略层、管理层和业务层相对应。

①战略决策是指企业适应时刻变化着的外部环境的一种决策，具有全局性、长期性与战略性的特点。对企业而言，战略决策是有关企业生存的重大决策，比如确定或改变企业的经营方向和经营目标、新产品开发、企业上市、企业兼并、企业合并、开拓海外市场、合资经营、扩展生产能力等均属战略决策。

②管理决策是指对企业的人力、资金、物资等资源进行合理配置，以及改变经营组织机构的一种决策。具有局部性、中期性及战术性的特点。管理决策的制定必须纳入战略决策的轨道，为企业实现战略目标服务。像机构重组、人事调整及资金筹措与使用等都属于管理决策的范畴。

③业务决策是建立在一定的企业运行机制基础上，它是有关日常业务的决策，具有琐碎性、短期性与日常性的特点，如每日产量、食堂饭菜花色品种与数量、职工洗澡时间等等。业务决策虽然处理一些细节问题，但不积细流无以成江海，

因此，必须妥善处理。如果许多业务决策都考虑欠周，很难想象战略决策能够顺利执行。

　　企业中不同层次的管理者所承担的决策任务是各不相同的（见图2-4）。基层管理者主要从事业务决策，中层管理者主要从事管理决策，高层管理者主要从事战略决策。但这并不意味着基层管理者对管理决策与战略决策不关心、不了解，实践证明，基层管理者必须了解管理决策与战略决策，将业务决策纳入更高的目标体系，才能做出合理的业务决策。此外，中层与高层管理者也是由基层管理者晋升上来的，他们积累的基层管理经验将成为参与管理决策、战略决策的一笔宝贵财富。中层管理者在做出管理决策时，为使决策合理，他们必须对战略决策有深入的理解；同时，他们还要指导和帮助基层管理者进行业务决策。高层管理者除制定战略决策之外，他们还通过战略决策来示范并引导管理决策和业务决策，从而促进战略决策的贯彻实施。此外，高层管理者往往具有丰富的经验与超人的洞察力，当下属制定管理或业务决策遇到困难时，他们能给予有力的帮助。

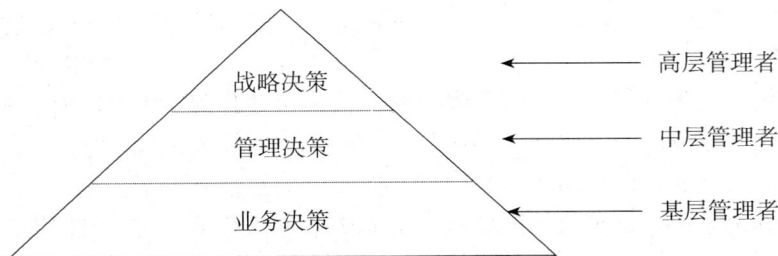

图2-4　决策类型

（2）按问题的结构化程度分

　　依据问题的结构化程度不同，可将决策划分为三种类型：结构化决策、半结构化决策和非结构化决策。这三种类型的决策与组织的管理层次有一定的联系。

　　①结构化决策问题相对比较简单，它的目标明确，很容易理解，其决策过程和决策方法有固定的规律可以遵循，能用明确的语言和模型加以描述，并可以依据一定的通用模型和决策规则实现其决策过程的基本自动化。

　　结构化决策的例子有，正常情况下的订货处理、奖金分配、作业计划的制订、客户订单的定价、办公室用品的再次订购和新雇员工的工资级别的确定。这些都是日常例行工作，并且可以用一定的算法和启发形式的标准操作程序来解决。算法是一套标准的操作方法，它可以保证问题在有限的步骤后得到解决；启发式是经验法则，它可以提供和规划解决问题的步骤。现在，对结构化决策问题已有一系列现代方法和手段进行处理。各类数学模型和各种算法、计算机仿真和数据分析与处理技术为结构化决策提供了强有力的支持，大大提高了结构化决策的科学性、准确性和及时性，提高了决策工作的效率。

②非结构化决策问题的决策过程复杂，它的目标不明确或不同目标相互冲突，其决策过程和决策方法没有固定的规律可以遵循，没有固定的决策规则和通用模型可依，决策者的主观行为（学识、经验、直觉、判断力、洞察力、个人偏好和决策风格等）对各阶段的决策效果有相当影响。往往是决策者根据掌握的情况和数据并依据经验临时做出决定。

例如，开辟新市场、开发新产品、重大项目投资、厂址选择等，就是一系列典型的非结构化决策问题。厂址选择不仅仅是新建企业所面临的决策，也是老企业在考虑企业发展时常常遇到的问题。选址是生产经营活动的第一步，具有很大风险。一旦地址选定，企业的外部环境就基本确定，企业的不动资产也固定下来了，同时它的经营费用也大致限定。由于不动资产难以转移，外部环境无法控制，如果选址有误，会给以后的经营活动埋下隐患，很难挽回，企业会陷入进退两难的境地。所以，选址工作对企业经营具有重要意义，但选址没有固定的规律可以遵循，没有固定的决策规则和通用模型可依，影响选址决策的因素多而复杂，所以这类决策属非结构化决策。

③半结构化决策问题介于上述两者之间，其决策过程和决策方法有一定规律可以遵循，但又不能完全确定，即有所了解但不全面，有所分析但不确切，有所估计但不确定。这样的决策问题一般可适当建立模型，但难以确定最优方案。

在组织的决策中，管理决策问题基本上属半结构化和结构化决策问题。例如，生产计划的制订、人员与设备的安排、生产资料的采购等属结构化问题。因为可依据订单量制订生产计划，而生产资料的采购计划、人员与设备的安排完全取决于生产计划，所以它们属结构化决策。但设备的维修、备品备件的购置却属半结构化决策。因为这些问题存在许多不确定因素，虽然有一定的规律可循，但并不是一成不变的。在半结构化决策中，决策者对问题的本质、应该采取的行动以及外部事件如何影响行动的结果等方面不确定。

表2-1大致说明了各类决策问题的结构化程度，表中越向右边的决策问题，其结构化程度越低，也越难以实现决策的程序化。应当指出，决策问题的结构化程度并不是一成不变的，随着人类对自身思维和解决问题过程的深入理解以及现代信息技术的发展，人们解决非结构化决策问题的能力越来越强，利用现代信息系统，人们可以把有关的数据、模型、方法以及专家和管理人员的基本经验、知识以及成功与失败的案例存储起来，在问题探索过程中运用各种信息分析方法进行求解。问题的探索和解决的过程，实际上是一个将非结构化决策中部分或全部问题转化为一系列结构化或半结构化决策问题而进行求解的过程，这是人们对客观事物不断提高认识的过程。

表2-1	不同结构化程度的决策问题		
	结构化————————————————非结构化		
战略性	生产计划	资金分配计划	厂址选择
战术性	作业计划	作业调度	广告部署
业务性	库存补充	奖金分配	选择销售对象

通常认为，管理信息系统主要解决结构化的决策问题，而决策支持系统则是以支持半结构化和非结构化问题为目的。

5.决策者的属性

决策者的属性包括洞察力、信息容量、风险偏好和渴望程度。决策者的属性也同样对决策产生影响。

（1）洞察力是指决策者观察决策问题的方法。如果一个决策者有处理类似问题的经验，那么面对这类问题，他就会有一套自己的解决问题的方法；相反，如果决策者对问题的背景所知有限，那么面对那些复杂和不确定的因素他就会束手无策，缺少观察与处理问题的方法。

（2）信息容量对决策是非常重要的，因为所有决策都需要以信息为基础。在一个复杂的决策情况下，决策者应具有从大量浩繁的信息中提取有用信息的能力，并能从中找出解决问题的方案或线索。

（3）风险偏好和渴望程度是余下的两个决策者属性。在有风险的情况下，决策者对结果和可能的资源损失更加难以确定。决策者的渴望程度也同样影响认识问题、评价可选项和做出选择的效果。

总之，决策者试图通过决策使问题的解决尽可能达到最优。决策者以前的失败和成功经验及对决策结果的认识都会对决策结果产生直接影响。

6.决策的策略

决策的策略分为最大化、满意和渐进三种。决策问题的类型和决策者的属性均会对决策的策略产生影响。

（1）最大化

当决策的结果是清晰的并且其他可选项已经确立时，决策者应该选择使他期望的结果为最大化的策略。比如一个选项是提供获取20 000元/月的1%的机会，另一个选项是提供获取500元/月的50%的机会，需要在两者之间做出选择。如果把概率值和每项的结果相乘，会发现第二个选项有较高的期望值。

概率×结果=期望值

0.01×20 000=200（元）

0.50×500=250（元）

一个理性决策者将选择第二个选项来使期望值最大。最大化方法假设决策者是理性的,并且知道每个可选项的概率。

(2)满意

因为许多决策是在不确定的情况下做出的,所以决策者愿意在比最大化的效用小的情况下解决问题。按照美国经济学家西蒙的说法,决策者只能在自身的经验、背景和给定条件下的可选方案等的限制下表现出理性。一个决策者会建立一个合理的愿望标准,并且寻找可能的备选方案,直到找到符合这个标准的方案。西蒙称这种行为为满意,因为决策者一旦发现一个满意的结果,他就会停止搜索。

(3)渐进

在渐进决策的策略中,决策者试图从现实状态向期望的状态迈进一小步。这种方法可能会忽视重要的结果,因为决策者考虑的方案大多是自己熟悉的。

2.2.2　信息系统对不同决策类型的支持

前面已经讲过,决策可按组织层次分为战略决策、管理决策和业务决策;又可按问题的结构化程度不同划分为结构化决策、半结构化决策和非结构化决策。决策的类型与组织的层次之间形成了如图2-5所示的方阵。一般说来,操作层的人员面对的是结构化相当好的问题。相反,战略规划人员涉及高度非结构化问题。管理层人员也会遇到一些非结构化的问题,但他们主要处理的仍是半结构化问题。总的来说,在组织的每个层次中既有结构化的问题也有非结构化的问题,但所占比例的多少不同。

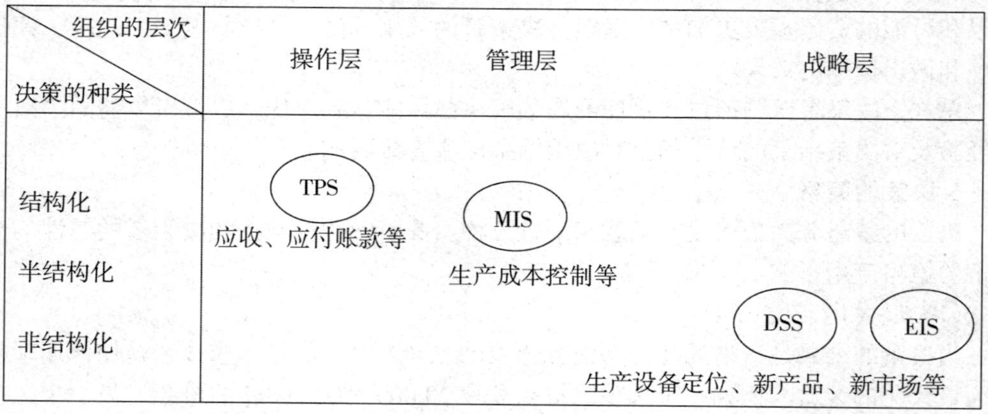

图2-5　信息系统与决策类型

科学的决策需要坚实的信息基础,既需要及时得到当前的信息,也需要有较长时期的对相关信息的积累,以便从大量的数据中发现事物之间的关联和变化规律。信息系统的一个重要使命就是辅助各级管理人员的决策活动,其任务就是随时收集与组织目标有关的信息，并通过对这些信息的分析找出可能存在或可能出现的问题，发现可能存在或可能出现的市场机会。通过建立恰当的数学模型，进行必要的优化与仿真，形成各种决策方案，并对这些决策方案进行合理的评价与预测，为管理决策者提供科学的符合实际的参考依据。

以往，信息系统多数是应用在处理结构化的业务控制和管理控制类的决策方面。随着联机分析处理、数据仓库、数据挖掘技术和知识管理等技术在信息系统中的应用，现在大多数信息系统出现在管理和战略领域，这些领域里的问题是半结构化的和非结构化的，如决策支持系统、智能信息系统、专家系统和模拟系统等。

2.2.3 决策的发展方向

传统的决策依靠决策者个人的经验，凭直觉判断，因而决策被认为是一种艺术和技巧。40年来，生产规模的扩大和自动化技术的应用，使得管理的性质和环境都发生了巨大的变化。管理性质的改变表现在组织机构更加庞大，管理功能更加复杂；环境的改变表现在产业部门之间的联系愈来愈紧密，社会经济状态对于所采取的决策的影响因素愈来愈复杂。因而，管理决策问题不仅数量多，而且复杂程度高、难度大。心理学家的研究表明，在制定决策时，决策者本人若要同时考虑10个以上的变动因素或相互矛盾的因素（或20~80个单项因素），就已经感到十分困难，而在实际的生产活动中，经常需要根据几百个甚至几千个因素和相互关系进行决策，显然，在这种情况下，以领导者的艺术、洞察力、理智和经验为基础的传统决策方法就远远不能满足日益复杂的管理决策的需要了。因此，决策科学化就被提上了日程。

决策的科学化，一方面是现实管理提出的要求，另一方面是信息技术和近代数学的发展提供的可能。目前，决策科学化正在向以下一些方向发展：

1. 用信息系统支持和辅助决策

20世纪80年代初，计算机企业管理应用的重点逐渐由事务性处理转向企业的管理、控制、计划和分析等高层次决策制定方面，国内外相继出现了多种高功能的通用和专用决策支持系统。随着决策支持系统与人工智能相结合，出现了智能化决策支持系统（IDSS）；决策支持系统与计算机网络相结合，出现了群体决策支持系统（GDSS）。现在决策支持系统已逐步推广应用于大、中、小企业中的预算与分析、预测与计划、生产与销售、研究与开发等职能部门，并开始用于军事决策、工程决策、区域规划等方面。

2. 定性决策向定量与定性相结合的决策发展

定性决策向定量与定性相结合的决策发展是当代决策活动发展的必然趋势。现代科学中的系统工程学、仿真技术、计算机理论、预测学，特别是运筹学、布尔代数、模糊数学、泛函分析等被引进决策活动中，为决策的定量化奠定了基础。但是，应当指出，决策的本质是人的主观认识能力，因此它就不能不受人的主观认识能力的限制。近代决策活动的实践表明，尽管定量的数学方法与信息技术相结合，能够进行比人脑更精密更高速的逻辑推理、分析、归纳、综合与论证，但是，它绝不能代替人的创造性思维。这就是出现由人的创造性形象思维与近代利用计算机进行定量分析相结合，从而产生头脑风暴法、前置方案法、电影脚本法、德尔菲法、系统分析法等决策方式的原因。

3.单目标决策向多目标综合决策发展

决策活动的目标本身也构成一个难以确定的庞大系统。现代决策活动的目标不是单一的，这不仅指以经济利益为核心的目标是多元化目标，而且还包括更广阔的社会的和非经济领域的目标。

4.战略决策向更远的未来延伸

决策是对未来实践的方向、原则、目标和方法等所做的决定，所以决策从本质上说是对应于未来的。为了避免远期可能出现的破坏造成的亏损抵消甚至超过近期的利益，要求战略决策在时域上向更遥远的未来延伸。

2.3　企业信息化与管理变革

2.3.1　企业信息化的概念和内涵

1.企业信息化的概念

企业信息化涉及许多相关学科，不同的学者从不同角度对企业信息化的概念进行了各种各样的概括，提出了各种不同的定义。综合各种有关企业信息化的定义，本书给出以下定义：企业信息化是指企业利用现代信息技术，通过对信息资源的深入开发和广泛利用，使企业资源合理配置，不断提高企业生产、经营、管理、决策的效率和水平，进而提高企业经济效益和企业市场竞争力的过程。

2.企业信息化的内涵

（1）以信息技术为基础

企业信息化从某种角度说，就是信息技术的广泛应用过程。从20世纪50年代到90年代，企业信息化大致经历了三个阶段：第一个阶段是20世纪50至60年代，由于计算机技术的突破和发展以及企业竞争的需要，产生了以计算机技术为基础的各种企业信息技术应用系统，如早期的计算机辅助设计、60年代的管理信息系统、库存订货计划等。第二阶段是从20世纪70至80年代，产生了包括技术信息系统、制造自动化系统、管理信息系统、质量信息系统在内的全面生产作业管理信息化系统和企业制造资源计划等。第三个阶段是从20世纪90年代开始至今，随着网络通信技术的飞快发展以及经济全球化的加速，信息资源的重要性日益突出，企业已不满足于单纯信息设备和技术的应用，而是更迫切地要求对信息资源进行整合开发和广泛利用，因而产生了企业资源计划以及利用内外联网的客户关系管理、供应链管理、电子商务等。

（2）以信息资源开发为核心

信息资源是企业最重要的资源之一，开发信息资源既是企业信息化的出发点，又是企业信息化的归宿，在企业信息化体系中处于核心地位。随着信息化的深入，信息已成为企业继土地、资本、劳动力三大资源后的第四大战略资源，并且作为生产要素其重要程度将日益增大，并引起企业生产经营、组织机构、企业文化等方面一系列的变革。按照信息的来源分类，企业信息可分为内部信息和外部信息。企业内部信息是指企业内部经营管理和各个环节中积累的信息，包括生产计划信息、财务信息、产品设计信息、库存信息、人员信息等等；企业外部信息是指存在于企业外部的、对企业经营活动产生影响，并且可以为企业所认知的各种信息，包括宏观经济信息、市场信息、经济者相关信息等等。许多企业已经认识到，未来的竞争是人才的竞争，是信息（知识）资源创造、扩散和使用效能的竞争，信息资源战略成为企业超常规发展的机会。

（3）信息化涵盖企业经营活动的所有方面

信息化作为一种时代进步的推动力，突破了信息科学和技术的范畴，涵盖了企业生产经营活动的各个方面和全部过程。从企业信息化的内容看，应该包括产品信息化，即应用信息技术，增加传统产品的功能，提高产品的附加值；生产信息化，主要是自动化、智能化技术在生产过程中的应用；管理信息化，即应用管理信息系统和其他信息化管理技术，充分开发企业信息资源，提高企业管理水平；市场经营信息化，即通过实施客户关系管理、电子商务等，节约经营成本，提高经济效益。除了涵盖上述经营活动的全过程外，企业信息化还引起企业组织结构、企业文化和企业经营理念的巨大变革。

（4）信息化的目的是增强企业核心竞争力

企业信息化的根本动力是生产力的巨大进步，企业实施信息化的目的就在于增强企业核心竞争力，提高企业经济效益。信息技术对企业生产、管理和组织结构等具有很强的渗透力，通过形成差异产品或服务、改变竞争方式、扩大竞争领域、减少交易成本、促进产品和技术创新、提高管理效率、增强抗风险能力等，可以大大提高企业竞争力。

（5）企业信息化是一个过程

企业信息化不是一朝一夕所能完成的，是一个循序渐进的过程。信息技术起初的作用是战术层次的，但随着它向企业经营各个环节的渗透，会逐渐产生战略性的影响，从作为自动化的工具和信息沟通的手段，到决策支持直至促使企业运作模式和组织结构的变化，这是一个相当漫长的过程。企业信息化发展的速度取决于两个因素：一是企业业务的发展。信息系统的发展、企业信息化水平的提高反过来又促进企业业务的发展，这样就会形成一个良性的循环。二是员工对数字化工具使用水平的提高。教育培训应该始终做在前头，应该通过信息化工具的使用来增加员工工作的成就感和舒适感。不能因企业信息化的发展使员工感到无所适从、疲于奔命。企业信息化同时也是一个学习的过程，在这个过程中，企业一面向信息化建设较为成功的企业学习，一面要总结自己在信息化道路上的经验和教训，只有这样才能不断加深对企业信息化的认识。

美国波士顿大学管理学院教授文卡特拉曼（N.Venkatraman）认为，企业信息化是螺旋式提升发展的过程，可分为五个层次（见图2-6[①]）：

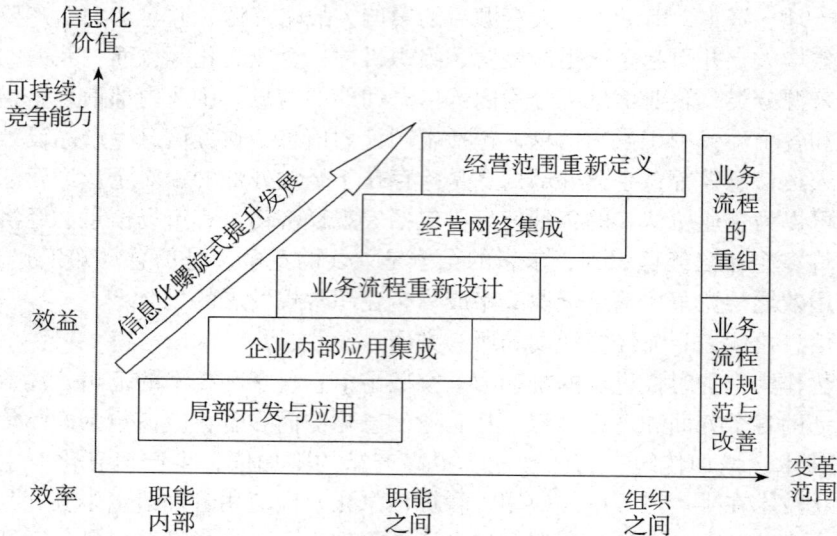

图2-6　企业信息化螺旋式提升的发展过程

层次一：局部应用，是指将信息技术单独运用于组织的不同部分，各个应用之间相互隔离，最明显的例子是利用计算机分别进行企业财务管理、客户管理和库存管理等。

层次二：内部集成，是指将分散的部门利用网络技术联结在一起，通过资源共享，实现企业的经营管理。例如，利用网络技术将企业的财务部门、销售部门和储运部门联结在一起，就可以实现产品销售信息的及时传递。

层次三：业务流程重新设计，是指利用信息技术转变企业内部的工作方式，而不是简单地将原来的工作方式自动化。

层次四：经营网络重新设计，是指从供应链的角度去重新设计企业之间的流程。也就是说，运用信息技术，通过企业间的合作重新设计企业经营流程。因为这样再设计后的流程所能够获得的收益比企业单独再设计流程的收益大得多。

层次五：经营范围重新设计，是指利用信息技术拓展企业的经营业务范围，如提供新产品或新服务，或开拓新市场等。

层次一和层次二属进化性阶段，即自然发展，它们往往会在引入IT一段时间后自

---

① MORTON S,MICHAEL S.The corporation of 1990's: information technology and organizational transformation ［M］. Oxford: Oxford University Press,1991.

然地出现。虽然在这两个阶段肯定会获得一定的收益，但并未充分发挥信息技术的效力。层次三、四、五则是革命性的，它们不是在现有秩序基础上应用信息技术，而是从改变工作本身出发，寻求支持新工作方式的技术能力。通过图2-6我们可以看出，企业信息化随着企业发展而逐渐深入，其发展过程呈现出螺旋式上升趋势。

由此可见，企业信息化是一个复杂的、综合性很强的概念，它涉及企业生产、经营、管理、营销、组织结构、企业文化等各个方面，需要从企业发展战略的高度给予重视。同时，企业信息化也是一个新生事物，没有多少经验可以借鉴，需要在实践中不断总结经验教训。只有搞清楚企业信息化的概念和内涵，我们在实际工作中才能做到心中有数，才能制定出符合企业实际情况的信息化发展规划，从而稳健、系统地推进企业信息化建设。

2.3.2　企业信息化的内容[①]

企业信息化覆盖企业经营活动的全过程，不同类型、不同性质的企业，其信息化建设所包含的内容也不一样。以制造企业为例，企业信息化的内容主要包括：生产过程信息化、流通过程信息化、管理决策信息化和组织结构信息化。[①]

1. 生产过程信息化

生产过程信息化即形成以产品创新为核心、技术创新为动力的企业自动化生产信息运作系统，使生产要素的资源信息化、数字化，实现物质生产过程的优化和诸生产要素高效利用集成，具体体现在以下方面：

一是产品设计自动化。采用现代设计技术，如计算机辅助设计技术，在收集有关产品市场需求信息、产品品种质量信息及有关图案、有关技术指数信息的情况下，采用自动化的信息处理、制图设计方式进行产品设计，以提高设计效率和效果，加速原产品的不断改进和新产品的设计、研制、开发。

二是生产过程自动化。使企业在进行生产的过程中，全部生产环节采用计算机、智能仪表进行监控、处理，整个生产工艺技术操作采用自动控制、调节，各生产环节自动衔接，原材料、能源按程序自动调控，生产过程中出现的漏洞自动处理，实现整个生产流程自动优化运作，以使产品按预定生产量和质量要求通过自动化调节达标，并使生产水平不断得以提高。

三是设备智能化。要使用数字仪表和微处理器，以使各类生产设备具有按生产目标要求进行自动化生产的功能。对新设备如此，对老设备也可通过安装上述设施，使其具有智能手段，能够生产低耗、高质的产品。

2. 流通过程信息化

流通过程信息化就是建设适应外部经济、市场变化，可迅速、灵敏反应的企业营销

---

①　参见游五洋. 信息化与未来中国［M］. 北京：中国社会科学出版社，2003.

信息化系统，形成以市场应用为核心、市场创新为动力，企业内部与外部市场相沟通的企业市场信息体系，能够利用信息技术和信息资源不断为企业创造更多的贸易机会。具体体现在以下几个方面：

一是按照企业在生产过程中对原材料、能源的供应品种、数量和质量的要求，建立原材料、能源信息采集系统和采购信息通道，以及时收集、处理、反馈原材料市场变化信息，保证原材料、能源供应渠道畅通，使采购工作有效进行。

二是使企业生产的产品及时进入市场快速销售，以及时实现自身价值的需要，建立本企业产品的广告、销售信息系统和产品市场分析系统，以及时向外传播本企业产品市场销售信息及相关市场信息，保证产品销售渠道畅通和销售工作有效进行。因为产品销售是企业营销工作的核心，要把企业产品销售网络体系作为企业流通信息系统的主干网。

三是建立本企业产品售后服务和有关技术服务信息网络，用以及时收集用户对本企业产品质量、性能及有关服务、技术保障情况的反馈信息，以保证产品售后服务及有关技术服务及时、有效进行，并为产品更新、新产品开发提供条件和依据。

3. 管理决策信息化

企业管理职能包括计划、组织、指挥、协调和控制。管理信息化将彻底改善企业管理费时费力的现象，提高管理效率。通过建立企业管理信息系统（MIS），在充分获取信息的基础上制订的计划将更科学、更合理，而且能够随环境的变化而随时加以修正。组织职能的执行也将和信息化之前大不一样，由于组织结构的弹性化趋势，组织职能也随之适应这一变化，专门的信息部门将会出现。指挥路线不再是自上而下的单向指挥，而是自上而下和自下而上的双向指挥，指挥的效果能够得到及时的反馈，各部门之间的交流更加快捷、直接。控制职能特别是事前控制将发挥更大的作用，各种误差将得到及时的反馈和纠正。在企业信息化过程中，管理信息化将覆盖企业管理的各个方面，具体体现在以下方面：

一是形成贯穿供、产、存、销的生产经营全过程的信息化管理。其中包括市场分析、计划安排、产品设计、原材料采购、能源供应、工艺操作、生产流程控制、全面质量管理、设备管理、物质储备、产品库存、产品销售、售后服务等方面的信息化系统管理。这种以市场需求驱动生产、服务的信息化经营方式，改变了以往从设计到生产、再到销售的技术驱动经营方式。

二是形成对人、财、物、技术等生产要素的分别管理，并使之相互紧密结合，有效发挥作用的全方位的信息化管理，形成对人流、物流、财流和技术流交互衔接运作的信息化系统管理，其中包括成本核算、物耗能耗、财务收支、劳动工资、收益分配、人力资源开发、劳动纪律、技术开发等方面的信息化管理系统。这要求改变以往那种封闭的、强制的、分而治之的、以纵向层级组织为主体的信息流程，代之以开发的、民主的、组合分工的和大跨度管理的、以横向组织为主体的信息化运作。

三是形成辅助决策、支持决策实施的信息化系统。要使企业决策者通过信息网络对产、供、销、人、财、物、技术等系统运作的全面掌握，结合对外部宏观经济环境、市场行情和国家有关政策的了解分析，实行智能化、程序化的科学决策，并通过其有效施行促进企业决策不断走向优化。要实现上述科学决策，则必须运用现代信息技术手段，大量开发企业内外部的信息资源，而且还必须通过企业信息网络和信息化工作程序才能得以有效完成。

4.组织结构信息化

企业信息化不可或缺的一个组成部分就是建立与信息化相适应的组织结构模式，从而实现对组织中人力、物力、财力、信息资源的管理。因此，组织结构信息化对企业信息化的实现具有重要意义。

为了满足市场需求，不断推出新产品，企业必须具有产品改型设计的能力，即便产品本身具有柔性，也只有在系统能力（机床、搬运设备、工具、装夹具等的能力）范围内，产品设计的改造、升华才是比较容易的，这就是说，产品设计者设计新产品一定要在系统加工能力之内。设计部门与制造部门传统的单向传递关系转为交互式的依赖关系，设计者需要关心他们的设计是否合理，是否适合于制造的反馈信息，而生产调度人员需要有关未来产品的信息，以便安排生产计划。这种交互式依赖关系的增强使企业的通信联系形成一个网络，也使多功能的项目小组成为必要。这种以知识和技能为基础的临时性、多学科、跨部门的协同攻关小组将不断增多。同时，竞争日趋激烈和产品市场寿命周期缩短，迫使企业不得不简化管理层次，裁减管理人员。管理层次过多，虽然管理严密、分工明确，但是信息沟通容易受阻，被管理者缺乏创造性和积极性。也正因此，扁平化企业组织结构才应运而生，它能够保证信息迅速传递、决策准确及时，充分调动人员的积极性，提高管理效率。

2.3.3 企业流程再造

1.企业流程再造的概念

企业管理多年来一直沿袭着亚当·斯密的劳动分工与协作理论，即分工越细、操作越简单，越有利于提高工作效率。根据这一思想，发展演变成企业内部的组织机构、部门分工和业务管理流程。然而，现代社会的产品个性化、生产复杂化、企业经营多元化，特别是以信息技术为基础的企业管理信息化，较之100多年前已经发生了广泛而深刻的变化，片面强调分工精细，强调专业化，使得企业的整体协调作业过程和对过程的监管日益复杂，管理环节越来越多，管理成本越来越高，导致整个作业效率低下。

企业流程（过程）是指为了完成企业目标或任务而进行的一系列跨越时空的逻辑相关的业务活动。例如，仓库收货的业务流程可能是：保管验收货物并做记录、通知采购员、签收货物发运单、填写入库单并入库、分发入库单、填写送验单等活动。在手工管理方式下，企业已经形成了一个比较成型的企业流程和管理方法。信息技术的应用有可能改变原有的信息采集、加工和使用方式，甚至使信息的质量、获取途径和传播手段等都发生根本性的变化。

现代企业处于由顾客（Customer）主导、竞争（Competition）激烈、变化（Change）快速的经营环境，对企业管理提出了新的挑战与要求。20世纪90年代初，针对信息技术在企业管理中的应用，美国哈默（M.Hammer）博士首先提出了企业流程再造（Business Process Reengineering，BPR）①的概念，确立了以业务过程为中心的管理思想。他认为："针对竞争环境和顾客需求的变化，对企业流程再造就是从根本上考虑和彻底地设计企业的业务流程，使其在成本、质量、服务和速度等关键指标上取得显著的提高。"简而言之，就是指对组织内或组织之间的工作流和流程进行分析和重新设计，以大幅度提高业务流程的效率和绩效。我们可以从以下四个关键词去把握企业流程再造的含义：

（1）"根本"。要对业已形成的基本信念从根本上进行重新思考。对长期以来在经营中所遵循的基本信念如规模经营、分工思想、等级制度、官僚体制、标准化生产等，要打破原来的思维定式，运用创造性思维，进行重新考量。只有跳出传统的思维框架，才能从传统的经营理念中找出过时的、不适当的和缺乏生命力的因素。必须自己提出一些根本性的问题来问自己，如我们为什么要这样做，我们该不该做现在正在做或打算做的事等等。只有这样，才能发现问题、进行再造。

（2）"彻底"。企业再造工程不是对企业进行小修小补，而是要破旧立新，进行脱胎换骨的彻底改造，要抛弃现有的业务流程和组织结构，革除陈规陋习，以高屋建瓴、势如破竹之势，从根本上加以改造。

（3）"显著"。这是指再造工程的目标不是取得绩效上的微小增进，而是要获得业绩上的突飞猛进。这是再造工程有别于其他传统理论之处。传统的方法有许多也能带来小幅度的改进，但对企业长远发展并无重大贡献。只有显著提高自己的实力，才能在激烈的竞争中脱颖而出，取得领先的地位。

（4）"业务流程"。企业内部有许多流程，每个流程都有输入、输出以及把输入转换为输出的活动。企业中的流程是以顾客需求、原材料投入为起点而以创造出对顾客有价值的产品或服务为终点的一系列活动，它决定了企业的运行效率和效果。企业再造工程就是要从业务流程的重新设计入手，打破过去通过细化任务在各单元分别完成再综合起来的做法，从过程角度进行重新设计，特别着眼于那些能带来最大效益的过程。

流程的变革必然会引起组织机构一定程度的变革，保持原有的陈旧的组织结构而进

---

① HAMMER M,CHAMPY J.Reengineering the corporation： a manifesto for business revolution ［M］. New York： Nicholas Brealey,1993.

行业务流程的再造是不可能的。在进行流程再造时必然伴随着对组织机构的再造，以适应新的、再造后的业务流程。哈默博士认为，BPR就是打破企业在采用信息技术前形成的各种规则和假设，建立适应信息技术的新规则，并提出了一些应该遵循的原则，如扁平化组织、并行工作、活动整合、决策权力下放等。

2.企业流程再造的原则与内容

（1）企业再造工程的原则

①以过程管理代替职能管理，取消不增值的管理环节。

②以事前管理代替事后监督，减少不必要的审核、检查和控制活动。

③取消不必要的信息处理环节，消除冗余信息集。

④以计算机协同处理为基础的并行过程取代串行和反馈控制管理过程。

⑤用信息技术实现过程自动化，尽可能抛弃手工管理过程。

（2）企业流程再造的内容

①技术的再造。企业实施BPR必须用先进的信息技术改造企业的信息基础结构，利用先进的信息技术建立覆盖整个企业的信息网络，使每位员工通过网络就可得到与自己业务有关的各种信息。

②组织结构的再造。企业实施BPR必须按具体项目组成面向经营过程的工作小组，设立小组负责人，对内指导、协调与监督小组中各成员的工作情况，对外负责及时将顾客的意见和建议反馈回小组，并尽快改进工作。明确小组内部各成员的作用和职责，做到责权利统一，使小组形成一个享有充分自主权和决策权的团体。

③企业文化的再造。实施BPR必须首先建立具有变革精神的企业文化，不安于现状，不满足于以往的成就，不固守传统的经营理念。同时，要加强对企业员工的培训，树立企业员工是第一顾客的新观念。竞争是企业成功的动力，各种竞争最终都归结为人才竞争，人才是企业最宝贵的财富，因此要为员工提供宽松的工作环境和良好的后勤保障，增强他们的主人翁责任感，使他们能够敬业爱岗、尽职尽责。国外一些企业提出，企业如何对待自己的员工，你的员工就如何对待顾客，因此，要正确引导和教育员工，使他们能够处理好与顾客的关系，企业才能有竞争力。办企业要像办学校一样，不断强化员工的培训、教育，尽快提高他们的素质。

④人的再造。德国企业家罗伯特·纽曼说过，企业推行BPR项目的最大阻力是项目启动时人的惰性。由此可见，实施BPR成败的关键取决于企业内部人员的整体素质与水平。高层领导者要有富于革新、勇于向风险挑战的精神，要有强烈的市场竞争意识和危机感，对市场变化反应敏锐、善于决策，能与公司内外进行有效沟通，具备宽泛的知识面，能深入领悟BPR的内涵，切实转变思想观念。

信息技术、人与组织管理是业务流程再造的职能器，同时又是过程变化的执行者。在过程的变化过程中，必须使信息技术、人力资源与组织管理有效协调，才能有效地促使BPR成功实施。

为了适应激烈的市场变革，扁平化组织的趋势、分散化的管理和控制、低成本的协调和合作成为企业取得优势的有力手段。这些手段的技术基础是网络通信和管理信息系统的广泛应用。

3.用互联网思维进行业务流程再造

在互联网时代，企业的战略变了、商业模式也变了，相应的，营销模式变了、产品开发和运营变了、供应链模式也变了，如何才能应付这种巨变，唯有从业务流程再造开始，因为业务流程是支撑所有这些变化的基础。

互联网时代，企业业务流程变化的特征非常符合国际奥林匹克精神（更高、更快、更强）。更高，让我们看得更远。互联网的最大好处就是为企业提供了一个站得更高、看得更远的平台，据统计，近四年互联网积累的数据量超过了过去400年人类积累的数据，如此庞大的数据库可以让企业完全打开视野，看到更长远的未来。更快，让我们走得更稳。互联网时代的另外一个特征就是"快"，快到让一个不善于学习的人在很短的时间就能与社会产生巨大的差距。经营企业也不例外，如果企业对新事物不敏感，组织不善于学习，在很短的时间也会被淘汰，诺基亚、摩托罗拉、索尼是典型的例子；小米科技、顺丰物流、Facebook的异军突起也是典型的案例。更强，让企业活得更久。

如果把"更高、更快、更强"看做是传统企业在互联网时代业务流程再造的基本思路的话，"去掉中层"则是互联网时代业务流程再造的核心与关键。

2013年，小米科技董事长给凡客开了一个秘方，就是去掉管理层，大幅压缩中间管理人员，让所有员工专心致志地做产品。海尔张瑞敏提出的"管理无边界，企业无领导"也正是这种理念。

（1）扁平化是互联网企业的组织特征

传统企业熟悉的"金字塔式"或者"宝塔式"的组织结构（如职能式组织结构、事业部式组织结构、集团式组织结构、矩阵式组织结构）在互联网时代受到了巨大的挑战，互联网企业强调"更高、更快、更强"，而传统组织模式中分层管理、官僚思想、集中决策在互联网时代更显得格格不入。互联网时代外界环境变化很快，需要现场和基层决策的事宜越来越多，这就必然要求压缩管理和决策半径，进而减少管理层次，实现扁平化管理。

（2）企业将不再需要那么多的中层管理者

在小米科技，从高层到基层员工只有3级（高层→部门负责人→基层员工）；在海尔，通过建立2 000多个自主经营体减少了几万名管理者；阿里巴巴通过分拆业务将事业部从十几个拆分为几十个来压缩管理层级。

（3）互联网时代企业业务流程再造的关键

①用大数据思维，建立大数据平台和提升大数据运营能力

大数据是互联网时代的产物，互联网时代企业业务流程再造就是要打造自身的大数据平台与提升大数据运营能力，这在企业进行业务流程再造的时候尤为关键。

②用客户思维，把客户当"神"，把自己当人

传统企业把客户当成"上帝"，以自己现有的产品和服务最大化满足"上帝"的需求，有一句非常有名关于客户服务的话：第一条，顾客永远是对的；第二条，如有疑问，请参照第一条。确实是这样，传统企业的经营思维其实是以"我"为中心的，首先我有产品，为了扩大市场，企业总想把自己的产品卖给更多的人，但不同的客户其价值诉求是不同的，企业只好被动地想尽各种办法去讨好顾客。

在互联网时代，企业首先考虑的不是自己有什么产品，而要以"客户"为中心，把客户当成"神"，先去研究客户的核心诉求，然后根据客户需求开发产品和服务，正所谓：把客户当成"神"，把自己当成人。

③用体验思维，卖的不是商品，而是体验

有一句流行的网络语：哥抽的不是烟，而是寂寞。现在看这句话其实隐藏着一个天大的秘密，那就是互联网的体验思维。抽烟原来是因为"哥太寂寞了"！

互联网时代企业在进行业务流程再造的时候一定要关注客户体验，早期大多数牛奶企业在终端销售时一般采用买赠的方式，即消费者购买一定的产品可以获得相应的赠品，而蒙牛通过把买赠改为赠卖（即先体验，后埋单）获得了巨大的成功，蒙牛的这种赠卖方式就是一种典型的客户体验。

④用平台思维，让企业所有利益相关方在同一个平台上跳舞

传统企业进行业务流程再造更多关注企业内部价值链上的优化，而在互联网时代，企业业务流程再造必须将所有利益相关人置于同一个平台上来思考。把消费者、生产厂家、快递企业、网络广告商等打包在一起，让每个利益相关者都能赚到钱或得到实惠。

⑤用极致思维，极致化满足客户某个至关重要的需求

每个客户同时都会有多种需求，如果企业要想满足客户的所有需求是很难的事情，而且也是错误的，在互联网时代，企业一定要抓住客户某种至关重要的需求，进而提供令客户心动、惊喜的产品和服务来满足其需求。

案例　互联网思维创新商业模式

"以客户为中心"是互联网思维的核心，ZARA从设计、数据采集，到铺货完全贯

彻了以客户导向的原则，百分百做到了"以客户为中心"——互联网+其实是企业从思维模式到商业模式的改变。

2015年中国经济最大的变化就是"互联网+"时代的到来。"互联网+"代表一种新的经济形态，它充分发挥互联网在生产要素配置中的优化和集成作用。通过互联网+，将创新成果深度融合于经济社会各领域之中，提升实体经济的创新能力。

互联网+中的"+"，不仅是技术上的"+"，更重要的是思维、理念、模式上的"+"，其中以创新推动管理与服务模式变革是重要内容，是企业真正的核心竞争力。

在互联网+下做品牌营销就是学会在大数据时代对顾客偏好和选择进行全面监控和预测。成功的品牌营销就是发现顾客需求，满足需求创造独特的价值并用独特价值抢占市场份额。这里，我们以西班牙排名第一，世界四大时装连锁机构之一的ZARA的品牌营销为例，深入分析其成功的原因。

ZARA的设计团队为服装业界所称道，他们对时尚潮流的把控能力、复制能力都是一流的。ZARA的经营理念是"只有消费者最爱才是我们的设计，只提供消费者想要的"。从最开始在时髦的路人身上找灵感，到去四大时装周上赤裸裸地抄袭，ZARA一直全力关注着消费者爱买什么、爱穿什么，而这正是因为ZARA知道互联网+中加的是什么——加的是消费者需求。

ZARA在它的新货构成中，65%计划生产，35%机动调整。这35%之前是靠遍布全欧洲的买手来提供创意、设计，而现在这一切则依靠互联网来实现。在社交媒体Instagram、Facebook上"潜伏"着很多ZARA的买手，每个人都关注了数量众多的时尚人士。

ZARA并不介意从一个普通的用户身上寻找灵感，也不介意试错。时尚圈2013的极简风、2014的运动风，ZARA都能在第一时间捕捉到流行风潮并推出产品，真正做到了"我们的设计一定是消费者想要的"经营理念。除了设计外，非常关键的一点是：ZARA全部自营店的管理方针，就是做到从设计、数据采集、到铺货完全以客户导向，百分百"以顾户为中心"。这种将前后端紧密相连（O2O），通过销售数据随时调整生产运营的手法，也正是今天互联网+下企业优质鲜活的重要模式，即互联网+下做营销需要与顾客互动。

可以说ZARA本身就像一款互联网产品，能不断地快速迭代，随时增删或优化自身的功能。相比之下，国内很多服装品牌的营销在考虑用户方面就显得诚意不足。外部复合式渠道管控难度大，服务水平和质量无法统一；内部在服装设计上也是"一刀切"，越来越无法满足消费者的个性化需求，企业发展受阻只是时间问题。

我们的经理人虽然也把"'顾客体验'是企业发展的第一位"挂在嘴边，但并不了解其真正的意义。ZARA是真正做到了把顾客体验做到每个细节中去，而且它所强调的顾客体验虽不是最贴心的，但绝对是最符合消费者期待的。只求抓住核心客户，刺中用户痛点，一款成功的产品只解决用户的一个需求。

随着互联网和移动互联网的发展，ZARA有了许多新的办法来实现它的目标，不仅通过服装本身，也通过社交媒体与品牌沟通，包括整个线上线下的购物体验。除了本身打造具有设计感的服装外，ZARA的门店陈列也与其他快时尚品牌明显不同。大空间少货架，较稀少的商品陈列，少量多款的陈列特点……不难看出，这和高级时装店的陈列非常相似。而ZARA的目的也正是如此——让顾客犹如置身高级时装店，带来高级时装的购物感觉。同样，其官网也被打造成简约风格的现代型网站，不看定价，你很难一眼发现ZARA和其他高端品牌有什么明显的区别。

不同于传统服装品牌的设计师制度，ZARA不需要知名的设计师，他们需要的是买手、裁缝。只需要把时下最流行的风尚从T台、网络搬回到工厂就可以。目前我们做服装好手很多，而懂时尚的却很少，就是做时尚生意的，也很难走出国门，这与审美能力不无关系。ZARA的老板也并非什么时尚中人，只是理念先于他人，懂得COPY的艺术。而这种几乎是不计成本的"淘金"模式，与互联网信息的过滤机制非常相似。

在互联网+时代做企业，打造好产品当然是第一位的，但好的营销策略也绝对非常重要。业界常拿ZARA不爱做广告说事，但实际上真正了解了ZARA就知道，它只是没有用一般的手段做广告而已。你看ZARA的所有门店无不开在城中最高端繁华的商业场所，也从不吝啬店面装潢的精美考究，同时ZARA塑造高端形象的另一重要部分是每年的宣传模特。这些模特常常都是全球排名第一的顶级超模，而宣传硬照也都质感上乘，无不传达着一种"时尚与高端"的信息。尽管成衣质量一直被吐槽，但谁都不能否认，穿ZARA就是和穿大牌有同样的视觉效果。

今天我们说ZARA是一家互联网化的企业，其中一个重要的依据就是，它的新品推出和库存控制就充分运用了迭代的思想。这也是"顾客至上"的互联网思维，ZARA确实做到了对市场的快速反应。ZARA在经营思想上非常灵活，不以条条框框束缚品牌，而是不顾一切地以向前发展为动因，在试错中成长。

从ZARA的领导层来看，高学历人员比例较其他国际公司为少，既可以说是缺乏高级的管理体系，又可以解读为摆脱了由经验带来的约束。这也使得其他人很难预料到ZARA下一步又会怎样发展，又会做出什么样不符合常理的决策。这种打破常规的灵活性，在互联网+时代做营销尤为重要。

在互联网时代，商业机会几乎都是平等的、透明的、开放的，但是为什么有些企业能顺势崛起，而很多巨大的商业帝国衰落陨落？其中有众多的原因，而重要的是思维的定势以及对环境的长期麻木，对互联网带来的消费理念、生活方式以及竞争格局毫无觉知，这也正是为什么在互联网+时代我们要研究、模仿ZARA的原因，因为世界上还没有出现第二个ZARA。

（根据丁家永同名网络文章改编）

案例思考题：

1.受互联网环境的影响，ZARA的商业模式有哪些创新之处？

2.如何理解互联网+中的"+"不仅是技术上的"+"，更重要的是思维、理念、模式上的"+"？

3.互联网+的时代给企业带来了哪些进一步的思考？

本章小结

本章介绍了当今世界经济发展的特点：经济全球化、现代技术更新加快、市场需求的多样性和多变性、"虚拟经济"的形成和发展，论述了信息系统与管理的关系；介绍了决策的基本概念，论述了信息系统对决策和决策过程的支持，说明了任何一个组织的管理都离不开信息系统的支持，基于计算机的信息系统使决策科学化成为可能，决策支持系统的出现使决策科学化成为可能；介绍了企业信息化的概念，阐述了企业信息化的内涵；介绍了企业信息化的具体内容；介绍了企业管理变革的新思想BPR。

关键概念

经济全球化　虚拟组织　决策　企业信息化　BPR

复习思考题

1.当今世界经济发展有哪些特点？

2.试述信息系统对企业管理的影响。

3.决策过程的四个阶段是什么？

4. 企业信息化如何定义？简述企业信息化的内涵。

5. 什么是企业流程再造？简述企业流程再造的内容和原则。

6. 为什么某些组织理论家认为有的企业不再需要中层管理者？

7. 某厂生产产品 A，2014 年末有关数据如下：

指 标	金 额
销售收入（1）	4 500 000
销售产品制造成本（2）	3 400 000
毛利（3）=（1）-（2）	
销售费用（4）	350 000
管理费用（5）=8.8%×（1）	
利润（6）=（3）-（4）-（5）	

现正制订 2015 年利润计划，有如下几种方案可供选择：甲方案，提高销售收入 11%，其他不变；乙方案，提高销售收入 4.5%，降低销售费用 6.2%，其他不变；丙方案，销售产品制造成本降低 4%，经营费用降低 5%，其他不变。

要求：比较三种方案的结果后，选择利润最大的方案。

第 3 章
管理信息系统的技术基础

内容提要
1. 计算机系统构成
2. 数据库系统的概念和组成
3. 数据库设计
4. 数据仓库和数据挖掘的基本概念
5. 数据通信系统、计算机网络

管理信息系统是以信息技术为技术基础的，随着信息技术的迅猛发展，信息系统也得到了飞速的发展和更广泛的应用。同时，随着信息系统在各个领域的广泛应用，也促进了信息技术的迅速发展，因此，信息系统与信息技术之间存在着一种相互促进的关系。信息技术是一个外延很广的概念，一般来说，信息技术是计算机技术、数据库技术和网络通信技术的总称。

3.1 计算机系统

计算机技术是现代信息技术的重要组成部分，也是管理信息系统基础设施中的核心元素。本章主要介绍计算机系统的相关知识。

3.1.1 计算机的发展

为了提高计算能力，人类从古至今就不断地在实践中改进自己的计算工具，这包括中国的算盘和欧洲的计算尺，但这些都属于早期的计算工具，随着经历宗教改革之后的欧洲社会进入文艺复兴时期，自然科学技术得到了迅速发展，人类进入了机械计算时代。这一时期在计算方面有许多重大的进步，特别是1822年英国人Babbage设计了差分机和分析机，它具有输入、存储、处理、控制和输出五个基本部分，已经类似于百年后的电子计算机了。此后众多的科学家在这方面进行了大量的探索，直到1946年，世界上第一台电子计算机ENIAC在美国宾夕法尼亚大学诞生了。这是第一台真正意义上的电子数字计算机，针对它的不足，美籍匈牙利数学家约翰·冯·诺依曼提出了改进的设计方案，这些方案奠定了现代计算机的基本体系结构。

冯·诺依曼的理论思想包括三部分：第一，计算机由运算器、控制器、存储器、输入设备和输出设备组成；第二，程序和数据在计算机中用二进制表示；第三，采用存储程序方式控制计算机的操作过程。所谓存储程序控制方式是把要执行的指令和要处理的数据按照一定的顺序编制成程序存储到计算机的内部，然后让它自动执行，这种设计思想一直延续至今，人类社会则在可预见的未来即将进入量子计算机时代。

3.1.2 计算机系统的构成

一个完整的计算机系统由计算机硬件系统和计算机软件系统两部分组成。硬件系统是计算机的实体，是所有固定装置的总称，它是计算机实现其功能的物质基础；软件系统是指挥计算机运行的程序集。在计算机技术的发展进程中，计算机硬件和软件相辅相成，缺一不可。计算机系统构成的示意图如图3-1所示。

$$
计算机系统
\begin{cases}
硬件系统
\begin{cases}
主机
\begin{cases}
中央处理器\ CPU
\begin{cases}
运算器 \\
控制器
\end{cases} \\
内存
\begin{cases}
随机存储器（RAM） \\
只读存储器（ROM）
\end{cases}
\end{cases} \\
外部设备
\begin{cases}
输入设备 \\
输出设备 \\
外存储器
\end{cases}
\end{cases} \\
软件系统
\begin{cases}
系统软件
\begin{cases}
操作系统 \\
语言处理程序 \\
服务程序
\end{cases} \\
应用软件
\begin{cases}
公共应用软件 \\
专用应用软件
\end{cases}
\end{cases}
\end{cases}
$$

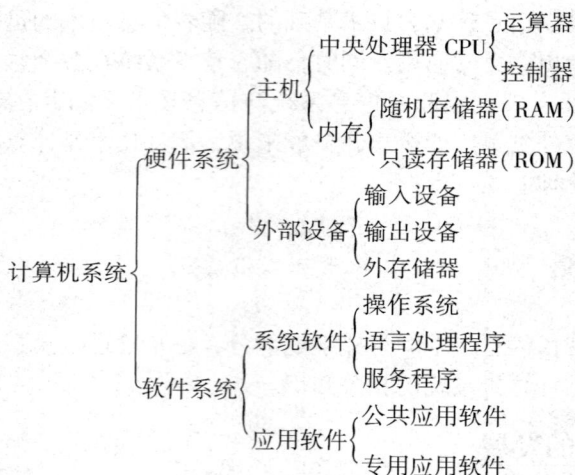

图3-1　计算机系统的组成

3.1.3　计算机硬件系统

冯·诺依曼理论指出，计算机硬件系统主要由五部分组成，即运算器、控制器、存储器、输入设备和输出设备，其中运算器和控制器统称为中央处理器（CPU）。计算机硬件系统是整个计算机系统的基础和核心，计算机性能（如运算速度、精度、存储容量和可靠性等）的高低在很大程度上取决于硬件的配置。

1.中央处理器

中央处理器是计算机系统的核心组成部件，它是由运算器和控制器组成，并采用较大规模集成电路工艺制成芯片，安装在计算机中。它的主要功能是完成数据处理和计算机的控制等操作，它从内存中接收数据和指令，处理这些指令，并将处理结果再送回内存中，结果可以显示和存储起来。

运算器（ALU）是计算机中执行算术运算和逻辑运算的部件，它的基本操作包括加、减、乘、除四则运算以及与、或、非等逻辑操作。由于所有的复杂数学运算都可以转化为简单的算术运算，所有的复杂逻辑关系都可以转化为逻辑的与、或、非运算，因此通过运算器，计算机可以处理任何数学运算和逻辑运算问题。

运算器的操作是由控制器来协调和控制的。控制器是计算机的控制中心，它从计算机的主存储器中读取程序指令，然后根据这些预先编制好的程序所下达的加工处理任务，按照时间的先后顺序，向其他各部件发出控制信号，控制与协调计算机各部件自动工作。

2.存储器

存储器是用来存储程序和数据的电子器件。计算机中的全部信息，包括输入的原始数据、经过初步加工处理后的中间数据和最后处理的结果数据以及对输入数据进行加工处理的程序都存储在存储器中。存储器分为两大类：内存储器和外存储器。

　　内存储器又称主存储器，简称主存或内存，它直接与 CPU 相连，CPU 可以直接访问它，进行读写操作。它容量较小，但存取速度快，因此内存中一般只存放那些急需处理的数据或正在运行的程序，计算机应用程序调用的大部分信息都存储在外存储器中，CPU 为了操作信息，就必须先将信息读入到内存中。内存由半导体器件构成，按其工作方式的不同，一般将其分为随机存储器（RAM）和只读存储器（ROM）两类。

　　外存储器又称辅助存储器，属于计算机的外部设备，它大大扩充了存储器的容量。外存的容量一般都比较大，而且便于移动，它负责成批地将数据或程序送入内存，也可以将内存中的数据或者程序保存到外存中。目前常用的外存储器主要有硬盘、光盘等。

　　3. 输入、输出设备

　　输入设备的功能是将预先编制好的程序和数据等信息转换成计算机能够接受的信息形式，然后输入到计算机中。常用的输入设备有键盘、鼠标、光笔、触摸屏、扫描仪、话筒等。

　　输出设备的功能则是将计算机处理的结果转化为人们或者其他设备能接受的形式输出。常用的输出设备有打印机、显示器、绘图仪等。

　　计算机硬件的工作原理如图 3-2 所示。

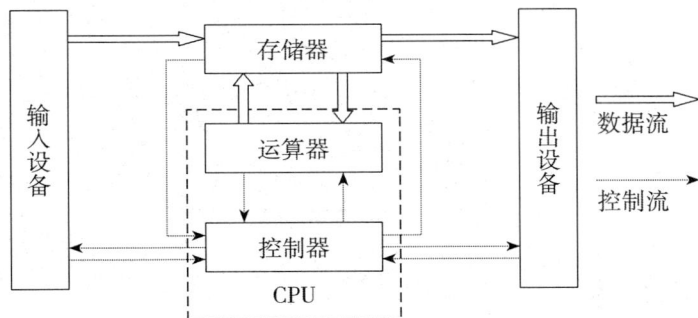

图 3-2　计算机硬件工作原理图

3.1.4　计算机软件系统

　　光有计算机硬件，计算机什么都干不了，计算机要正常运行并解决各种问题，必须拥有软件。计算机软件是指计算机程序及相关文档，它是在计算机硬件的基础上对硬件的完善和扩充。这些程序有的是用来支持计算机工作和扩大计算机功能的，有的则是专门为解决某类具体问题而编制的。计算机软件系统一般分为系统软件和应用软件两大部分。

　　系统软件是指负责管理、监控和维护计算机硬件和软件资源的一种软件。它主要是为了有效使用计算机系统，给应用软件开发与运行提供支持，为用户管理和使用计算机提供方便，它扩大了计算机的功能和用途，提高了计算机的工作效率，方便了用户的使用。系统软件主要包括操作系统、语言处理程序、服务程序和各种程序设计语言、数据库管理系统等实用工具软件。其中操作系统是用户和计算机的接口，用户通过操作系统可以最大限度地利用计算机的功能。

应用软件是为解决某些应用领域中的具体任务而编制的程序。这类软件一般由软件人员或计算机用户针对具体工作编制，分为两类：一类是一些已经商品化、适用范围广的软件，称为公用应用软件，如进行文字和表格处理的 Word、Excel，用于进行统计分析的统计分析软件包 SPSS 等；另一类是为解决某类独特问题或专门问题而编制的软件，称为专用应用软件，如财务核算软件、各种管理信息系统软件等。

将计算机的软硬件系统放在一起，可以发现整个计算机系统是按层次结构进行组织的，各层次之间的关系是：内层是外层的支持环境，外层不必了解内层的工作细节，只需要按照约定调用内层提供的服务即可。计算机系统的层次结构如图3-3所示。

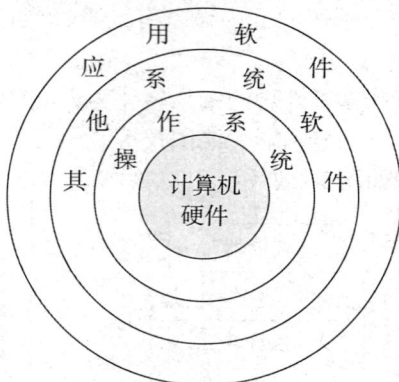

图3-3　计算机系统的层次结构

3.2　数据管理技术

数据是一种重要的资源，数据管理是信息管理的一部分，如果没有数据及处理数据的能力，组织就无法成功地完成大部分的业务活动。

3.2.1　数据库系统

1.数据库

数据库是以一定的组织方式存储在一起的相关数据的集合，它用综合的方法组织数据，使数据独立性高、冗余小，可供多个用户共享，能够保证数据的安全性和可靠性，允许并发地使用数据库，并能保证数据的一致性和完整性。

数据库概念的三个主要目标是使数据冗余最小，并达到数据独立性和共享性。数据冗余是数据的重复，即同一数据存储在多个文件中；数据独立性指数据结构与处理该数据的应用程序相互独立，因此更改数据结构时不用更改处理数据的应用程序；数据共享性则突破了地域范围的局限，允许多用户并发地使用数据库中的数据，促进各方的联系和交流。

2.数据库系统

数据库系统是指组织、存取和维护大量数据的人-机管理系统，是由计算机、数据库、数据库管理系统和有关人员组成的有机整体。

一个组织的数据库系统一般有四个组成部分：

（1）计算机系统

计算机系统是指用于数据库管理的计算机软硬件系统。数据库需要大容量的主存以存放和运行操作系统、数据库管理系统程序和应用程序以及数据库、目录和系统缓冲区等，外存则需要大容量的直接存取设备。此外系统还应具有网络功能以实现数据资源的共享。

（2）数据库

数据库是存储在一起的结构化的、逻辑相关的数据集合，并为多种应用服务。数据库既有存放实际数据的物理数据库，也有存放数据逻辑结构的描述数据库。

（3）数据库管理系统

数据库管理系统（Database Management System，DBMS）是一个负责数据库管理和维护的软件系统，通常包括数据定义语言及其编译程序、数据操纵语言及其编译程序以及数据管理例行程序等一组软件。

（4）知识工作者

①数据库用户：包括最终用户和程序设计人员。最终用户是组织中的业务和管理人员。

②数据库设计人员：指从事数据库开发的信息专家（包括系统分析员）。

③数据库管理员（Database Administrator，DBA）：是负责数据库全面管理的信息专家。其职责包括：定义并存储数据库的内容，监督和控制数据库的使用，负责数据库的日常维护，必要时重新组织和改进数据库。

3.数据库管理系统

数据库管理系统是指对数据进行管理的软件系统，是数据库系统的核心，它与数据库系统中各个部分都有着密切联系。对数据库的一切操作都是在数据库管理系统的控制下完成的。知识工作者，无论是最终用户、数据库管理员，还是数据库设计人员或程序设计人员，都是通过数据库管理系统与数据库打交道的。在数据库管理环境中，数据库是数据的集合，而数据库管理系统则是软件工具的集合。数据库管理系统为数据库的建立、运行、维护和控制管理提供了保证。

数据库管理系统的主要目的是使数据作为一种可管理的资源，从而使数据易于为各类用户所共享，同时还能保证数据的安全性、可靠性、完整性、一致性和高度独立性。

具体来说，一个数据库管理系统应该具备以下功能：

（1）数据库定义。可以定义数据库中所含信息的逻辑结构和数据库中的文件结构。

（2）数据库的操纵。可以完成对数据库数据的装入、删除、修改，可以完成数据库的备份和恢复等操作。

（3）数据库查询。可以以各种方式提供灵活的查询，使用户方便地使用数据库中的数据。

（4）数据库控制。可以完成对数据库的安全性控制、完整性控制、多用户环境下的并发控制等功能。

（5）数据库通信。在分布式数据库或提供网络操作功能的数据库中提供数据库的通信功能。

3.2.2 数据库系统的结构

1.数据描述

信息是人们对客观世界各种事物特征的反映，而数据则是表示信息的一种符号。在人们对现实世界的认识和对其进行数字化描述的过程中会经历三个不同的世界（或称领域）：现实世界、信息世界和数据世界。这三个世界的关系如图3-4所示。

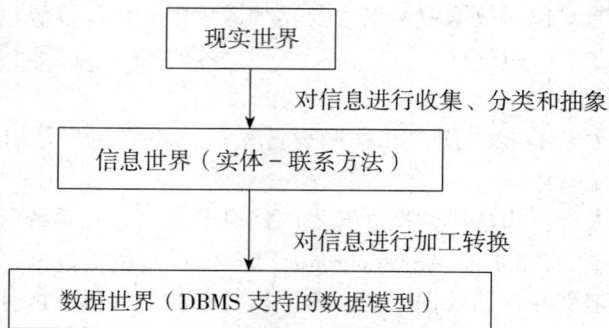

图3-4　数据描述的三个阶段（世界）

（1）现实世界。现实世界是指客观存在的世界中的事物及其联系，它是人类社会存在和发展的环境。在现实世界中，存在许多千差万别但又息息相关的事物，我们把每个已被识别的事物称为"个体"，如学生、课程等。区分不同个体的依据是它们所具有的不同特征，如学生个体的不同学号、姓名、性别等。在实际研究中常对个体进行分类，具有相同特征的个体的集合称为"全体"，如所有的学生、教师、课程等都各自构成一个"全体"。不论是个体还是全体，它们之间都存在着一定的联系，如在教学活动中，教师讲授课程，学生学习课程等。

（2）信息世界。信息世界是现实世界中客观事物在人们头脑中的反映，是一种抽象化、概念化了的世界。现实世界中的客观事物及其联系在信息世界中用概念模型来描述。在这个世界里需要用以下一些基本术语来表示：

①实体（Entity）：是指客观存在并相互区别的事物。实体可以是具体对象，如一名教师、一名学生等，也可以是抽象的概念和联系，如学生的一次选课、一次借书等。

②属性（Attribute）：实体具有许多特性，每一个特性都称为属性。一个实体可以由若干个属性来刻画。例如，学生实体可由学号、姓名、性别、年龄、系别等属性构成。

③主键（Key）：唯一标识实体的属性集称为主键。例如，学生实体的学号可作为学生实体的主键。

④实体集（Entity Set）：是具有相同特性的同类实体的集合。例如，所有教师、所有学生。

⑤实体之间的联系（Relationship）：现实世界的客观事物都是以各种不同的方式相互联系的，因此实体之间也是以各种方式互相联系的。

设 A、B 是两个包含若干个体的总体，其间建立了某种联系，则实体间的联系方式可以分为三种：一对一联系、一对多联系和多对多联系。

●一对一联系（1∶1）

如果对于实体集 A 中的每一个实体，实体集 B 中至多有一个实体与之联系，反之亦然，则称实体集 A 与实体集 B 具有一对一联系。例如，学校里一个班级中只有一个正班长，而一个正班长只在一个班级中任职，则班级与正班长之间具有一对一联系。

●一对多联系（1∶n）

如果对于实体集 A 中的每一个实体，实体集 B 中有一个以上实体与之联系，反之，对于实体集 B 中的每一个实体，实体集 A 中至多只有一个实体与之联系，则称实体集 A 与实体集 B 有一对多联系。例如，一个班级中有若干名学生，而每个学生只在一个班级中学习，则班级与学生之间具有一对多联系。

●多对多联系（m∶n）

如果对于实体集 A 中的每一个实体，实体集 B 中有一个以上实体与之联系，反之，对于实体集 B 中的每一个实体，实体集 A 中也有一个以上实体与之联系，则称实体集 A 与实体集 B 具有多对多联系。例如，一门课程同时有若干名学生选修，而一名学生可以同时选修多门课程，则课程与学生之间具有多对多联系。

（3）数据世界。数据世界也称计算机世界，它是现实世界中的事物及其联系经过信息世界的抽象后，转换到计算机中的表示形式。现实世界中的事物及其联系在数据世界中可以用数据模型来描述。在数据世界里需要以下术语：

①字段（Fields）：标记实体属性的命名单位称为字段（或数据项），它是数据组织中不能再分的最小的逻辑数据单位，它与实体的属性相对应，有不同的数据类型和取值范围。例如，学生有学号、姓名、性别、出生年月等字段。

②记录（Record）：字段的有序集合称为记录，一般用一个记录描述一个实体。

③文件（File）：同一类记录的汇总称为文件。文件是描述实体集的。例如，所有学生记录组成一个学生文件。每个文件都有一个文件名，并按文件名存于外存储器上。

④主键（Key）：能唯一标识文件中每个记录的字段或字段集，称为文件的主键。例如，学号可以作为学生记录的主键。

在不同的世界中使用的概念和术语是不同的，它们具有如表3-1所示的对应关系。

表3-1 三个不同世界术语对照表

现实(客观)世界	信息世界	数据世界
事物及其联系	实体及其联系	数据库
事物类(全体)	实体集	文件
事物(对象,个体)	实体	记录
特征(性质)	属性	字段

2.数据模型简介

数据库是一个具有一定数据结构的数据集合，这个结构是根据现实世界中事物之间的联系来确定的。在数据库系统中不仅要存储和管理数据本身，还要保存和处理数据之间的联系，这个数据之间的联系也就是实体之间的联系，反映在数据上则是记录之间的联系。数据模型就是用来表示和处理这种联系的，它是对客观事物及其联系的数据化描述，是关于全局数据的组织方式的抽象表达。该模型能使数据以记录的形式组织在一起，综合反映企业组织经营活动的各种业务信息，既能使数据库含有各个用户所需要的信息，又能在综合过程中除去不必要的冗余；该模型还能反映企业组织中各部门业务信息所存在的内在联系。数据模型的设计方法决定着数据库的设计方法。目前，在实际数据库系统中支持的数据模型主要有三种：层次模型（Hierarchical Model）、网状模型（Network Model）和关系模型（Relational Model），其中关系模型是三种模型中最重要的，也是应用范围最广的数据模型，20世纪80年代以来，计算机系统商推出的数据库管理系统几乎全部是支持关系模型的。关系模型采用二维表的形式表示实体及其之间的联系，其结构如表3-2所示。

表3-2　　　　　　　　　　　　　关系模型的一种关系

学号	姓名	性别
0411001	张建平	男
0411002	赵晓丽	女
0411003	陈玉东	男
⋮	⋮	⋮

关系模型中的主要术语有：

（1）关系：一个关系对应一张二维表。

（2）元组：二维表中的一行称为一个元组。

（3）属性：二维表中的一列称为一个属性。

（4）关键字：二维表中的属性或属性的组合，它的值能唯一地标识一个元组。

（5）域：属性的取值范围。

3.关系的规范化

规范化理论研究关系模式中各属性之间的依赖关系及其对关系模式性能的影响，探讨关系模式应该具备的性质和设计方法。规范化可以使关系的结构简化，使存储尽量减少数据冗余，使数据库的设计更加合理。关系数据的规范化理论涉及以下两个问题：

（1）数据依赖。规范化问题考虑的基本出发点在于一个关系的数据项之间是否存在数据依赖问题。关系中数据项之间存在两种依赖关系：函数依赖和多值依赖。

①函数依赖：设 R（U）是属性集U上的关系模式，X和Y是属性集U的子集。若对于 R（U）中的任意一个可能的关系 r，r 中不可能存在两个元组在 X 上的属性值相等，而在 Y 上的属性值不等，则称 X 函数确定 Y 或 Y 函数依赖于 X，记为 X→Y。

函数依赖普遍存在于现实生活中，例如，对一个学生的描述，描述学生的属性有学号、姓名等，在给定学号的情况下，我们就可以唯一地确定姓名，不可能出现一个学号对应两个以上姓名的情况，就称"姓名"函数依赖于"学号"。函数依赖描述的是属性之间的单值对应关系，即给定一个关键字，就能确定关系模式中的所有属性，且属性值是唯一的。在关系模式中，函数依赖可以描述一对一和多对一的关系，但无法描述一对多和多对多的关系。

②多值依赖：若给定X，有一组属性值与之对应，则称 X 多值决定 Y 或 Y 多值依赖于 X，记为 X→→Y。如学生选课，一个学生可以选修多门课程，则给定一个学号，就可以找出多门课程与之对应，就称"课程"多值依赖于"学号"。

③完全函数依赖与部分函数依赖：在关系模式 R（U）中，如果 X→Y，并且对于 X 的任何一个真子集 X'，都有 X'→\Y，则称 Y 完全函数依赖于 X，记为 $X \xrightarrow{f} Y$。若 X→Y，但 Y 不完全函数依赖于 X，则称 Y 部分函数依赖于 X，记为 $X \xrightarrow{p} Y$。

④传递函数依赖：在关系模式 R（U）中，如果 X→Y，Y→Z，且 Y→\X，则称 Z 传递依赖于 X，记为 X $\xrightarrow{p}$ Z。

例如，有一个学生情况关系 XSQK，如表 3-3 所示。

表 3-3   学生情况关系（XSQK）

学号（XH）	姓名（XM）	系名（XIM）	系址（XZ）	课号（KH）	课名（KM）	成绩（CJ）
9901612	赵林	会计系	R214	K01	英语	84
9901612	赵林	会计系	R214	K02	计算机	89
9901801	李芳	会计系	R214	K01	英语	92
9901801	李芳	会计系	R214	K02	计算机	87
9903214	陈志	外贸系	R308	K01	英语	78
9903214	陈志	外贸系	R308	K02	计算机	76
9904318	赵林	金融系	R410	K01	英语	90
9904318	赵林	金融系	R410	K02	计算机	88

这个关系的模式是：

XSQK（XH，XM，XIM，XZ，KH，KM，CJ）

其中各属性间有如下一些依赖关系：

函数依赖：XH→XM，XH→XIM，XIM→XZ，KH→KM 等；

多值依赖：XH→→KH，XH→→KM 等；

完全依赖：{XH，KH} $\xrightarrow{f}$ CJ 等；

部分依赖 {XH，KH} $\xrightarrow{p}$ XM，{XH，KH} $\xrightarrow{p}$ KM 等；

传递依赖：{XH→XIM，XIM→XZ}，XH $\xrightarrow{t}$ XZ 等。

（2）规范化。所谓规范化是把关系模式从低一级向高一级转换的过程。满足不同条件的关系模式称为不同的范式。在规范化理论中通常将关系模式分为五种规范模式（Normal Form），简称范式（NF），它表示的是关系模式的规范化程度，也即满足某种约束条件的关系模式。

①第一范式（1NF）：如果一个关系模式 R 中的所有属性都是不可再分的数据项，则称该模式为第一范式。如上述的关系模式 XSQK（XH，XM，XIM，XZ，KH，KM，CJ）就是 1NF。

②第二范式（2NF）：如果一个关系模式 R 满足 1NF，并且所有的非主属性都完全依赖于关键字，则称该模式为第二范式。

例如，在关系模式 XSQK（XH，XM，XIM，XZ，KH，KM，CJ）中，{XH，KH} 是关键字，其他的属性 XM，XIM，XZ，KM 和 CJ 都是非主属性。这些非主属性对关键字的部分依赖和完全依赖有：

{XH，KH} $\xrightarrow{p}$ XM，{XH，KH} $\xrightarrow{p}$ KM，{XH，KH} $\xrightarrow{p}$ XIM，{XH，KH} $\xrightarrow{p}$ XZ，{XH，KH} $\xrightarrow{f}$ CJ

为了将 XSQK 转换为 2NF，需要将其分解为几个模式，使分解后的各模式中消除上述的部分依赖，分解后的模式为：

  XSQK1（XH，XM，XIM，XZ）——关键字为XH

  XSQK2（KH，KM）——关键字为KH

  XSQK3（XH，KH，CJ）——关键字为XH+KH

  这三个关系模式都是2NF。

  ③第三范式（3NF）：如果一个关系模式R满足2NF，并且所有的非主属性都不传递依赖于关键字，则称该模式为第三范式。

  例如，上例中关系模式XSQK1为2NF，其中XH为关键字，非主属性对关键字的依赖关系有$XH \rightarrow XIM$，$XIM \rightarrow XZ$，所以$XH \rightarrow XZ$，即"系址"传递依赖于"学号"，所以必须消除这种依赖关系，其方法是将XSQK1分解为如下两个关系模式：

  XSQK11（XH，XM，XIM）——关键字为XH

  XSQK12（XIM，XZ）——关键字为XIM

  这两个模式中都不存在传递依赖关系，所以它们都是3NF。

  第三范式也不是最好的关系模式，根据需要还应向更高的范式转换，但在实际应用中，关系模式分解到3NF就足够了，所以对于更高级别的范式这里不做介绍。

3.2.3 数据库设计

  数据库设计是指对于一个给定的应用环境，提供一个良好的数据模型与处理模式的逻辑设计，以及确定一个良好的数据库存储结构与存取方法的物理设计，从而建立起既能反映现实世界信息和信息联系，满足用户数据要求和处理要求，又能被某个数据库管理系统（DBMS）所接受，同时能实现系统目标并能有效地存取数据的数据库。

  数据库设计分为用户需求分析、概念结构设计、逻辑结构设计和物理结构设计四个阶段，如图3-5所示。

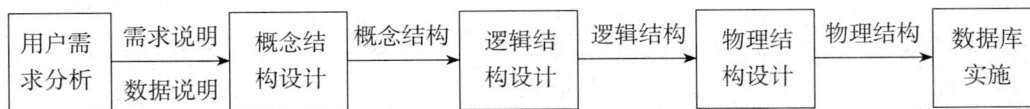

图3-5 数据库设计的四个阶段

1.用户需求分析

  进行数据库设计首先必须准确了解与分析用户需求（包括数据与处理），它是整个数据库设计过程的基础。用户需求分析的目标是获得用户对计划建立的数据库的信息需求的全面描述，通常使用数据流程图（DFD）和数据字典（DD）等方法。

2.概念结构设计

  概念结构设计是将现实世界的需求转化为信息世界中的实体及其联系，常用的是实体-联系方法，该方法用E-R（Entity-Relationship）图来描述现实世界的概念模型。

建立概念模型首先要根据收集到的资料，抽象出实体，并一一命名，再根据实体的属性描述其间的各种联系。在E-R图中，矩形表示实体，矩形框中写明实体名；实体的属性用椭圆形表示，并用无方向线条将实体与属性联系起来；实体之间的关系用菱形表示，用无方向线条将菱形与有关实体连接起来，并在旁边标明联系的类型，其中联系本身也是一个实体，也可以有属性。

例如，在学校课程管理中，涉及的实体包括：

（1）学生：属性有学号、姓名、性别、出生年月；

（2）系：属性有系号、系名、系主任；

（3）教师：属性有职工号、姓名、性别、出生年月、职称；

（4）课程：属性有课程号、课程名、学分。

各个实体及其属性如图3-6所示。

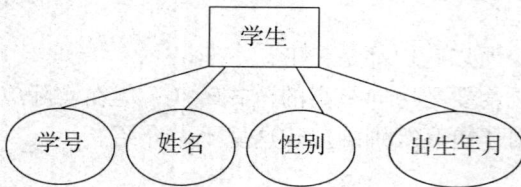

（a）"学生"实体及其属性　　　　　　　（b）"系"实体及其属性

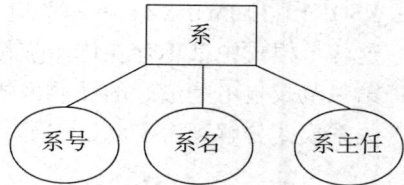

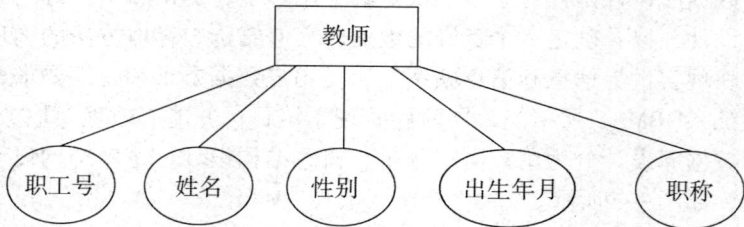

（c）"教师"实体及其属性

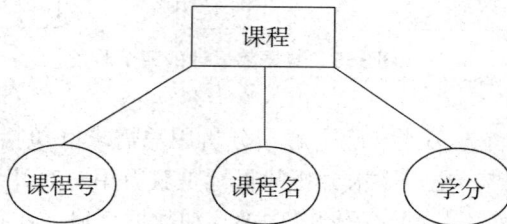

（d）"课程"实体及其属性

图3-6　实体及其属性图

这些实体之间的联系包括：

（1）组成：一个系由多名学生组成，而一名学生只属于一个系，为1：n联系；

（2）选修：一名学生可以选修多门课程，而一门课程也可以被多名学生选修，所以是m：n联系，其属性为成绩；

（3）讲授：一门课程可以由多名教师讲授，而一名教师可以讲授多门课程，所以是m：n联系。

实体之间的联系如图3-7所示。

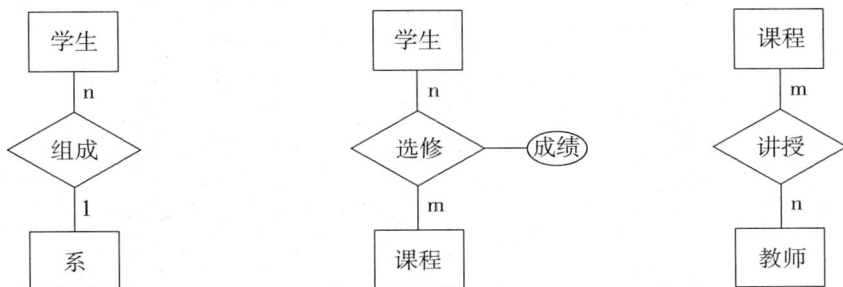

（a）"学生"与"系"的联系　（b）"学生"与"课程"的联系　（c）"课程"与"教师"的联系

图3-7　实体之间的联系

将图3-6和图3-7合并在一起就形成一个完整的关于学校课程管理的概念模型，其E-R图如图3-8所示。

3.逻辑结构设计

逻辑结构设计是将概念模型从E-R图转换成某种数据库管理系统支持的数据模型，一般是转换为关系数据模型。

E-R图中每个实体相应地转换为一个关系，即一个二维表，该关系应包括对应实体的全部属性，并确定出主键。对E-R图中的联系要根据联系的不同采取不同的手段将其转换为不同的关系，具体的规则如下：

（1）每一个实体都转换为一个关系模式，实体的名称作为关系的名称，实体的属性就是关系的属性。在图3-8所示的E-R图中，从实体转换得到的关系有：

系（系号，系名，系主任）

学生（学号，姓名，性别，出生年月）

课程（课程号，课程名，学分）

教师（职工号，姓名，性别，出生年月，职称）

（2）将每一个多对多联系都转换为一个关系模式。联系的名称为关系的名称，联系的属性由相关联系的各实体中的关键属性（能唯一地标识出一个实体的属性）和该联系自己所具有的属性组成，如本例中的"选修"和"讲授"联系，可转换为：

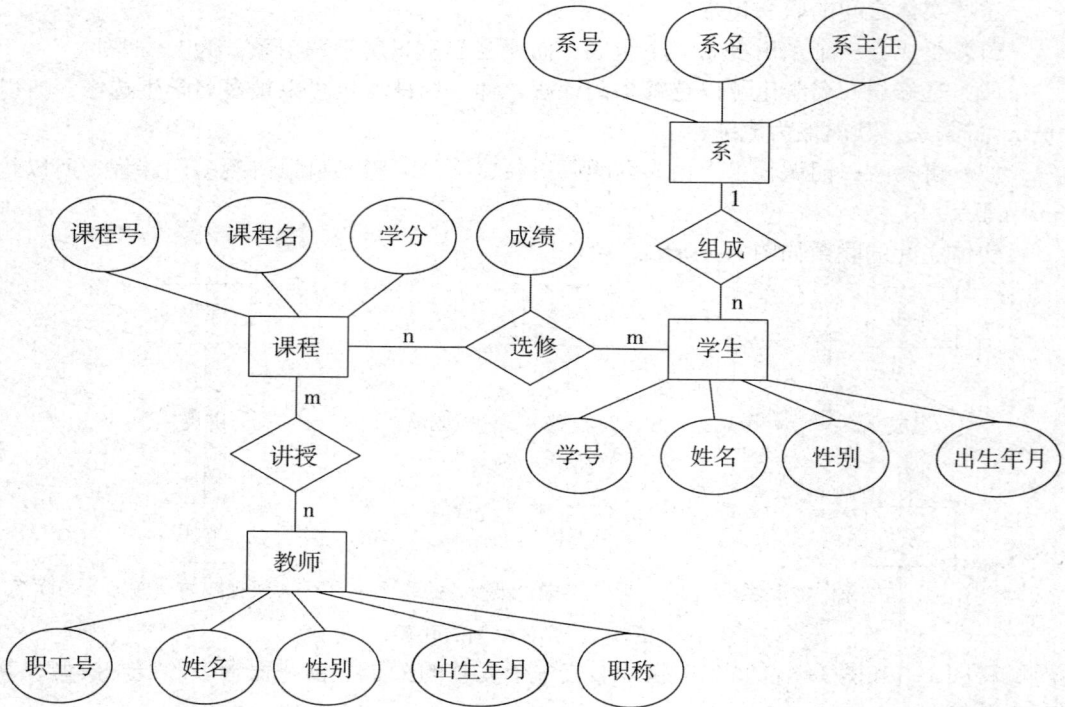

图 3-8 学校课程管理 E-R 图

选修（学号，课程号，成绩）

讲授（课程号，职工号）

（3）将每一个一对多联系都转换为一个关系模式，也可以不单独转换为一个关系模式，只需在联系的"n"端实体所对应的关系模式中加入"1"端实体的关键属性即可。如本例中的"组成"联系可转换为：组成（学号，系号）；也可在"学生"关系中加上一个"系号"，使"学生"关系变为：学生（学号，姓名，性别，出生年月，系号），而不再对"组成"联系进行转换。

（4）两个实体集的一对一联系的转换，可按规则（2）进行，也可按规则（3）进行，视具体情况而定。

根据上述原则，上例中学校课程管理的概念模型可转换为如下两种关系模型：

①关系模型一：

系（系号，系名，系主任）

学生（学号，姓名，性别，出生年月）

课程（课程号，课程名，学分）

教师（职工号，姓名，性别，出生年月，职称）

选修（学号，课程号，成绩）

讲授（课程号，职工号）

组成（学号，系号）

②关系模型二：

系（系号，系名，系主任）

学生（学号，姓名，性别，出生年月，系号）

课程（课程号，课程名，学分）

教师（职工号，姓名，性别，出生年月，职称）

选修（学号，课程号，成绩）

讲授（课程号，职工号）

4.物理结构设计

物理结构设计是为数据模型在可用的硬件设备上确定合适的存储结构和存取方法，并建立索引等。物理结构设计以逻辑结构设计结果作为输入，结合具体的DBMS功能、DBMS所提供的物理环境和工具、应用环境和数据存储设备，进行数据存储组织和方法的设计，主要包括确定数据的存储结构、存取路径的选择和调整、确定数据存放位置和存储分配等。

经过以上步骤，数据库就建立起来了，下面就可以利用数据库对信息进行管理了。

3.3 数据仓库与数据挖掘

随着计算机技术的飞速发展和企业之间竞争的加剧，企业内的各级人员都希望能够快速地、交互地、方便有效地从大量杂乱无章的数据中获取有意义的信息；决策者则希望能够利用现有数据指导企业决策和发掘企业的竞争优势。但是，由于数据常常被分割在不同的运行系统中，如销售系统、财务系统，使得不同的管理者在进行决策时依据的信息不完整，而且用户和信息专家不得不花费大量的时间去寻找和收集完整的数据。于是致力于解决这类比较复杂问题的数据仓库出现了，它通过集成企业的关键运行数据，产生出一致的、可靠的、易于访问的数据形式，为不同使用者提供所需要的完整数据。数据仓库是继数据库之后在逻辑上表达企业信息进程的一个新发展，而数据挖掘工具则是人们在数据仓库中发现有价值信息的一种工具。

3.3.1 数据仓库

1.数据仓库的定义

数据仓库（Data Warehouse，DW）的最终目标是把企业范围内的所有数据集成在一个大仓库中，让用户能运行查询、产生报告、执行分析。目前数据仓库的定义并不统一。数据仓库的奠基人 W.H.Inmon 在其著作《Building the Data Warehouse》一书中对数据仓库的定义是：数据仓库是支持管理决策过程的、面向主题的、集成的、随时间变化的，但信息本身是相对稳定的数据集合。

其中，"主题"是指用户使用数据仓库辅助决策时所关心的重点问题，每个主题对应一个客观分析领域，如销售、成本、利润的情况等。所谓"面向主题"就是指数据仓库中的信息是按主题组织的，按主题来提供信息的。

所谓"集成的"是指数据仓库中的数据不是事务处理系统数据的简单拼凑，而是经过系统地加工整理，是相互一致的、具有代表性的全局数据。

所谓"随时间变化"是指数据仓库中存储的是一个时间段的数据，而不仅仅是某一个时间点的数据，所以主要用于进行时间趋势分析。一般数据仓库内的数据时限为5~10年，数据量也比较大，一般为10GB左右。

所谓"信息本身相对稳定"是指数据一旦进入数据仓库以后，一般情况下将被长期保留，极少有更新或删除操作。

2.数据仓库的特征

（1）数据仓库将来自不同数据库的信息结合在一起

数据仓库将企业中各个业务数据库中的信息结合起来（通过汇总与合计）。当人们从各类业务数据库中析取信息来创建数据仓库时，收集的只是那些进行决策所需的信息，如图3-9所示。这种"所需的信息"是用户按照他们对逻辑化的决策信息需求而确定的。所以数据仓库只包含与用户进行决策有关的信息。

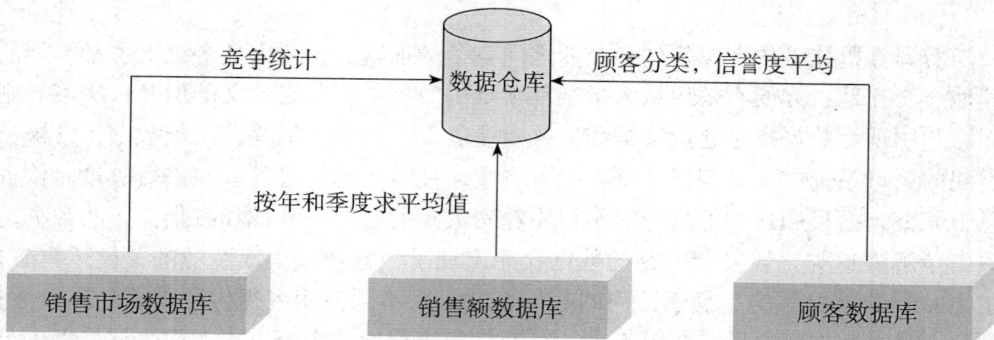

图3-9　由各业务数据库建立数据仓库

（2）数据仓库是多维的

在关系数据库模型中，信息是用一系列二维表来表示的，而在数据仓库中不是这样。大多数数据仓库都是多维度的，即它们包含若干层的行和列，称为多维数据库（Multidimensional Database）。数据仓库中的层次根据不同的维度来表示信息，这种多维度的信息图表被称为超立体结构（Hypercube）。

图3-10即为一个超立体结构，它按照产品种类和范围（列和行）、年份（第1层）、顾客群（第2层）、信誉销售（第3层）来表达产品信息。利用这个超立体结构，管理人员很容易了解到"从客户群A来看，产品种类1在西南地区的总销售额中有百分之几是信誉销售"，同时还应注意到，图3-10是一个或多个业务数据库中数据信息的综合产物。

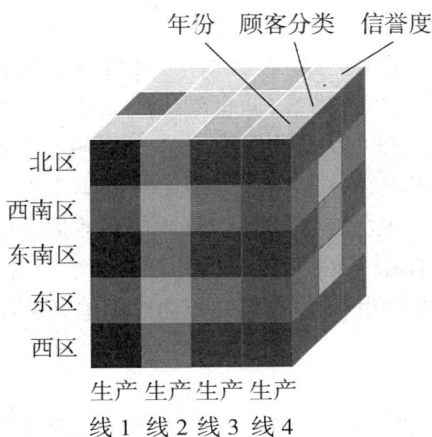

图3-10 数据仓库的多维性

数据仓库是一种特殊形式的数据库。其用户只关心自己所需要的信息，而不关心数据在哪一行、哪一列和哪一层。数据仓库还有一个数据字典，其内容除包括信息的逻辑结构外，还包括两个附加的重要特征，即信息的来源和处理方式，也就是说，数据仓库的数据字典总是追踪信息是由何种方法（总计、计数、平均、标准差等）、从哪个业务数据库中生成的。

（3）数据仓库支持决策而不是事务处理

在企业中，大多数数据库是面向事务对象的。也就是说，大多数数据库都支持联机事务处理（OLTP），因此我们可以说，这类数据库是一种事务型数据库。而数据仓库不是面向事务对象的，它们是用来支持企业中各类决策任务的。因此我们说，数据仓库支持联机分析处理（OLAP）。

3.数据集市

虽然数据仓库在管理和决策中所起的作用渐渐被大家认可，但是要建立一个企业级数据仓库的工作量是巨大的，其投资成本也是非常可观的。此时，数据集市应运而生了，目前，对数据仓库的投资大部分集中在数据集市中。

数据集市（Data Marts）是一种更小、更集中的数据仓库，为公司分析数据提供了一种相对廉价的方法。它是面向特定应用对象的数据仓库，主要是具体部门级的应用，一般只能为某个局部范围内的管理人员服务。因此，数据集市也被称为部门级的数据仓库。

数据集市除了具备数据仓库的基本特点外，还具有以下特点：

（1）规模小，灵活，可以按照多种方式来组织数据，如按特定的应用、部门、地域或主题等。

（2）能快速实现，并且价格相对低廉，可将投资快速收回。

（3）工具集的紧密集成。

（4）开发工作一般由业务部门定义、设计、开发、管理和维护。

（5）有利于进一步升级到完整的数据仓库或形成分布式数据仓库。

根据其与数据仓库的关系可以把数据集市分为两种：一种是从属数据集市，它可以看成是数据仓库的子集，其优势是可以提高使用数据集市部门的查询反应速度，并且能够保持数据的一致性；另一种是独立数据集市，它和数据仓库的逻辑结构并没有多大的区别，它们的主要区别是在服务对象和数量的规模上，一般投资方出于资金方面的考虑，会建设这样的独立数据集市，用来解决个别部门迫切的决策问题。

3.3.2　数据挖掘

随着数据库技术在企业里的广泛应用，企业各部门都通过计算机系统以及数据库系统来保存、加工和整理数据。特别是由于20世纪末网络技术和移动通信技术的兴起，数据的自动化采集程度越来越高，采集成本和加工成本越来越低，导致数据库的容量越来越大，在这些海量数据的背后隐藏着许多重要信息。越来越成熟的数据仓库和联机分析处理技术为对数据进行多维视角的预测和回溯分析，满足企业决策者应对迅速变化市场的决策信息需求提供了可能，但是这些操作也仅仅是应用了人们已经掌握的知识来建立自己的决策模型，却无法发现数据中存在的关系和规则，无法根据现有的数据预测未来的发展趋势，出现了所谓的"数据爆炸但知识贫乏"的现象。人们迫切希望能够对浩瀚的原始数据进行多层次、多角度的分析处理，挖掘出企业运行过程中潜在的运行规律，即企业知识，以迅速发现和把握企业的商务运行规律，从而获得竞争优势。由于这种过程需要采用智能技术对海量数据进行加工分析，而且所得到的新颖知识也具有智能性，可以用于商业决策以提升企业的竞争力，因此也将这个过程称为商务智能。数据挖掘技术就是满足这一需求的重要技术。

1.数据挖掘的定义

数据挖掘（Data Mining，DM）也叫知识发现（Knowledge Discovery in Database，KDD），是从大量的、不完全的、模糊的、随机的数据中抽取出有效的、新颖的和潜在有用的知识的过程。我们可以把它形象地比喻为在"数据矿山"中找出蕴藏的"知识金块"的过程，其目的是提高市场决策能力、检测异常模式、在过去的经验基础上预言未来趋势等。

　　在传统的决策支持系统中，知识库中的知识和规则是由专家或程序人员建立的，是由外部输入的，而数据挖掘的任务是从大量数据中发现尚未被发现的知识，是从系统内部自动获取知识的过程。对于那些决策者明确了解的信息，可以用查询、联机分析处理或其他工具直接获取，比如"列出各子公司上个月的销售情况"等。而另外一些隐藏在大量数据中的关系、趋势等信息，就需要数据挖掘技术来完成。数据挖掘是一个复杂的过程，它充分利用了人工智能、机器学习、统计学等多门学科的知识，并把它们同其他辅助技术结合起来，从大量的数据中找出潜在的、有用的知识。数据挖掘的过程一般由三个主要的阶段组成：数据准备、挖掘操作、结果表达和解释，如图3-11所示。

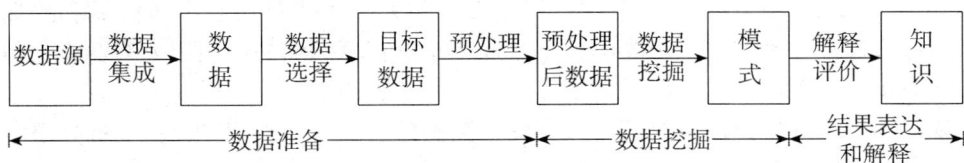

图3-11　数据挖掘的过程

2.常用的数据挖掘技术

　　在数据挖掘的过程中使用了很多的分析方法，下面介绍几种主要的方法：

　　（1）关联分析。关联分析的目的是挖掘隐藏在数据间的相互关系。例如，一项对超市交易记录的研究表明，购买玉米片时，同时会购买可乐的概率是65%，而当有促销活动时，购买可乐的概率是85%。如果管理人员事先了解了促销所带来的获利可能性，这些信息可以支持管理人员做出更好的决策。

　　（2）分类分析。分类分析是对对象的特征进行分析，并将其归类到已定义的类中。分类过程实际上是先根据已有的数据以及定义好的类，通过训练抽象出一个分类模型，然后将之应用于未分类数据的分类。例如，信用卡或电话公司会担心失去固定的客户，分类分析可以帮助它们发现那些即将流失的顾客的特征，并帮助管理人员识别这类客户，从而设计针对这些客户的促销活动。

　　（3）聚类分析。聚类分析是将一个数据对象的集合按照某种标准进行划分，但要划分的类是未知的，其结果是使得在一个聚类内部的数据对象按照该标准具有极高的相似性，而类与类之间的数据对象的相似性很低。比如，面对数据库中"消费额""购买频率""收入水平"等多个评价指标，没有办法按照一个指标去分类，就可以通过聚类，按照数据间的自然联系把分散的记录"聚"成几类，然后再对每类进行深入分析。

　　其他数据挖掘技术包括文本数据挖掘、Web数据挖掘、可视化系统、空间数据挖掘和分布式数据挖掘等。文本数据挖掘和Web数据挖掘是近几年新发展起来的数据挖掘技术，前者主要是为了满足对非结构化信息的挖掘需要，后者则是针对日益发展的互联网技术所带来的大量网络信息的挖掘。

3.数据挖掘的应用

数据挖掘技术是信息技术逐渐深化的结果，随着海量数据搜集、强大的多处理器计算机和数据挖掘算法这三种基础技术的不断发展和成熟，数据挖掘技术在各个方面都得到了广泛的重视和应用。

（1）在商业经营方面

由于MIS和POS在商业尤其是零售业内的普遍使用，特别是条形码技术的使用，使得企业可以收集到大量关于用户购买情况的数据，并且数据量在不断激增。对市场营销来说，通过数据分析了解客户购物行为的一些特征，对提高竞争力及促进销售是有帮助的。利用数据挖掘技术，通过对用户数据的分析，可以得到关于顾客购买和兴趣的信息，从而为商业决策提供了可靠的依据。数据挖掘在营销业的应用可分为两类：数据库营销（Database Marketing）和货篮分析（Basket Analysis）。

数据库营销的任务是通过交互式查询、数据分割和模型预测等方法来选择潜在的顾客以便向他们推销产品，通过对已有的顾客数据的分析，可以将用户分为不同级别，级别越高，其购买的可能性就越大。为进行营销分析，首先必须将已有的用户信息进行手工分类，分类的依据可以由专家根据用户的实际表现给出，这样得到训练数据后，由数据挖掘学习将用户进行分类的模式，于是，当一个新用户到来时，可以由已经学习后的系统给出其购买可能性的预测结果，从而可以根据结果有针对性地对顾客进行推销。

货篮分析是分析市场销售数据（如POS数据库）以识别顾客的购买行为模式。例如，如果A商品被选购，那么B商品被购买的可能性为90%，从而帮助确定商店货架的布局安排以促销某些商品，并且在进货的选择和搭配上也更有目的性。这方面的系统有：Opportunity Explorer，它可用于超市商品销售异常情况的因果分析等；另外IBM公司也开发了识别顾客购买行为模式的一些工具。

（2）在金融保险方面

数据挖掘在金融领域应用非常广泛。由于银行和金融系统对数据质量的要求较高，经过长时间的运营，这些行业通常拥有大量的且相对较完整、可靠和高质量的数据，这为这些行业进行数据挖掘提供了条件。如利用分类分析方法可以对贷款偿还进行预测，利用聚类和分类对目标市场客户进行分析和归类，利用关联规则对金融欺诈进行分析等。

（3）在客户关系管理方面

数据挖掘技术能找出产品使用模式或协助了解客户行为，从而改进通道管理（如银行分支和ATM等）。如利用聚类和分类分析法识别顾客的购买行为，利用分类分析方法对顾客忠诚度进行分析等。

（4）在远程网络通信方面

基于数据挖掘的分析能够协助组织不断变更策略，以适应外部环境的变化，用数据挖掘技术来确定市场变化模式,以指导销售计划。在网络容量利用方面,数据挖掘工具能够提供对客户组类服务的结构和模式,从而指导网络容量计划人员对网络设施做出最佳投资决策。

数据挖掘除了在商务领域的广泛应用外,还在制造、公共设施、政府、教育、远程通信、软件开发、运输等各个企事业单位及国防科研等多个领域得到了很好的应用。据IDC对欧洲和北美62家采用了商务智能技术企业的调查分析发现,这些企业的3年平均投资回报率为400%,其中25%的企业投资回报率超过600%,因此,商务智能在企业信息化工作的一开始就应该成为一个明确的目标。

3.4 数据通信与计算机网络

随着企业经营管理活动范围的不断扩大,对信息管理的广域性需求越来越高,伴随着数据通信技术和计算机技术的迅猛发展,计算机网络成为管理信息系统重要的技术基础。

3.4.1 数据通信概述

数据通信系统是计算机网络的重要组成部分,其主要任务是将地理位置不同的计算机或终端设备连接起来,高效率地完成数据传输、信息交换和通信处理的任务。为了了解计算机网络的基本原理,建立起网络及其应用的整体概念,下面首先对数据通信的基础知识做一下介绍。

1.数据通信系统

数据通信就是通过适当的传输线路将数据信息从一台机器传送到另一台机器,这里所指的机器可以是计算机、终端设备或其他任何通信设备。数据通信实质上包含了数据处理和数据传输两方面的内容。在计算机网络中,数据处理主要由计算机系统来完成,而数据传输则是依靠数据通信系统来实现的。

基于数据通信系统的计算机网络虽然多种多样,并且十分复杂,但我们可以根据其共同特性,避开其技术细节,归纳出任意两台计算机之间进行数据通信的简化模型,如图3-12所示。

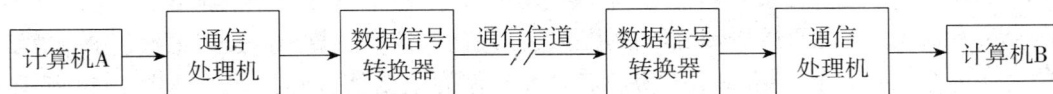

计算机A → 通信处理机 → 数据信号转换器 — 通信信道 // → 数据信号转换器 → 通信处理机 → 计算机B

图3-12 数据通信系统简化模型

从计算机A向计算机B进行数据通信的过程为:

(1)当计算机A要向计算机B发送信息时,通过通信处理机取得信道的使用权。

（2）发送端的计算机A将要发送的信息传送给通信处理机。

（3）通信处理机根据发送方的要求，将要传送的信息划分成若干个数据分组（报文），送到数据信号转换器。

（4）数据信号转换器把通信处理机传来的数字信号编制成通信信道可以传输的信号，送入信道进行传输。

（5）接收端识别到发给自己的信息，通过数据信号转换器把传输来的信号还原成数字信号，送往接收端的通信处理机。

（6）通信处理机将收到的报文分组存储整理，等一个信息的所有报文分组收齐后，将它们组合在一起，作为一条完整的信息传送给接收端计算机B。

由此可见，通信系统的基本构成要素为：计算机、通信处理机、数据信号转换器、通信信道（即传输介质）及通信协议。计算机是数据处理和数据收发的主体；通信处理机既可以是大型机的通信前置机，也可以是微机上的通信传输卡；数据信号转换器可以是调制解调器或编码译码器；通信信道可以是双绞线、屏蔽电缆线、光导纤维或是无线电波；通信协议是数据通信系统在数据处理和传输中所应遵循的规程和标准。

2.数据通信中的基本概念

（1）模拟数据通信与数字数据通信

模拟数据是连续变化的数值，如声音、温度等连续变化的物理量经传感器转换成的电信号，是一个振幅、频率及相位连续变化的电波，如图3-13（a）所示。数字数据是离散的数值，如整数、字符和计算机中二进制数据方式的0和1都是数字数据，如图3-13（b）所示。

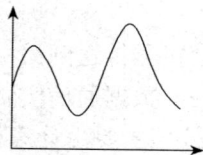
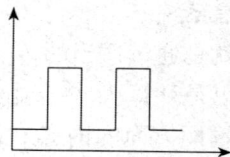

（a）模拟信号　　　　　　　　　　　　（b）数字信号

图3-13　模拟信号与数字信号

模拟数据通信是指在传输介质上用模拟信号进行传输。传统的通信技术传送的大多是模拟信号，如电话通信就是利用模拟通信方式传送模拟信号的一个典型。计算机处理的是数字信号，不能直接用传统的模拟通信方式进行传输。要想通过模拟数据通信方式传送数字信号，就要用调制解调器（Modem）作为数据信号转换器，如图3-14所示。数字数据通信是指直接在传输介质上传送脉冲数字信号。它直接通过通信传输端口将两台计算机连接起来，就可以很容易地进行数字信息的传送。数字通信是计算机技术发展的产物。

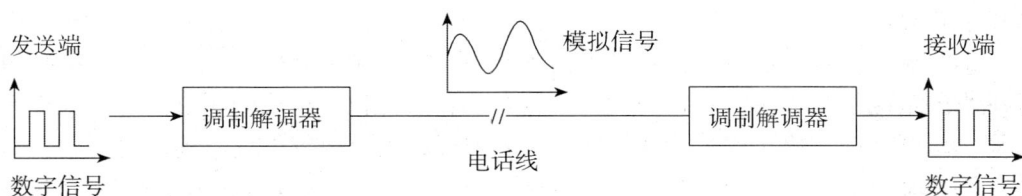

图3-14　模拟通信传输数字信号

模拟通信方式和数字通信方式都可以传输模拟信号和数字信号，但两者在性能上有很大差异：

①模拟通信比数字通信的误码率高得多。

②数字通信可以将数字、字符、文本、声音，甚至动态图像等多媒体信息合成起来传输，更有效地利用设备，而模拟通信不行。

③随着大规模集成电路的应用和计算机性价比的不断提高，数字通信设备的可用性越来越强，这是模拟通信不可比拟的。

所以，今后的发展趋势是：无论是模拟数据还是数字数据，都将采用数字通信方式进行传输。

（2）信号传输方向

信号传输方向是指通信过程中信号流动的方向，可以有如图3-15所示的三种情况：

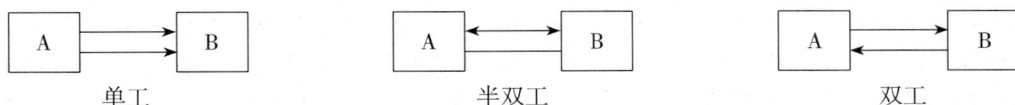

图3-15　信号传输方向

①单工方式，是指信息的传送始终保持一个方向，而不进行相反方向的传送。例如，广播、电视等就是从发射塔单向地传送到用户的接收机上。

②半双工方式，是指信息可以在两个方向上传输，但任一时刻只能在一个方向传输，即两个方向的传输只能交替进行。例如，无线对讲机之间的通信方式就是半双工，要么自己说话，要么听对方讲话，用开关切换，两者不能同时进行。

③全双工方式，是指两个方向上的信息传输可同时进行，双方都可以一面发送数据，一面接收数据。例如，电话就是全双工通信方式，计算机网络上的通信也是以全双工方式进行的。

（3）通信传输介质

所谓通信传输介质，就是通信系统中发送端与接收端之间的信道通路。通信介质有多种类型，每种类型都有自己的特征，包括传输容量和速度。在开发通信系统时，通信介质的选取直接影响到通信质量，它的选取取决于整个系统的目的和介质的特性。介质的选择应以最低的成本支持系统为目标，并允许系统目标随时修改。通信传输介质主要有以下几种：

①双绞线。双绞线是一种最常用的传输介质，由两根像螺纹一样地绕在一起的相互绝缘的铜线组成，每根铜线的直径大约1mm，这种相互缠绕的两根线可以减少外部干扰。双绞线的主要优点是价格便宜、安装方便；主要缺点是抗干扰性较差，不支持高速的数据传输，双绞线占用的空间也比较大，所以双绞线逐渐被其他通信介质所取代。

②同轴电缆。计算机网络中的同轴电缆与有线电视中使用的同轴电缆相似，它的中心是一根导线，外面包有绝缘层和外导体屏蔽层，最外面是塑料保护外层。同轴电缆的成本和性能均居中级水平，价格比双绞线贵，但比光纤便宜，传输的信号比双绞线清晰、噪音小，也有较高的传输速率。

③光纤。光纤由三个同心圆柱组成，内部由超纯的熔凝石英玻璃组成的纤芯用于传输光信号，纤芯外面有一个包层，能把内部辐射出的光信号反射回去，使光信号沿着纤芯传播，最外一层是塑料外壳，它可以保护外层表面，防止串音。由于光纤是通过激光脉冲传输数据，而不是传统的电传方式，所以与其他电缆相比，光纤重量轻、体积小，可以避免电磁干扰、衰减和侵蚀，安全保密性好，同时可支持巨大的传输速率——超过250亿bps，所以光纤传输在远距离的高速数据传输中起着重要的作用。

④无线传输介质。无线传输常用于有线敷设不便的特殊地理环境，或者作为地面通信系统的备份和补充。在无线传输中使用较多的是微波通信和卫星通信。微波是一种通过空气发送的高频无线电信号，它是直线传输的，所以发送器和接收器之间不能有障碍物，必须是直线的。典型的微波站的设置是成系列的，每个站在接收到信号后，将它放大，再把它转发到下一个微波传输塔。这些站之间的距离最多可达30英里（1英里等于1.6093公里）。卫星通信可以看成是一种特殊的微波通信，使用地球同步卫星作为中继站来转发微波信号，可以突破地面微波的距离限制，通信容量大、传输距离远、可靠性高。

（4）数据通信的主要性能指标

数据通信的任务是传送数据信息，人们希望传输速度快、信息量大、可靠性高，把这些要求具体到技术上，主要有以下几项指标：

①传输速率：是指每秒钟能够传输数据代码的位（Bit，比特）数，单位为比特/秒（bit/s）。

②带宽：是指信道能够传送信号的频率宽度，也就是可传送信号的最高频率与最低频率之差。一般信道的带宽越大，其容量就越大，信号的失真就越小，传输速率就越高。

③误码率：是衡量数据通信系统正常工作情况下的可靠性指标。其意义是：二进制码在传输过程中被传错的概率。在计算机网络系统中，对误码率有较高的要求。

如果用交通运输来形象地比喻数据通信，那么数据传输介质就相当于是交通公路，传输速率就是公路上允许行驶的车速，带宽就是公路的车道数，误码率就是交通事故发生的概率，显然，公路上的车道越多，车速越高，交通事故率越低，则车辆的流通速度越高，交通系统的运行状态越好。

3.4.2 计算机网络概述

计算机网络是用传输介质把分布在不同地理位置的计算机和其他通信设备连接起来，实现数据通信和资源共享的分布式系统。计算机网络的构成包括：计算机系统、通信设备、传输介质和网络软件。

1.计算机网络的功能

计算机网络从功能上可以分成通信子网和资源子网两部分，如图3-16所示。计算机网络中实现网络通信功能的设备及其软件的集合称为通信子网。它主要负责整个网络的通信管理与控制，如数据交换、路由选择、差错控制和协议管理等，通信控制和通信设备（如程控交换机）、通信链路等属于通信子网。计算机网络中实现资源共享的设备和软件的集合称为资源子网，它由主机和终端设备构成，负责数据处理，向网络提供可供选用的硬件资源、软件资源和数据资源。

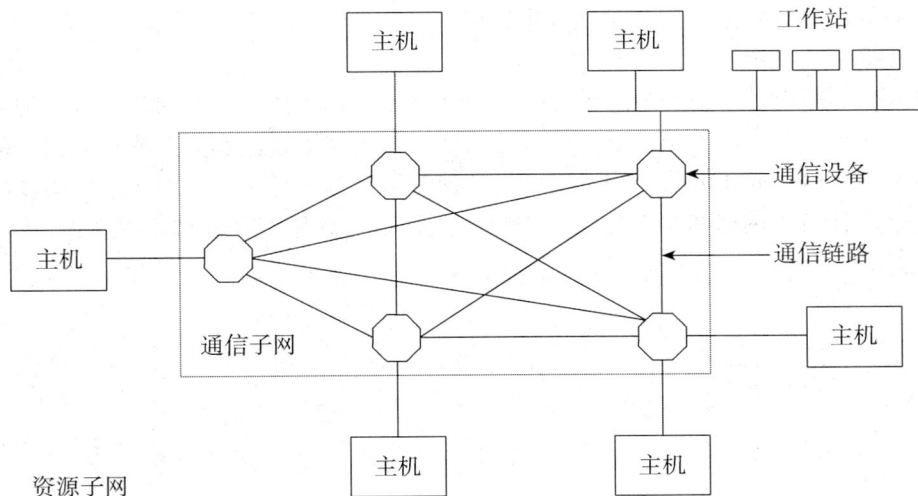

图3-16 计算机网络

就局域网而言，通信子网由网卡、缆线、集线器、中继器、网桥、路由器、交换机等设备和相关软件组成。资源子网由联网的服务器、工作站、共享的打印机和其他设备及相关软件所组成。

计算机网络主要有以下四个功能：

（1）数据通信：计算机与计算机之间可以传送各种信息，地理位置分开的生产单位或业务部门也可以通过计算机网络连接起来进行集中控制和管理。这不仅改变了传统的通信手段，而且也解除了利用软盘和磁带传递信息不便的问题，从而提高了计算机系统的整体性能，方便了人们的工作和生活。

（2）资源共享：资源共享是指进入计算机网络的用户可以共享网络中各种硬件和软件资源，使网络中各地区的资源互通有无、分工协作，从而大大提高系统资源的利用率。利用计算机网络可以共享主机设备，如中型机、小型机和工作站等，以完成特殊的处理任务；可以共享外部设备，如激光打印机、绘图仪、扫描仪等，以节约投资；更重要的是，利用计算机网络共享软件、数据等信息资源，可最大限度地降低成本和提高效率。

（3）提高计算机的可靠性和可用性：计算机网络中的各台计算机可以通过网络彼此互为后备，一旦某台计算机出现故障，故障机的任务可由其他计算机代为处理，提高系统的可靠性；当网络中某台计算机负担过重时，可将任务转交给网络中较空闲的计算机完成，这样就能均衡各台计算机的负载，提高了每台计算机的可用性。

（4）易于进行分布式信息处理：用户可以根据问题的性质，选择网络中最适合的资源来处理，使问题得到快速而经济的解决。对于较大型的问题可通过一定的算法将任务分给不同的计算机协同工作，实现分布处理。

2.网络拓扑结构

计算机网络设计的第一步，就是要解决在给定计算机的位置及保证一定的网络响应时间、吞吐量和可靠性的条件下，通过选择适当的线路、线路容量、连接方式，使整个网络的结构合理、成本低廉。为了应付复杂的网络结构设计，人们引入了网络拓扑的概念。网络拓扑是指网络布局的方法，常见的拓扑结构有星型、环型、总线型、树型等，如图3-17所示。

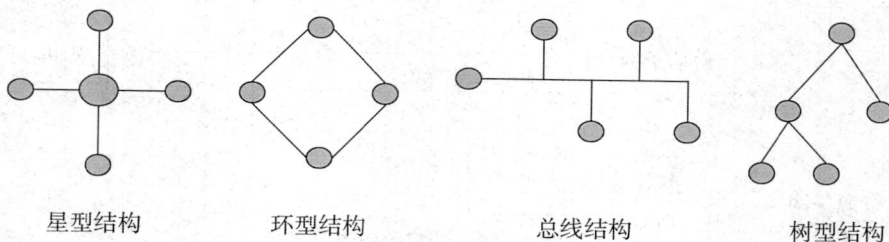

星型结构　　　环型结构　　　总线结构　　　树型结构

图3-17　网络拓扑结构

3.网络的类型

计算机网络的种类很多，分类方法也多种多样。通常，按网络覆盖的地理范围，将其分为三类：局域网、城域网和广域网；按网络的所有权可分为公共网、专用网、增值网和虚拟专用网等。

（1）按网络覆盖的地理范围分类

①局域网（Local Area Network，LAN）覆盖有限的区域。通常在几公里到几十公里以内，常用于一幢大楼内或紧邻楼群间的通信。局域网的传输速率通常为10~100Mbps。一个组织中可构建一个或多个局域网，一个局域网可以包含多个子网，使得所有计算机可以共享局域网的软、硬件资源，各用户之间还可以彼此通信，互相交换信息。例如，部门级网、校园网、企业网等。

②城域网（Metropolitan Area Network，MAN），一般来说，是将一个城市范围的计算机互联，这种网络的连接距离可以在10~100公里。MAN与LAN相比扩展的距离更长，连接的计算机数量更多，在地理范围上可以说是LAN的延伸。在一个大型城市或都市地区，一个MAN通常连接着多个LAN。如一个MAN连接政府机构的LAN、医院的LAN、电信的LAN、公司企业的LAN等等。由于光纤连接的引入，使MAN中高速的LAN互联成为可能。MAN的运行方式与LAN相似。

③广域网（Wide Area Network，WAN）也称远程网，它所覆盖的范围比城域网更广，一般是在不同城市和不同国家之间的LAN或者MAN互联，地理范围可从几百公里到几千公里。广域网要使用公共的通信系统，利用各种通信设施覆盖广大的地理区域，如长途电话、卫星传输和海底电缆。例如，国际银行业务网络和航班订票系统。Internet可以视为世界上最大的广域网。

（2）按网络的所有权分类

①公共网（Public Network）是一种组织或个人可共同使用的网络。电话系统、互联网都是普遍使用的公共网络。公共网络的特点是资源有限，但用户是无限的，因而为了获得公共网络的使用权，必定出现竞争问题。例如，电话系统的线路是有限的，随着用户数的增加，高峰时段拨打电话经常会出现"线路忙"的信号，表示有人占用此线路，需等待线路释放。

②专用网（Private Network）是指组织拥有或租用通信介质，拥有独占使用网络设备的权力。那些对通信线路要求高可靠性的组织，往往使用专用网，这种网是组织独占使用的。例如，早期的银行系统使用专用网来实现全国范围内总行与各分行之间的信息沟通。如果组织的网络覆盖很大的地理范围，那么组织则可能需要对通信线路有垄断使用权，但无须拥有网络线路的所有权。在这种情况下，组织可从通信提供商那里租用通信线路，这样就能保障线路满足组织的应用需求，公司只要按租用期支付一定的费用，因为是专用的，安全性较易掌控，相对来讲传输速度也较快。

③增值网（Value-Added Network，VAN）是一种半公用网。这类网络除了提供从一地到另一地的信息传输外，还可提供一些附加服务。

④虚拟专用网（Virtual Private Network，VPN）是部署于公共网络基础设施中的一种网络，它并不为用户提供专线或通信介质，但保证组织使用网络。所有用户的大量信

息都将在这个网络中一起传送。VPN提供者为组织信息传输提供数据加密服务，以保证隐私权。虚拟专用网提供了灵活性高、资费便宜、覆盖全面的长途通信，管理方便，用户只对业务进行申请，维护、管理工作全由电信运营部门集中负责，通话质量稳定、可靠、无延迟、无干扰，是现代企业理想的通信方式。

4.网络的接口部件

在计算机与信道之间需要安装一些特殊设备，这些特殊设备被称为信道接口部件。信道接口部件允许计算机部件从信道上发送和接收数据。下面介绍一些常用接口部件：

（1）调制解调器。计算机输出和接收的是数字信号，如果通信介质是在模拟信号的模式下传输信号，则需要将计算机输出的数字信号转换成模拟信号，这个转换过程称为调制（Modulation）。模拟信号到达信道的另一端时，必须再被转换回数字信号。模拟信号转换为数字信号的过程称为解调（Demodulation）。而完成调制与解调任务的设备便是调制解调器。

（2）网络适配器。在全部采用数字信号通信的网络中，不需要调制解调器，但必须使用通信处理连接设备将计算机与传输介质相连，该设备允许计算机发送数据给其他计算机，同时也允许它接收来自其他计算机的数据。计算机上的这种接口设备称为适配器，简称网卡，插在计算机主板的插槽上。

（3）集线器。集线器又称为Hub，通常是将它作为一个中心节点来连接多条传输线路，起到中枢或多路交汇点的作用。集线器连接方便，当某条传输线路出故障时，不会对其他线路产生影响。

（4）网桥（Bridge）。网桥也叫桥连器，是连接两个局域网的一种存储/转发设备。它用于连接协议相同的网络，适用于互联局域网。由于连接的是相同协议的网络，因而无协议转换问题，只需负责网络之间信息的传送，起到延伸网段的作用。

（5）路由器（Router）。路由器用于连接类型不大相同的网络。这些网络在通信的某些方面可以不同，如通信数据包的大小不同。路由器内部有一张路径表，依据此路径表来决定数据的传输路线，这也是"路由"的由来。路由器内的路径表可由管理员生成，也可自动生成。由于路由器是面向协议的设备，所以不同的协议需使用不同的路由器。也就是说，一个特定的路由器只能适用于一个特殊的协议。在实际应用时，路由器通常作为局域网与广域网相连接的设备。

3.4.3 网络协议

计算机网络的资源子网中的多台计算机之间要通信，各个节点之间就需要不断地交换数据。要保证各节点之间交换数据的有序性和正确性，就必须制定一个网络数据交换的规则、约定与标准，这种规则、约定与标准称为网络协议（Protocol），其作用是控制并指导通信双方的对话过程，发现对话过程中出现的差错并确定处理策略。一个网络协议主要由三个要素组成：语法、语义与时序。

（1）语法：规定了用户数据与控制信息的结构与格式。

（2）语义：规定了用户控制信息的意义，以及完成的控制动作与响应。

（3）时序：对事件实现顺序进行详细说明。

协议是一种通信规则。通常，语义规定通信双方彼此"讲什么"，语法规定通信双方彼此"如何讲"，时序规定事件执行顺序。常用的网络协议有 TCP/IP、IPX、NETBIUE 等。

3.4.4　Internet

Internet 是以 TCP/IP 协议为基础组件的全球最大的国际互联网络，是当前信息高速公路的雏形，它是由遍布全世界的大大小小的各种各样的网络组成的一个松散结构的全球网。Internet 提供了极其丰富的信息资源和先进的信息交流手段，大大缩短了人和人交流的空间距离。

Internet 的主干网中心在美国。Internet 是由美国的 ARPANET 发展和演化而成的，从 1968 年开始研制 ARPANET 到 1994 年美国政府正式提出建设"国家信息基础设施（NII）行动纲领"，Internet 在美国经历了三次重大变革，并最终演化为商业化的全球性的国际互联网。

Internet 上的资源浩如烟海，它提供的典型服务有以下几个方面：

1.电子邮件（E-mail）

电子邮件是世界上使用最广泛的 Internet 工具，它是网络用户之间进行快速、简便、可靠且低成本联络的现代通信手段。在互联网上传送电子邮件是通过一套被称为邮件服务器的程序和硬件管理并储存的。简单邮件传输协议 SMTP（Simple Mail Transfer Protocol）和邮局协议 POP（Post Office Protocol）是两个负责用客户机/服务器模式发送和检索电子邮件的协议。

2.WWW

WWW 即 World Wide Web，是由分布于全球的 Internet 计算机上的"网页"文件链接而成。WWW 是互联网上的一种信息检索与服务工具，Web 服务器利用 HTTP（Hyper Text Transfer Protocol，超文本传输协议）传递 HTML 文件，Web 浏览器使用 HTTP 检索 HTML 文件，一旦从 Web 服务器中检索到信息，这些信息就会显示在用户的 Web 浏览器上。由于其诸多便于商业应用的功能和特征，大大促进了互联网的商业应用，同时也成为互联网上最主要的获取信息的手段，在互联网上得到了最为广泛的应用，甚至成为互联网应用的象征和典型。

3.电子公告板 BBS

电子公告板 BBS 原本是上网用户张贴公告信息的场所，后来因其实时性好和影响面大，发展成为网上文字讨论会。用户可以在主持人的管理下实时发表文字信息，所有进入网站的用户都能看到如同会议记录一样的网页内容，这些内容始终处于不断更新状态。在一个BBS上发表的信息很"重要"，会被许多用户快速转载到其他BBS上。

4.网络新闻服务 Usenet

网络新闻服务是具有共同爱好的Internet用户相互交换意见的一种无形的用户交流网络，它相当于一个全球范围的电子公告牌系统。网络新闻的讨论话题非常广泛，从时事、科学、经济到娱乐、体育、休闲等应有尽有，它是按不同的专题组织的，志趣相同的用户可以借助网络上一些被称为新闻服务器的计算机开展各种类型的专题讨论，它提供分门别类的消息，并可以将你的见解提供给新闻服务器作为一条消息发送出去。

5.文件传输协议 FTP

FTP用来在计算机之间传输文件，它允许文件双向传输：既可以从远程计算机获取文件，也可以将文件从本地机器传送到远程计算机上。用FTP访问远程计算机需要登录这个远程计算机，并向FTP提交用户名和口令，FTP便可以同这台计算机远程建立连接并登录到这台计算机上的账户中，这种全权FTP访问方式可以向远程计算机发送文件并从远程计算机上下载文件；访问远程计算机的另一种途径是匿名FTP。匿名FTP允许用户以客户的身份登录，输入匿名的用户名和口令后可以访问远程计算机的部分内容。

目前Internet网上的FTP网站成千上万，存放着丰富的资源，包括最新技术标准、科技资料、学术论文及大量的软件等，其中很多信息是可以免费下载的，但也有些网站是限制访问的。

6.远程登录 Telnet

远程登录的根本目的在于使本地用户能访问远地系统的资源，并能像远地主机的当地用户那样访问和存取资源。任何一个多用户系统都有用户账号，用户账号规定了用户对该系统的使用权限，用户登录进入自己的账号，方可访问系统的资源。互联网的远程登录服务实现了不同厂商或品牌计算机之间的通信和交互处理。

7.IP电话和视频会议

IP电话是一种通过互联网或其他使用IP技术的网络进行的电话通信。过去IP电话主要应用在大型公司的内联网内，随着互联网的日益普及和跨境通信数量的大幅增长，IP电话被应用到长途电话业务上。由于世界各主要大城市的通信公司竞争日益激烈，以及各国电信相关法令松绑，IP电话也开始应用于固网通信，并且由于其低通话成本、低建设成本、易扩充性及日渐优良化的通话质量等特点，逐步被目前国际电信企业看成是传统电信业务的有力竞争者。视频会议系统是一种在位于两个或多个地点的多个用户之间提供语音和运动彩色画面的双向实时传送的视听会话型会议业务。大型视频会议系统在军事、政府、商贸、医疗等部门都有广泛应用。

3.4.5 计算机网络应用

1.企业内部网及其应用

对很多公司来说，Internet代表的是一种与全世界范围的客户、供应商、批发商和零售商联系的既简单，又快速、廉价的重要方式。在这种方式下，企业通过设立网络站点发布广告、宣传产品信息，并提供产品订货能力，公司能与成千上万的顾客和相关的公司取得联系。同样，公司也能用互联网把公司内部的员工联系起来，不管员工的工作岗位在哪里。这种工具就是Intranet，也称为企业内部网。具体地说，Intranet是一种基于Internet的TCP/IP协议，使用万维网工具（Web技术、浏览器、页面、超级链接），采用了防止外界侵入的安全技术（如防火墙），为企业内部服务，并能方便地接入Internet的企业内部的计算机网络系统。需要注意的是这里的"内部"并不是地域概念，而是针对Internet共有性质建设的企业私有网络，它可以是局限于一定范围内的局域网，也可以是连接了企业分布在各地的生产、运输、贸易部门和子公司的跨地区的广域网。

Intranet的出现首先是市场经济发展与激烈市场竞争的产物。市场需求瞬息万变，需要不断加速产品和服务的更新换代，对市场需求的快速响应已成为企业成功的关键因素，为了赢得新的市场，企业向全球化方向发展，导致跨国公司不断涌现。为了在任何地点、任何时间与任何一个顾客打交道，实现企业的战略目标，必须用信息技术武装企业，这不仅是大公司的未来取向，也是中小企业的发展方向，否则就可能因为信息不灵，在激烈的市场竞争中失去生存空间。Intranet的建设可以帮助企业实现其内部资源共享和信息快速传递的目的。

Intranet与Internet既有联系又有区别。其联系在于Intranet是使用Internet技术组建的企业内部网，Intranet要与Internet互联才能发挥作用；其区别在于Intranet是一种企业内部网，而Internet是一种公众信息网。Internet允许任何人从任何一个站点访问它的资源，而Intranet内部信息必须严格加以保护，它必须通过防火墙与Internet连接起来。

企业信息系统在企业内部网络上以WWW方式向企业内的用户提供各种信息资源，而用户只要通过WWW浏览器软件就可以访问企业内部网上的所有信息资源。由于企业信息系统是以数据库为基础的，因此通过WWW浏览方式访问企业数据库将是Intranet的一个重要技术特征。同时，在Intranet中，企业内部的文件、会议、报告等传统信息交流方式也将被电子邮件、电子公告牌等方式所取代，从而产生了全新、高效的企业经营管理方式。基于Internet技术的企业内部网在信息管理方面比传统的数据管理有十分突出的优越性，用户的操作十分简单，信息系统的维护与管理相对方便得多，因此Intranet成为管理信息系统的一个十分重要的技术基础和发展趋势。

2.企业外部网及其应用

Intranet所定义的企业网络除访问Internet公用资源外，纯粹用于企业内部信息交流，它强调的是提高企业的内部效率。各种财务、人事、制造等应用软件确实成功地帮助企业提高了工作效率。但企业内部的高效率并不等同于企业在商业上的成功，企业要实现商业上的成功，与企业能否与其贸易伙伴进行有效的信息交流有很大的关系，这时就必须考虑开发企业外部网（Extranet）了。

Extranet 是 Intranet 的一种延伸，它不仅仅局限于一个企业内部，而是把相互合作企业的 Intranet 网络连在一起，是一种广义上的企业内部网。Extranet 通常与 Intranet 一样位于防火墙的后面，但不像 Internet 为大众提供公共的通信服务，也不像 Intranet 只为企业内部服务而不对公众公开，Extranet 只对一些有选择的合作者开放或向公众提供有选择的服务，即对 Extranet 的访问是半私有的，用户是由关系紧密的企业结成的小组，信息在信任的圈内共享。

Extranet 把企业内部已存在的网络扩展到企业之外，从而可以完成一些合作性的商业应用（如企业和其客户及供应商之间的电子商务、供应链管理等）。Extranet 可以完成如信息的维护和传播、在线培训、企业间合作、客户服务以及产品、项目管理和控制等各种应用。

基于 Extranet 的新型企业外部网既具备传统企业内部网络的安全性，又具备 Internet 的开放性和灵活性，它改善了 MIS 的信息共享方式，使得企业与客户、企业内部人员之间、企业与合作对象之间可以更加方便、快捷地共享信息，并集成了多种信息源。过去，实现企业间信息交流的主要手段是 EDI，但由于 EDI 主要是通过专用网络传输的，因此主要应用于规模较大的企业之间。基于 Extranet 的外部信息系统由于应用了 Internet 网络，克服了 EDI 网络费用非常昂贵的缺点，使中小企业也可以加入到企业间的合作中，给中小企业的发展提供了良好的机会。另外，EDI 是通过标准的贸易单证来完成企业间计算机之间的通信，而 Extranet 采用的是 Web 技术，一个企业的操作人员登录到另一个企业的主页上，通过填写网页上的单证完成交易，因而更加方便、灵活和直接。

Internet、Intranet 和 Extranet 三者既有区别又有联系。其联系主要表现为 Internet 是网络应用的基础，是包括了 Intranet 和 Extranet 在内的各种应用的集合。Intranet 是利用 Internet 各项技术建立起来的企业内部信息网络，与 Internet 相同，其核心是 Web 服务。而 Extranet 是利用 Internet 将多个 Intranet 连接起来。Intranet 强调企业内部各部门的联系，业务范围仅限于企业内部；Extranet 强调各企业间的联系，业务范围包括贸易伙伴、合作对象、零售商、消费者和认证机构。若将 Internet 称为开放的网络，Intranet 称为专用封闭的网络，那么 Extranet 则是一种受控的外联网络。Internet 业务范围最大，Extranet 次之，Intranet 最小。

3.联机事务处理

联机事务处理是指利用计算机网络，将分布于不同地理位置的业务处理计算机设备或网络与业务管理中心进行网络连接，以便于在任何一个网络节点上都可以进行统一、实时的业务处理活动或客户服务。联机事务处理在金融、证券、期货以及信息服务等系统得到广泛的应用。例如，金融系统的银行业务网，通过电话拨号、专线、分组交换网和卫星通信网覆盖整个国家甚至于全球，可以实现大范围的储蓄业务通存通兑，在任何一个分行、支行进行全国范围内的资金清算与划拨。在自动提款机网络上，用户可以持信用卡在任何一台自动提款机上获得提款、存款及转账等服务。在期货、证券交易网上，遍布全国的所有会员公司都可以在当地通过计算机进行报价、交易、交割、结算及信息查询。此外，民航订售票系统也是典型的联机事务处理，在全国甚至全球范围内提供民航机票的预订和售票服务。

4. POS系统

POS（Point of Sales）系统是基于计算机网络的商业企业管理信息系统，它将柜台上用于收款结算的商业收款机与计算机系统联成网络，对商品交易提供实时的综合信息管理和服务。商业收款机本身是一种专用计算机，具有商品信息存储、商品交易处理和销售单据打印等功能，既可以单独在商业销售点上使用，也可以作为网络工作站在网络上运行。POS系统将商场的所有收款机与商场的信息系统主机互联，对商场的进、销、存业务进行全面管理，并可以与银行的业务网通信，支持客户用信用卡直接结算。POS系统不仅能够使商业企业的进、销、存业务管理系统化，提高服务质量和管理水平，并且能够与整个企业的其他各项业务管理相结合，为企业的全面、综合管理提供信息基础，并对经营和分析决策提供支持。

5. 电子数据交换系统EDI

电子数据交换系统（Electronic Data Interchange，EDI）是将商贸业务中贸易、运输、金融、海关和保险等相关业务信息，用国际公认的标准格式，通过计算机网络，按照协议在贸易合作者的计算机系统之间快速传递，完成以贸易为中心的业务处理过程。由于EDI可以取代以往在交易者之间传递的大量书面贸易文件和单据，因此，EDI有时也被称为无纸贸易。EDI的应用是以经贸业务文件、单证的格式标准和网络通信的协议标准为基础的，是集计算机技术、现代通信技术和现代管理科学为一体的应用技术，它在世界范围内的经济贸易行业的迅速应用和发展，给世界经济贸易的运行方式带来深远的影响。

6. 企业APP、微信公众号和小程序

企业APP（APPlication），是基于iOS（iPhone OS）或安卓系统的智能手机，做成可在手机上安装使用的企业业务应用软件。企业APP结合了通信和互联网的优势，加之云计算所拥有的强大信息资源，借助广大的终端设备传递服务，潜在地拥有巨大商机。企业级APP能向企业客户形象地提供企业品牌、产品特色、产品功能等信息，还可以随时向用户推送营销活动信息，甚至提供移动电子商务等服务。

微信公众号是开发者或商家在微信公共平台上申请的应用账号，该账号与QQ账号

互通。通过公众号，商家可以在微信平台上实现和特定群体的文字、图片、语音、视频的全方位沟通、互动，形成一种主流的线上线下微信互动营销方式。新的微信公众号、企业号甚至能实现企业内部的业务管理功能，且微信开放了越来越多的数据接口，方便企业系统和微信服务号的对接。

小程序专指微信公众平台小程序，缩写为XCX或CX，英文名Mini Program，是一种不需要下载安装即可使用的应用，它实现了应用"触手可及"的梦想，用户扫一扫或搜一下即可打开应用。

7.人工智能技术

人工智能（Artificial Intelligence，AI），是研究、开发用于模拟、延伸和扩展人的智能的理论、方法、技术及应用系统的一门新的技术科学。目前，人工智能在计算机领域内得到了广泛重视，并在机器人、经济政治决策、控制系统、仿真系统中得到应用。

斯坦福大学人工智能研究中心的尼尔逊教授给人工智能下了这样一个定义："人工智能是关于知识的学科——怎样表示知识以及怎样获得知识并使用知识的科学。"麻省理工学院的温斯顿教授认为："人工智能就是研究如何使计算机去做过去只有人才能做的智能工作。"这些说法反映了人工智能学科的基本思想和基本内容：人工智能是研究人类智能活动的规律，构造具有一定智能的人工系统，研究如何让计算机去完成以往需要人的智力才能胜任的工作，也就是研究如何应用计算机的软硬件来模拟人类某些智能行为的基本理论、方法和技术。

"人工智能"一词最早出现在1956年夏天。当时，计算机专家和LISP语言发明人的约翰·麦卡锡（John McCarthy）召集了一次会议来讨论人工智能未来的发展方向，并首次提出了"人工智能"的说法。这次会议被认为是人工智能诞生的标志。从那以后，研究者们发展了众多相关理论和原理，人工智能的概念也随之扩展。当然，人工智能是计算机技术发展的一个结果，它与计算机的发明应用和发展密不可分。

人工智能的研究是高度技术性和专业性的，各分支领域都是深入且各不相通的，因而涉及范围极广。人工智能学科研究的主要内容包括：知识表示、自动推理和搜索方法、机器学习和知识获取、知识处理系统、自然语言理解、计算机视觉、智能机器人、自动程序设计等方面。

人工智能的应用领域目前涉及以下方面：问题求解（下棋程序），逻辑推理与定理证明，自然语言处理，智能信息检索技术，专家系统等。

随着技术的飞速进步，人工智能的应用领域会越来越广泛，未来世界人工智能对人类智能是否形成挑战甚至威胁，恐怕是现在的人们需要警觉的问题了。

8.区块链技术

所谓区块链技术，简称BT（Blockchain Technology），也被称为分布式账本技术，是一种互联网数据库技术，其特点是去中心化、公开透明，让每个人均可参与数据库记录。

区块链的基本概念包括：

交易（Transaction）：一次操作，导致账本状态的一次改变，如添加一条记录。

区块（Block）：记录一段时间内发生的交易和状态结果，是对当前账本状态的一次共识。

链（Chain）：由一个个区块按照发生顺序串联而成，是整个状态变化的日志记录。

狭义来讲，区块链是一种按照时间顺序将数据区块以顺序相连的方式组合成的一种链式数据结构，并以密码学方式保证的不可篡改和不可伪造的分布式账本。

广义来讲，区块链技术是利用块链式数据结构来验证与存储数据、利用分布式节点共识算法来生成和更新数据、利用密码学的方式保证数据传输和访问的安全、利用由自动化脚本代码组成的智能合约来编程和操作数据的一种全新的分布式基础架构与计算方式。

区块链分为三类：公有区块链、联合（行业）区块链、私有区块链。公链的应用已经工业化，私链的应用产品还在摸索当中。区块链诞生自中本聪的比特币，自2009年以来出现的各种各样的类比特币的数字货币，都是基于公有区块链。

目前区块链的应用主要在艺术、法律、开发、房地产、金融等行业领域。

9. 物联网

物联网（Internet of Things，IoT）的概念，国内外普遍公认的是由美国麻省理工学院（MIT）Auto-ID中心的Ashton教授1999年在研究RFID时最早提出来的，当时叫传感网。在2005年国际电信联盟（ITU）发布的同名报告中，物联网的定义和范围已经发生了变化，覆盖范围有了较大拓展，不再只是指基于RFID技术的物联网，是指通过二维码识读设备、射频识别（RFID）装置、红外感应器、全球定位系统和激光扫描器等信息传感设备，按约定的协议，把任何物品与互联网相连接，进行信息交换和通信，以实现智能化识别、定位、跟踪、监控和管理的一种网络。

可见，物联网的概念是在互联网概念的基础上，将用户端延伸和扩展到任何物品与物品之间，进行信息交换和通信的网络概念。

目前，物联网已经在很多领域实现了运用，只是规模尚需扩展。其所运用的领域包括智能家居、智慧交通、智能医疗、智能电网、智能物流、智能农业、智能电力、智能安防、智慧城市、智能汽车、智能建筑、智能水务、商业智能、智能工业、平安城市等。

10. 人脸识别技术

人脸识别技术（Face Recognition Technology，FRT）是指利用分析比较的计算机技术识别人脸。

广义的人脸识别实际上涵盖了构建人脸识别系统的一系列相关技术，包括人脸图像采集、人脸定位、人脸识别预处理、身份确认以及身份查找等；狭义的人脸识别特指通过人脸进行身份确认或者身份查找的技术或系统。

人脸识别技术包含三个部分：

一是面貌检测。是指在动态的场景与复杂的背景中判断是否存在面像，并分离出这种面像。

二是人脸跟踪。是指对被检测到的面貌进行动态目标跟踪。

三是人脸比对。是对被检测到的面貌进行身份确认或在面像库中进行目标搜索。这实际上就是说，将采样到的面像与库存的面像依次进行比对，并找出最佳的匹配对象。

可见人脸识别的技术流程分别为：人脸图像采集及检测、人脸图像预处理、人脸图像特征提取以及匹配与识别。

目前，生物识别技术已被广泛用于政府、军队、银行、社会福利保障、电子商务、安全防务等领域。随着技术的进一步成熟和社会认同度的提高，人脸识别技术将应用在更多的领域。例如：企业、住宅安全和管理——门禁考勤系统，人脸识别防盗门等；电子护照及身份证；公安、司法和刑侦——利用人脸识别系统和网络搜捕逃犯；自助服务——银行自动提款机；信息安全——计算机登录、电子政务和电子商务。

20世纪90年代中后期以来，一些商业性的面像识别系统陆续进入了市场。目前主要的商业系统包括：Visionics公司的FaceIt面像识别系统；Lau Tech.公司的面像识别/确认系统，采用MIT技术；Miros公司的Trueface及eTrue身份验证系统，其核心技术为神经网络；C-VIS公司的面像识别/确认系统；Banque-Tec.公司的身份验证系统；Visage Gallery's身份认证系统，基于MIT媒体实验室的Eigenface技术；Plettac Electronic's FaceVACS出入控制系统；台湾的BioID系统，基于人脸、唇动和语音三者信息融合的Biometrics系统。其中，FaceIt系统最具有代表性，已在多地得到了应用。

11.AR技术

AR技术，也就是增强现实（Augmented Reality）技术，是一种实时地计算摄影机影像的位置及角度并加上相应图像的技术，这种技术的目的是在屏幕上把虚拟世界套在现实世界中并进行互动。

这种技术最早于1990年被提出，随着随身电子产品运算能力的提升，其用途越来越广。

增强现实技术，其实是一种将真实世界信息与虚拟世界信息"无缝"集成的新技术，把原本在现实世界的一定时间空间范围内很难体验到的实体信息（视觉信息、声音、味觉、触觉等）通过电脑等科学技术，模拟仿真后再叠加，将虚拟的信息应用到真实世界，被人类的感官所感知，从而达到超越现实的感官体验。

AR系统具有三个突出的特点：一是真实世界和虚拟世界的信息集成；二是具有实时交互性；三是在三维尺度空间中增添定位虚拟物体。AR技术可广泛应用到军事、医疗、建筑、教育、工程、影视、娱乐等领域。

本章小结

本章的内容是介绍管理信息系统的技术基础，主要包括计算机硬件、软件、数据库、数据仓库、数据挖掘、数据通信和计算机网络。还介绍了数据管理技术在企业中的实际应用：联机事务处理和联机分析处理，以及计算机网络、Internet、Intranet和Ex-tranet的相关概念及其在实际中的应用。

关键概念

计算机系统 计算机硬件 计算机软件 数据库 数据库系统 数据库管理系统 数据库设计 联机事务处理 联机分析处理 数据仓库 数据挖掘 计算机网络 Internet Intranet Extranet

复习思考题

1. 计算机系统是由哪几部分构成的？
2. 简述数据库系统的构成。
3. 简述数据库设计的过程。
4. 什么是数据仓库？它与传统的数据库有什么区别与联系？
5. 什么是数据挖掘？数据挖掘的过程是什么？
6. 什么是计算机网络？它有什么功能？
7. 结合当前市场状况，谈谈计算机及计算机网络的发展趋势。
8. 内部网和互联网有什么区别？企业外部网和内部网是如何联系起来的？
9. 结合实际说说计算机网络在企业中有哪些应用？
10. 计算机网络应用中的新技术都有哪些？

第 4 章
云计算与大数据

内容提要
1. 云计算的基本概念、特点与发展
2. 大数据处理系统与层次
3. 云计算与大数据的相关技术
4. 数据管理
5. 云计算、大数据与管理信息系统

云计算（Cloud Computing）是 IT 领域继 PC、互联网之后的第三次革新浪潮。自2006年 Google 首次提出"云计算"的概念至今短短十余年间，云计算给信息技术（IT）领域带来了巨大的变革。作为一种基于网络、客户能够按需获取计算资源服务的新的计算模式，云计算在国民经济、国家安全、科学研究、社会民生、文化等领域的不断深化应用，正促使人们的社会生活模式、工作模式和商业模式发生着重大的改变。

大数据（Big Data）是 IT 领域在数据处理和信息处理方面又一次颠覆性的技术变革，它为人类生活创造了前所未有的可量化的维度。

云计算应用的核心技术是数据处理技术，大数据为提升云计算的应用价值提供了新的重要的技术与手段。同时，云计算为大数据提供弹性可扩展的基础设施支持环境以及数据服务的高效模式。云计算与大数据的高度融合及其深度应用将会得到前所未有的大发展。

4.1　云计算概述

4.1.1　云计算简介

近年来，"云计算"一词在计算机技术领域、网络通信领域、管理信息系统领域被广泛提及，基于"云计算"的应用软件和系统也层出不穷。然而，业界对如何定义云计算的问题始终没有达成一致。服务器厂商、网络供应商、操作系统开发公司、应用软件研发公司甚至存储厂商都对云计算有着自己的定义和理解。

现阶段被大家广为接受的是美国国家标准与技术研究院（NIST）的定义：云计算是一种按使用量付费的模式，这种模式提供可用的、便捷的、按需的网络访问，进入可配置的计算资源共享池（资源包括网络、服务器、存储、应用软件、服务），这些资源能够被快速提供，只需投入很少的管理工作或与服务供应商进行很少的交互。

云计算可以理解为在互联网的基础上实现相关服务的增加、使用和交付的一种模式，技术上是通过互联网来提供动态易扩展且经常是虚拟化的资源。"云"是网络、互联网的一种比喻说法，是对互联网和底层基础设施的抽象。

从基于用户的视角来看，云计算的目的是让使用者在不需要了解计算资源的具体状况下做到按需分配，将网络中的计算资源抽象为云。因此，云计算可以使用户仅通过台式电脑、笔记本电脑、手机等方式接入数据中心即可体验到超过每秒10万亿次的运算能力，并通过对该强大运算能力的运用来完成模拟、预测和分析等复杂的计算和系统开发工作。

在云计算中有三个公认的服务层次，分别是 IaaS（Infrastructure as a Service）、PaaS（Platform as a Service）和 SaaS（Software as a Service），这三个层次分别对应云中的硬件

资源、平台资源和应用资源，如图4-1所示。

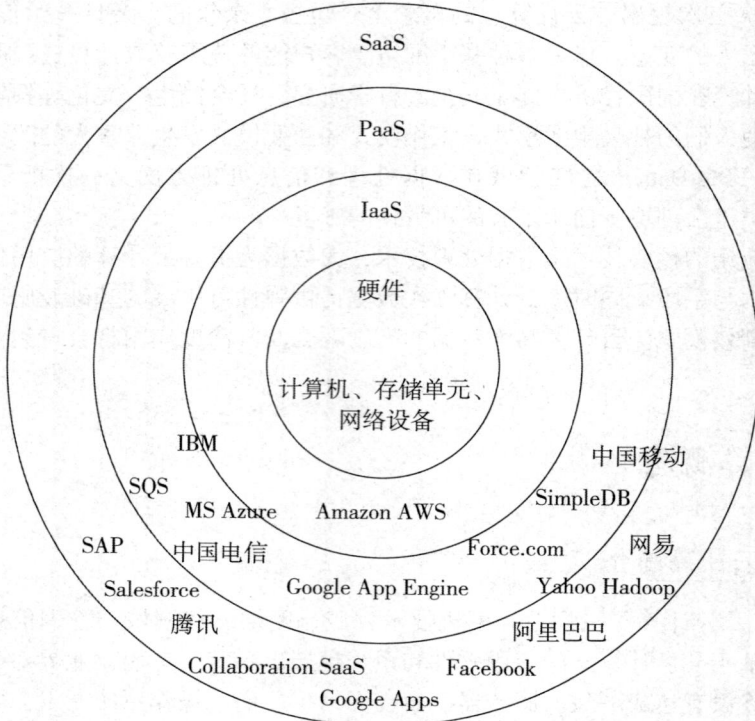

图4-1　云计算的服务层次

IaaS的意思是基础设施即服务。消费者通过Internet可以从完善的计算机基础设施获得服务。

PaaS的意思是平台即服务。把服务器平台作为一种服务提供的商业模式。在云计算中将服务器平台或者开发环境作为服务进行提供就成了PaaS。

SaaS的意思是软件即服务。它是一种通过Internet提供软件的模式，厂商将应用软件统一部署在自己的服务器上，客户可以根据自己的实际需求，通过互联网向厂商定购所需的应用软件服务，按定购的服务的多少和时间的长短向厂商支付费用，并通过互联网获得厂商提供的服务。

对于云计算服务的用户来说：

IaaS意味着用户可以从云计算服务供应商处获得多核的CPU资源、指定大小的内存、给定的网络带宽以及所需的存储空间，然而用户需要自行安装和开发应用程序和系统。典型的IaaS服务有Amazon的EC2。

PaaS意味着用户可以从云计算服务供应商处获得包含基本数据库和中间件程序的

一套完整系统，然而用户需要根据接口编写所需的应用程序。如 Google 的 AppEngine、Microsoft 的 Azure 和 Amazon 的 SimpleDB 等。

SaaS 意味着用户可以从云计算服务供应商处获得完整的应用程序，只需根据地址进行访问，通过设定好的账号和密码加以使用，或对多个不同的服务进行整合。典型的 SaaS 服务有 SalesForce、Yahoo Hadoop 和 Cisco Webex、Collaboration 等。

4.1.2 云计算的特点

云计算的核心特点是计算的虚拟化。

早期的云计算主要来自于网格计算，通过将大量低性能的服务器或运算单元虚拟成为一台具有极强运算能力的超级计算机来完成复杂的计算任务，这种技术可以简单理解为计算的多虚一。而如今多虚一之外的一虚多技术也在云计算领域广泛应用，并逐渐成为主流。一虚多技术即在一台服务器上定义多台虚拟机，将计算任务分配给多台虚拟机共同完成，这一方法的目的是最大限度地发挥服务器的运算能力。根据多虚一和一虚多两种不同的技术发展方向，云计算可被分为集中云与分散云。

1. 集中云

集中云的技术基础是计算的多虚一，其最早期的应用实例是 Google 应用于搜索引擎的云计算实现。当用户在网页上对关键词进行搜索时，其搜索的结果和网页内容的处理是后台几百上千台服务器进行统一计算而产生的。搜索引擎作为消耗大量运算资源的典型应用，其每一个搜索任务在后台的工作量都远远超过了几台大型服务器的能力范围，因此，多虚一技术的采用正好可以解决这样的复杂计算问题。

多虚一技术可分为主备模式（Active-Standby）和负载均衡模式（Load Balance）两大类。

在主备模式中，所有的服务器中只有一台工作，其他服务器则作为备用服务器，当监测到主服务器出现宕机等意外状况时，备用服务器才开始接管处理任务。因此，主备模式大多采用二虚一的方式，即由一台主服务器和一台备用服务器组成。

在负载均衡模式中，服务器被分为协调者和执行者。协调者负责对任务进行分配及对结果进行整理；执行者负责对所分配的任务进行运算。在来回路径一致的负载均衡模式中，协调者将任务分配给执行者进行计算，计算完成后结果返回协调者，再由协调者整理并返回给用户。在该模式中，执行者不需要了解所分配任务之外的情况，可最大限度地发挥其运算能力。该方法常应用于搜索引擎和科研计算等的业务处理。

集中云主要应用于大型互联网服务提供商和大型研究机构所构建的云服务和数据中心。由于在集中云的计算中，服务器之间要进行大量的交互访问，因此云数据中心的网络内部流量巨大，对带宽和延迟都有着较高要求。

2. 分散云

分散云的技术基础是一虚多，这已成为当前云服务的关键底层技术。一虚多的最主要目的是提高服务器的运算效率，通过在同一台服务器上安装多台虚拟机实现对 CPU 运算能力最大限度的使用，并充分利用所有的内存和带宽资源。

一虚多在技术方面的实现方案大致可分为三类：

（1）操作系统虚拟化 OS-Level

在操作系统中虚拟出多个运行应用程序的容器，各程序可共享内核空间。在该方案中，一个 CPU 号称可最多虚拟 500 个虚拟服务器，但其缺点是操作系统唯一，即所有应用程序必须运行于同一个底层操作系统中。

（2）主机虚拟化 Hosted

运用虚拟机管理软件平台构建出多套虚拟硬件平台（包括 CPU、内存、存储单元等）。在这些虚拟硬件平台上，用户可根据需要安装操作系统和所需运行的应用软件程序。因此，该方案中的底层和上层的操作系统完全无关，可以将应用程序根据需要运行于不同的操作系统中。

（3）裸金属虚拟化 Bare-Metal

裸金属虚拟化中虚拟机管理平台可直接管理调用硬件资源，而不需要底层操作系统。这种方案的性能处于主机虚拟化与操作系统虚拟化之间。

当前分散云数据中心服务器虚拟化使用的主要是裸金属虚拟化方案。分散云在服务器的内部实现了虚拟机之间的通信，然而由于其对服务器硬件能力的极端榨取，造成了网络中任一服务器的流量压力都大幅增加，因此，与集中云一样也存在着带宽扩展的强烈需求。分散云技术的实现，使得云计算更加平民化，除了大型数据中心外，中小企业用户和个人用户也可以通过在 PC 和服务器上安装虚拟机来实现以云计算的方法运行应用程序。

4.1.3 云计算的发展

云计算是继 20 世纪 80 年代大型计算机到客户端-服务器模式的大转变之后的又一种运算资源应用模式的巨变。云计算将分布式计算、并行计算、效用计算、网络存储、虚拟化、负载均衡、热备份冗余等传统计算和网络技术有机地融合并不断演化发展。从云计算概念提出之初，它就受到了国际顶尖的计算机公司、网络服务供应商、国际知名高校及科研机构的广泛关注，特别是近些年来，其技术和应用模式都以极快的速度发展。

云计算相关概念的提出最早可追溯到 1983 年，太阳电脑（Sun Microsystems）提出了"网络即是电脑（The Network is the Computer）"的设想。2006 年 3 月，亚马逊（Amazon）推出弹性计算云（Elastic Compute Cloud，EC2）服务。2006 年 8 月 9 日，

Google 首席执行官埃里克·施密特（Eric Schmidt）在搜索引擎大会（SES San Jose 2006）上首次提出了"云计算"的概念，该概念源于工程师克里斯托弗·比希利亚所做的"Google 101"项目。2007 年 10 月，Google 与 IBM 合作在卡内基梅隆大学、麻省理工学院、斯坦福大学、加州大学伯克利分校及马里兰大学等美国高校推广云计算计划，该计划以降低分布式计算技术在学术研究方面的成本为目标，同时为大学提供相关的软硬件设备及技术支持。2008 年 1 月 30 日，Google 宣布在中国台湾启动"云计算学术计划"，将美国模式的云计算计划推广至我国的台湾大学与台湾交通大学等学校。2008 年 2 月 1 日，IBM 宣布在中国无锡太湖新城科教产业园为中国的软件公司建立全球第一个云计算中心（Cloud Computing Center）。2008 年 7 月 29 日，雅虎、惠普和英特尔宣布了一项涵盖美国、德国和新加坡的联合研究计划，其计划创建 6 个数据中心作为研究试验平台，每个数据中心配置 1 400 个至 4 000 个处理器。参与此计划的合作伙伴包括了新加坡资讯通信发展管理局、德国卡尔斯鲁厄大学 Steinbuch 计算中心、美国伊利诺伊大学香槟分校、英特尔研究院、惠普实验室和雅虎。2008 年 8 月 3 日，美国专利商标局网站信息显示，戴尔申请"云计算"商标，此举旨在加强对这一未来可能重塑技术架构的术语的控制权。2010 年 3 月 5 日，Novell 与云安全联盟（CSA）共同宣布一项供应商中立计划，命名为"可信任云计算计划（Trusted Cloud Initiative）"。2010 年 7 月，美国国家航空航天局和包括 Rackspace、AMD、Intel、戴尔等支持厂商共同宣布"OpenStack"开放源代码计划；微软在 2010 年 10 月表示支持 OpenStack 与 Windows Server 2008 R2 的集成；而 Ubuntu 已把 OpenStack 加至 11.04 版本中；2011 年 2 月，思科系统正式加入 OpenStack，重点研制 OpenStack 的网络服务。

自 2014 年起，商用云服务市场竞争也日趋激烈。Windows Azure 更名为 Microsoft Azure，宣布正式商用。阿里巴巴于 2014 年开启了首个香港数据中心，拉开了阿里云计算业务在海外布局的序幕，并于 2015 年初宣布了考虑在欧洲建设数据中心的计划。HP 自 2014 年起的两年内，计划投入 10 亿美元联合富士康开发商用云计算产品。同时，Cisco 也计划提供云计算服务，并承诺在项目启动两年内投入近 10 亿美元用于产品的开发、部署和运营。作为全球主要云计算服务供应商的亚马逊也自 2013 年 12 月起将其云计算服务产品 AWS（Amazon Web Services）落地中国。

经过十几年的发展，云计算已经在系统架构、基础技术、商业模式等方面取得了许多突破性的进展。然而，现在的商用云计算平台仍多以 IaaS 和 PaaS 模式为主，极少能够提供高质量的 SaaS 服务。从基于云计算的信息管理系统的发展来看，SaaS 必将成为云计算服务租用中的主流，中小企业和个人用户更倾向于租用 SaaS 以节约其管理信息系统的建设和维护费用，以便将有限的资源专注于自身核心业务的发展。

4.2 大数据概述

4.2.1 大数据简介

大数据，也称巨量资料，指的是需要新处理模式才能具有更强的决策力、洞察力和流程优化能力的海量、高增长率和多样化的信息资产。在维克托·迈尔-舍恩伯格及肯尼斯·库克耶编写的《大数据时代》一书中，大数据被解释为摒弃了抽样调查而采用所有数据进行分析处理的方法。

和云计算类似，作为新生事物的"大数据"并没有一个明确的定义。被广泛接受的"大数据"通常被狭义地理解为"用现有的一般技术难以管理的大量数据的集合"。然而，该定义仅着眼于大数据一词的数据相关性质，并不能全面地解释大数据相关的问题和内容。因此，在广义层面，大数据可以获得如下的定义：所谓大数据，既包括因具备3V（Volume 大量/Variety 高速/Velocity 多样）或4V（Volume 大量/Velocity 高速/Variety 多样/Value 价值）特征而难以进行管理的数据，又包括了对这些数据进行存储、处理、分析的技术，以及能够通过分析这些数据获得实用意义和观点的人员、组织和系统。

其中，"存储、处理、分析的技术"，指的是用于大规模数据分布式处理的框架Hadoop、具备良好扩展性的 NoSQL 数据库，以及机器学习和统计分析方法等。所谓"能够通过分析这些数据获得实用意义和观点的人才、组织和系统"，指的是能够对大数据进行有效存储和运用的数据分析公司、技术人员和管理信息系统。大数据的定义，核心特征是以 V 开头的三个关键词——Volume、Variety 和 Velocity：

1.Volume（大量）

Volume 也就是数据量。从大数据的定义中可以了解到，这里的 Volume 指的是现有技术无法管理的数据量。从现状来看，基本上是指从几十 TB 到几 PB 这样的数量级。随着数据处理技术的进步，这个数值也在不断变化。若干年后，也许只有几个 EB 数量级的数据量才能够称得上是大数据。另外，对于不同的应用领域，大数据的数据量也有所不同。例如，相对于传统制造业，互联网领域的数据生成的速度更快，数据的获取也更加容易，因此互联网大数据要比传统制造业大数据的体量大得多。当然，现代制造业中大量使用了传感器网络、RFID 等物联网技术，这些技术时时刻刻都在采集和传输着数据，因此现代制造业中的大数据同样具有相当巨大的体量。

2.Variety（多样）

Variety 指的是大数据的多样性。近年来，随着互联网和物联网的迅猛发展，产生了一系列爆发式增长的数据，如文本数据、位置信息数据、传感器数据、语音视频数据等。现代企业在数据分析中，除了会采用传统的质量、销售、库存等结构化数据，还会收集和使用包括网站日志、社交网络数据、GPS（全球定位系统）所产生的位置数据、温湿度等传感器数据、图片、语音和视频等各种非结构化数据。

3.Velocity（高速）

Velocity 表示数据产生和更新的频率很快，这也是衡量大数据的一个重要特征。例如，POS 机（Point of Sales）产生的交易数据、电商网站中用户访问所产生的网站点击流数据、社交网站中每时每刻由用户发布的文本图像和视频数据、遍布全球的传感器和摄像头所采集的数据等。每天这些数据都在以极高的速度被生产、存储和利用。对这样时时刻刻都在产生的数据进行分析和处理是一项颇具挑战性的课题。这一数据分析处理的需求推动了流数据处理等新技术的出现和发展，在此基础上也促成了一系列大数据管理信息系统和应用软件的出现。

4.2.2　大数据处理系统

从服务的对象角度对大数据处理系统进行分类，可以将其分为个体服务和整体服务两种类型。所谓个体服务，是指数据处理结果的受益者是一个特定的个体，即在系统中通过对大数据的分析为特定的个体提供其所需的分析结果或解决方案。所谓整体服务，是指分析结果的服务对象是某个集体或者整个社会。

从提供服务的时间点的角度对大数据处理系统进行分类，可以分为实时和批处理两种类型。所谓实时，是指将数据分析的结果向服务的对象实时进行反馈，而批处理则不限制分析结果反馈的时机。

将以上系统的分类进行组合，可以将大数据处理系统分成四种类型的系统：个体服务–批处理型、个体服务–实时型、整体服务–批处理型、整体服务–实时型，如表4-1所示。

表4-1　　　　　　　　　　　　大数据处理系统的分类

	实时	批处理
个体服务	● 为特定的个体提供最优的解决方案 ● 实时反馈	● 为特定的个体提供最优的解决方案 ● 反馈的时机不限
整体服务	● 为集体或者整个社会提供解决方案 ● 实时反馈	● 为集体或者整个社会提供解决方案 ● 反馈的时机不限

1.个体服务–批处理型

个体服务–批处理型，是指对特定个体进行相关数据的收集，并为该个体提供最优的解决方案，但是给出反馈的时机是不限的。例如，在电商网站中基于用户的浏览历史和购买记录所进行的一对一营销；保险公司通过对能够反映客户驾驶习惯的数据（如驾驶频率、速度、急刹次数等）进行收集和分析，以确定对保费所给予的折扣等。

2.个体服务-实时型

个体服务-实时型也是对特定个体的相关数据进行收集，并为该个体提供最优的解决方案，但其推荐最优服务或方案的时机是实时的。例如，当顾客位于某门店附近或停留在某购物网站的时候自动为其实时地推送相关信息；呼叫中心利用客户与接线员之间的好感度模型实时地为客户分配与其好感度最高的接线员等。

3.整体服务-批处理型

整体服务-批处理型，是指对大量的信息进行收集、存储和统计学分析处理，并得出对某个集体或者整个社会有益的解决方案，其反馈和执行优化的时机都是不限的。例如，通过对社交网络中的文本信息进行分析来预测市场趋势并确定对冲基金的操作策略；利用搜索引擎中的大量搜索信息来预测感冒流行趋势等。

4.整体服务-实时型

整体服务-实时型，是指对大量的信息进行收集、存储和统计学分析处理，并配合上下文实时提供对某集体或者整个社会有益的解决方案。例如，运用大量智能手机用户中GPS采集的位置信息来实时监测交通阻塞的状况并反映到地图软件中；利用智能电表收集到的用电信息对用电需求进行实时监控和预测等。

4.2.3　大数据处理的层次

运用大数据来解决现实问题，通常会遵循"对过去的分析→对现状的把控→对将来的预测→对行动的优化"这样的过程循序渐进地进行（如图4-2所示）。

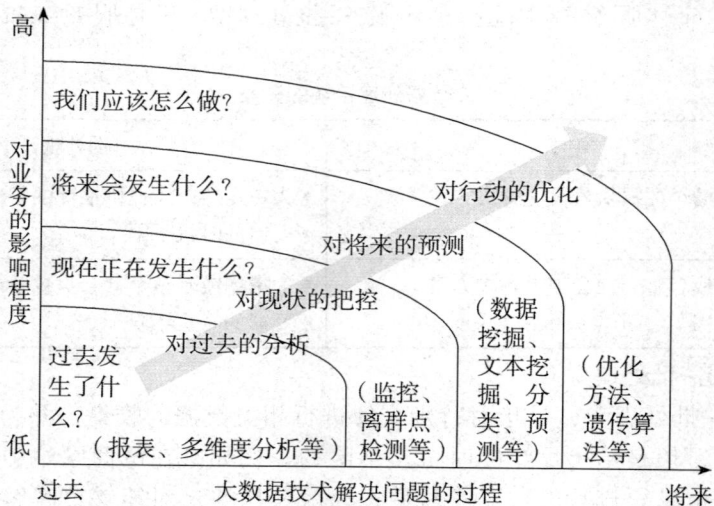

图4-2　大数据处理的层次

1.对过去的分析

大数据的运用从数据的采集开始。对历史数据进行积累并找到其中的规律和知识是大数据处理的第一步。随着互联网的普及以及物联网技术的广泛应用，大量的有关人类活动的记录以及对环境的感知信息都被获取并保存下来。这些数据包含了商品购买的数据、社交网站上的图片和文字、即时通信软件上的语音和视频、服务器日志、智能远程抄表系统的数据、RFID信息、GPS获取的位置信息、轨道交通和航班的出发到达信息、温湿度信息等。在积累了大量数据之后，就需要使用数据挖掘、机器学习等技术，从海量数据中发现对业务有影响意义的模式。所谓模式就是从繁杂的历史数据中挖掘到的潜在的事实、规律或知识。

2.对现状的把握

对现状的把握体现在对大量实时产生的数据进行监控的基础上。通过对数据（如交通状况数据、气象数据、机械装置的运行数据等）进行实时监控来发现异常的值和状态，这也是大数据处理的目的之一。除了明显能看出的异常情况之外，一般都需要事先确定异常值的定义和指标体系。异常值的确定又基于对大量历史数据的分析所发现的模式，因此对过去的分析也会指导对现状的把握。

3.对将来的预测

如果能够通过对历史数据的分析发现潜在的模式，那么就可以将输入数据与这些模式相结合来对未来可能发生的状况进行预测了。如根据大量的历史医疗数据构建专家系统为前来就诊的病患提供初步的病情诊断，通过历史交易数据和问卷调查数据分析预判出客户解约的可能性大小等。

4.对行动的优化

从过去到现在积累的大量数据中发现潜在的模式，并对将来做出预测，这是大数据应用的经典形式，但并不是大数据运用的最终形式。大数据处理的最后一个层次是对行动的优化。这里的优化指的是根据数据分析和预测的结果所能采取的最佳策略和应对措施，包括了最佳路径的选择、最合适的产品的推荐、在最佳时机推送最恰当的信息、给特定的客户提供最适合的打折优惠、根据传感器数据进行最佳的光照和温度控制等。

在大数据的应用中，具体的实现模式总是在不断地创新。如何对所挖掘到的模式和预测的结果进行合理的运用？如何根据具体问题创造性地优化所采取的行动和策略？这都是大数据处理领域的重要课题。

4.3 云计算与大数据的相关技术

4.3.1 云计算与大数据

通过对大数据相关概念和应用模式的介绍，我们可以发现大数据处理力求在合理的时间内达到从庞杂的数据中撷取、管理、处理及整理出可以帮助企业经营用户进行决策的有用资讯的目的。为实现这一目标，实践中通常会采用包括大规模并行处理数据库、数据挖掘、分布式文件系统、分布式数据库、云计算平台、互联网和可扩展的存储系统等技术和方法。

如今，数据存储设备的读写速度越来越快、价格也越来越便宜。在这样的环境下，大量购置存储单元并应用分布式存储架构组建大规模数据中心已经成为一种日趋流行的模式。随着带宽的不断提升，网络通信相关的费用也相当低廉，互联网也因此深入到社会的每一个角落，这些都为建立一个基于互联网的数据服务新时代奠定了基础，而这里所说的"基于互联网的数据服务"正是云计算。

在这个数据服务时代，一切都是在线的，因此数据、计算和服务都可以通过网络的方式提供给用户，这样的方式促成了IT和通信领域在业务方面更多的整合，以至于我们已经很难明确地将谷歌、雅虎、微软、IBM的一些业务清晰地划分到不同的领域了。这些信息技术被看做是未来相关产业发展的基础。数据服务的相关产业已达到千亿规模，数据已成为经济社会的重要驱动力。从2012年下半年全球IT行业的投资来看，对于大数据和云计算的实质性投资主要集中在教育、交通、医疗以及能源领域。

从数据处理技术发展的历史来看，20世纪七八十年代的一个重要进步是操作系统的出现。操作系统打破了计算机需要由专业人士进行操作的限制，使得非计算机专业人士也可以轻松地使用计算机来进行数据的管理。操作系统的重要贡献是允许操作者在不知道内存如何管理、计算机如何分配资源的情况下完成操作。这一重要突破不仅在当时为PC和大型机的管理提供了技术和方法，在今天也同样影响着像云计算这样的新型计算方法和框架。

在云计算中，它强调高性价比、高效率、高可行性的服务运营模式。云计算技术可以提高高端计算设备的利用率，同时也可以提升低端计算设备的事务处理能力。与操作系统类似，云计算也同样对传统的数据处理模式进行着重大变革。其主要贡献在于使得使用者甚至不必再关注自己正在使用的终端计算机的运算能力，而是将复杂的计算工作更多地提供给后台强大的数据处理中心来完成。换句话说，云计算的出现将大规模数据的处理由本地带到了云端，互联网从传统的通信平台演变成为了一种更广泛的计算平台。

4.3.2　云计算与物联网

物联网的概念自提出之初就常常同大数据的采集和处理联系在一起。它是对互联网的扩展，将互联网的终端延伸到物品与物品之间，实现了物与物、人与人、人与物之间的信息交换和通信。

云计算是实现物联网的核心技术之一，也是推动物联网服务创新的重要基础。在物联网中，通过利用射频识别技术、传感技术、定位技术等将网络中的物体充分连接，并通过网络将采集到的各种动态信息实时送达计算机处理中心进行汇总、分析和处理。在物联网的建设中，有三大重要的基础：（1）传感器等电子元器件；（2）传输的通道，即网络；（3）高效的、动态的、可以大规模扩展的数据处理能力。物联网所采集到的实时动态信息完全具有大数据的大体量、多样性、高速度的特性，而这里所提到的第三个基础正是在云计算技术的帮助下得以实现的。

同时，云计算也促进了物联网和互联网的智能融合。物联网强调的是"更透彻的感知，更广泛的互联互通，更深入的智能化"。这同样也需要依靠云计算的高效、动态、可大规模扩展的技术资源处理能力。同时，云计算框架下的创新型服务交付模式，也加强了物联网和互联网之间的互联互通，加速了物联网与互联网联合的商业模式创新，促进了物联网和互联网的智能融合。

另外，云计算还可以与物联网进行结合。物联网有四大组成部分：感知识别、网络传输、管理服务和综合应用，除感知识别外的其他部分都常用到云计算的方法和技术。因为物理网具有强烈的对海量数据存储和计算的要求，云计算也成为了一种最高效也最经济的解决方案。如果把云计算与物联网结合起来，我们可以将云计算看成是一个人的大脑，而物联网就是他的眼睛、鼻子、耳朵和四肢等。

云计算与物联网的结合方式大致可以分为以下几种：

一是单中心，多终端。此模式由单一的云计算中心和若干物联网终端（传感器、摄像头等）组成。云计算中心或云中心的一部分作为数据处理中心，终端所获得信息、数据统一由云中心存储及处理，使用者可通过访问云中心的统一界面进行查看或操作。这一模式的主要应用层面如家庭电子设备的监测、对高速路段的监控、幼儿园小朋友监管等。这类应用主要运用云计算中心所提供的海量存储和统一界面、分级管理等功能，为日常生活提供较好的帮助。

二是多中心，大量终端。此模式适用于区域跨度较大的企业和单位。譬如，一个跨多地区或者多国家的企业，因其分公司或分厂较多，要对其各公司或工厂的生产流程进行监控、对相关的产品进行质量跟踪等。这一模式的前提是云计算中心须包含公共云和私有云，并且它们之间的互联没有障碍。对于企业的机密信息，可将其存储在不同的云中，既实现了较好的保密特性又不影响信息的传递与传播。

三是信息、应用分类处理，海量终端。在这一模式下，具体根据应用模式和场景，对各种信息、数据进行分类处理，然后选择相关的途径给相应的终端。对需要大量数据传送但安全性要求不高的，如视频数据、游戏数据等，可以采取本地云计算中心处理或存储。对于计算要求高、数据量不大的，可以放在专门负责高端运算的云计算中心里。而对于数据安全要求非常高的信息和数据，我们可以放在具有灾备中心功能的云中。

总之，对于物联网来说，本身需要进行大量而快速的运算，云计算带来的高效率的运算模式正好可以为其提供良好的应用基础。没有云计算的发展，物联网也就不能顺利实现，而物联网的发展又推动了云计算技术的进步，两者的发展相互促进。与物联网结合后，云计算也真正意义上地从概念走向了应用，进入产业发展的前沿。

4.3.3　智能决策系统

在现代企业的管理实践中，决策者经常需要通过对各种资源（原始数据、信息、知识等）的分析做出其认为是最优的决定，这些决定被称为决策。在赫伯特·西蒙所提出的商业决策四阶段模型中，决策过程被分成了情报分析、设计、选择和实施四个阶段。情报分析阶段的主要任务是识别问题；设计阶段的主要任务是考虑各种可能的方案；选择阶段是从中选择出一个最优的方案；实施阶段则执行选中的方案，检测实施的结果，并做出必要的调整。

如今，决策过程的这四个阶段中的行为越来越多地受到数据的驱动。特别是对于非结构化的决策问题，可能存在若干近似正确的解决方案，但却没有一种精确的方法可以给出最优解。什么样的数据可能对该决策问题发挥作用也是一个没有特定的规则或标准答案的问题。例如，是否应该采纳一种广告宣传策略、是否应该改变公司的Logo等。影响这些非结构化问题的因素往往既存在于企业现有的结构化数据库中，也存在于社会中和互联网上，这些因素与决策问题本身并不构成明显的因果关系但却又无法忽视它们的影响。在这种情况下，尽可能多地将相关因素的数据收集起来，并对其潜在的模式和知识进行挖掘进而指导决策，就成为了一种自然而然的想法。实现这种决策的系统就是基于智能数据分析方法的智能决策系统。

在智能决策系统中常用的方法叫做分析法。分析法是一种复杂巧妙且专业化的决策支持方法，也是一个对相关数据进行大量运算的过程。分析法是对统计学、概率、运筹学方法、人工智能工具、数据挖掘以及大型数据集预测模型的综合运用。简而言之，分析法能够对已经发生的事情进行详细的分析，这样管理人员就可以利用这些信息来决定未来做什么。文本分析可以通过分析自然语言文本来探测语法、句法模式和结构；内容分析可以通过对音频、视频或图形内容加以分析，确定其潜在的意义；网络分析可以提供链接状况、用户访问状况、网站价值等与网站相关的信息；搜索引擎分析则可以用于监测网络用户整体的偏好、活动及突发事件。

智能决策系统中的专家系统（Expert System）常被用来替代专业技术人员以辅助管理者进行决策，这类系统也被称为基于知识的系统（Knowledge-Based System）。专家系统是一种基于数据分析和智能算法的决策系统，它非常适用于诊断性问题和指令性问题。它可以被用来对问题的状态进行判断，或对备选方案进行选择。

专家系统的主要应用领域包括：

（1）会计——用于审计、管理咨询和培训。

（2）医药——病症的初步诊断、辅助开具药物处方。

（3）财务管理——辨别高风险账户。

（4）生产——机械故障诊断、指导各类产品的加工制造。

大数据框架下的智能决策系统可以利用信息技术来分析潜藏于大量历史数据中的规律，并通过获取和利用人类的专业知识更好地解决具有一定规则和程序的问题并提高决策效率。因此，对大数据框架下的智能决策系统进行有效应用可以给企业带来巨大的收益。

这类系统的主要优点有：

（1）处理大量的数据。

（2）减少决策失误。

（3）汇集来自各种渠道的信息。

（4）改善用户体验。

（5）提高决策的一致性。

（6）减少人力投入。

（7）降低成本。

4.3.4　数据挖掘与机器学习

在云计算与大数据的应用中，最重要的一个环节是如何有效地从繁杂的数据中获取有意义的信息和模式。这里我们就需要用到数据挖掘和机器学习的方法了。

数据挖掘是对大量存储的数据进行分析，并从中找出隐藏在项目之间的相互关系和模式等信息的手段。也就是说，数据挖掘是通过聚类分析、神经网络、模糊逻辑、回归分析、决策树、关联分析、自然语言处理等手段，由计算机从大量的历史数据中找到知识的过程。

在数据挖掘中经常提到的"机器学习"是人工智能的研究课题之一。顾名思义，机器学习是在计算机上实现相当于人类的学习功能的一类技术和手段。学习的过程要通过对一定数量的样本数据进行分析，从中总结出规则、知识表达、判断标准及识别出潜在的模式。

机器学习包含了如聚类分析、神经网络等经典的算法，其应用的范围十分广泛，如语音识别、图像识别、推荐引擎、搜索引擎、天气预报、交通控制、时序分析、股票预测等。近年来，在云计算平台上已经实现了对机器学习算法的并行化，以及通过MapReduce实现了机器学习的高速处理，并出现了一系列优质的机器学习算法的开源库，如在Hadoop上运行的Mahout，以及通过Java实现的Weka等。

由于本书并非专注于数据挖掘和机器学习算法的介绍，因此下面仅对云计算和大数据分析处理中常见的相关技术进行简要的说明。

1.聚类分析

聚类（Clustering）是指将数据集中相似的样本点聚集到一起，将整个数据分成几个组，每个组内的样本被认为具有类似的性质。例如，在推荐系统中，可以运用聚类分析的方法将兴趣爱好类似的用户分在同一个用户组内，然后以组为单位来推荐商品。

2.回归分析

回归分析（Regression Analysis）是指当某个变量的变化受若干其他变量的影响时，用于求得表现它们之间关系的公式的一种统计学分析方法。这种方法可以被用来刻画影响因素与研究问题之间的关系，也可以被用来对未来某一时点的状态进行预测。

3.神经网络

神经网络（Neural Network）是指在计算机上实现与人脑神经系统类似的计算方式。通过模仿神经元之间的信息传递和相互刺激的模式来实现对非线性问题的学习。神经网络广泛地应用于图像模式和语言的分辨系统中，它的另一个典型应用是对手写文字的识别。

神经网络可以用于解决分类、回归、预测等数据挖掘中的典型问题，它具有下述特点：

（1）独立学习并能够适应环境参数的变化。

（2）适于大规模并行处理。

（3）可以在具有不完整或不良结构信息的情况下进行工作。

（4）能够处理变量之间具有依赖性的大量信息。

（5）可以分析信息中的非线性关系。

4.决策树

决策树（Decision Tree）是一种用于预测和分类的分析方法，将决策过程中的条件用树状结构表示出来。对于其中的某一个条件，分别给出其为 Yes 和 No 两种情况下的处理方式。

5.关联分析

关联分析（Association Analysis）又叫购物篮分析（Market Basket Analysis），是一种在多个商品中找到可能会同时购买的商品组合（如购买商品 A 的人很有可能同时购买商品 B）的分析方法。

6.遗传算法

遗传算法（Genetic Algorithm）是一种人工智能系统，它通过模仿进化过程中适者生存的规律从而产生一个问题的逐步改进的解决方案。换句话说，遗传算法是一种优化系统，它能发现产出最优输出的输入组合。遗传算法中引入了三种来自于进化论的概念：选择（或称适者生存，选择较好的个体进入下一代）、交叉（通过将多个个体的DNA 片段进行组合而产生新的个体）、变异（随机改变个体的基因）。

遗传算法最适合于可能存在几千甚至几百万种解决方案的决策环境。遗传算法之所以适于解决这类问题，是因为它们可用选择、交叉和变异方法得出大量的解决方案，并对每个方案的价值进行评价。与人类相比，它可以更快更彻底地检查更多的可能方案。

7. 自然语言处理

自然语言处理（Natural Language Processing）是指将英语、汉语等人类日常交流中所使用的语言，通过计算机程序进行分析和利用的各种理论和方法。自然语言处理是一门融语言学、计算机科学、数学于一体的科学。具体来说，包括将句子分解为单词的语素分析、统计各单词出现频率的频度分析、理解文章含义并造句的语义分析等。

自然语言处理的应用领域十分广泛，如从大量文本数据中提炼出有用信息的文本挖掘，以及利用文本挖掘对社交媒体上商品和服务的评价进行分析等。越来越多的智能手机配备的语音助手功能也是自然语言处理的典型应用。

4.3.5　Hadoop——分布式大数据系统

在过去的几十年间，摩尔定律在计算机领域始终适用。然而，随着大规模计算问题的出现，单纯依赖于制造越来越大型、越来越复杂的超级服务器已经无法解决这一问题。因此，正如本章4.1中所介绍的，在云计算中产生了多虚一的解决方案，在这个方案中，将多个低端计算设备组织在一起可以形成一个功能专一的分布式系统。

Hadoop是最知名也最被大家广泛接受的一个分布式系统框架。在Hadoop中，一个数据集会被划分为比较小的块，并通过Hadoop分布式文件系统（HDFS）分布存储于计算机集群内的多台机器上。通过对数据块的适度复制，集群内可以并行读取数据，提高信息的吞吐量，并且避免了单一节点设备故障造成的系统可靠性下降问题。更为重要的是，这样一组计算机构成的集群要比一台超高性能的服务器更加便宜。

与传统的数据处理系统相比，Hadoop具有以下几个主要特性：

（1）便捷性——Hadoop运行在由一般商用机器构成的大型集群上，或者如亚马逊弹性计算云（EC2）等云计算服务上。

（2）可靠性——Hadoop致力于在一般商用硬件上运行，其架构假设硬件会频繁地出现失效。它可以从容地处理大多数此类故障。

（3）可扩展性——Hadoop通过增加集群节点，可以线性地扩展以处理更大的数据集。

（4）易用性——Hadoop允许用户快速编写出高效的并行代码。

Hadoop开始时是Nutch的一个子项目，而Nutch又是Apache Lucene的一个子项目。Lucene是一个功能全面的文本索引和查询库。给定一个文本集合，开发者就可以使用Lucene引擎方便地在文档上添加搜索功能。桌面搜索、企业搜索，以及许多领域特定的搜索引擎使用的都是Lucene。作为Lucene的扩展，Nutch的目标则是试图建立一个完整的Web搜索引擎。Nutch为HTML提供了解析器，还具有网页抓取工具、链接图形数据库和其他网络搜索引擎的额外组件。

除了增加了像抓取器和解析器这样的组件，Nutch还希望能够实现大规模的网络搜索功能。Lucene的目标是索引数百万的文档，而Nutch则致力于处理数十亿的网页。这样Nutch就必须考虑运行在由商用硬件组成的分布式集群上。

2004年前后，Google发表了两篇论文来论述Google文件系统（GFS）和MapReduce框架。Google声称使用了这两项技术来扩展自己的搜索系统。在此技术的基础上，Nutch被移植到一个新的框架中并大幅提升了其可扩展性。在此之后，就产生了一个分布式大数据处理系统的框架——Hadoop。雅虎在2006年组建开发团队改进Hadoop，并将其作为一个开源项目。两年后，Hadoop成为Apache的顶级项目。2008年，雅虎实现了在10 000多核的Linux集群上运行Hadoop，证明了Hadoop可以真正实现超大规模的分布式数据处理系统。

4.4 数据管理

4.4.1 NoSQL数据库与关系型数据库

在大数据和云计算的研究中，和Hadoop一样受到广泛关注的是其新型的数据管理方式，即NoSQL数据库。

在传统上使用的关系型数据库管理系统（RDBMS）中，是通过SQL这种标准语言来对数据库进行操作的。而相对的，NoSQL数据库并不使用SQL语言。因此，人们常误认为NoSQL数据库的使用是对使用SQL的关系型数据库的否定。然而，实际上NoSQL数据库是对关系型数据库所不擅长的部分进行了有益的补充，因此应该将其理解为"Not only SQL"。

NoSQL数据库与传统上使用的RDBMS之间的主要区别有如表4-2所示的几点。

表4-2 　　　　　　　　　RDBMS（关系型数据库）与NoSQL数据库的比较

	RDBMS	NoSQL
数据类型	结构化数据	主要是非结构化数据
数据库结构	需要事先定义，是固定的	不需要事先定义，并可以灵活改变
数据一致性	通过ACID特性保持严密的一致性	存在临时的不保持严密一致性的状态
扩展性	向上扩展。由于需要保持数据的一致性，因此性能下降明显	横向扩展。可以在不降低性能的前提下应对大量访问，实现线性扩展
服务器	以一台服务器上工作为前提	以分布、协作式工作为前提
故障容忍性	为了提高故障容忍性需要很高的成本	有很多无单一故障点的解决方案，成本低
查询语言	SQL	支持多种非SQL语言
数据量	相对比较小规模的数据	较大规模数据

1.数据模型与数据库结构

在关系型数据库中，数据被归纳为表（Table）的形式，并通过定义数据之间的关系，来描述严格的数据模型。这种方式需要在理解要输入数据的含义的基础上，事先对字段结构进行定义。一旦定义好，数据库的结构就相对固定了，很难进行修改。

在NoSQL数据库中，数据是通过键及其对应的值的组合，或者是键值对和追加键（Column Family）描述的，因此结构非常简单，也无法定义数据之间的关系。其数据库结构无须在一开始就固定下来，随时都可以进行灵活的修改。

2.数据一致性

在关系型数据库中，由于存在ACID（Atomicity=原子性、Consistency=一致性、Isolation=隔离性、Durability=持久性）原则，因此可以保持严密的数据一致性。

而NoSQL数据库并不遵循ACID原则，而是采用Eventual Consistency（结果上的一致性），即可能存在临时的、无法保持严密一致性的状态。

3.扩展性

传统的关系型数据库由于重视ACID原则和数据的结构，因此在数据量增加的时候，基本上是采取购买更大的服务器这样向上扩展（Scale up）的方法来进行扩容，而从架构方面来看，是很难进行横向扩展（Scale out）的。此外，由于数据的一致性需要严密的保证，对性能的影响也十分显著，如果为了提升性能而进行非正则化处理，则又会降低数据库的维护性和操作性。

NoSQL数据库则很容易进行横向扩展，对性能造成的影响也很小。而且，由于它在设计上就是以在一般通用型硬件构成的集群上工作为前提的，因此在成本方面也具有优势。

4.容错性

关系型数据库可以通过复制（Replication）使数据在多台服务器上保留副本，从而提高容错性。然而，在发生数据不匹配的情况下，以及想要增加副本时，其维护上的负荷和成本都会提高。

NoSQL由于本来就支持分布式环境，大多数NoSQL数据库都没有单一故障点，对故障的应对成本比较低。

简而言之，NoSQL数据库是一种以牺牲一定的数据一致性为代价，追求灵活性、扩展性的数据库。NoSQL数据库产生的背景正是现有RDBMS存在一些问题，如不能处理非结构化数据、难以进行横向扩展、扩展性存在极限等。也就是说，即便RDBMS非常适用于企业的一般业务，但要作为以非结构化数据为中心的大数据处理的基础，则很难说是最合适的选择。

例如，在实际进行分析之前，很难确定在如此多样的非结构化数据中，到底哪些才是有用的，因此事先对数据库结构进行定义是不现实的。而且，RDBMS的设计对数据的完整性非常重视，在一个事务处理过程中，如果发生任何故障，都可以很容易地进行回滚。然而，在大规模分布式环境下，数据更新的同步处理所导致的进程间通信延迟则成为了一个瓶颈。

早期的很多 NoSQL 数据库都是开源项目，企业很难期望能得到与商用产品一样的支持服务。然而近年来，Oracle 等厂商陆续发布了商用的 NoSQL 数据库产品，并提供相应的支持服务，大大降低了企业用户部署 NoSQL 数据库的门槛。

4.4.2　Hadoop 与关系型数据库

鉴于 Hadoop 是一个数据处理框架，而在当前大多数应用中数据处理的主力是标准的关系数据库，那又是什么使得 Hadoop 更具有优势呢？其中一个原因是，SQL（结构化查询语言）是针对结构化数据设计的，而 Hadoop 支持的许多应用却是针对非结构化数据的。因此，比起 SQL，Hadoop 提供了一种更为通用的模式。

原则上，SQL 和 Hadoop 可以互补，因为 SQL 是一种查询语言，它可将 Hadoop 作为其执行引擎。但实际上，SQL 往往指代一整套传统技术，通过几个主要的厂商，面向一组历史悠久的应用进行优化。许多这些现有的商业数据库无法满足 Hadoop 设计所面向的需求。

从几个不同的方面对 Hadoop 和典型的 SQL 语言及关系型数据库进行比较，可以得到下面的结论：

1.用横向扩展代替向上扩展

扩展商用关系型数据库的代价是非常昂贵的。它们的设计更容易向上扩展。要运行一个更大的数据库，就需要购买一个更大的机器。事实上，有时可能需要处理更大的数据集，却找不到一个足够大的机器。更重要的是，高端的机器对于许多应用并不经济。例如，性能 4 倍于标准 PC 的机器，其成本将远远超过 4 台 PC 的价格。Hadoop 的设计就是为了能够在商用 PC 集群上实现横向扩展的架构，添加更多的资源对于 Hadoop 集群而言就是增加更多的机器。一个 Hadoop 集群的标配可达十至数百台计算机。

2.用键值对代替关系表

关系数据库的一个基本原则是让数据按某种模式存放在具有关系型数据结构的表中。虽然关系模型具有大量形式化的属性，但是许多当前的应用所处理的数据类型并不能很好地适应这个模型。文本、图片和 XML 文件的大型数据集往往是非结构化或半结构化的。Hadoop 使用键值对作为基本数据单元，可足够灵活地处理结构化程度较低的数据类型。在 Hadoop 中，数据的来源可以有任何形式，但最终都会转化为键值对以供处理。

3.用函数式编程（MapReduce）代替声明式查询（SQL）

查询数据的过程是，声明想要的查询结果并让数据库引擎判定如何获取数据。SQL

使用的是高级声明式查询语句，而MapReduce则使用脚本和代码。利用MapReduce可以实现比SQL查询更为一般化的数据处理方式。例如，你可以建立复杂的数据统计模型，或者改变图像数据的格式。而SQL就不能很好地适应这些任务。另一方面，当数据处理非常适合于关系型数据结构时，有些人可能会发现使用MapReduce并不自然。而那些习惯于SQL范式的使用者可能会发现用MapReduce来思考也是一个挑战。

4.用离线批量处理代替在线处理

Hadoop起初是专为离线处理和大规模数据分析而设计的，因此它并不十分适合于对几个记录随机读写的在线事务进行处理的模式。

4.4.3 实时数据处理

在描述大数据特征的三个V中，对于Volume（容量）和Variety（多样性），我们可以通过Hadoop、NoSQL数据库等技术来应对，而对于剩下的一个V，即Velocity（产生频率、更新频率），仅使用上述技术还远远不够。因此，我们需要采用对不断流入的大量数据（流数据）进行实时处理的流数据处理技术，这与关系型数据库的处理方式就有了根本上的不同。

在关系型数据库中，数据需要先保存到位于硬盘上的表中。然后，在应用程序发出查询的时间点上，再对所有的数据进行处理，并将结果输入到内存中。由于这样的搜索、运算处理在每次发出查询时都要执行一遍，因此随着数据量的增加，性能就会逐步弱化。此外，数据的写入和读取都需要对低速的硬盘设备进行访问，这会导致在查询执行时产生延迟，从而无法实现实时处理。

相对的，在流数据处理中，数据输入时并不会被写入硬盘，而是在内存中对数据进行处理，因而能够实现高速处理。此外，上一次处理的结果会作为中间数据保留下来，因此并不需要每次都处理所有的数据，而只需要处理流入内存的数据与中间数据的差异部分就可以了。通过这样的方式，从输入数据到输出结果之间的延迟，可以控制在百万分之一秒的级别，也就是实现了每秒数十万到数百万条数据的超高速处理。

流数据处理并不能算是一种特别新的技术，相关的产品也早就已经存在了，例如IBM的InfoSphere Streams、Oracle的Oracle CEP、Sybase（现SAP）的Sybase Aleri Streaming Platform，以及日立制作所的uCosminexus Stream Data Platform等。这些产品主要被应用于金融行业，特别是证券行业中。具体来说，这类技术被应用于在对大量持续流入的股价和成交量等股市数据进行实时分析，根据一定的规则由计算机系统对股票进行自动买卖的"算法交易（Algorithm Trading）"中。

在金融行业以外的领域，流数据处理技术还可以应用于：对交通阻塞、事故等交通状况信息进行实时监控的智能城市领域，制造业的MES（生产执行系统），零售业中对POS数据的实时采集、分析，电商网站中根据点击流数据做出商品推荐等。

4.5 云计算和大数据在信息系统中的应用

4.5.1 大数据在信息系统中的应用

大数据技术在信息系统中的应用日趋广泛，几乎可以覆盖日常生活中与数据相关的各个方面。下面我们就列举一些大数据在信息系统中的应用领域和实例：

1. 商品推荐系统

这即指根据用户属性、行为、购买记录等数据，为其推荐最合适的商品或服务，这种方式在 Amazon、乐天、京东、当当等电子商务网站中应用广泛。

2. 定向广告投放系统

这种服务是通过网站浏览记录、电商网站上的购买记录等数据，在分析用户兴趣爱好的基础上，对用户进行分类，并向各类用户投放不同的互联网广告。在 Google、Yahoo 等提供的在线服务中早已采用了这种系统。

3. 基于位置信息的营销系统

这即指利用手机中的 GPS 位置信息来进行营销。

NTT Docomo 与东京海上日动火灾保险株式会社合作开发了一个系统，可以在用户到达滑雪场、高尔夫球场时，自动根据其目的推送"Docomo 一次性保险"的信息。这一系统能够通过 GPS 信息测得用户的位置，再根据用户过去的行为记录判断该用户是滑雪场、高尔夫球场的工作人员还是顾客。

4. 非法操作检测系统

通过对信用卡庞大的使用记录数据进行分析，可以对每个用户检测出可能预示着非法使用的模式（即异常状态），并建立一个自动进行非法使用检测的模型。加入流数据处理技术后也可以实现对非法使用的在线监控，并对是否允许交易做出判断。

5. 故障预测系统

这是指通过在复印机、办公一体机等硬件设备上安装的各种传感器，收集如卡纸等错误信息、设备使用记录、耗材消耗状态等数据，并通过数据挖掘来探测产生故障或问题的预兆。在这方面比较有名的是 Fuji Xerox 的 TQMS-uni 跟踪品质管理系统。

6. 服务持续改善系统

Salesforce CRM、Google Apps 等 SaaS 中，利用通过互联网提供服务的优势，对所提供的软件功能的使用数据进行收集。例如，那些无人使用的功能会在下次版本升级的时候被去掉，而频繁使用的功能则需要进一步强化。

7. 交通阻塞预测系统

这即是通过汽车实际行驶位置和车速等信息生成的交通监控数据，来提供道路阻塞等交通信息。使用这一系统，汽车厂商可向用户提供由汽车导航系统会员的行驶数据生成的道路交通信息。

8.电力状况管理系统

这是通过各家庭安装的智能电表，对电力的使用状况进行监控，并检测出用电模式。电力公司可以通过各家庭的用电模式，对用电需求做出预测。在这方面比较有名的有美国加利福尼亚州的电力公司 Southern California Edison（SCE）以及 Pacific Gas and Electric（PG&E）。

9.股市分析系统

该系统通过对数百万条社交网络中的文本信息进行选择和分析，并将这些信息按照不同的感情倾向（如"警戒"、"平稳"、"活跃"等）进行分类，最终用于预测市场行情的动向，指导股票市场的交易行为。

10.优化燃油成本

美国的货运公司 U.S.Xpress 构建了一个管理系统，通过利用安装在卡车上的传感器，能够实时掌握车辆的当前停留位置、怠速时间、燃油余量、空调状况等超过900项数据。通过使用这一系统，该公司通过减少怠速时间实现了整体节约燃油40%，每年节约成本1 700万美元。此外，当发现某辆卡车的空调设定温度远远低于规定值时，该系统还会对空调进行远程控制以节约成本。

4.5.2 商业智能与大数据

对企业内外所存储的数据进行有组织的系统性的收集、整理和分析，从而获得对各种商务决策有价值的知识和观点，这样的概念、技术及行为被称为商业智能（BI, Business Intelligence）。

BI 这个概念是1989年由时任美国高德纳（Gartner）咨询公司的分析师 Howard Dresner 所提出的。Dresner 当时提出的观点是，应该将过去100%依赖信息系统部门来完成的销售分析、客户分析等业务，通过让作为数据使用者的管理人员以及一般商务人员等最终客户来亲自参与，从而实现决策的迅速化以及生产效率的提高。

BI 的主要目的是分析从过去到现在发生了什么、为什么发生，并做出分析报告。也就是说，是将过去和现在进行可视化的一种方式。这与在大数据处理中所做的对历史数据的分析和处理以及对潜在模式的识别等工作的目标和内容完全一致。

对于一些商业活动来说，在将过去和现在进行可视化的基础上，预测出接下来将会发生什么显得更为重要。也就是说，从"对过去的分析"和"对现状的监控"到"对未来的预测"和"对行为的优化"，BI 也正在经历着不断的进步。

要对未来进行预测，从庞大的商业数据中发现有价值的规则和模式的数据挖掘就是一种非常有用的手段。将能够从大量数据中自动学习知识和有用规则的机器学习技术应用于数据挖掘，使得 BI 更加智能和高效。从特性上来说，机器学习对数据的要求也是越多越好。因此，它与商业大数据的结合也是非常自然的事。

一直以来，机器学习的瓶颈在于如何存储并高效处理学习所需的大量数据。然而，随着数据存储成本的大幅下降，分布式计算框架 Hadoop 下的机器学习算法库的诞生，以及云计算的普及，使得这些问题正逐步得以解决。现实中，对大数据与 BI 相结合的应用实例也正在不断涌现。以大数据和云计算为基础的信息系统作为 BI 的进化形式，不仅能够高效地预测未来，而且也能够大大提高商业活动的有效性。

4.5.3　基于云计算的企业信息化

云计算的出现对现代企业的变革以及信息系统的发展都产生了巨大的影响。未来的经济是实体经济和数字经济的结合。商业行为电子化、互联网化、大数据化和云计算化是社会上已经达成共识的发展方向。传统的企业信息化将被更加全面的信息管理的电子化所取代，其具体内涵包括了对供应链的重塑，对消费者营销的重塑，对企业信息化的重塑以及对组织架构的重塑。

一个清晰的趋势是，企业的信息化进程有可能快速地完成甚至跳过传统的 IT 化而走向互联网化（即 SaaS 化），这将使孤立的 IT 系统之间更加融合，也使这些系统方法更加敏捷。对企业信息化的重塑还会推动并导致企业组织架构的重构。云计算环境下的信息系统可以帮助企业将电子商务、市场营销等各部门的信息、资源实现有效的互通，进而实现管理的效果和效率的大幅提升。

云计算的出现，改变了传统信息系统中的服务交付和使用模式。用户可以通过网络以按需、易扩展的方式使用所需的数据及信息管理服务。当企业决定将企业信息化的方向转向云计算之后，它们可以根据自己的需要选择数据存储、远程办公、智能数据分析等一系列的服务内容，并在这一服务模式下做出不同的解决方案选择。

从云计算平台所提供服务，以及用户对信息系统的自身需求和投资回报的角度，基于云计算的信息系统可以大致分为：提供给使用者的信息系统，提供给开发者的信息系统，整合服务的云计算平台。

1.提供给使用者的信息系统

对于只想用云计算来实现一些在线信息管理功能，而不需要任何定制开发的企业来说，云计算就是它们的服务器和数据中心，而这些企业也仅仅作为该数据中心的终端用户。提供 SaaS 模式的云服务平台可以为这些企业提供其所需的服务，而企业只需要使用供应商的服务器并为此支付使用费，不需要专门购买软件和设备。

提供这种信息系统服务的典型代表是 Google 以应用引擎形式（Google App Engine，即 GAE）所提供的云计算服务。应用引擎为用户提供了一个完全集成的应用环境，利用 Google 的开发工具（Google 的 API 和 Python 编程语言）可以建立适合自己企业的系统并上传到应用引擎的计算云里去，这样的开发方式易于维护和扩展。使用Google的一个显著优点在于，Google应用引擎在基本的应用范围内免费使用，并免费提供Google的基础设施进行托管。类似的，微软也推出自己的在线办公系统Live Service，包括了Office Live、Windows Live，其主要服务对象是中小型企业。在线办公系统为企业的事务管理带来了巨大的便利，企业可以使用基于云计算的Web工具来管理项目、联系人信息和日程安排，在报告、财务报表、文档及演示文稿等多方面进行协作。在有网络接入的地方，管理者都可以随时随地访问所需的资料。对于中小型企业来说，这种基于云计算的信息系统服务可以大大节省运作成本，同时提高生产效率。

2.提供给开发者的信息系统

对于有信息系统自主开发需求的企业来说有两种选择，一种是使用云计算服务商所提供的PaaS平台，另一种是采用IaaS的模式。

在PaaS平台上，企业利用云计算服务商开发环境中的结构单元来创建自己的客户应用，可以实现界面配置、功能配置、安全机制等各项应用服务。这一模式便于企业更简易地构建电子交易平台、ERP系统、CRM系统等。这种模式的典型代表是Salesforce提供的Force.com平台。Force.com平台提供了专门的API开发工具包以及App Exchange应用交互平台。该平台允许用户利用App Exchange改造适用于其个性化需求的信息系统。而且该平台中的大部分应用都是免费的，其他的应用也可以从开发者那里购买或申请得到授权。对于一些没有资金来购买服务器并且不希望从零开发的小型电子商务企业来说，使用Force.com云计算平台能够快速开发应用系统，并可直接调用成熟的销售分析工具、电子邮件工具、财务分析工具等与销售相关的应用模块。

在IaaS模式中，用户需要租用或者购买基础设施。以亚马逊网络服务（Amazon Web Service，AWS）为代表的IaaS就是采用租借基础设施的方式提供远程云计算平台服务的。AWS将计算机资源（如处理器、存储单元、带宽等）打包成类似于公共设施的可计量的服务，通过给这些资源定价来向租户收取使用费用。在AWS中，亚马逊采用了按需收费的模式和具备弹性的云计算平台服务功能。当用户的访问量大时，AWS的云计算平台自动为企业分配足够的、满足企业需要的服务器；当企业的访问处于低谷时，又可以收回多余的服务器为其他用户提供服务。因此，对于那些用户访问量波动很大的企业来说，这种具有较强弹性的云计算服务模式非常适用，也为企业用户节省了大量的费用。

3.整合服务的云计算平台

对于更青睐于寻求便捷的、整合的一揽子服务的初创企业和小微企业来说，选择整合了一系列服务的云计算平台则更为适合。这种整合服务的云计算平台的最大优势在于，企业可以把全部的信息管理工作交由平台提供商来负责。

　　这种模式的典型代表是阿里巴巴的电子商务云平台。阿里巴巴的电子商务云不仅提供云的计算、存储和网络服务，而且还采取基于SaaS的云模式，通过针对中小企业和个人的SaaS信息管理应用系统为用户提供与电子商务相关的一系列服务。企业和个人用户无须安装任何软硬件，采用即插即用的方式自由定制功能，即可快速搭建自己想要的各种应用平台。未来，阿里巴巴还计划将旗下电子商务平台上的商品信息、信誉体系、支付工具、用户资源等整合到阿里云中。届时，中小企业、个人网商、软件开发商都将能够通过阿里云享受到阿里巴巴电子商务的各种增值服务。

　　基于云计算的信息管理系统是云计算与经济、商务、管理、应用领域交叉和碰撞所产生的新型信息管理和商业服务模式。这些新型系统的出现也导致了企业在组织形式、盈利方式、营销手段、知识管理等方面发生了一系列的重大变革。充分利用云技术在信息管理领域的特点，有效地利用云计算服务商的资源，降低成本，创新商业模式和应用模式，从而提高企业的核心竞争力，是现代化企业所必须面对和思考的问题。无论是硬件提供商、应用软件开发商，还是云计算平台服务商，都需要积极地转变思想，锐意创新，适应和迎接云计算和大数据时代的到来。

案例　Nike+　+号背后的"大数据"秘密

　　近年来，耐克在全球的营收持续增长，Nike+正在成为推动这一顶级运动品牌业绩增长的新引擎。可穿戴设备+社交+大数据已经成为耐克未来技术营销战略的三大主线。从以下转载自《第一财经日报》关于Nike+数字产品战略的报道中，我们可以看到耐克的数字产品战略如何从传统产品的辅助营销手段，向独立的移动社交系统过渡，以及技术和理念的创新为传统企业带来的可持续发展空间。

　　"2013年2月13日；持续时间：1小时；路程：5公里；消耗热量：623卡路里；平均速度：8公里/小时。"

　　Jacky是一名忠实的跑步爱好者，这是他最近一次的跑步记录。

　　对于Jacky而言，跑步不再局限于"锻炼身体"这个概念，通过Nike+上传自己的跑步数据和体验，与朋友分享成为这项运动新的延伸；而对于耐克来说，也不仅是想推销一个数字化的产品这么简单，它想告诉人们的是，今天的耐克已经不再是一家传统的卖运动服和运动鞋的公司，它正在将运动与互联网结合，开发出传统业务的新蓝海。

　　如今，与互联网共同成长起来的新一代已经习惯了数字化的生活方式。现在，已经没有人怀疑社交网络的发展前景了。主打科技创新的世界运动巨头耐克无疑也看到了这一趋势，Nike+让耐克在互联网时代找到了自己的位置。

"如果只将Nike+看做是对运动鞋产品性能的升级，那就大大低估了Nike+的价值。"耐克大中华区公关总监如是说。"耐克的这种战略选择十分正确。目前，社交应用有很多细分市场，例如：社交+招聘、社交+电子商务、社交+兴趣，而分享运动数据意味着分享隐私，Nike+是打开了社交应用的又一个细分市场。"

显然，Nike+最具价值的部分在于它所收集到的用户数据，不过，耐克公司还没有向外界展示出大数据的商业魅力。业界人士分析，耐克今后可能会在热门跑步路线的沿途投放广告，相关的公司完全可以在这些地区为跑步者提供存放衣物等服务，并且还可以借机售卖运动功能饮料等周边产品等等。

开发数字化平台对于耐克而言有两种意义：

首先，耐克的核心用户年轻群体几乎都是网民，对于互联网的依赖就像衣食住行一样，耐克怎样才能影响这群人呢？当然是想直接和消费者发生关系，置身于他们的生活之中，掌握他们的数据，准确把握他们的需求。

其次，耐克公司身处一个传统行业，如果只停留在传统业务的开发上，竞争压力会越来越大。此外，20多年前，耐克用一片小小的气垫将体育用品行业引入到一个比拼科技的全新时代，从而树立起耐克是一家科技创新型企业的形象。传统体育品牌普遍缺乏互联网基因，率先进入数字化领域，和耐克科技创新的形象十分契合。

从营销角度看，Nike+平台属于大数据营销的范畴，耐克并不希望消费者穿完一双鞋就扔掉，它的目的是和消费者建立一个更为牢固的关系，不仅要让目标群体使用自己的产品，还希望得到反馈和提高附加值。

"从鞋类产品到带有GPS定位的数字化平台，耐克正在经历一个从地到天，多维度的发展，它希望消费者的体验不是仅限于具象的产品，而是立体的，从身体到思想的。"耐克中华的一位人士这样对记者说。

（根据同名网络文章改编，作者不详）

案例思考题：

1.在Nike+中耐克使用了哪些新的技术来获取和分享用户的数据和信息？

2.将数字化平台融入消费者的日常生活，通过获取用户的数据来准确地掌握他们的需求。这是否符合客户关系管理发展的趋势？对企业更好地管理客户关系有何启示？

3.结合案例分析传统行业在信息化的过程中，特别是在大数据环境下的企业信息化过程中，应该在哪些方面进行创新？

4.试想在Nike+平台的基础上，耐克还有可能运用云计算和大数据技术构建哪些新的系统和应用？提供哪些新服务？

本章小结

　　本章介绍了云计算与大数据的产生、发展和相关的技术基础，主要包括云计算的服务层次、大数据处理系统的分类、智能决策系统、数据挖掘算法、分布式大数据系统框架 Hadoop、NoSQL 数据库。此外，还介绍了云计算与大数据在信息系统、商业智能、企业信息化中的应用案例、发展趋势和创新模式。

关键概念

　　云计算　大数据　物联网　IaaS　PaaS　SaaS　智能决策系统　专家系统　数据挖掘　流数据处理　机器学习　Hadoop　NoSQL　商业智能

复习思考题

　　1.什么是云计算？从服务层次的角度方计算如何分类？
　　2.集中云和分散云中分别采用了哪些技术？
　　3.大数据的三个核心特征是什么？
　　4.云计算与物联网有什么联系？
　　5.常见的数据挖掘算法有哪些？
　　6.关系型数据库与 NoSQL 数据库有哪些区别和联系？
　　7.实时数据处理技术一般应用于哪些领域？

第 5 章
企业资源计划

内容提要
1.企业资源计划的发展过程
2.MRP 的基本思想、基本原理
3.订货点法、产品结构、物料清单
4.MRP Ⅱ
5.ERP

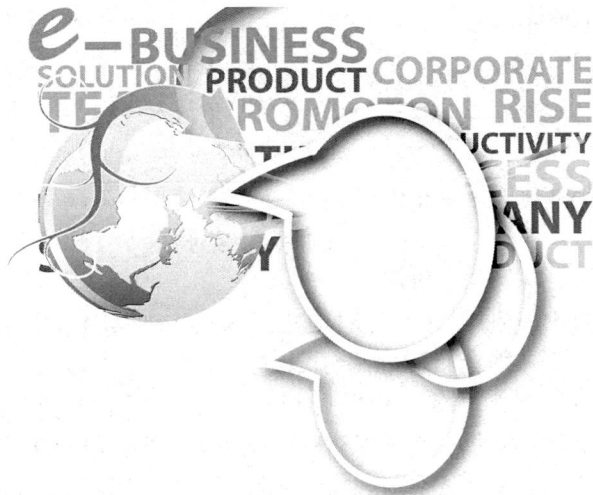

　　企业资源计划（Enterprise Resources Planning，ERP）是管理信息系统在企业中的典型应用，也是一种全新的基于信息技术的企业管理模式，是企业信息化建设的必由之路，是一个对企业物流、资金流和信息流三大资源进行全面集成管理的管理信息系统，是现代信息技术与现代企业管理思想结合的杰作。近年来，随着产品复杂性的增加、市场竞争的加剧、信息全球化的迅猛发展，越来越多的企业都在采用物料需求计划（Material Requirements Planning，MRP）、制造资源计划（Manufacturing Resources Planning，MRP Ⅱ）和企业资源计划等最先进的管理信息系统，以便提高企业的市场竞争力。

5.1　企业资源计划的发展过程

5.1.1　ERP的发展阶段

　　企业生产经营的最终目的是获取利润，为了达到此目的，就必须合理地组织和有效地利用其设备、人员、物料等制造资源，以最低的成本、最短的生产周期、最高的质量生产出满足客户需求的产品。为此，必须采取先进且十分有效的生产管理技术来组织、协调、计划与控制企业的生产经营活动，ERP正是为了解决上述问题而发展起来的一种科学的管理思想与处理逻辑，它是企业进行现代化管理的一种科学方法。纵观ERP的发展过程，大致经历了四个阶段，即基本的MRP阶段、闭环MRP阶段、MRPⅡ阶段和ERP阶段，如图5-1所示。

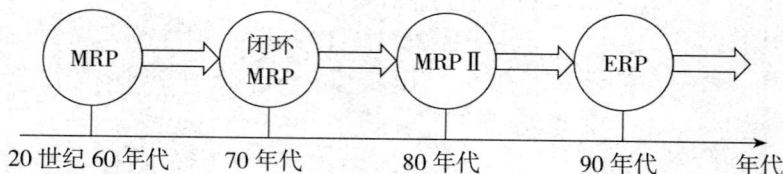

图5-1　ERP的发展过程

ERP的发展经历了以下几个阶段：

　　（1）20世纪60年代中期。这一时期是从订货点法到MRP的过程。人们为了克服订货点法的缺陷，提出了一种全新的库存计划方法，即物料需求计划（MRP），或称基本的MRP。这种方法以物料为对象，借助计算机，按产品结构计算并制订出各种物料的需求计划，从而实现减少库存、优化库存的管理目标。技术上解决了企业物料供需的矛盾，做到物料既不积压库存，又不出现短缺，满足了生产变化的需求。

　　（2）20世纪70年代中期。基本MRP仅仅是一种库存管理技术，还不能满足企业对生产管理的全部要求，20世纪70年代，人们在基本MRP基础上，又增加了对生产能力加以计划的功能，使其发展成为一个可以用来进行生产与控制的系统，是一种具有反馈功能的闭环 MRP（Closed Loop MRP）。

（3）20世纪80年代初期。随着企业对财务信息关注度的提高，人们又将与企业经营生产有着密切联系的会计、销售等功能整合到闭环 MRP 系统中，形成了企业经营生产管理计划系统，即制造资源计划（Manufacturing Resources Planning，MRP Ⅱ）。MRP Ⅱ实现了物流和资金流的信息集成，把生产子系统也就是物流信息与财务子系统（资金流信息）合二为一，集成为一个系统，并建立中央数据库，使企业的管理在统一的数据环境下工作。企业的实物账与资金账同步生成。MRP Ⅱ是一个完整的综合性的企业管理信息系统。之所以使用 MRP Ⅱ的名称，是为了与 MRP 的名称相区别。

（4）20世纪90年代初期至今。20世纪90年代以来，随着科学技术的进步及其不断向生产与控制方面的渗透，解决合理库存与生产控制问题所需要处理的大量信息和企业资源管理的复杂化，对信息处理效率的要求更高，要求信息的集成度扩大到企业的整个资源的利用和管理，因此产生了新一代的管理理论和计算机信息系统，这就是 ERP。ERP 是在 MRP Ⅱ的基础上发展起来的，是当前最先进的也最为科学的管理信息系统。它实现了企业内部资源和与企业相关的外部资源的信息集成。ERP 是"企业资源计划"的英文缩写。很显然，ERP 不仅仅扩充了企业的人力资源、产品研制、服务等信息渠道，实现了企业全部信息的集成，而且走出封闭的"自我"，把管理信息系统拓展到企业的外部，实现了包括供应商和客户资源的信息集成；ERP 使管理信息系统已不再仅仅局限于制造业，而是走出 MRP Ⅱ的制造业范围，走向包括金融、商业企业，甚至包括教育的诸多行业，走向产业化的全社会；ERP 更使管理信息系统不再局限在一个企业之内，而是走出国门，走向全球。ERP 展现出的一个完全开放的信息集成的态势，它适应的是世界经济一体化的要求，将满足全球化市场变化的需求。ERP 解决在经济全球化的环境下，提高企业竞争力的问题。

5.1.2　ERP 的主要作用

ERP 的主要作用表现为以下方面：

（1）提供集成的信息系统，实现业务数据和资料共享。

（2）理顺和规范业务流程，消除业务处理过程中的重复劳动，实现业务处理的标准化和规范化，提供数据集成，业务处理的随意性被系统禁止，使得企业管理的基础工作得到加强，工作的质量进一步得到保证。

（3）由于数据的处理由系统自动完成，准确性与及时性大大提高，分析手段更加规范和多样，不但减轻了工作强度，还将促进企业管理人员从繁琐的事务处理中解放出来，用更多的时间研究业务过程中存在的问题，研究并运用现代管理方法改进管理，促进现代管理方法在企业中的广泛应用。

（4）加强内部控制，在工作控制方面能够做到分工明确，适时控制，对每一环节所存在的问题都可以随时反映出来，系统可以提供绩效评定所需要的数据。

（5）通过系统的应用自动协调各部门的业务，使企业的资源得到统一规划和运用，降低库存，加快资金周转的速度，将各部门联成一个富有团队精神的整体，协调运作。

（6）帮助决策，企业的决策层能够适时得到企业动态的经营数据和ERP系统的模拟功能来协助进行正确的决策。

5.2 物料需求计划

5.2.1 MRP的基本思想

1. 物料的定义[①]

"物料"是指为了产品销售出厂，需要列入计划、控制库存、控制成本的一切不可缺少的物的统称。不仅可以是原材料或零件，而且还可以是配套件、毛坯、在制品、半成品、成品、包装材料、产品说明书，甚至工艺装备、工具、能源等等一切物料。其中有些是非库存的，但同样要控制成本。

2. 传统库存管理方法——订货点法

在MRP问世之前，库存管理通常采用订货点法，已经使用了20余年。订货点法是一种使库存量不得低于安全库存的库存补充方法，以此来保证需求。物料逐渐消耗，库存逐渐减少，当库存量降到某个时刻，剩余的库存量（假定不动用安全库存）可供消耗的时间刚好等于订货所需要的时间（订货提前期），就要下达订单来补充库存消耗，这个时刻的剩余库存量称为订货点，参见图5-2。

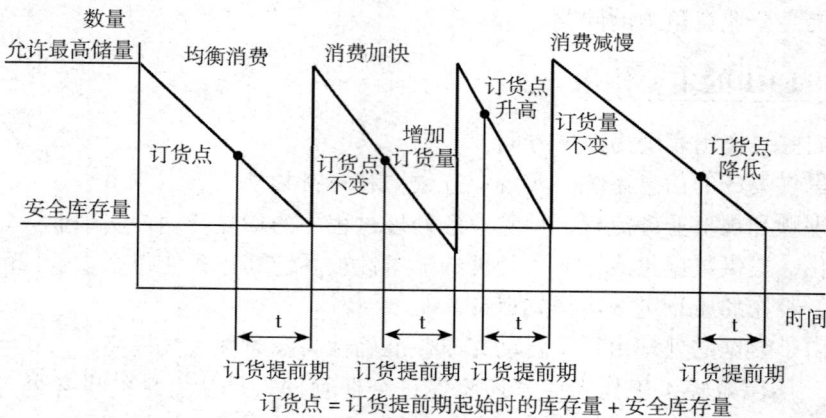

订货点 = 订货提前期起始时的库存量 + 安全库存量

图5-2 订货点法

---

① 参见陈启申. ERP与供应链管理［M］. 北京：中国电子音像出版社，1999.

在稳定消费的情况下，订货点是一个固定值。当消费加快时，如果保持订货点不变，会消耗安全库存；如果要保持一定的安全库存，就必须增加订货量来补充消耗了的安全库存；如果不增加订货量，又不消耗安全库存，就必须提高订货点，这样，订货点就不再是一个固定值。因此，对需求量随时间变化的物料，由于订货点会随消费速度的快慢而升降，无法设定一个固定的订货点。所以说，订货点法只适用于稳定均衡消耗的情况，如日用消费品生产或商场的商品补充。订货点法只能保证稳定均衡消耗情况下不出现短缺，但是不能保证消耗多变情况下不出现短缺，也无法起到降低库存的作用。订货点法受到众多条件的限制，而且不能反映物料的实际需求，往往为了满足生产需要而不断提高订货点的数量，从而造成库存积压，库存占用的资金大量增加，产品成本也就随之较高，企业缺乏竞争力。为了解决这个问题，美国IBM公司的管理专家通过在管理实践中探索，从分析产品结构入手，首先提出了MRP的解决方案。

3.MRP的概念

物料需求计划（MRP）是指在产品生产中对构成产品的各种物料的需求量与需求时间所做的计划。在企业的生产计划管理体系中，它一般被排在主生产计划之后，属于实际作业层面的计划决策。

4.MRP的基本思想

制造企业生产的工序一般是：将原材料制造成各种毛坯，再将毛坯加工成零件，零件组装成部件，最后将零件和部件装配成产品。如果要求按照一定的交货时间提供不同数量的各种产品，那么就必须提前一定时间加工所需要数量的各种零件；要加工各种零件，就必须提前一定时间准备所需数量的各种毛坯，直至提前一定时间准备各种原材料。

物质资料的生产过程就是将原材料转化为产品的过程。如果确定了产品出产数量和部件的生产周期，就可以按照产品的结构确定产品的所有零件和部件的数量，并且可以按照各种零件和部件的生产周期，反推出出产时间和投入时间。

MRP的基本思想是：围绕物料转化组织制造资源，实现按需要准时生产。

物料在转化过程中，需要不同的制造资源，如机器设备、场地、工具、工艺装备、人力、资金等，有了各种物料的投入出产时间和数量，就可以确定对这些制造资源的需要数量和需要时间，这样就可以围绕物料的转化过程，来组织制造资源，实现按需要准时生产。

按照MRP的基本思想，从产品销售到原材料采购，从自制零件的加工到外协零件的供应，从工具到工艺装备的准备到设备维修，从人员的安排到资金的筹措与运用，都要围绕MRP的基本思想进行，从而形成了一整套方法体系，它涉及企业的每一个部门、每一项活动。因此，可以说，MRP是一种新的生产方式。

5.2.2　MRP的基本原理

制造企业都是从供应方买来原材料，经过加工或装配，制造出产品，销售给需求方。这是制造业区别于金融业、商业、采掘业（石油、矿产）、服务业的主要特点。任何制造业的经营生产活动都是围绕其产品展开的。

我们将企业内部的物料按需求的不同分为独立需求件和相关需求件两种类型。独立需求件是指其需求量和需求时间由企业外部的需求来决定，即由市场需求决定的物料。例如，客户订购的产品、科研试制需要的样品、售后维修需要的备品备件等；相关需求件是指根据物料之间的结构组成关系，由独立需求的物料所产生的需求，即由出厂产品决定需要的各种加工和采购物料。例如，半成品、零部件、原材料等的需求。

MRP的基本原理是：在已知主生产计划（根据客户订单结合市场预测制订出来的各种产品的排查计划）的条件下，根据产品结构或所谓产品物料清单（BOM）、制造工艺流程、产品交货期以及库存状态等信息由计算机编制出各个时段各种物料的生产及采购计划。

MRP的基本任务是：

（1）从最终产品的生产计划（独立需求）导出相关物料（原材料、零部件等）的需求量和需求时间（相关需求）；

（2）根据物料的需求时间和生产（订货）周期来确定其开始生产（订货）的时间。

MRP的基本内容是编制零件的生产计划和采购计划。然而，要正确编制零件计划，首先必须落实产品的出产进度计划，用MRP的术语就是主生产计划（Master Production Schedule，MPS），这是MRP展开的依据。MRP还需要知道产品的结构或物料清单（食品、医药、化工行业则称为"配方"（Bill of Material，BOM）），才能把主生产计划展开成零件计划；同时，必须知道库存数量才能准确计算出零件的采购数量。因此，基本MRP的依据是：主生产计划（MPS）、产品结构信息或物料清单（BOM）、库存信息。MRP数据处理逻辑流程如图5-3所示。

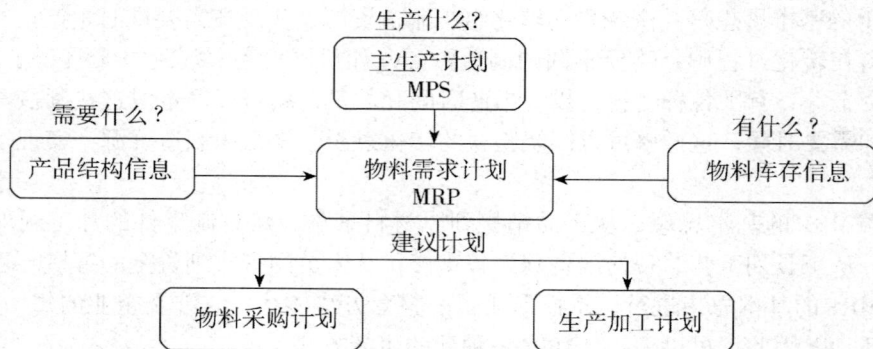

图5-3　MRP数据处理逻辑流程图

1.主生产计划

主生产计划是确定每一具体的最终产品在每一具体时间段内生产数量的计划。这里的最终产品是指对于企业来说最终完成、要出厂的产成品,它要具体到产品的品种、型号。这里的具体时间段,通常是以周为单位,在有些情况下,也可以是日、旬、月。主生产计划详细规定生产什么、什么时段应该产出,它是独立需求计划。主生产计划根据客户合同和市场预测,把经营计划或生产大纲中的产品系列具体化,使之成为展开物料需求计划的主要依据,起到了从综合计划向具体计划过渡的承上启下作用。

2.产品结构与物料清单

MRP系统要正确计算出物料需求的时间和数量,特别是相关需求物料的数量和时间,首先要使系统能够知道企业所制造的产品结构和所有要使用到的物料,列出构成成品或装配件的所有部件、组件、零件等的组成、装配关系和数量要求。它是MRP产品拆零的基础。以一个简单的方桌为例,它是一个上小下宽的锥状产品结构,其产品结构如图5-4所示[①]。其顶层是出厂产品即独立需求件,是属于企业市场销售部门的业务;底层是采购的原材料或配套件,是企业物资供应部门的业务;介乎其间的是加工制造件,是生产部门的业务。不难看出,一个产品结构就把制造业的三大主要部门的业务——产、供、销集成起来了。产品结构说明了每种物料在产品层次中相互之间的从属关系和数量关系,解决了不出现短缺的问题。但是此时还没有说明怎样满足"不积压库存"的要求。

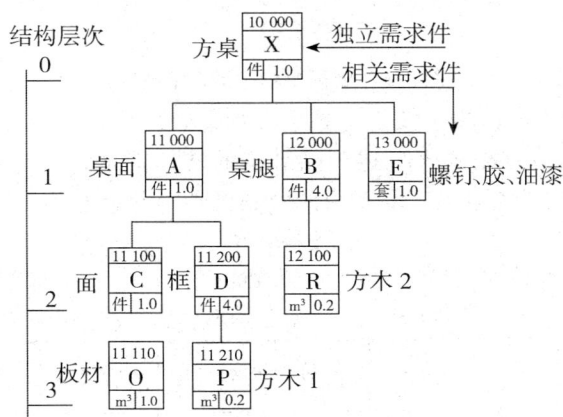

图5-4 产品结构图(方桌)

不难理解,在产品结构上物料方框之间的连线代表了工艺流程、工序和时间周期。如果把结构层次的坐标换成时间坐标(见图5-5),时间坐标上的产品结构模型包含物料的数量和需要的时间,就形成传统生产管理中提到的"期量标准",但不同点在于它是动态的。由于产成品、采购件和加工件都集成在一个模型中,只要顶层的"独立需

---

① 陈启申. ERP与供应链管理 [M]. 北京:中国电子音像出版社,1999.

求"有了变化，"相关需求"立即发生相应变化。与此同时，生产计划和采购计划同步生成和修改，这样就减少了业务流程层次。销售-生产-采购三者的计划是基于优先顺序的"一体化计划"，根据需求的优先顺序（完工日期），按照加工和采购周期的长短，有区别地规定计划订单下达的顺序，从而不断解决供销严重脱节的矛盾，又解决了快速响应和应变的问题。MRP的理想境界是根据需求时间使物料供应做到"不多、不少、不早、不晚"，这也正是JIT（Just in Time，准时制生产）追求的境界。一个时间坐标上的产品结构，把企业的"销、产、供"物料数量和生成物料所需时间的信息全面集成起来。

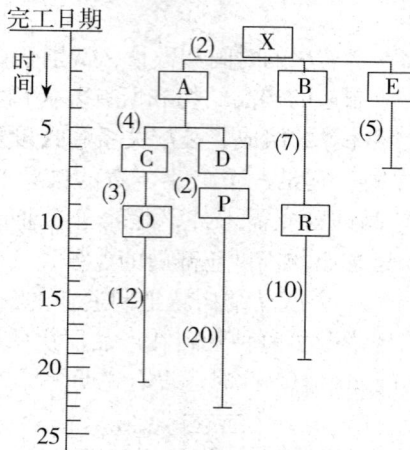

图5-5 时间坐标上的产品结构

产品结构是一种图形，为了便于计算机识别，必须把产品结构图转换成规范的数据格式，这种用规范的数据格式来描述产品结构的文件就是物料清单，物料清单是MRP的重要文件。与图5-4及图5-5产品对应的物料清单就是表5-1。

表5-1   物料清单

物料号：10000   计量单位：件   批量：10   现有量：8
物料名称：X   分类码：08   提前期：2   累计提前期：28

层次	物料号	物料名称	计量单位	数量	类型	生效日期	失效日期	成品率	累计提前期	ABC码
1	11000	A	件	1.0	M	19990101	99999999	1.00	26.0	A
2	11100	C	件	1.0	M	19990101	99999999	1.00	15.0	A
3	11110	O	m³	1.0	B	19990101	99999999	0.90	12.0	B
2	11200	D	件	4.0	M	19990101	99999999	1.00	22.0	C
3	11210	P	m³	0.2	B	19990101	19991231	0.90	20.0	C
3	11210/1	P1	m³	0.2	B	20000101	99999999	1.00	15.0	C
1	12000	B	件	4.0	M	19990101	99999999	1.00	17.0	B
2	12100	R	m³	0.2	B	19990101	99999999	1.00	10.0	B
1	13000	E	套	1.0	B	19990101	99999999	1.00	5.0	C

注："M"为自制件；"B"为外购件。

3.库存信息

库存信息是保存企业所有产品、零部件、在制品、原材料等存在状态的数据库。在MRP系统中，将产品、零部件、在制品、原材料甚至工装工具等统称为"物料"。为便于计算机识别，必须对物料进行编码。物料编码是MRP系统识别物料的唯一标识。物料的库存状态数据包括：

（1）现有库存量，是指在企业仓库中实际存放的物料的可用库存数量。

（2）计划收到量（在途量），是指根据正在执行中的采购订单或生产订单，在未来某个时段物料将要入库或将要完成的数量。

（3）已分配量，是指尚保存在仓库中但已被分配掉的物料数量。

（4）提前期，是指执行某项任务由开始到完成所消耗的时间。

（5）订购（生产）批量，在某个时段内向供应商订购或要求生产部门生产某种物料的数量。

（6）安全库存量，为了预防需求或供应方面的不可预测的波动，在仓库中经常应保持最低库存数量作为安全库存量。

根据以上的各个数值，可以计算出某项物料的净需求量：净需求量=毛需求量+已分配量−计划收到量−现有库存量。

4.MRP的计算逻辑

MRP的基本计算逻辑图如图5-6所示。

5.2.3　MRP系统的输出

MRP系统可以提供多种不同内容和形式的输出，其中主要的是各种生产和库存控制用的计划和报告。主要包括：

1.零部件投入产出计划

零部件投入产出计划规定了每个零件和部件的投入数量和时间、产出数量和产出时间。如果一个零件要经过几个车间的加工，则要将零部件投入产出计划分解成分车间零部件投入产出计划。分车间零部件投入产出计划规定了每个车间一定时间内投入零件的种类、数量及时间。

2.原材料需求计划

规定了每个零件所需的原材料的种类、需要的数量以及需要的时间，并且按原材料品种、型号、规格汇总，以便供应部门组织供料。

（1）互转件计划。按原材料品种规定了互转零件的种类、数量、转出车间和转出时间、转入车间和转入时间等。

（2）库存状态记录。提供各种零部件、外购件以及原材料的库存状态数据，随时提供查询。

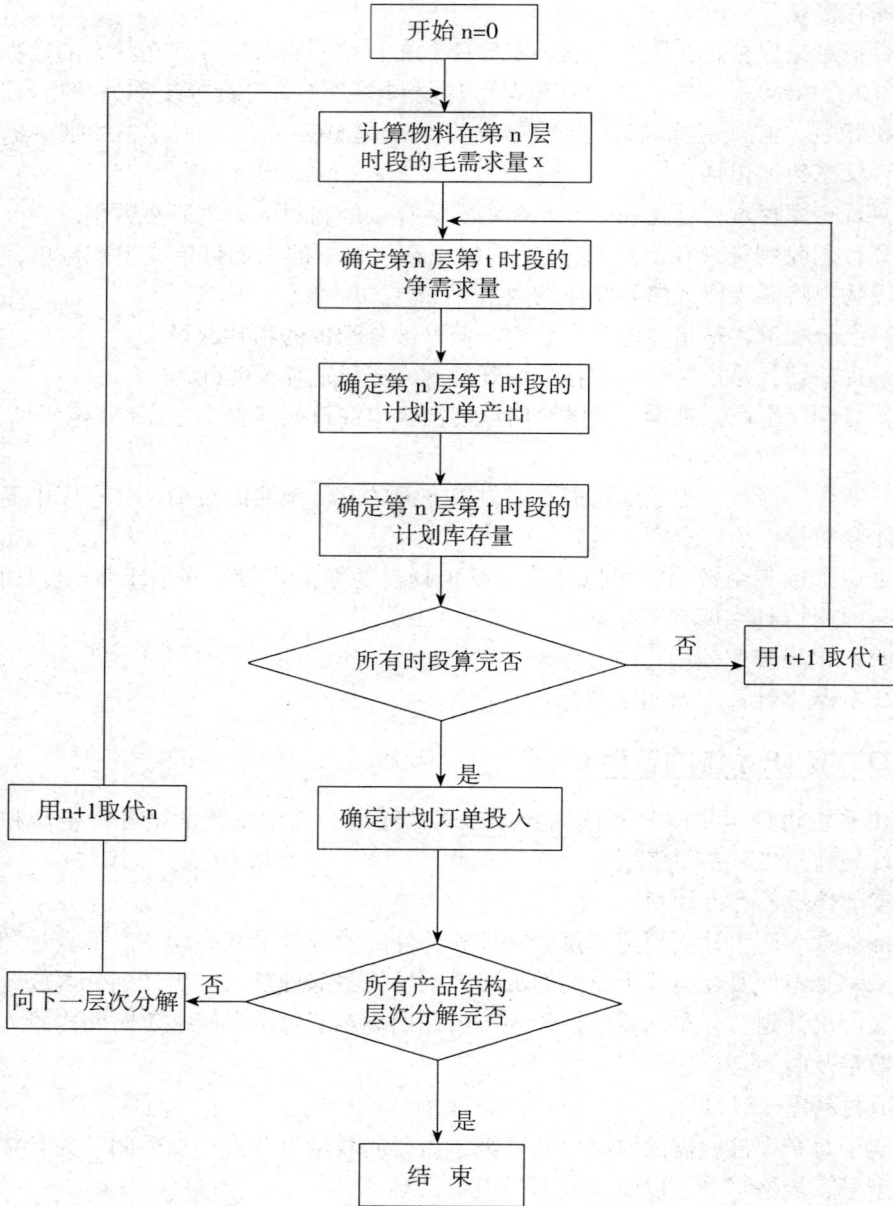

图5-6 MRP计算逻辑图

（3）工艺装备、机器设备需求计划。提供每种零件、不同工序所需的工艺装备和机器设备的编号、种类、数量及需要的时间。

5.3　闭环 MRP

5.3.1　闭环 MRP 的产生背景

　　MRP 只是根据市场需求和主生产计划提出了"建议性的"加工和采购计划，它只是一种自上而下的计划信息，说明了需求，但是还没有论证实现的可能性。因此，必须再相伴运行能力需求计划，来验证 MRP 的可行性。如果能力有问题，还需要对 MRP 进行调整，使下达给执行部门（车间、供应）的不再是一个"建议"计划，而是一个经过确认了的可行计划。

　　计划下达后，在执行的过程中，可能会出现物料本身的问题（如设计更改、废品、外购件未能按时到货），也可能出现能力方面的问题（如定额不准、设备利用率低、设备故障、人员缺勤）。

　　正是为了解决以上问题，MRP 系统在 20 世纪 70 年代发展为闭环 MRP 系统。闭环 MRP 系统除了物料需求计划外，还将生产能力需求计划、车间作业计划和采购作业计划也全部纳入 MRP，形成一个封闭的系统。

5.3.2　闭环 MRP 系统的工作原理

　　MRP 系统的正常运行，需要有一个现实可行的主生产计划。它除了要反映市场需求和合同订单以外，还必须满足企业的生产能力约束条件。因此，除了要编制资源需求计划外，我们还要制订能力需求计划（Capacity Requirement Planning，CRP），将各个工作中心的能力进行平衡。只有在采取了措施做到能力与资源均满足负荷需求时，才能开始执行计划。而要保证实现计划就要控制计划，执行 MRP 时要用派工单来控制加工的优先级，用采购单来控制采购的优先级。这样，基本 MRP 系统进一步发展，把能力需求计划和执行及控制计划的功能也包括进来，形成一个环形回路，称为闭环 MRP，其逻辑流程图如图 5-7 所示。

5.3.3　闭环 MRP 系统的工作过程

　　企业根据发展的需要与市场需求来制定企业生产规划，根据生产规划制订主生产计划，同时进行关键工作中心的负荷平衡，该过程主要是针对关键资源的能力与负荷的分析，即建立资源需求计划，或称为粗能力计划（Rough Cut Capacity Planning，RCCP），它的计划对象为独立需求件，主要面向的是主生产计划；只有通过对该过程的分析，才能达到主生产计划基本可靠的要求。再根据主生产计划、企业的物料库存信息、物料清

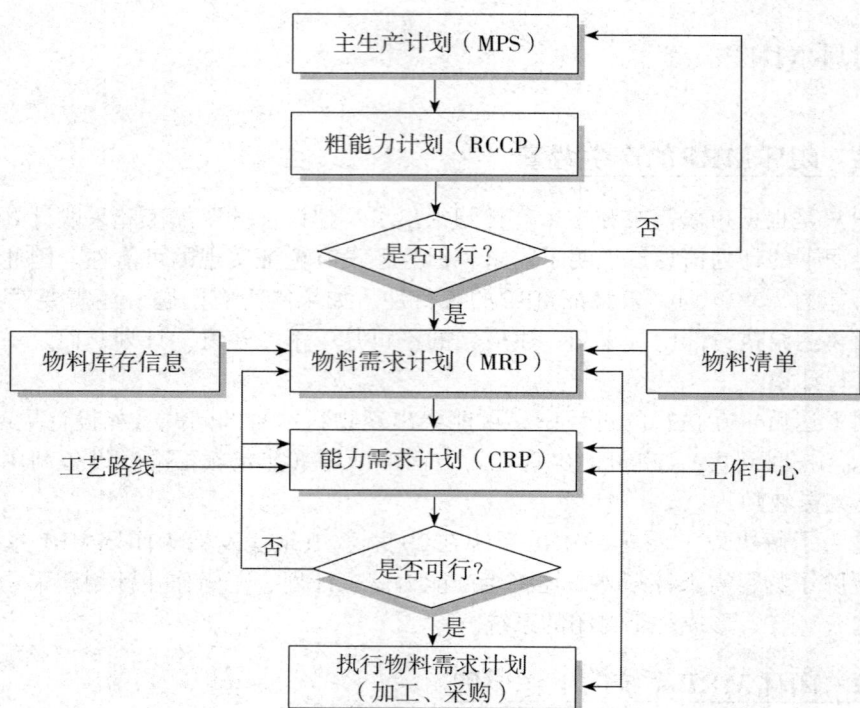

图5-7 闭环MRP逻辑流程图

单等信息来制订物料需求计划。然后由物料需求计划、产品生产工艺路线和车间各加工工序能力数据生成能力需求计划（CRP）。

CRP是对全部工作中心的负荷平衡，又称为详细能力计划，它的计划对象为相关需求件，主要面向的是车间。能力需求计划的依据：

（1）工作中心：是各种生产或加工能力单元和成本计算单元的统称。对工作中心，都统一用工时来量化其能力的大小。

（2）工作日历：是用于编制计划的特殊形式的日历，它是由普通日历除去每周双休日、假日、停工和其他不生产的日子，并将日期表示为顺序形式而形成的。

（3）工艺路线：是一种反映制造某项"物料"加工方法及加工次序的文件。它说明加工和装配的工序顺序，每道工序使用的工作中心，各项时间定额，外协工序的时间和费用等。

5.3.4 能力需求计划的计算逻辑

闭环MRP的基本目标是满足客户和市场的需求，因此在编制计划时，总是优先保证计划需求而不是考虑能力约束，然后再进行能力计划。经过多次反复运算，调整核实后，才转入下一个阶段。CRP的运算过程就是根据MRP和各物料的工艺路线，对在各个工作中心加工的所有物料计算出加工这些物料在各个时间段上要占用该工作中心的负荷小时数，并与工作中心的能力进行比较，生成能力需求报表，这个过程可用图5-8来表示。

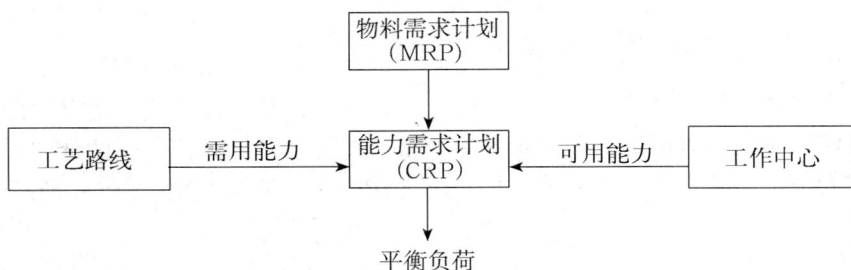

图 5-8　能力需求报表生成过程

当然，在计划时段中也有可能出现能力需求超负荷或低负荷的情况。闭环MRP能力计划通常是通过报表的形式（如直方图）向计划人员报告，但是并不进行能力负荷的自动平衡，这个工作由计划人员人工完成。

各工作中心能力与负荷需求基本平衡后，接下来的一步就要集中解决如何具体地组织生产活动的问题，使各种资源既能合理利用又能按期完成各项订单任务，并将客观生产活动进行的状况及时反馈到系统中，以便根据实际情况进行调整与控制。它的工作内容一般包括以下四个方面：

（1）车间订单下达：订单下达是核实MRP生成的计划订单，并转换为下达订单。

（2）作业排序：是指从工作中心的角度控制加工工件的作业顺序或作业优先级。

（3）投入产出控制：是一种监控作业流（正在作业的车间订单）通过工作中心的技术方法。利用投入/产出报告，可以分析生产中存在的问题，采取相应的措施。

（4）作业信息反馈：主要是跟踪作业订单在制造过程中的运动，收集各种资源消耗的实际数据，更新库存余额并完成MRP的闭环。

5.4　制造资源计划

5.4.1　MRP Ⅱ 的产生背景

MRP解决了物料的计划与控制问题，实现了物料信息的集成，但是，它还没有说明计划执行结果带来的效益是否符合企业的总体目标。企业的经营状况和效益是要用货币形式来表达的，因此，20世纪70年代末，在MRP系统已经推行近10年后，一些企业又提出了信息的要求，要求系统在处理物料计划信息的同时，能够同步处理财务信息，也就是把成本和财务系统纳入到系统中来,即实现物料信息与资金信息的集成。于是,在20世纪80年代,人们把生产、财务、销售、工程技术、采购等各个子系统集成为一个一体化的系统,并称之为制造资源计划(Manufacturing Resource Planning,MRP)系统,为了区别物料需求计划(MRP)而记为MRP Ⅱ。

5.4.2 MRP Ⅱ的原理与逻辑

MRP Ⅱ的基本思想就是把企业作为一个有机整体,从整体最优的角度出发,通过运用科学方法对企业各种制造资源和产、供、销、财各个环节进行有效的计划、组织和控制,使它们得以协调发展,并充分发挥作用。MRP Ⅱ的工作流程如图5-9所示。

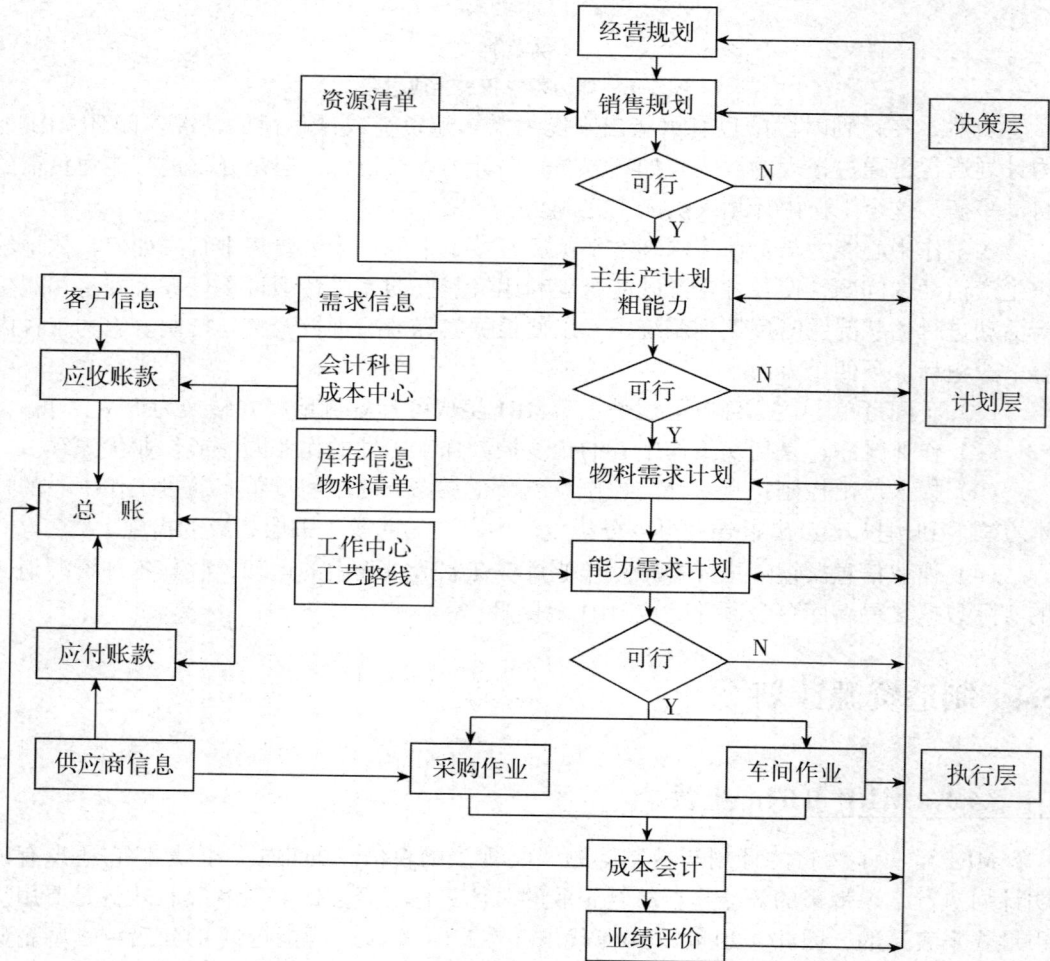

图5-9 MRP Ⅱ的工作流程图

流程图的右侧是计划与控制的流程，它包括了决策层、计划层和控制执行层，可以理解为经营计划管理的流程；中间是基础数据，要储存在计算机系统的数据库中，并且反复调用。这些数据信息的集成，把企业各个部门的业务沟通起来，可以理解为计算机数据库系统；左侧是主要的财务系统，这里只列出应收账、总账和应付账。各个连线表明信息的流向及相互之间的集成关系。

MRP Ⅱ是一种计划主导型管理模式，计划层次从宏观到微观、从战略到技术、由粗到细逐层优化，但始终保证与企业经营战略目标一致。MRP Ⅱ以计算机为手段，能够以手工无法比拟的效率处理复杂的计划问题。

MRP Ⅱ同MRP的主要区别就在于它运用了管理会计的概念。MRP Ⅱ把传统的账务处理同发生账务的事务结合起来，不仅说明账务的资金现状，而且追溯资金的来龙去脉。例如，体现债务、债权关系的应收和应付同采购业务和销售业务集成起来，同供应商或客户的业绩或信誉集成起来，同销售和生产计划集成起来等，使与生产相关的财务信息直接由生产活动生成，保证了"资金流（财务账）"同"物流（事务账）"的同步和一致，改变了资金信息滞后于物料信息的状况，便于企业管理者据此实时做出决策。

5.4.3 MRP Ⅱ管理模式的特点

MRP Ⅱ管理模式的特点可以归纳为六个方面，为了做到任何一点，都必须有相应的企业管理模式的变革和人员素质或行为变革。

（1）计划的一贯性与可行性。MRP Ⅱ是一种计划主导型管理模式，计划层次从宏观到微观、从战略到技术、由粗到细逐层优化，但始终保证与企业经营战略目标一致。它把通常的三级计划管理统一起来，计划编制工作集中在厂级职能部门，车间班组只能执行计划、调度和反馈信息。计划下达前反复验证和平衡生产能力，并根据反馈信息及时调整，处理好供需矛盾，保证计划的一贯性、有效性和可执行性。

（2）管理的系统性。MRP Ⅱ是一项系统工程，它把企业所有与生产经营直接相关部门的工作联结成一个整体，各部门都从系统整体出发做好本职工作，每个员工都知道自己的工作质量同其他职能的关系。这只有在"一个计划"下才能成为系统，条块分割、各行其是的局面应被团队精神所取代。

（3）数据的共享性。MRP Ⅱ是一种制造企业管理信息系统，企业各部门都依据同一数据信息进行管理，任何一种数据变动都能及时地反映给所有部门，做到数据共享。在统一的数据库支持下，按照规范化的处理程序进行管理和决策。改变了过去那种信息不通、情况不明、盲目决策、相互矛盾的现象。

（4）动态的应变性。MRP Ⅱ是一个闭环系统，它要求跟踪、控制和反馈瞬息万变的实际情况，管理人员可随时根据企业内外环境条件的变化迅速做出响应，及时决策、调整，保证生产正常进行。它可以及时掌握各种动态信息，保持较短的生产周期，因而有较强的应变能力。

（5）模拟的预见性。MRPⅡ具有模拟功能。它可以解决"如果怎样……将会怎样"的问题，可以预见在相当长的计划期内可能发生的问题，事先采取措施消除隐患，而不是等问题已经发生了再花几倍的精力去处理。这将使管理人员从忙碌的事务堆里解脱出来，致力于实质性的分析研究，提供多个可行方案供领导决策。

（6）物流、资金流的统一。MRPⅡ包含了成本会计和财务功能，可以由生产活动直接产生财务数据，把实物形态的物料流动直接转换为价值形态的资金流动，保证生产和财务数据一致。财务部门及时得到资金信息用于控制成本，通过资金流动状况反映物料和经营情况，随时分析企业的经济效益，参与决策，指导并控制经营和生产活动。

以上几个方面的特点表明，MRPⅡ是一个比较完整的生产经营管理计划体系，是实现制造业企业整体效益的有效管理模式。

5.5 企业资源计划

5.5.1 ERP的产生背景

现代社会的目标是创新，包括产品创新、技术创新、管理创新，通过创新可使企业取得更大的竞争优势。随着经济全球化和市场国际化的发展，企业竞争空间与范围进一步扩大。以客户为中心，基于时间、面向整个供应链的管理成为在新的形势下企业发展的基本动向。一些实施MRPⅡ的企业感到，以面向企业内部信息集成为主的MRPⅡ系统，已经不能满足及时了解瞬息万变的全球市场的需要，也不能迅速响应并组织供应来满足全球市场竞争的要求，提出必须扩大软件的功能，把"前端办公室"（市场与客户）和"后端办公室"（供应商）的信息——整体信息资源都纳入到管理信息系统中来。于是，在20世纪90年代初，美国著名的IT咨询和评估公司加特纳集团（Gartner Group Inc.）在MRPⅡ的基础上首先提出了ERP（Enterprise Resource Planning），即企业资源计划。

5.5.2 ERP的概念

从最初的定义看，ERP只是一个为企业管理服务的管理软件，后来各国政府、学者、企业界人士都根据自己的角度和对ERP的认识程度，给出了许多有关ERP概念的不同表述。其中全球最大的企业管理软件公司SAP给出了ERP就是"管理+IT"的概念。对于这个概念，我们可以从管理思想、软件产品和管理信息系统三个方面做出如下的阐述：

（1）从管理思想的角度。ERP是由Gartner Group Inc.提出的一整套企业管理系统体系标准，实质是在制造资源计划（MRPⅡ）基础上进一步发展而成的面向供应链（Supply Chain）的管理思想。

（2）从软件产品的角度。ERP是综合应用了C/S或B/S体系结构、大型数据库、面向对象技术（OOP）、图形用户界面（GCI）、第四代语言（4GL）、网络通信等信息技术成果，面向企业信息化管理的软件产品。

（3）从管理信息系统的角度。ERP是整合了企业管理理念、业务流程、基础数据、人力物力以及计算机软、硬件于一体的企业资源管理信息系统（Management Information System，MIS）。

在SAP公司给出的ERP定义的基础上，我们也给出目前比较有代表性的定义：ERP是建立在信息技术基础上，利用现代企业的先进管理思想，全面集成了企业的所有资源信息，并为企业提供决策、计划、控制与经营业绩评估的全方位和系统化的管理平台。它不仅仅是一个软件工具，而且是涵盖企业经营的方方面面的一整套管理思想，ERP可以帮助企业管理人员根据外部环境的变化而对企业资源进行合理规划，使企业流畅运转，从而达到商业上的成功。

5.5.3　ERP与MRPⅡ的区别

20世纪90年代初，随着全球市场的形成，以面向企业内部信息集成为主的MRPⅡ系统已经不能满足瞬息万变的全球市场的需要，也不能迅速响应并组织市场供应，需要扩大软件的功能，把市场、客户及供应商的整体信息资源都纳入到管理信息系统中来，于是，ERP也就应运而生。ERP是在MRPⅡ的基础上扩展了管理范围，给出了新的结构。

ERP同MRPⅡ的主要区别表现在如下几个方面：

（1）在资源管理范围方面的差别。MRPⅡ主要侧重对企业内部人、财、物等资源的管理，ERP系统在MRPⅡ的基础上扩展了管理范围，它把客户需求和企业内部的制造活动，以及供应商的制造资源整合在一起，形成企业一个完整的供应链并对供应链上所有环节如订单、采购、库存、计划、生产制造、质量控制、运输、分销、服务与维护、财务管理、人事管理、实验室管理、项目管理、配方管理等进行有效管理。

（2）在生产方式管理方面的差别。MRPⅡ系统把企业归类为几种典型的生产方式进行管理，如重复制造、批量生产、按订单生产、按订单装配、按库存生产等，对每一种类型都有一套管理标准。而在20世纪80年代末90年代初期，为了紧跟市场的变化，多品种、小批量生产以及看板式生产等成为企业主要采用的生产方式，由单一的生产方式向混合型生产方式发展，ERP能很好地支持和管理混合型制造环境，满足了企业的这种多角化经营需求。

（3）在管理功能方面的差别。ERP除了MRPⅡ系统的制造、分销、财务管理功能外，还增加了支持整个供应链上物料流通体系中供、产、需各个环节之间的运输管理和仓库管理；支持生产保障体系的质量管理、实验室管理、设备维修和备品备件管理；支持对工作流（业务处理流程）的管理。

（4）在事务处理控制方面的差别。MRPⅡ是通过计划的及时滚动来控制整个生产过程，它的实时性较差，一般只能实现事中控制。而ERP系统支持在线分析处理OLAP、售后服务即质量反馈，强调企业的事前控制能力，它可以将设计、制造、销售、运输等通过集成来并行地进行各种相关的作业，为企业提供了对质量、适应变化、客户满意、绩效等关键问题的实时分析能力。此外，在MRPⅡ中，财务系统只是一个信息的归结者，它的功能是将供、产、销中的数量信息转变为价值信息，是物流的价值反映。而ERP系统则将财务计划和价值控制功能集成到了整个供应链上。

（5）在跨国（或地区）经营事务处理方面的差别。现代企业的发展，使得企业内部各个组织单元之间、企业与外部的业务单元之间的协调变得越来越多和越来越重要，ERP系统应用完整的组织架构，从而可以支持跨国经营的多国家地区、多工厂、多语种、多币制应用需求。

（6）在计算机信息处理技术方面的差别。随着IT技术的飞速发展，网络通信技术的应用，使得ERP系统得以实现对整个供应链信息进行集成管理。ERP系统采用客户/服务器（C/S）体系结构和分布式数据处理技术，支持Internet/Intranet/Extranet、电子商务（E-business、E-commerce）、电子数据交换（EDI）。此外，还能实现在不同平台上的互操作。

5.5.4　ERP系统的管理思想

ERP的核心管理思想就是实现对整个供应链的有效管理，主要体现在以下三个方面：

（1）体现对整个供应链资源进行管理的思想。信息经济时代企业的竞争已经不是单一企业与单一企业间的竞争，而是一个企业供应链与另一个企业供应链之间的竞争，即企业不但要依靠自己的资源，还必须把经营过程中的有关各方如供应商、制造工厂、分销网络、客户等纳入一个紧密的供应链中，才能在市场上获得竞争优势。ERP系统正是适应了这一市场竞争的需要，实现了对整个企业供应链的管理。

（2）体现精益生产、同步工程和敏捷制造的思想。ERP系统支持混合型生产方式的管理，其管理思想表现在两个方面：其一是"精益生产（LP）"的思想，即企业把客户、销售代理商、供应商、协作单位纳入生产体系，同他们建立起利益共享的合作伙伴关系，进而组成一个企业的供应链。其二是"敏捷制造（AM）"的思想。当市场上出现新的机会，而企业的基本合作伙伴不能满足新产品开发生产的要求时，企业组织一个由特定的供应商和销售渠道组成的短期或一次性供应链，形成"虚拟工厂"，把供应和协作单位看成是企业的一个组成部分，运用"同步工程（SE）"组织生产，用最短的时间将新产品打入市场，时刻保持产品的高质量、多样化和灵活性，这即是"敏捷制造"的核心思想。

（3）体现事先计划与事中控制的思想。ERP系统中的计划体系主要包括：主生产计划、物料需求计划、能力计划、采购计划、销售执行计划、利润计划、财务预算和人力资源计划等，而且这些计划功能与价值控制功能已完全集成到整个供应链系统中。另一方面，ERP系统通过定义事务处理相关的会计核算科目与核算方式，在事务处理发生的同时自动生成会计核算分录，保证了资金流与物流的同步记录和数据的一致性，从而实现了根据财务资金现状，可以追溯资金的来龙去脉，并进一步追溯所发生的相关业务活动，便于实现事中控制和实时做出决策。

总之，ERP是建立在信息技术基础上，以系统化的先进管理思想，为企业提供决策、计划、控制与经营业绩评估的全方位和系统化的管理平台。ERP系统集信息技术与先进的管理思想于一身，成为现代企业的一种运行模式，反映了时代对企业合理配置资源、最大化地创造社会财富的要求，成为企业在信息时代生存、发展的基石。

5.5.5　ERP主要功能模块和总流程图

ERP是将企业所有资源进行整合集成管理，简单地说是将企业的三大流——物流、资金流、信息流进行全面一体化管理的管理信息系统。它的功能模块不同于以往的MRP或MRPⅡ的模块，它不仅可用于生产企业的管理，而且在许多其他类型的企业如一些非生产、公益事业的企业也可导入ERP系统进行资源计划和管理。ERP系统包括了许多模块。其中主要的功能模块包括下面22个：

（1）主生产计划

（2）物料需求计划

（3）能力需求计划

（4）销售管理

（5）采购管理

（6）库存管理

（7）制造标准

（8）车间管理

（9）JIT管理

（10）质量管理

（11）财务管理

（12）成本管理

（13）应收账款管理

（14）应付账款管理

（15）现金管理

（16）固定资产管理

（17）工资管理

（18）人力资源管理

（19）分销资源管理

（20）设备管理

（21）工作流管理

（22）系统管理

这些模块之间都是紧密关联的，它们的集成形成了 ERP 系统。ERP 系统的总体流程如图5-10所示。

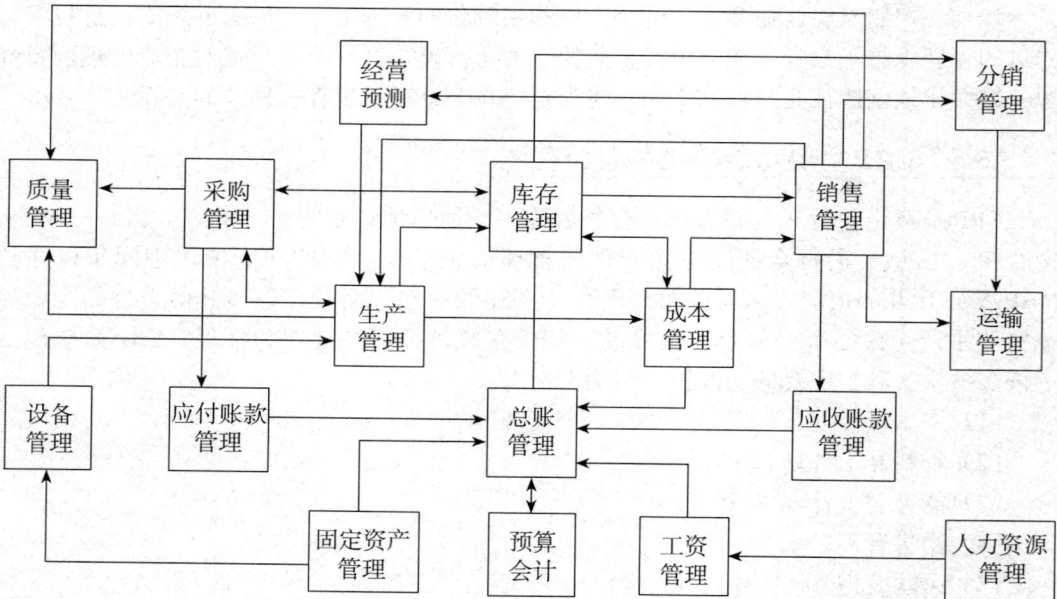

图5-10　ERP系统的总体流程图

5.5.6　ERP系统与企业的关系

ERP是借用一种新的管理模式来改造原企业旧的管理模式，是先进的、行之有效的管理思想和方法。ERP软件在实际的推广应用中，其应用深度和广度都不到位，多数企业的效果不显著，没有引起企业决策者的震动和人们的广泛关注。

1.实施ERP是企业管理全方位的变革

企业领导层应该首先是受教育者，其次才是现代管理理论的贯彻者和实施者，规范企业管理及其有关环节，使之成为领导者、管理层及员工自觉的行动，使现代管理意识扎根于企业中，成为企业文化的一部分。

2.企业管理班子要取得共识

眼睛向内，练好内功，做好管理的基础工作，这是任何再好的应用软件和软件供应商都无法提供的，只能靠自己勤勤恳恳地耕耘。把ERP的实施称为"第一把手工程"，这说明了企业的决策者在ERP实施过程中的特殊作用。ERP是一个管理系统，牵动全局，没有第一把手的参与和授权，很难调动全局。

3.ERP的投入是一个系统工程

ERP的投入和产出与其他固定资产设备的投入和产出比较，并不那么直观、浅显和明了，投入不可能马上得到回报和见到效益。ERP的投入是一个系统工程，并不能立竿见影，它所贯彻的主要是管理思想，这是企业管理中的一条红线。它长期起作用、创效益，在不断深化中向管理要效益。

此外，实施ERP还要因地制宜，因企业而别，具体问题具体分析。首先，要根据企业的具体需求上相应的系统，而不是笼统地都上小型机，或者不顾企业的规模上Windows NT，这样长期运作，对企业危害性极大。其次，这种投入不是一劳永逸的，由于技术的发展很快，随着工作的深入，企业会越来越感到资源的紧缺，因此，每年应有相应的投入，才能保证系统健康地运转。

4.ERP的实施需要复合型人才

他们既要懂计算机技术，又要懂管理。当前高校对复合型人才的培养远远满足不了企业的需求。复合型人才的培养需要有一个过程和一定的时间，但企业领导者常把这类不多的人才当作一般管理者，没有把他们当作是企业来之不易的财富，是一支重要的队伍。这与长期忽视管理有关，这些复合型人才在企业中的地位远远不及市场开拓人员和产品开发者，而是"辅助"角色，不是政策倾斜对象，这种因素是造成人才流失的重要原因。另外，当企业上ERP时，这些复合型人才起到了先导作用，而一旦管理进入常规，他们似乎又成为多余的人，这已成为必然规律。在人才市场上，复合型人才最为活跃，那些有眼力的企业家都会下功夫挖掘人才，而这也不利于实现队伍的稳定。

总之，条件具备的企业要不失时机地配上ERP管理系统，不能只搞纯理论研究、再研究和长时间考察。要首先整理好内部管理基本数据，选定或开发适合自己企业的ERP软件，条件成熟了就上。

5.5.7 ERP系统实施

ERP在企业中的实际应用是否成功，关键是ERP系统的实施，实施ERP过程实际上就是企业管理信息化的过程，管理信息化应该是一个螺旋上升的过程，这个螺旋上升的过程是由如下几个阶段组成：

1.项目前期准备阶段

项目的前期准备阶段非常重要，关系到项目的成败，主要工作包括：

（1）ERP原理的培训

ERP主要的培训对象是企业高层领导及全体员工，通过对全体员工的培训，让他们掌握ERP的基本原理和基本思想，认识ERP系统的重要性以及ERP能够带来的好处，同时也要讲清楚ERP带来的变化，部分人员可能要离开原有的岗位。而企业领导则需要全面理解企业ERP的含义，充分估计企业管理信息化过程中可能遇到的困难，做好最坏的打算。这一工作往往要持续相当长的时间，但是如果企业全体员工能够充分理解ERP并支持ERP系统的实施工作，接下来的工作就能够顺利地开展下去。有关培训对象、培训内容和培训时间如表5-2所示。

表5-2 培训计划表

培训对象	培训内容	培训时间
高层管理人员	ERP原理及实施方法	系统实施前
中层管理人员和业务员	ERP原理、ERP实施方法、ERP模块操作	系统实施前及实施中
计算机技术人员	ERP系统软硬件操作	系统实施前

（2）企业诊断

企业诊断是为了了解企业的实际情况而进行的，了解企业现行管理的业务流程和存在的问题，进行评议和诊断，找出问题，寻求解决方案，用书面形式明确预期目标，并规定实现目标的标准，为成功实施ERP打下坚实的基础。

（3）需求分析、确定目标

需求分析简单地说就是了解企业通过ERP项目的建设想要达到的目标。这一步要持续一段比较长的时间，因为企业很难在短时期内准确表达自己的需求。如果需求分析不准确，很有可能导致ERP项目建设的结果与企业的期望相去甚远。为此企业必须明确：

①企业是不是到了急需应用ERP系统的阶段？

②企业当前最迫切需要解决的问题是什么？ERP系统是否能够解决？

③在财力上企业是否能支持ERP项目的实施？

④上ERP的目的是什么，ERP系统到底能够解决哪些问题和达到哪些目标？

⑤基础管理工作是否符合实施ERP的要求？

最后将分析的结果写成需求分析和投资效益分析的正式书面报告，从而做出是否上ERP项目的正确决策。

（4）软件选型

在选型过程中，首先要知己知彼。知己，就是要弄清楚企业的需求，即先对企业本身的需求进行细致的分析和充分的调研，这应该在需求分析阶段已经完成；知彼，就是要弄清软件的管理思想和功能是否满足企业的需求。这两者是相互交织进行的，可以通过软件的先进的管理思想来找出企业现有的管理问题，而特定的软件则可能由于自身的原因，不能够满足企业一定的特殊需求，也需要一定的补充开发。除此，还要了解实施的环境，这个环境包括两个方面：国情、行业或企业的特殊要求。根据这些来运行流程和功能，从"用户化"和"本地化"的角度来为ERP选型。

2.实施准备阶段

这一阶段要建立项目组织并准备基础数据。

（1）项目组织

ERP的实施是一个大型的系统工程，需要组织上的保证，如果项目的组成人选不当、协调配合不好，将会直接影响项目的实施周期和成败。项目组织应该由三层组成，而每一层的组长都是上一层的成员。

①领导小组。由企业的一把手牵头，并与系统相关的副总一起组成领导小组。这里要注意的是人力资源的合理调配，像项目经理的任命、优秀人员的发现和启用等。

②项目实施小组。主要的大量的ERP项目实施工作是由他们来完成的，一般是由项目经理来领导组织工作，其他的成员应当由企业主要业务部门的领导或业务骨干组成。

③业务组。这部分工作的好坏是ERP实施能不能贯彻到基层的关键所在。每个业务组必须有固定的人员，带着业务处理中的问题，通过对ERP系统的掌握，寻求一种新的解决方案和运作方法，并用新的业务流程来验证，最后协同实施小组一起制定新的工作规程和准则。还包括基层单位的培训工作。

（2）数据准备

在运行ERP系统之前，要准备和录入一系列基础数据，这些数据是在运用系统之前没有或未明确规定的，故需要做大量分析研究的工作。包括一些产品、工艺、库存等信息，还包括了一些参数的设置，如系统安装调试所需信息、财务信息、需求信息等等。

3.项目实施阶段

（1）系统安装调试

在人员、基础数据已经准备好的基础上，就可以将系统安装到企业中来了，并进行一系列的调试活动。

（2）软件原型测试

这是对软件功能的原型测试（Prototyping），也称计算机模拟（Computer Pilot）。由于ERP系统是信息集成系统，所以在测试时，应当是全系统的测试，各个部门的人员都应该同时参与，这样才能理解各个数据、功能和流程之间相互的集成关系。找出不足的方面，提出解决企业管理问题的方案，以便接下来进行用户化或二次开发。

（3）模拟运行及用户化

在基本掌握软件功能的基础上，选择代表产品，将各种必要的数据录入系统，带着企业日常工作中经常遇到的问题，组织项目小组进行实战性模拟，提出解决方案。

（4）制定工作准则与工作规程

进行了一段时间的测试和模拟运行之后，针对实施中出现的问题，项目小组会提出一些相应的解决方案，在这个阶段就要将与之对应的工作准则与工作规程初步制定出来，并在以后的实践中不断完善。

（5）验收

在完成必要的用户化的工作、进入现场运行之前，还要经过企业最高领导的审批和验收通过，以确保ERP的实施质量。

4.系统切换、运行

这要根据企业的具体条件来决定系统切换的方式，可以各模块平行地一次性切换，也可以先实施一两个模块，然后逐步实施其他模块，最后系统投入正常运行。

5.项目改进阶段

一个新系统被应用到企业后，实施的工作其实并没有完全结束，而是将转入到业绩评价和后期支持阶段。这是因为我们有必要对系统实施的结果作一个小结和自我评价，以判断是否达到了最初的目标，从而在此基础上确定下一步的工作方向。另外，随着企业的发展，经营环境和业务范围的变化，将会不断有新的需求提出，再加之系统的更新换代、主机技术的进步等，都会对原有系统构成新的挑战，所以，无论如何，企业都要不断关注科技的进步和管理的创新，要在巩固的基础上，通过自我业绩评价，制订下一个目标，再进行改进，不断地巩固和提高，为新的企业管理信息化过程做好充分准备。

5.5.8　ERP应用成功的标志

ERP应用是否成功，原则上说，可以从以下几个方面加以衡量：

1.系统运行集成化

这是ERP应用成功在技术解决方案方面最基本的表现。ERP系统是对企业物流、资金流、信息流进行一体化管理的软件系统，其核心管理思想就是实现对供应链（Supply Chain）的管理。软件的应用将跨越多个部门甚至多个企业。为了达到预期设定的应用目标，最基本的要求是系统能够运行起来，实现集成化应用，建立企业决策完善的数据体系和信息共享机制。

一般来说，如果ERP系统仅在财务部门应用，只能实现财务管理规范化、改善应收账款和资金管理；仅在销售部门应用，只能加强和改善营销管理；仅在库存管理部门应用，只能帮助掌握存货信息；仅在生产部门应用，只能辅助制订生产计划和物资需求计划。只有集成一体化运行起来，才有可能达到以下目标：

（1）降低库存，提高资金利用率和控制经营风险。

（2）控制产品生产成本，缩短产品生产周期。

（3）提高产品质量和合格率。

（4）减少财务坏账、呆账金额等。

当然，这些目的能否真正达到，取决于企业业务流程重组的实施效果。

2.业务流程合理化

这是ERP应用成功在改善管理效率方面的体现。ERP应用成功的前提是必须对企业实施业务流程重组，因此，ERP应用成功也即意味着企业业务处理流程趋于合理化，并实现了ERP应用的以下几个最终目标：

（1）企业竞争力得到大幅度提升。

（2）企业面对市场的响应速度大大加快。

（3）客户满意度显著改善。

3.绩效监控动态化

ERP的应用，将为企业提供丰富的管理信息。如何用好这些信息并在企业管理和决策过程中真正起到作用，是衡量ERP应用成功的另一个标志。在ERP系统完全投入实际运行后，企业应根据管理需要，利用ERP系统提供的信息资源设计出一套动态监控管理绩效变化的报表体系，以期即时反馈和纠正管理中存在的问题。这项工作，一般是在ERP系统实施完成后由企业设计完成。企业如未能利用ERP系统提供的信息资源建立起自己的绩效监控系统，将意味着ERP系统应用没有完全成功。

4.管理改善持续化

随着ERP系统的应用和企业业务流程的合理化，企业管理水平将会明显提高。为了衡量企业管理水平的改善程度，可以依据管理咨询公司提供的企业管理评价指标体系对企业管理水平进行综合评价。评价过程本身并不是目的，为企业建立一个可以不断进行自我评价和不断改善管理的机制，才是真正目的。这也是ERP应用成功的一个经常不被人们重视的标志。

案例　联想ERP "改造" 之 "道"

信息化对每个企业而言，都是一段艰苦的历程，迈出这一步，绝不会有"仰天大笑出门去，我辈岂是蓬蒿人"那种冲天豪气，有的只是小心翼翼、惴惴不安。即使后来被奉为信息化"经典"的联想ERP，在实施过程中也经历了几起几落。几年过去了，联想在ERP实施中业务流程调整的思路，仍值得慢慢回味。

按照常规工作模式，开发管理软件都是由用户提出需求，厂商或集成商组织开发，但对于ERP系统来说，这样做周期太长，SAP R/3系统具有许多模块，这些模块是通过几千个参数配置的方式实现不同的功能，来满足和适应不同企业的需求。

在实施之前，德勤公司为联想的ERP系统进行了项目咨询，按照德勤的方法论，该项目需通过五个阶段来实现，第一阶段是范围评估；第二阶段是目标确认；第三阶段是流程设置；第四阶段是系统配置和测试；第五阶段则是交付使用。实施过程中，联想集团认识到，第三阶段流程设置是该项目实施的关键阶段。对于流程设计，联想主要关注于三个层次的工作：第一层是清理、规范现有流程，找出缺少的流程，把不规范的流程规范化。第二层是对流程的系统化、集成化，如利用R/3中的物料管理模块，将所有事业部原来不统一的做法标准化。像采购系统，原来的做法是在临近采购时拿出单据直接报账，这是一种零散的做法，而R/3系统是每一部门在采购前必须经过系统审查，然后订单才可以到部门。同样在财务、销售、生产和制造领域也是这样，这使得公司内部真正形成了几个相互协同作业的支持子系统。第三层是将这些优化统一的流程在计算机系统中实现，即电子化，达到信息的集成、准确和实时。

实施ERP确实需要企业有决心和信心，克服很多困难。神州数码集团总裁郭为说，联想集团领导的决心是很大的，但对实施过程中的难点也并不是从一开始就非常清楚的，在实施过程中经常需要领导亲自去拍板，真正体现出ERP是"一把手工程"。很多重大决策涉及企业运作程序的调整，需要一把手想清楚。其次牵涉到业务流程的时候，实际业务流程与ERP业务流程还是有一些矛盾，创造性地解决这些矛盾非常重要。有些时候只能先按照ERP流程去做，再逐步优化，也就是所谓的"先僵化后优化"。联想在实施整个ERP项目时，成功清理、规范和优化了77个业务流程。

按照最初项目实施进度计划的要求，所有的流程设计都必须在第三阶段完成，包括系统培训在内。实现这种进度的首要前提是实施人员对R/3系统非常了解。由于实施如此大的系统对于联想还是第一次，实施人员对于德勤公司的方法论和SAP R/3系统都是陌生的。实际上到了项目实施的第四阶段，联想项目组才真正了解了第三阶段的要求，才真正理解了方法论的含意，这时项目组又回过头来对第三阶段的缺陷进行弥补、修正。联想集团CIO王晓岩说，ERP的实施方法论本身只是一个理念，对于这个理念的理解就像学游泳一样，无论老师如何强调姿势和要领，只要你没有下过水，你就永远也不会真正了解那些要领的含义，只有在实践的过程中才能够完成对动作要领的理解和完善。

尽管R/3系统设计了一系列的参数（Switch），但对于一个中国的大企业来说，不可能所有的功能都能通过Switch来实现和满足。对于R/3系统中极富特色的部分，联想都不计代价地引进到自己的ERP系统中。联想集团也并非完全照搬R/3系统原有的做法。

例如，经过多年的实践和摸索，联想公司自行开发的财务系统体现了一些适合国情的做法。在1995年以后，根据当时的财务状况，财务部的一位经理发现：公司购买的元器件随着库存时间的增加，其价值也发生了变化，因此不能按原值充损，但在库存账目上所反映的却仍然是购进时的价值，没有体现出亏损，这使得大家都不关心对库存产品的处理，使库存越积越多，给企业造成很大的经营风险。另外，由于国内的特殊原因，许多企业的应收账款长期不能回收而成为坏账。针对这种情况，账务部门制定了一项"计提两面金"制度，即"计提削价准备金"和"计提坏账准备金"。"计提削价准备金"的具体操作方法是：当产品进入库存后3个月就开始折算损耗，在损益上减去10%，一年以后，该产品无论是否已经卖出，在账面上已经没有价值了。而"计提坏账准备金"也是以同样的方法将可能成为坏账的资金先行计提，一旦回收还可以反冲。这些做法都体现到联想的财务系统中，也都在ERP系统中得到了保留，并与R/3系统开发了相应的接口。在这些系统的二次开发过程中，联想的科技人员发挥了极大的作用，并形成了创造性应用先进知识的能力。

联想项目组的一个切身体会是：ERP不应被片面地理解为ERP系统。它首先是一种现代企业的管理思想和管理哲学。业界经常有人将ERP思想和ERP软件混为一谈。实际上，无论什么企业想要实施ERP之前，都应对先进的管理思想进行消化、整理，认清它对业务的推进作用，然后根据自身实力的需要进行软件的选型、业务重组等。上ERP绝不是为了赶时髦。

联想通过多年的实践，深刻认识到企业实施ERP、进行企业信息化建设的实质是：通过对先进的管理思想的消化理解，学习参照最佳行业实践，梳理、优化、再造业务流程，并应用IT技术，规范、集成、共享信息，从而达到提高效率、降低成本、提升客户满意度和企业运作管理水平的目的。

（根据宋永乐主编，世界图书出版公司2004年出版的《CIO22条生存法则》中的相关文字改编）

案例思考题：

1.如何理解ERP实施过程中的"一把手工程"？

2.联想在实施ERP过程中主要解决了哪些问题？

本章小结

本章首先介绍了ERP的发展历程，然后详细介绍了MRP的基本思想。MRP是MRPⅡ的核心，也是ERP的核心。接下来讨论了MRP系统的组成，包括输入、处理和输出内容，详细描述了MRPⅡ系统的组成、计算逻辑。最后讨论了ERP的主要内容和总体流程图。

关键概念

物料　工作中心　工艺路线　订货点法　MRP　MRPⅡ　ERP

复习思考题

1.简述ERP的发展历程。

2.怎样理解MRP的基本思想?

3.订货点法存在什么问题?

4.MRP的基本任务是什么?

5.MRPⅡ管理模式的特点如何?

6.ERP和MRPⅡ的不同点是什么?

7.简述ERP系统的管理思想。

第6章
跨组织的信息系统

内容提要
1. 跨组织的信息系统
2. 客户关系管理的概念和内涵
3. 客户关系管理系统的体系结构和功能
4. 供应链、供应链管理的概念
5. 供应链管理的基本思想、组织模式

进入信息时代后，信息技术革命极大地改变了商业模式，尤其对企业与上游的客户和下游的供应商之间的互动关系产生了巨大的影响。随着竞争环境的变化，企业在建设好内部管理信息系统（ERP）的同时必须关注企业之外的世界，于是跨组织的信息系统（Inter-organization Systems，IOS）便应运而生。跨组织的信息系统是指那些跨越了组织边界将企业和它的客户、供应商、分销商等合作伙伴联系在一起的信息系统。其中，客户关系管理系统和供应链管理系统是目前最流行的跨组织的信息系统。

6.1 客户关系管理

客户关系管理（Customer Relationship Management，CRM）是企业由"以产品为中心"转向"以客户为中心"的过程中产生的管理新思想，意在使企业的经营理念从"提供什么产品和服务"过渡到"怎样使客户满意"。由此研发推出的客户关系管理系统已经成为企业管理信息系统的主流之一。

6.1.1 客户关系管理的产生

现代客户关系管理产生的原因可以归纳为以下四个方面：客户行为的变化、企业内部管理的需求、企业竞争环境的变化以及信息技术的发展。

1.客户行为的变化

随着经济的发展、技术的进步、产品的不断推陈出新，消费者的思维方式、生活方式和行为方式不断发生变化，因而消费者的需求和购买方式也不断变化着，尤其是信息技术的飞速发展，带来了客户消费行为历史性和根本性的变革。互联网技术使客户选择权空前加大，消费者价值观的变迁，使得快速、简易便宜、人性化、方便、熟悉、安全成为新时代的客户购买行为的七大准则。面对客户需求的多变与复杂性，企业间竞争日益激烈，企业必须积极采取措施应对消费观念和行为不断变化的客户，时刻准备与消费者进行沟通和互动，密切注视消费者变化的需求，因而这种市场对企业的客观要求推动了客户关系管理的发展。

2.企业内部管理的需求

ERP的应用实施使企业得到了很大的实惠。但是，ERP的设计主要是针对生产、流通、财务领域的，而对与客户有关的企业经营活动，如销售、服务和营销等方面，传统的ERP系统还无法提供一个有效的整合手段。来自销售、客户服务、市场、制造、库存等部门的信息分散在企业内各个部门，这些零散的信息使得企业无法对客户有全面的了解，各部门难以在统一的信息基础上面对客户，客户信息的分散导致客户服务效率的低下。这需要各部门对有关客户的各项信息和活动进行集成，组建一个以客户为中心的机构，实现对与客户有关的活动的全面管理，以实现日常业务的自动化和科学化。

3.竞争环境的变化

现代企业所面临的市场竞争无论在广度还是深度上都在进一步扩大，竞争已经全球化，市场范围已经从区域扩展到全球，不仅仅包括行业内部已有的或潜在的竞争对手，在利益机制驱动下，许多提供替代产品或服务的竞争者、供应商和客户也加入了竞争者的行列。产品本身差异降低，竞争由产品转向服务，且随着产品的同质性越来越强，生命周期越来越短，竞争也越来越激烈、灵活，因此竞争的压力越来越大。很多企业在产品质量、供货及时性等方面已经没有多少潜力可挖。低成本、高质量的产品不再是保证企业立于不败之地的法宝，如何有效地避免客户的流失，强化企业与客户的关系已成为竞争的目的。内部挖掘已不足以产生明显竞争优势，竞争的观念逐渐由以利益为导向发展到以客户为导向、保持持续竞争力为导向。因此企业开始意识到良好的客户关系在客户保留中所起的关键作用，并着手提升客户对企业的忠诚度。越来越多的企业认识到实施客户关系管理将大大有利于企业赢得新客户、保留老客户，提高客户利润贡献度，从而提高企业的核心竞争力。

4.信息技术的发展

20世纪90年代以来，大型关系数据库技术、局域网技术、客户机/服务器技术、分布式处理技术、数据挖掘技术以及计算机个人电脑等在企业中的应用日益普遍，一个公司在不同地方可以建立多个输入点，实施多用户共享的客户管理系统已成为现实可能。而互联网的产生和发展则为客户关系管理注入了一个强大的催化剂，利用互联网这个最新的联系渠道一下子把企业和客户拉得很近，从而增添了一个全天候的不受地域限制的接触渠道，使得企业和客户能更快、更广泛地进行双向交流。因此，正是因为信息技术的飞速发展，使得客户关系管理从理念变为现实，客户关系管理的概念才能被广泛流传，在短短的几年之内就已成为企业管理应用关注的一个焦点。应该说，客户关系管理虽然是一个新时代、新环境的产物，但信息技术无疑为客户关系管理的发展提供了最强大的推动力。

6.1.2 客户关系管理的概念和内涵

1.客户关系管理的定义

客户关系管理的概念最早是由 Gartner Group I'nc. 提出的，并于1993年形成了比较完善的体系，它认为：CRM 是一种商业策略，它按照客户的分类情况有效地组织企业资源，培养以客户为中心的经营行为以及实施以客户为中心的业务流程，并以此为手段来提高企业盈利能力、利润以及客户满意度。这一概念的重点是：CRM 是企业的一种商业策略，注重企业盈利能力和客户满意度。

随着客户关系管理的不断深入和发展，不同的学者或商业机构都从不同角度提出了自己的看法。本书将 CRM 的定义描述为：CRM 是一种以客户为中心的经营策略，以信息技术为手段，通过对相关业务流程的重新设计及相关工作的重新组合，以完善的客户服务和深入的客户分析来满足客户的个性化的需求，提高客户满意度和忠诚度，从而实现保证客户价值和企业利润增长"双赢"策略的管理系统。简单地说，CRM 就是一种管理理念，是一套管理软件和信息系统。其目的是提高管理效率，为客户提供完美服务，帮助企业吸引新客户及留住老客户，从而提升企业的市场竞争力，建立长期优质的客户关系，不断挖掘新的销售机会，帮助企业规避经营风险和获得稳定利润。

2.CRM 的内涵

CRM 的内涵主要包含三个主要内容，即顾客价值、关系价值和信息技术，如图 6-1 所示。

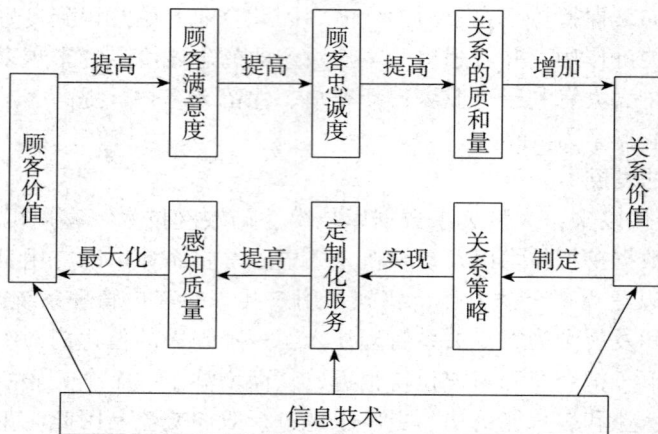

图6-1 客户关系管理的内涵

客户关系管理的目的是实现顾客价值的最大化和企业收益的最大化。任何企业实施客户关系管理的初衷都是想为顾客创造更多的价值，即实现顾客与企业的"双赢"。坚持以顾客为中心，为顾客创造价值是任何客户关系管理战略必须具备的理论基石。为顾客创造的价值越多，就越会尽可能地提升顾客满意度、提高顾客忠诚度，从而强化与顾客的关系，这有利于增加顾客为企业创造的价值，使企业收益最大化。

企业是一个以营利为目的组织，企业的最终目的都是为了实现企业价值的最大化。因此，在建立客户关系时，企业必须考虑关系价值，即建立和维持特定顾客的关系能够为企业带来的价值。从逻辑上讲，企业的总价值应该等于所有过去的、现在的或将来的顾客的关系价值的总和。关系价值高，所创造的利润就大，企业应该将精力放在这种顾客的身上。而对那些价值较低，不具有培养前景，甚至会带来负面效应的顾客关系，企业应该果断终止。我们可以认为，关系价值管理是客户关系管理的核心，而关系价值管理的关键在于对关系价值的识别和培养。

信息技术是客户关系管理的关键因素，没有信息技术的支撑，客户关系管理可能还停留在早期的关系营销和关系管理阶段。正是信息技术的出现，使得企业能够有效地分析顾客数据，积累和共享顾客知识，根据不同顾客的偏好和特性提供相应的服务，从而提高顾客价值。同时，信息技术也可以辅助企业识别具有不同关系价值的客户关系，针对不同的客户关系采用不同的策略，从而实现顾客价值最大化和企业利润最大化之间的平衡。

从图6-1我们可以看出顾客价值和关系价值之间存在着互动关系，这种互动关系也反映了顾客价值最大化和关系价值最大化这对矛盾统一体之间的平衡和互动。通过对关系价值的管理，企业将资源和能力集中在关系价值最高的顾客身上，为其提供高质量的产品或服务，满足其需要，进而实现顾客价值的最大化；同时，从顾客的角度而言，顾客价值能够提高顾客的满意度，加强其对供应商的忠诚度，进而促进关系的质（如顾客消费更多更广）和量（如关系生命周期的延长）的全面提升，进一步增加该顾客的关系价值。信息技术不仅支持了顾客价值最大化和关系价值管理这两项活动，而且支持了两者之间的互动过程。

6.1.3　客户关系管理的特点

客户关系管理具有以下特点：

1.CRM是一种管理理念

CRM的核心思想是将企业的客户（包括最终客户、分销商和合作伙伴）视为最重要的企业资源和资产，通过完善的客户服务和深入的客户分析来满足客户的个性化需求，提高客户满意度和忠诚度，进而保证客户终身价值和企业利润增长的实现。这是一种对传统管理理念的颠覆。树立"客户是企业资产"的理念，是企业向以客户为中心的商业模式转化的关键。

CRM吸收了"数据库营销""关系营销""一对一营销"等最新管理思想的精华，通过满足客户的特殊需求，特别是满足最有价值客户的特殊需求，来建立和保持长期稳定的客户关系。客户与企业之间的每一次交易都使得这种关系更加稳固，从而使企业在与客户的长期交往中获得更多的利润。

CRM的宗旨是通过与客户的个性化交流来掌握其个性需求，并在此基础上为其提供个性化的产品和服务，不断增加企业给客户的交付价值，提高客户的满意度和忠诚度，最终实现企业和客户的双赢。

2.CRM是一种新型管理机制

CRM也是一种旨在改善企业与客户之间关系的新型管理机制，可以应用于企业的市场营销、销售、服务与技术支持等与客户相关的领域。

CRM通过向企业的销售、市场和客户服务的专业人员提供全面的、个性化的客户资料，强化其跟踪服务、信息分析的能力，帮助他们与客户和生意伙伴建立和维护一种亲密信任的关系，来为客户提供更快捷和周到的优质服务，提高客户满意度和忠诚度。CRM在提高服务质量的同时，还通过信息共享和优化商业流程来有效地降低企业经营成本。

成功的CRM可以帮助企业建立一套运作模式，随时发现和捕捉客户的异常行为，并及时启动适当的营销活动流程。这些营销活动流程可以千变万化，但是其基本指导思想是不变的，即通过全面的计算，在提高服务质量和节约成本之间取得一个客户满意的平衡，如将低利润的业务导向低成本的流程（自动柜员机（ATM）和呼叫中心（Call Center）），将高利润的业务导向高服务质量的流程（柜台服务）。

3.CRM是体现"以客户为中心"理念的一套信息系统

CRM系统综合应用了数据库和数据仓库、OLAP、数据挖掘技术、互联网技术、B/S体系、网络通信、多媒体等信息技术的最新发展成果。企业正是利用了信息科技的发展，实现了大量客户数据的采集分析，从而为企业相关信息需求人员提供个性化的客户资料，使企业和客户良性互动，快速响应客户需求并提供高效的服务。所以说，先进的信息技术是客户关系管理应用的基石。

CRM将最佳的商业实践与现代信息技术紧密结合在一起，为企业的销售、客户服务和决策支持等领域提供了一个智能化的解决方案，使企业有一个基于电子商务的面向客户的管理信息系统。作为一套应用软件，CRM系统体现了许多市场营销的管理思想，从而顺利地实现了由传统企业模式到以电子商务为基础的现代企业模式的转化。

所以，CRM就是一种以信息技术为手段，对客户资源进行集中管理的经营策略，可从战略和战术两个角度来认识它。

（1）从战略角度来看，CRM将客户看成是一项重要的企业资源，通过完善的客户服务和深入的客户分析来提高客户的满意度和忠诚度，从而吸引和保留更多有价值的客户，最终提升企业利润。

（2）从战术角度来看，将最佳的商业实践与数据挖掘、数据仓库、网络技术等信息技术紧密结合在一起，为企业的销售、客户服务和决策支持等领域提供了一个业务自动化的解决方案。

6.1.4 客户关系管理的体系结构和功能

1.CRM系统的体系结构

基于信息技术的CRM软件系统体系结构如图6-2所示。在这种体系结构下，系统应能实现与客户的多渠道紧密联系；实现对市场营销、客户销售、客户支持与服务的全面信息化管理；实现客户基本数据的记录、跟踪；实现客户订单的流程跟踪；实现客户市场的划分和趋势研究；实现在线数据联机分析以支持智能决策；实现与企业资源规划（ERP）、供应链管理（SCM）等系统的集成，并能在一定程度上实现业务流程的自动化。

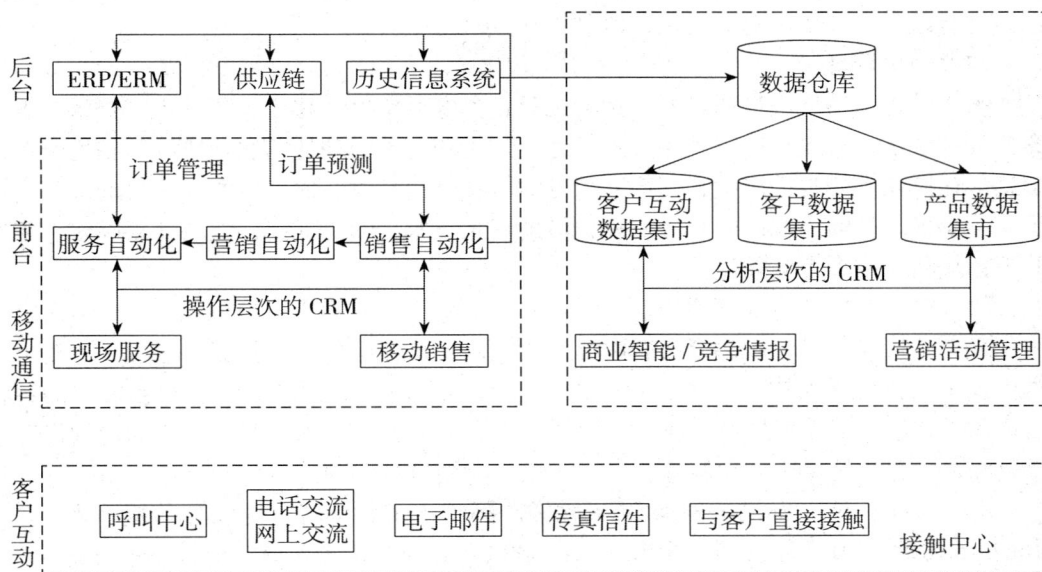

图6-2 CRM的体系结构

体系结构图中的接触中心主要用来实现客户接触点的完整管理。客户信息的获取、传递、共享和利用，以及渠道的管理、支持呼叫中心、Web服务、电子邮件服务、传真等多种联系渠道的紧密集成，可以有力地支持客户与企业的充分互动。

操作层次的CRM主要用来实现基本业务活动的优化和自动化，主要涉及三个基本的业务流程：市场营销、销售实现、客户服务与支持。因此，操作层次的CRM的主要内容包括：营销自动化、销售自动化和客户服务与支持自动化。随着移动技术的快速发展，销售自动化可以进一步实现移动销售；客户自动化则将实现现场服务的支持。

分析层次的CRM借助接触中心和操作层次的CRM产生的信息，通过共享的客户数据仓库将销售、营销和客户服务连接起来，综合运用数据仓库、数据挖掘、在线分析（OLAP）等技术识别企业现有的客户和潜在的客户，通过对客户和市场从不同角度的分类寻找企业运营中潜在的市场机会和隐含的风险，实现商业智能化并辅助决策分析。

2.CRM系统的功能

CRM软件系统的业务功能一般主要包括市场管理、销售管理、客户支持与服务管理三个组成部分。

（1）市场管理

市场管理的主要任务是通过对市场和客户信息的统计和分析，发现市场机会，确定目标群和营销组合，科学地制定出市场和产品策略；为市场人员提供预算、计划、执行和控制的工具，不断完善市场管理；同时，还可对各类市场活动（如广告、会议、促销等）进行跟踪、分析和总结，以便改进工作。

（2）销售管理

销售管理是销售人员通过各种销售工具，如电话销售、移动销售、远程销售、电子商务等，方便及时地获得有关生产、库存、定价和订单处理的信息。所有与销售有关的信息都存储在共享数据库中，销售人员可随时补充或及时获取，企业的销售活动不会由于某位销售人员的离职而受阻。另外，借助信息技术，销售部门还能自动跟踪多个复杂的销售线路，提高工作效率。

（3）客户支持与服务管理

客户支持与服务管理部分具有两大功能，即支持和服务：一方面，通过计算机电话集成技术支持的呼叫中心，为客户提供每周7×24小时的不间断服务，并将客户的各种信息存入共享的数据库以及时满足客户需求；另一方面，技术人员对客户的使用情况进行跟踪，为客户提供个性化服务，并且对服务合同进行管理。

围绕这些功能，不同的商业CRM软件产品给出了各具特色的业务功能，表6-1以Oracle公司的CRM产品为例，给出了CRM软件各业务功能子系统较为详细的描述。

表6-1　　　　　　　　　　　　Oracle CRM系统的业务功能

主要模块	目标	该模块所能实现的主要功能
销售模块	提高销售过程的自动化和销售效果	销售管理。这是销售模块的基础,用来帮助决策者管理销售业务,主要包括额度管理、销售力量管理和地域管理
		现场销售管理。为现场销售人员设计,主要功能包括联系人和客户管理、机会管理、日程安排、佣金预测、报价、报告和分析
		现场销售/掌上工具。这是销售模块的新成员。该组件包含许多与现场销售组件相同的特性,不同的是,该组件使用的是掌上微型计算设备
		电话销售。可以进行报价生成、订单创建、联系人和客户管理等工作。还有一些针对电话商务的功能,如电话路由、呼入电话的屏幕提示、潜在客户管理以及回应管理
		销售佣金。它允许销售经理创建和管理销售队伍的奖励和佣金计划,并帮助销售代表直观地了解各自的销售业绩
营销模块	对直接市场营销活动加以计划、执行、监视和分析	营销。使营销部门实时地跟踪活动的效果,执行和管理多样的、多渠道的营销活动
		针对电信行业的营销部件。在上面的基本营销功能基础上,针对电信行业的BtoC的具体情况实际增加了一些附加特色
		其他功能。可帮助营销部门管理其营销资料,列表生成与管理,授权和许可,预算,回应管理

续表

主要 模块	目标	该模块所能实现的主要功能
客户服务 模块	提高那些与客户支持、现场服务和仓库修理相关的业务流程的自动化程度并加以优化	服务。可完成现场服务分配、现有客户管理、客户产品全生命周期管理、服务技术人员档案、地域管理等。通过与企业资源计划（ERP）的集成，可进行集中式的雇员定义、订单管理、后勤、部件管理、采购、质量管理、成本跟踪、发票、会计等操作
		合同。此部件主要用来创建和管理客户服务合同，从而保证客户获得的服务水平和质量与其所花的钱相当。它可以使企业跟踪保修单和合同的续订日期，利用事件功能表安排预防性的维护活动
		客户关怀。这个模块是客户与供应商联系的通路。此模块允许客户记录并自己解决问题，如联系人管理、客户动态档案、任务管理、基于规则解决重要问题等
		移动现场服务。这个无线部件使得服务工程师能实时地获得关于服务、产品和客户的信息。同时，他们还可使用该组件与派遣总部进行联系
呼叫中心 模块	利用电话来促进销售、营销和服务	电话管理员。主要包括呼入呼出电话处理、互联网回呼、呼叫中心运营管理、图形用户界面软件电话、应用系统弹出屏幕、友好电话转移、路由选择等
		开放连接服务。支持绝大多数的自动排队机
		语音集成服务。支持大部分交互式语音应答系统
		报表统计分析。提供了很多图形化分析报表，可进行呼叫时长分析、等候时长分析、呼入呼叫的汇总分析、座席负载率分析、呼叫接失率分析、呼叫传送率分析、座席绩效对比分析等
		管理分析工具。进行实时的性能指数和趋势分析，将呼叫中心和座席的实际表现与设定的目标相比较，确定需要改进的区域
		代理执行服务。支持传真、打印机、电话和电子邮件等，自动将客户所需的信息和资料发给客户。可选用不同配置使发给客户的资料有针对性
		自动拨号服务。管理所有的预拨电话，只有接通的电话才会被转到座席人员那里，节省了拨号时间
		市场活动支持服务。管理电话营销、电话销售、电话服务等
		呼入呼出调度管理。根据来电的数量和座席的服务水平为座席分配不同的呼入呼出电话，提高了客户服务水平和座席人员的工作效率
		多渠道接入服务。提供与 Internet 和其他渠道的连接服务，使话务员能充分利用工作间隙，收看 E-mail 并回信等

主要模块	目标	该模块所能实现的主要功能
电子商务模块	使用电子工具从事商务活动	电子商店。此部件使得企业能建立和维护基于互联网的店面,从而在网络上销售产品和服务
		电子营销。与电子商店相结合,电子营销允许企业创建个性化的促销和产品建议,并通过 Web 向客户发送
		电子支付。这是 Oracle 电子商务的业务处理模块,它使企业能配置自己的支付处理方法
		电子货币与支付。利用这个模块,客户可在网上浏览和支付账单
		电子支持。允许客户提出浏览服务请求、查询常见问题、检查订单状态。电子支持部件与呼叫中心联系在一起,并具有电话回拨功能

6.2 供应链管理

供应链管理(Supply Chain Management,SCM)是一种当前比较流行的跨组织信息系统,是现代企业管理理论研究的重要内容之一,也是我国企业管理的发展方向之一。供应链管理是一个管理时代的象征,是新的生产力。

6.2.1 供应链概述

1.供应链的概念

供应链(Supply Chain)的概念是在企业管理理念不断变化中逐步形成的。传统的供应链概念只局限于企业内部,注重企业内部资源的充分利用和企业自身的利益目标,认为供应链是将从企业外部采购的原材料和零部件,通过生产转换和销售等活动,传递到零售商和用户的整个过程。

随着供应链观念的发展,有些学者把供应链的概念与采购、供应管理联系起来,用来表示与供应商之间的关系,这种观点得到了研究合作关系、JIT生产方式、精细化供应、供应商行为评估和用户满意度等问题的学者的重视。但这种关系也仅仅局限在企业与供应商之间,而且供应链中的各企业独立运作,忽略了与外部供应链成员企业的联系,往往造成上述企业间的目标冲突。

随后发展起来的供应链概念关注了与其他企业的联系,注意了供应链企业的外部环境,认为它应是一个"通过链中不同企业的制造、组装、分销、零售等过程将原材料转换成产品,再到最终用户的转换过程",这是更大范围、更为系统的概念。例如,美国的史蒂文斯（Stevens）认为："通过增值过程和分销渠道控制从供应商的供应商到用户的用户的流就是供应链，它开始于供应的源点，结束于消费的终点。"

近来，供应链的概念更加注重围绕核心企业的战略联盟关系，如核心企业与供应商、供应商的供应商乃至一切上游企业的关系，核心企业与用户、用户的用户及一切下游企业的关系。此时对供应链的认识形成了一个网链的概念。从这个角度，哈里森（Harrison）将供应链定义为："供应链是执行采购原材料，将它们转换为中间产品和成品，并将成品销售到用户的功能网链。"菲利普（Philip）和温德尔（Wendell）认为供应链中战略伙伴关系是很重要的，通过建立战略伙伴关系，可以与重要的供应商和用户更有效地开展工作。

综合以上的观点，本书对供应链做以下定义：供应链是围绕核心企业，通过对工作流、信息流、物流、资金流的协调与控制，从采购原材料开始，制成中间半成品以及最终产品，最后由销售网络把产品送到消费者手中的，将供应商、制造商、分销商、零售商、最终用户连成一个整体的功能网链结构。它是一条拓展了的企业结构模式，包含所有加盟的节点企业，从原材料的供应开始，经过供应链中不同企业的零件加工、部件组装、产品总装及分销等过程直到最终用户。它不仅是一条连接供应商到用户的物流链、信息链、资金链，而且是一条增值链，物料在供应链上因加工、包装、运输等过程而增加其价值，给相关企业及整个社会都带来效益。

我们可以把供应链描绘成一棵枝叶茂盛的大树：生产企业构成树根；独家代理商则是主干；分销商是树枝和树梢；满树的绿叶红花是最终用户；在根与主干、枝与干的一个个节点，蕴藏着一次次的流通，遍体相通的脉络便是管理信息系统。

2.供应链的分类

根据不同的划分标准，可以将供应链分为以下几种类型：

（1）范围不同的供应链

内部供应链是指由企业内部产品生产和流通过程中所涉及的采购部门、生产部门、仓储部门、销售部门等所组成的供需网络。外部供应链则是指由企业外部的，与企业相关的产品生产和流通过程中涉及的原材料供应商、生产厂商、储运商、零售商以及最终消费者所组成的供需网络。内部供应链和外部供应链的关系：二者共同组成了企业产品从原材料到成品到消费者的供应链。可以说，内部供应链是外部供应链的缩小化。如对于制造厂商，其采购部门就可看做是外部供应链中的供应商。它们的区别只在于外部供应链范围大，涉及企业众多，企业间的协调更困难。

（2）复杂程度不同的供应链

根据供应链复杂程度不同可以分为直接型供应链、扩展型供应链和终端型供应链。直接型供应链是在产品、服务、资金和信息在往上游和下游的流动过程中，由公司、此公司的供应商和此公司的客户组成。扩展型供应链把直接供应商和直接客户的客户包含在内，左右这些成员均参与产品、服务、资金和信息往上游和下游的流动过程。终端型供应链包括参与产品、服务、资金、信息从终端供应商到终端消费者的流动过程中所有的上游和下游组织。

（3）稳定性不同的供应链

根据供应链存在的稳定性划分，可以将供应链分为稳定的和动态的供应链。基于相对稳定、单一的市场需求而组成的供应链稳定性较强，而基于相对频繁变化、复杂的需求而组成的供应链动态性较高。在实际管理运作中，需要根据不断变化的需求，相应地改变供应链的组成。

（4）容量需求不同的供应链

根据供应链容量与用户需求的关系可以划分为平衡的供应链和倾斜的供应链。一个供应链具有一定的、相对稳定的设备容量和生产能力（所有节点企业能力的综合，包括供应商、制造商、运输商、分销商、零售商等），但用户需求处于不断变化的过程中，当供应链的容量能满足用户需求时，供应链处于平衡状态，而当市场变化加剧，造成供应链成本增加、库存增加、浪费增加等现象时，企业不是在最优状态下运作，供应链则处于倾斜状态。平衡的供应链可以实现各主要职能（采购/低采购成本、生产/规模效益、分销/低运输成本、市场/产品多样化和财务/资金运转快）之间的均衡。

（5）功能性不同的供应链

根据供应链的功能模式（物理功能、市场中介功能和客户需求功能）可以把供应链划分为三种：有效性供应链（Efficient Supply Chain）、反应性供应链（Responsive Supply Chain）和创新性供应链（Innovative Supply Chain）。有效性供应链主要体现供应链的物理功能，即以最低的成本将原材料转化成零部件、半成品、产品，以及在供应链中的运输等；反应性供应链主要体现供应链的市场中介的功能，即把产品分配到满足用户需求的市场，对未预知的需求做出快速反应等；创新性供应链主要体现供应链的客户需求功能，即根据最终消费者的喜好或时尚的引导，进而调整产品内容与形式来满足市场需求。

（6）企业地位不同的供应链

根据供应链中企业地位的不同，可以将供应链分成盟主型供应链和非盟主型供应链。盟主型供应链是指供应链中某一成员的节点企业在整个供应链中占据主导地位，对其他成员具有很强的辐射能力和吸引能力，通常称该企业为核心企业或主导企业。例如：

以生产制造企业为核心的供应链——海尔股份有限公司。

以零售商为核心的供应链——苏宁电器、宜家、沃尔玛、家乐福。

以中间商为核心的供应链——利丰公司、中国烟草系统。

非盟主型供应链是指供应链中企业的地位彼此差距不大，对供应链的重要程度相同。

6.2.2　供应链管理概述

1.供应链管理的概念

供应链管理（Supply Chain Management，SCM）是一种集成的管理思想和方法，它执行供应链中从供应商到最终用户的物流的计划和控制职能，对于供应链管理概念，国内外有着各种不同的论述。

早期人们把供应链管理的重点放在库存管理上，作为平衡有限的生产能力和适应用户需求变化的缓冲手段，它通过各种协调手段，寻求把产品迅速、可靠地送到用户手中所需要的费用与生产、库存管理费用之间的平衡，从而确定最佳的库存水平。因此，主要的工作任务是库存控制和运输。现在的供应链管理则把供应链上的各个企业作为一个不可分割的整体，使供应链上各企业分担的采购、生产、分销和销售的职能成为一个协调发展的有机体。

哈兰德（Harland）将供应链管理描述成对商业活动和组织内部关系、与直接采购者的关系、与第一级或第二级供应商的关系、与客户的关系等整个供应链关系的管理。伊文斯（Evens）认为，供应链管理是利用前馈的信息流和反馈的物流及信息流，将供应商、制造商、分销商、零售商，直到最终用户连成一个整体的管理模式。菲利普（Philip）认为供应链管理不是供应商管理的别称，而是一种新的管理策略，它把不同企业集成起来以增加整个供应链的效率，注重企业之间的合作。

本书对供应链管理的定义是：供应链管理就是使供应链运作达到最优化，以最低的成本和最好的服务水平，通过协调供应链成员的业务流程，使供应链从采购到满足最终顾客的整个过程中，包括工作流、物流、资金流和信息流等均能高效率地运作，把合适的产品以合理的价格及时准确地送到消费者手中。

由该定义可以看出，供应链管理就是要对传统的、自发运作的供应链进行人为的干预，使其能够按照企业（以核心企业为代表）的意愿，对相关合作伙伴的工作流程进行整合和协调运行，从而达到供应链整体运作绩效最佳的效果。但是，供应链管理不像单个企业的管理，不能通过行政手段调整企业之间的关系，只能通过共同分担风险、共同获得收益来提高供应链的竞争力，因此，供应链管理所反映的是一种集成的管理思想和方法，即通过所有成员企业的合作共同获得成长和收益。

2.供应链管理的基本思想

供应链管理是以市场和客户需求为导向，在核心企业协调下，本着共赢原则，以提高竞争力、市场占有率、客户满意度、获取最大利润为目标，以协同商务、协同竞争为商业运作模式，通过运用现代企业管理技术、信息技术和集成技术，达到对整个供应链上的信息流、物流、资金流、业务流和价值流的有效规划和控制，从而将客户、供应商、制造商、销售商、服务商等合作伙伴连成一个完整的网状结构，形成一个极具竞争力的战略联盟。简单地说，供应链管理就是优化和改进供应链活动，其对象是供应链组织和他们之间的"流"，应用的方法是集成和协同；目标是满足客户的需求，最终提高供应链的整体竞争能力。供应链管理的实质是深入供应链的各个增值环节，将顾客所需的正确产品（Right Product）能够在正确的时间（Right time），按照正确的数量（Right Quantity）、正确的质量（Right Quality）和正确的状态（Right Status）送到正确的地点（Right Place）即"6R"，并使总成本最小。

3.供应链管理的特点

（1）供应链管理把所有节点企业看做是一个整体，实现全过程的战略管理

传统的管理模式往往以企业的职能部门为基础，由于各企业之间以及企业内部职能部门之间的性质、目标不同，相互之间存在矛盾和利益冲突，各企业之间以及企业内部职能部门之间无法完全发挥其职能效率，因而很难实现整体目标。

供应链是由供应商、制造商、分销商、销售商、客户和服务商组成的网状结构。链中各环节不是彼此分割的，而是环环相扣的一个有机整体。供应链管理把物流、信息流、资金流、业务流和价值流的管理贯穿于供应链的全过程。它覆盖了整个物流过程，从原材料和零部件的采购与供应、产品制造、运输与仓储到销售各种职能领域。它要求各节点企业之间实现信息共享、风险共担、利益共存，并从战略的高度来认识供应链管理的重要性和必要性，从而真正实现整体的有效管理。

（2）供应链管理是一种集成化的管理模式

供应链管理的关键是采用集成的思想和方法。它是一种从供应商开始，经由制造商、分销商、零售商，直到最终客户的全要素、全过程的集成化管理模式，是一种新的管理策略，它把不同的企业集成起来以增加整个供应链的效率，注重的是企业之间的合作，以达到全局最优。

（3）供应链管理提出了全新的库存观念

传统的库存思想认为：库存是维系生产与销售的必要措施，是一种必要的成本。事实上，供应链管理使企业与其上下游企业之间在不同的市场环境下实现了库存的转移，降低了企业的库存成本。这也要求供应链上的各个企业成员建立战略合作关系，通过快速反应降低库存总成本。

（4）供应链管理以最终客户为中心，这也是供应链管理的经营导向

无论构成供应链的节点的企业数量多少，也无论供应链节点企业的类型、层次如何，供应链的形成都是以客户和最终消费者的需求为导向的。正是由于有了客户和最终消费者的需求，才有了供应链的存在。而且，也只有让客户和最终消费者的需求得到满足，才能有供应链的更大发展。

6.2.3　供应链管理的内容

1. 供应链管理的目标

供应链管理的目标即是通过化解、协调总成本最低化、客户服务最优化、总周期最短化以及物流质量最优化等目标之间的冲突，实现供应链绩效最大化。

（1）总成本最低化

众所周知，采购成本、运输成本、库存成本、制造成本以及供应链物流的其他成本费用都是相互联系的。因此，为了实现有效的供应链管理，必须将供应链上的各成员企业作为一个有机整体来考虑，并使实体供应物流、制造装配物流与实体分销物流之间达到高度均衡。从这一观点出发，总成本最低化目标并不是指运输费用或库存成本，或其他任何供应链物流运作与管理的成本最低，而是整个供应链运作与管理的所有成本的总和最低化。

（2）客户服务最优化

在激烈的市场竞争时代，企业提供的客户服务水平，直接影响到它的市场份额和物流总成本，并且最终影响其整体利润。供应链管理的实施目标之一，就是通过上下游企业协调一致的运作，保证达到客户满意的服务水平，吸引并保留客户，最终实现企业的价值最大化。

（3）总周期最短化

在当今的市场竞争中，时间已成为竞争成功最重要的要素之一。市场竞争不再是单个企业之间的竞争，而是供应链与供应链之间的竞争。从某种意义上说，供应链之间的竞争实质上是时间的竞争，即必须实现快速、有效的客户反应，最大限度地缩短从客户发出订单到获取满意交货的整个供应链的总周期。

（4）物流质量最优化

企业产品或服务质量的好坏直接关系到企业的成败。同样，供应链企业间服务质量的好坏直接关系到供应链的存亡。如果在所有业务过程完成以后，才发现提供给最终客户的产品或服务存在质量缺陷，就意味着所有成本的付出将不会得到任何价值补偿，供应链物流的所有业务活动都会变为非增值活动，从而导致整个供应链的价值无法实现。因此，达到与保持服务质量的水平，也是供应链管理的重要目标。而这一目标的实现，必须从原材料、零部件供应的零缺陷开始，直至实现供应链管理全过程、全人员、全方位质量的最优化。

就传统的管理思想而言，上述目标相互之间呈现出互斥性。客户服务水平的提高、总周期的缩短、交货品质的改善必然以库存、成本的增加为前提，因而上述目标无法同时达到最优。而运用集成化管理思想，从系统的观点出发，改进服务、缩短时间、提高品质，与减少库存、降低成本是可以兼得的。因为只要供应链的基本工作流程得到改进，就能够提高工作效率，消除重复和浪费，缩减员工数量，减少客户抱怨，提高客户忠诚度，降低库存总水平，减少总成本支出。

2.供应链管理的基本要求

（1）信息资源共享。信息是现代竞争的主要后盾。供应链管理采用现代科技方法，以最优流通渠道使信息迅速、准确地传递，在供应链上的各企业间实现资源共享。

（2）提高服务质量，扩大客户需求。供应链管理要围绕"以客户为中心"的理念行动。消费者大多要求提供产品和服务的前置时间越短越好，为此供应链管理通过生产企业内部、外部及流程企业的整体协作，大大缩短产品的流通周期，加快了物流配送的速度，从而使客户个性化的需求在最短的时间内得到满足。

（3）实现双赢。供应链管理把供应链上的供应商、分销商、零售商等联系在一起，并对之进行优化，使各个相关企业形成一个融合贯通的网络整体，在这个网络整体中，各企业仍保持着各自的个体特性，但它们为整体利益的最大化共同合作，实现双赢的结果。有人预测，在供应链管理的发展中，在未来的生产和流通中，将看不到企业，只看到供应链。生产和流通的供应链化将成为现代生产和流通的主要方式。

3.供应链管理的运行机制

（1）合作机制

供应链合作机制体现了战略伙伴关系和企业内外资源的集成与优化利用。基于这种企业环境的产品制造过程，不仅缩短了从产品的研发到投放市场的整个周期，而且顾客导向化程度更高，模块化、标准化的产品组件使企业在多变的市场中柔性和敏捷性显著增强，虚拟制造与动态联盟提高了业务外包策略的利用程度。企业集成的范围从原来的中低层次的内部业务流程重组上升到企业间的协作。在这种企业关系中，市场竞争策略最明显的变化就是基于时间的竞争和价值链及价值让渡系统管理或基于价值的供应链管理。

（2）决策机制

由于供应链企业决策信息来源不再局限于一个企业内部，而是处于开放的信息网络环境下，不断进行信息交换和共享，达到供应链企业同步化、集成化计划与控制的目的。EDI、Internet/Intranet 为企业的决策支持提供了信息平台，供应链中的企业决策模式都是基于 Internet/Intranet 的开放性信息环境下的群体决策模式。

（3）自律机制

自律机制主要包括企业内部的自律、对比竞争对手的自律、对比同行业企业的自律和领头企业的自律。企业通过推行自律机制，可以降低成本，增加利润和销售量，更好地了解竞争对手，减少用户的抱怨而提高客户满意度，提高企业信誉，也可以缩小企业内部各部门之间的业绩差距，从而提高企业的整体竞争力。

（4）风险防范机制

为了使供应链各方合作者达到预期目标，必须采取一定的措施规避风险，如信息共享、合同优化、建立激励机制和监督控制机制等，尤其是必须在企业合作的各个阶段通过建立激励机制，采用各种激励手段调动每一个参与者的积极性，使供应链企业之间的合作更加有效。应该针对供应链企业合作存在的各种风险及其特征，采取不同的防范对策，建立有效的应急机制。

（5）信任机制

供应链管理的目的就在于加强节点企业的核心竞争能力。要达到此目的，加强供应链节点企业之间的合作是供应链管理的关键，供应链企业之间相互合作的基础是信任。没有企业间的相互信任，任何合作、伙伴关系、利益共享等都只能成为一种良好的愿望，因此，建立供应链企业间的信任机制至关重要。

6.2.4 供应链管理系统的体系结构和功能模块

不同的组织模式有不同的体系结构和功能模块。下面我们以制造企业供应链管理系统为例进行介绍。

1.制造企业供应链管理信息系统体系结构

制造企业供应链管理信息系统体系结构如图6-3所示。

企业级数据库存储制造业供应链各成员企业的本地数据，包括原材料信息、产品信息和生产信息等，是制造业供应链分布式数据库的一部分。

数据库管理系统（Database Management System，DBMS）负责制造业供应链各成员企业的本地数据的管理，包括数据库的建立、原始数据输入等。

浏览器是众多的原材料供应商、中小型通用件制造企业、中小型专用件制造企业、物流企业、分销商、零售商的企业级MIS相互之间，以及与大型制造企业信息系统交互的界面。

制造业供应链知识库存储制造业供应链的公共知识和供应链成员企业之间的合作协议，支持制造业供应链的工作流执行。

知识挖掘工具以制造业供应链知识库中的大量知识为基础，自动发现潜在的商业知识，并以这些知识为基础自动做出预测。知识挖掘工具发现的新知识可以用于指导制造业供应链成员各企业的业务处理，也可以立即补充到制造业供应链管理信息系统的知识库中。

工作流管理系统（Workflow Management System，WMS）是制造业供应链管理信息系统的关键部分，负责商业过程的建模、执行与监控。基于制造业供应链各成员企业的

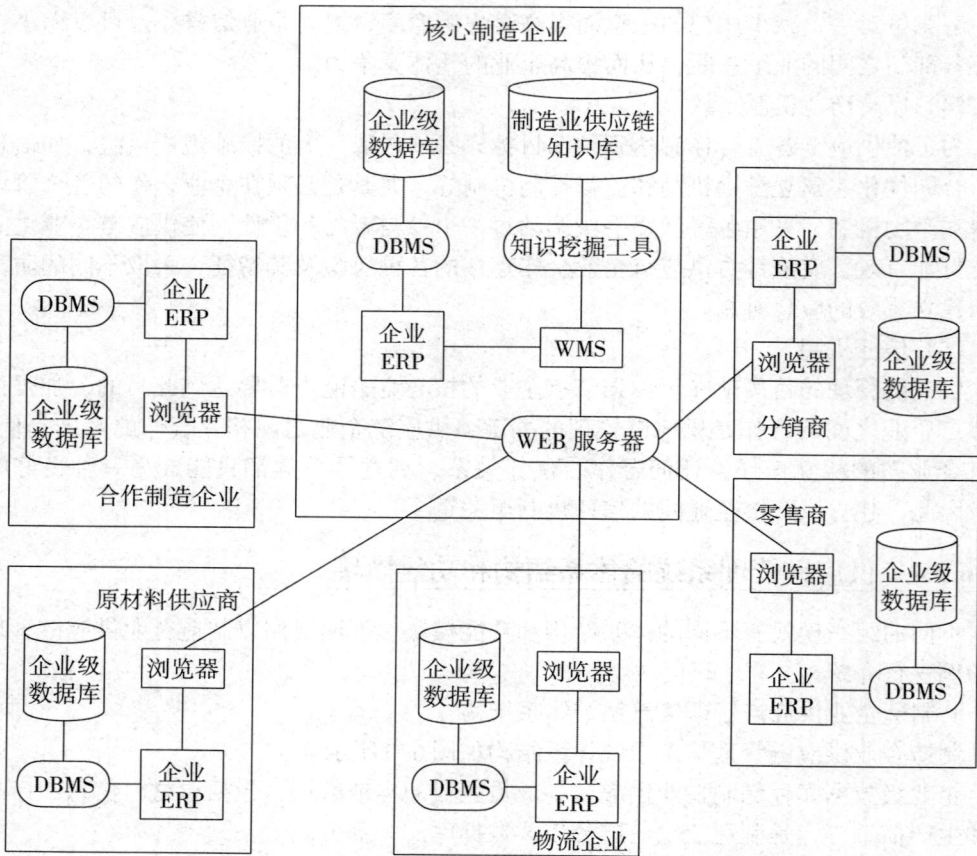

图6-3 制造企业供应链管理信息系统体系结构

命令，工作流管理程序按存储在知识库中的规则分析形成工作流，并利用工作流来协调完成制造业供应链各成员企业级管理信息系统之间的通信。

当众多的原材料供应商、中小型通用件制造企业、中小型专用件制造企业、物流企业、分销商、零售商的Web浏览器连接到大型制造企业的Web服务器上并请求文件时，Web服务器将对这些请求进行处理（当需要用到制造业供应链知识库的知识时，通过知识挖掘工具访问制造业供应链知识库）并将文件发送到浏览器上，附带的信息会告诉浏览器如何查看该文件。

2.制造企业供应链管理信息系统功能模块

制造企业供应链管理信息系统功能模块如图6-4所示。

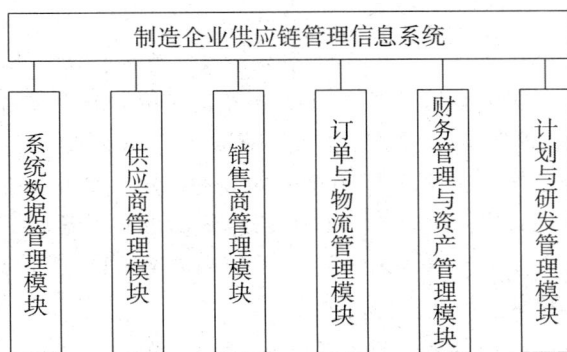

图6-4 制造企业供应链管理信息系统功能结构

系统数据管理模块负责企业级数据库和制造业供应链知识库的管理，主要包括制造业供应链管理信息系统对数据、模型、方法、规则等进行的建立、修改、删除等维护性操作。

供应商管理模块负责对制造业供应链众多的原材料供应商、中小型制造企业、合作制造企业的供应能力及其提供的原材料、通用件和专用件的质量、价格、及时交货率等进行评价，对原材料供应商、合作制造企业进行动态管理。

销售商管理模块可对制造业供应链上众多的分销商和零售商的区位、营销能力、资信、财务状况等进行评价，并对分销商、零售商进行筛选。

订单与物流管理模块可对制造业供应链中的第三方物流企业进行评价和筛选，对订单与合同涉及的物流进行跟踪管理和库存控制。

财务管理与资产管理模块可对现金流进行跟踪，及时进行制造业供应链成员企业之间的资金结算，管理固定资产的购置、折旧和更新换代。

计划与研发管理模块可以为供应链的所有业务编制计划，对供应链计划进行检查和调整，对制造业供应链的新产品的R&D活动进行管理。

案例 "家居巨人"的发展奥妙——宜家

宜家家居（IKEA）于1943年创建于瑞典，在宜家创始人英格瓦17岁时，他的父亲给了他一笔钱作为其学有所成的奖励。英格瓦将这笔钱用来自我创业。其最初销售钢笔、钱包、相框、桌布、表、首饰和尼龙袜等。随着销售额在全球迅速增长，宜家集团已成为全球最大的家具家居用品商家，销售主要包括座椅/沙发系列、办公用品、卧室系列、厨房系列、照明系列、纺织品、炊具系列、房屋储藏系列、儿童产品系列等约

10 000个产品。

宜家无疑是个"销售天才"，全球的消费者都在购买、运输和组装这些平板包装的瑞典风格居家用品。目前，宜家家居在全球38个国家和地区拥有318个商场，特许经营店约50家。中国共有18家宜家商场，其中8家位列全球十大之列。宜家的采购模式是全球化的采购模式，它在全球设立了16个采购贸易区域，其中有3个在中国大陆，分别为华南区、华中区和华北区。宜家在中国的采购量已占到总量的18%，在宜家采购国家中排名第一。中国已成为宜家最大的采购市场和业务增长最重要的空间之一，在宜家的全球战略中具有举足轻重的地位。

在全球各地闻名遐迩的宜家，雄居家具零售业之首，可谓是"家居巨人"。宜家公司在产品经营方面如此成功，除了其特有的品牌理念、独特的产品设计、低廉的价格之外，更离不开公司的供应链管理体系。

精打细算的全球采购

宜家在全球有5个最大的采购地分别是中国（18%）、波兰（12%）、瑞典（8%）、意大利（7%）、德国（6%），但销售量最大的国家分别是德国（19%）、英国（11%）、美国（11%）、法国（9%）、瑞典（8%）。由此可见，采购地和销售市场在空间上存在矛盾。为了协调这种矛盾，保证全球业务的正常运作和发展，保持宜家在全球市场上廉价而时尚的品牌形象，高效、敏捷、低成本的供应链管理成为宜家的核心。为了便于全球采购管理，宜家将全球采购范围划分为17个采购区域，这17个采购区域的管理者根据本地区的独特优势，建议总部采购本地物品。总部根据每个区域管理者的汇报权衡利弊，确定哪种产品在哪些区域具有较强的竞争力，然后分配区域。所有宜家产品都是经各个贸易采购办公室采购后运送至不同的分销中心再分别运送到不同的宜家商场。产品成本较低是相对而言的，与产品的采购区域有关，在采购时必须综合考虑各种费用。运输费用不同，采购时各地的汇率、关税等不同，都会导致产品的最终售价不同。宜家会将各种成本因素进行矩阵分析，来确定和选择采购区域。

全球大约有2 000多个分布55个国家的厂商作为宜家的OEM为宜家生产产品，因为宜家有自己的产品设计和相关技术要求，并且能够提供稳定且长期的订单，这对于供应商来说具有强有力的保障，从而敢进行大规模生产。在宜家和供应商双方双赢的前提下，这些厂商给宜家生产出的产品质量均符合宜家的产品技术要求，而宜家也能通过供应链中采购这一环节的各项流程准备，节省大量的自己建造加工工厂的成本。

宜家的全球采购模式存在巨大的优势。如根据劳动力成本、汇率的高低，选择在从一些发展中国家进口会更划算；某些原材料，特别是自然资源，国内没有储存，只能从国外大量进口；随着国际化分工的不断发展，特定专业的专有技术在不断变化，领先的国家也不断交替。

模块化的研发设计与生产环节

宜家的研发体系非常独特，能够把低成本与高效率融合在一起。其设计理念始终认为产品的美丽与价格并没有必然联系。宜家发明了"模块"式家具研发与设计方法，基本每一种设计都具有生产的可行性，不会因为大量的设计方案不具备可实施性而造成设计成本的增加。这就降低了研发与设计成本。模块化也意味着大规模生产和大规模物流，使得产品的成本也大大降低了。在研发设计方面，设计师用最简单的线条设计出最优秀的家具产品，往往就是否少用一个螺钉或能否更经济地利用一根铁棍而展开竞争，这样不仅能够降低成本，而且会激发大量的创意，从而为全球顾客提供兼具设计感和实用性家居产品。因此，很多业界人士认为，宜家是唯一能深刻理解"简单即美"的企业，用"简单"来降低顾客让渡成本，用"美"来提高顾客让渡价值。

另外，宜家总部设计出产品之后，分派到各个贸易采购办公室进行供应商全球竞价，有生产能力且能保证产品质量的报价最低的供应商就能拿到大的订单，展开规模性生产。在生产环节中，综合考虑产品制造过程的输入、输出和资源消耗以及对环境的影响，降低成本。如采用绿色工艺，在工艺方案选择的过程中对影响比较大的环境因素加以分析，提高工艺简捷化程度，节约能源，减少消耗，降低工艺成本和污染处理费用等。

高效的物流环节

在物流环节上，从时间、空间、包装等物流各个方面严格控制成本。例如，宜家特色的"平板包装"，不仅可以实现商品储运过程中的集装单元化，降低了运输成本，而且在物流中心现场作业中也大大提高了装卸效率，使自动化存储成为可能。另外，为了节省运输成本，宜家在全球建立的近20家配送中心与一些中央仓库大多集中在海陆空的交通要道。宜家配送中心基本功能可以分为两个部分：一部分是DC（直接配送中心），主要负责对销售网点的货物配送；另外一部分是CDC（辅助配送中心），辅助网上销售，直接面向顾客提供送货上门服务。宜家的CDC平均每天处理1 200多份订单，生成约300多个货物单元。宜家总部设有专业运输部门，控制全球的10 000多辆卡车。尽管物流成本占据了家居类产品成本的很大比重，但宜家商品储运过程中的集装单元化降低了运输成本。

宜家采用先进的IT技术，无论是订货、退货，还是库存管理、订单分配都采用了网络数据库技术，大大提高了物流的效率，节省了人力、物力。

在宜家卖场里没有促销员，只有随时待命的服务员。他们不允许向顾客促销产品，而是由顾客自己体验，除非顾客需要向其咨询。那么，宜家是如何开展促销的呢？宜家为每一件商品制定了精致的"导购信息"，顾客可以自己了解每一个产品的信息（价格、功能、使用规则、购买程序等）。商店还设立了各式的样板间，把各种产品进行组合。样板间的陈列体现了宜家独特的产品风格，深受消费者喜欢。另外，顾客体验过程无形中帮助宜家进行了产品的销售测试，因为宜家许多样品在展览时接受了电子检测仪器的测试，记录这种产品的抗疲劳能力，比如抽屉开关的次数、沙发的承载力等。

供应链系统

宜家公司设计了一套完整而复杂的供应链管理系统，由货物、信息、运输和仓储等若干元素或部分组成，主要包括运输管理系统、零售订单管理系统、财务管理系统、采购管理系统、供应商管理系统和仓库管理系统等。例如，需要订货的商店可以通过自动订货系统进行订货，如果订单确认，系统会把相应的信息传递到仓库的数据管理系统，仓库的电脑控制系统就会自动按订单完成取货，整个订货过程不需要人工参与。完善的仓库作业安全管理系统能够在差错发生时发出警告，以确保现场高效准确地运作。仓库管理系统的另一个重要作用就是可以进行良好的库存面积管理。系统将仓库的每一个位置进行编号，以便通过电脑迅速而准确地找到指定位置。此外，系统还会依据不同的编号对货物进行分区库存管理，由于货物的性质以及客户的需求不尽相同，系统会根据相关的数据信息和系统算法，确定货物出库的先后顺序，找出最合适的货物存放位置。宜家全球范围内的所有仓库都使用一套仓库管理系统，操作标准化，运行高效稳定。

总结

宜家公司正常的运转和飞速扩张，是靠着庞大而高效的供应链来维系和支撑的。宜家的供应链管理致力于在一个由供应商、制造商、销售商和顾客组成的网络结构中进行高效集成和有序控制。因此，一条复杂、敏捷、高效的供应链，是宜家的生命线。"家居巨人"宜家的成功，离不开其高效、敏捷、低成本的供应链管理模式，模块化的研发和设计体系、全球采购模式、高效的物流系统，以及个性化的销售模式。

（余硕秋.宜家公司供应链管理模式［J］.管理世界，2013（7））

案例思考题：

1. 宜家的供应链管理模式有哪些特点？
2. 宜家庞大高效的供应链为公司的正常运转和飞速扩张提供了哪些保障？
3. 根据案例，谈谈供应链管理的基本思想。

本章小结

本章从跨组织信息系统出发，重点讲述客户关系管理和供应链管理，通过对 CRM 和 SCM 系统的介绍，表明了跨组织信息系统是适应组织国际化、网络化要求的一种必然趋势。

客户关系管理是一种以客户为中心的企业管理理念，客户关系管理的核心是客户价值的管理，企业通过从市场营销、销售过程到技术支持的全过程客户管理来满足客户的个性化需求，提高客户满意度和忠诚度、降低销售成本、增加销售收入、拓展客户市场，从而全面提升企业的盈利能力和竞争能力。

供应链管理是一种集成的管理思想和方法，其精髓是集成与协同，它要求供应链中的企业围绕商流、物流、信息流和资金流进行信息共享与经营协调，实现柔性的与稳定的供需关系。供应链管理是一个管理时代的象征，是新的生产力，美国学者马丁·克里斯多弗认为："21世纪的竞争将是供应链与供应链之间的竞争。"

关键概念

跨组织信息系统　客户关系管理　供应链　供应链管理

复习思考题

1.客户关系管理的定义是什么？
2.简述客户关系管理的特点。
3.CRM 系统的主要功能有哪些？
4.请在网络上搜索 CRM 的知名厂商，并简述它们的产品功能和应用案例。
5.什么是供应链管理？
6.简述供应链管理的基本思想。
7.请在网络上搜索 SCM 的知名厂商，并简述它们的产品特点和应用案例。

第 7 章
电子商务

内容提要
1. 电子商务的发展、概念、分类、特点
2. 电子商务系统
3. 电子商务安全技术
4. 网上支付系统的构成和支付的形式
5. 电子商务与物流
6. 移动电子商务

20世纪90年代以来，互联网技术的快速发展极大地促进了企业信息系统的建设和广泛应用。基于网络的信息系统的典型应用就是电子商务。电子商务将整个商贸活动集成于网络信息系统之中，极大地扩展了传统信息技术和信息系统应用的范围，打破了传统商务对市场的时空限制，促进了整个社会商业体系结构、消费者的消费观念和行为的变化，形成了一种全新的商业模式。电子商务涉及许多具体问题，如安全、支付、物流、法律法规等，它们是影响电子商务广泛应用的重要问题。

7.1 电子商务概述

7.1.1 电子商务的发展历程

1.基于EDI的电子商务

电子商务起源于电子数据交换（Electronic Data Interchange，EDI）。20世纪70年代初期，EDI产生于美国。贸易商在使用计算机处理商务文件的时候发现，由于过多的人为干预，影响了数据的准确性和工作效率，如果贸易伙伴之间能够通过计算机自动进行数据交换，就能够解决这些弊端。EDI技术就是在此背景下应运而生的。

EDI技术是将业务文件按一个公认的标准从一台计算机传输到另一台计算机上的电子传输方法。由于EDI大大减少了纸张票据，人们也称EDI为"无纸化贸易"。从技术上讲，EDI包括硬件与软件两大部分。硬件主要是指计算机网络，软件包括计算机系统、应用软件以及EDI标准。

由于EDI标准太复杂，在具体的实施过程中，行业间的标准协调十分困难，同时使用增值网络的费用过高，大多数企业很难将其付诸实践。因此，EDI多用于行业内部的商务活动，商业伙伴之间的EDI并未广泛展开，基于EDI的电子商务应用范围非常有限。

2.基于Internet的电子商务

万维网（World Wide Web，WWW）服务的出现，使互联网具备了支持多媒体应用的功能，促使Internet迅速走向普及化。1995年，Internet上的商业业务信息量首次超过了科教业务信息量，这既是Internet爆炸性发展的标志，也是基于Internet的电子商务开始进入快速发展的标志。基于Internet的电子商务系统将其网站前端与后端订单管理和存货控制系统相连接，使客户能够直接从电子商务网站发出和追踪订单，大大降低了交易费用，并使客户能够更多地控制订购过程。与基于EDI的电子商务相比，基于Internet的电子商务具有明显的优势：费用低廉、覆盖面广、功能更全面、使用更灵活。1996年，VISA与MasterCard两大信用卡国际组织共同发起制定了保障在Internet上进行安全电子交易的SET（Secure Electronic Transaction）协议，SET协议的制定得到了IBM、

Microsoft、Netscape、GTE、VeriSign等一批技术领先的跨国公司的支持。SET协议的应用使得电子商务交易的安全得到了保证。进入21世纪，Internet技术和多媒体技术逐渐成熟，电子商务法律逐步完善，网上支付手段不断丰富，物流配送系统日渐发达，基于Internet的电子商务模式已经成为一种普及的商务模式，逐渐得到了人们的认可，并且电子商务的交易量呈现了几何级数增长趋势。

3.基于普及计算的电子商务

21世纪初，移动通信技术的迅猛发展和普及，使得通过手机、PDA等移动通信设备与Internet有机结合进行电子商务活动成为可能，这种基于移动通信技术的电子商务被称为基于普及计算的电子商务，也称为移动电子商务。移动电子商务提供的服务包括个人信息管理、银行业务、交易、购物、娱乐等。

7.1.2 电子商务的定义

1.政府组织对电子商务的定义

经济合作与发展组织（OECD）对电子商务的定义是：电子商务是发生在开放网络上的，包含企业之间、企业和消费者之间的商业交易。

美国政府在其《全球电子商务纲要》中对电子商务的定义是：电子商务是指通过Internet进行的各项商务活动，包括广告、交易、支付、服务等活动。全球电子商务将会涉及全球各国。

欧洲议会在《电子商务欧洲动议》中对电子商务的定义是：电子商务是各参与方之间以电子方式而不是以物理交换或直接物理接触方式完成的任何形式的业务交易。这里的电子方式包括EDI、电子支付手段、电子订货系统、电子邮件、网络、电子公告牌、条码、图像处理、智能卡等，这里的商务主要指业务交易。

国际商会的电子商务会议（1997年）对电子商务概念进行了最有权威的阐述：电子商务是指实现整个贸易过程中各个阶段的贸易活动的电子化。

2.世界著名公司对电子商务的定义

Intel公司对电子商务的定义是：电子商务是基于网络连接的不同电脑间建立的商业运作关系，是利用Internet/Intranet网络来使商务运作电子化。电子贸易是电子商务的一部分，是企业与企业之间，或企业与消费者之间，使用互联网所进行的商业交易。

HP对电子商务的定义是：电子商务是指从售前服务到售后支持的各个环节实现电子化、自动化。它能够使人们以电子交易手段完成物品和服务的等价值交换。

3.权威学者对电子商务的定义

美国学者瑞维·卡拉科塔和安德鲁·B.惠斯顿在《电子商务的前沿》中指出："广义地讲，电子商务是一种现代商业方法。这种方法通过改善产品和服务质量，提高服务传递速度，满足政府组织、厂商和消费者降低成本的需求。"

4.本书对电子商务的定义

各个不同组织和公司对电子商务的定义各有其科学性，只是角度不同而已，本书从电子商务的涵盖范围角度对其定义如下：

广义的电子商务（Electronic Business，EB）是指各行各业，包括政府机构和企业、事业单位各种业务的电子化、网络化，也可称为电子业务，具体包括电子商务、电子政务、电子军务、电子医务、电子教务、电子公务、电子事务、电子家务等。

狭义的电子商务（Electronic Commerce，EC）是指人们利用电子化手段进行以商品交换为中心的各种商务活动，如公司、厂家、商业企业、工业企业与消费者个人利用计算机网络进行的商务活动，也可称为电子交易，包括电子商情、电子广告、电子合同签约、电子购物、电子交易、电子支付、电子转账、电子结算、电子商场、电子银行等不同层次、不同程度的电子商务活动。

7.1.3 电子商务的分类

1.企业与企业之间的电子商务（Business to Business，B to B）

B to B 方式是电子商务应用最多和最受企业重视的形式，企业可以使用Internet或其他网络对每笔交易寻找最佳合作伙伴，完成从订购到结算的全部交易行为，包括向供应商订货、签约、接受发票和使用电子资金转移、信用证、银行托收等方式进行付款，以及在商贸过程中发生的其他问题如索赔、商品发送管理和运输跟踪等。B to B 电子商务的典型例子包括阿里巴巴、环球资源网、在线广交会、Dell 与芯片供应商、Cisco 与分销商等。

2.企业与消费者之间的电子商务（Business to Customer，B to C）

B to C 方式是消费者利用Internet直接参与经济活动的形式，类同于商业的零售业务。目前，在Internet上有许多类型的虚拟商店和虚拟企业，提供各种与商品销售有关的服务。通过网上商店买卖的商品可以是实体化的，如书籍、鲜花、服务、食品、汽车、电视等；也可以是数字化的，如新闻、音乐、电影、数据库、软件及各类基于知识的商品；还有提供的各类服务，如安排旅游、在线医疗和远程教育等。B to C 电子商务的典型例子包括当当网、亚马逊、蔚蓝书店等。

3.消费者与消费者之间的电子商务（Customer to Customer，C to C）

C to C 方式是指个人与个人之间进行的电子商务活动。我国 C to C 电子商务模式的产生以易趣网（1998年）成立为标志。C to C 电子商务典型例子包括易趣网、淘宝网、eBay、拍拍、孔夫子旧书网等。

4.企业与政府之间的电子商务（Business to Government，B to G）

B to G 方式的商务活动覆盖企业与政府组织间的各项事务，例如：企业与政府之间的各种手续的报批；政府通过互联网发布采购清单、企业以电子化方式响应；政府在网上以电子交换方式完成对企业和电子交易的征税等。

5.消费者与政府之间的电子商务（Customer to Government，C to G）

C to G方式是指通过消费者对政府机构的电子商务，政府可以把电子商务扩展到福利费的发放及个人税收的征收，从而通过网络实现个人身份的核实、报税、收税等政府与个人之间的行为。

7.1.4 电子商务系统的组成

一个完整的电子商务系统应该有五大组成部分，分别是 Internet（Intranet 或 Extranet）、电子商务用户、认证中心、网上商家、银行以及配送中心。电子商务应用系统的组成如图7-1所示。

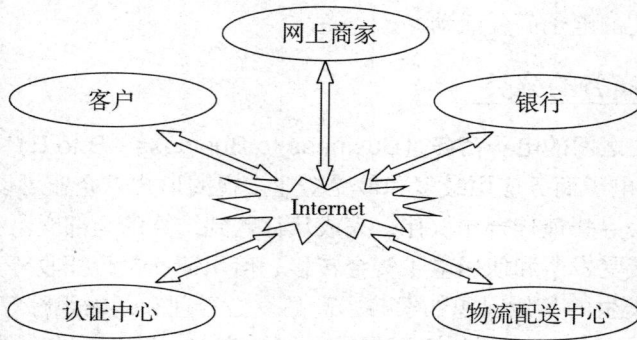

图7-1 电子商务系统的组成

1.Internet、Intranet或Extranet

Internet是电子商务的基础，是商务信息传送的载体；Intranet是企业内部商务活动的场所；Extranet是企业与企业以及企业与个人进行商务活动的纽带。

2.电子商务用户

电子商务用户可分为个人用户和企业用户。个人用户通过Internet访问电子商务网站，获取信息、购买商品。企业用户利用Web网站发布产品信息、接受订单，即建立电子商场。如需要在网上进行销售等商务活动，还要借助电子报关、电子报税、电子支付系统，与海关、税务局、银行等单位进行有关业务的处理。

3.认证中心

认证中心是法律承认的电子商务管理与认证的权威机构，负责发放和管理数字证书，使网上交易的各方能互相确认身份。数字证书是一个包含证书持有人的个人信息、公开密钥、证书序列号、有效期、发证单位的数字签名等内容的数字文件。

4.网上银行

在Internet上实现传统银行的业务，为用户提供24小时实时服务；与信用卡公司合作，发放电子钱包，提供网上支付手段，为电子商务交易中的用户和商家服务。

5.配送中心

接受商家的送货要求，组织运送无法从网上直接得到的商品，跟踪商品流向，将商品送到消费者手中。

7.1.5 电子商务的特点

1.跨时空、跨地域

电子商务突破了时空、地域的界限，利用网络工具使世界各地的商业资源得到有效利用。互联网几乎遍及世界的各个角落，用户可以随时与贸易伙伴传递商业信息和文件，将自己的商品和服务带到全世界。相比而言，传统市场在时间、空间和流通上都有种种有形或无形的障碍。

2.交易虚拟化与透明化

电子商务的交易双方从贸易磋商、签订合同到支付等，无须当面进行，均通过互联网就可以完成，整个交易完全虚拟化。流畅、快捷的信息传输可以保证各种信息之间互相核对，可以防止伪造信息的流通，使交易过程透明化。

3.交易低成本

电子商务的卖方没有店铺成本、专门的销售人员以及库存压力，因而可以降低商品的成本，使买方能够以比传统商务方式更低的价格获得更好的商品。

4.交易效率高

由于互联网将贸易中的商业报文标准化，使商业报文能在世界各地瞬间完成传递与处理。电子商务克服了传统贸易方式费用高、易出错、处理速度慢等缺点，极大地缩短了交易时间，使整个交易非常快捷和方便。

5.产品与服务的多样化

电子商务为消费者提供了更多的选择，使他们能够从更多的供应商中选择产品和服务，满足不同消费者的个性化需求。

7.1.6 电子商务对经济社会的影响

1.改变商务活动的方式

传统商务活动的商家主要靠推销员推销其商品，消费者在商场中筋疲力尽地寻找自己所需要的商品。现在，通过互联网只要动动手就可以了，人们可以进入网上商场浏览、采购各类产品，而且还能得到在线服务；商家们可以在网上与客户联系，利用网络进行货款结算服务；政府部门可以方便地完成电子招标、政府采购等业务。

2.改变人们的消费方式

网上购物的最大特征是消费者的主导性，购物意愿掌握在消费者手中；同时消费者还能以一种轻松自由的自我服务的方式来完成交易，消费者的主权可以在网络购物中充分体现出来，有利于消费者"足不出户、货比三家"，拥有更加个性化的选择、更多的便利，甚至是更低的价格。

3.改变企业的生产方式

由于电子商务是一种快捷、方便的购物手段，消费者的个性化、特殊化需要可以完全通过网络展示在生产厂商面前。为了取悦顾客，突出产品的设计风格，制造业中的许多企业纷纷发展和普及电子商务，如美国福特汽车公司在1998年3月将分布在全世界的12万个电脑工作站与公司内部网连接起来，并将全世界的1.5万个经销商纳入内部网。

4.为传统行业带来一场革命

电子商务在商务活动的全过程中，通过人与电子通信方式的结合，极大地提高了商务活动的效率，减少了不必要的中间环节。传统的制造业借此进入小批量、多品种的时代，使"零库存"成为可能；传统的零售业和批发业开始了"无店铺""网上营销"的新模式；各种线上服务为传统服务业提供了全新的服务模式。

5.带来一个全新的金融业

由于在线电子支付是电子商务的关键环节，也是电子商务得以顺利发展的基础条件，随着电子商务在电子交易环节上的突破，网上银行、银行卡支付网络、银行电子支付系统以及网上支付、电子支票、电子现金等服务，将传统的金融业带入了一个全新的领域。

6.转变政府的职能

在电子商务时代，当企业应用电子商务进行生产经营，银行实现金融电子化，以及消费者进行网上消费时，同样对政府的管理行为提出了新的要求，电子政府或称网上政府，将随着电子商务的发展而成为一个重要的社会角色。

除了上述这些影响外，它还将对就业、法律制度以及文化教育等产生巨大的影响。

7.2 电子商务安全

电子商务活动大多数依赖于开放的信息网络，网络信息传输的安全性问题是影响电子商务应用的重要问题。因此，在技术上、保密管理体制上保证安全，是保证电子商务顺利开展的关键。

7.2.1 电子商务交易的安全隐患

1.信息的截获和窃取

攻击者通过互联网、公共电话网、在电磁辐射范围内安装截收装置，或在数据包通过的网关、路由器上截获数据等方式，获取传输信息。攻击者可能通过对信息流量、通信频度和长度等参数的分析，窃取有用信息，如消费者的银行账号、密码以及企业的商业机密等。

2.信息的篡改

攻击者获得网络信息的格式后，通过各种技术手段对网络传输的信息进行篡改、删除、插入等处理，并发往接收方，从而破坏信息的完整性。

3.信息假冒

攻击者获得网络信息数据规律或解密商务信息以后，假冒合法用户或发送假冒信息来欺骗其他用户。有两种常见的形式：一是伪造电子邮件；二是假冒他人身份。

4.交易抵赖

交易抵赖包括多种情况：如发信者事后否认曾经发送过某条信息或内容；收信者事后否认曾经收到过某条信息或内容；购买者下了订单却不承认；商家不承认原有的交易等。

5.其他安全隐患

其他安全隐患包括系统中心的安全性被破坏、商业机密的安全、竞争者的威胁、信用的威胁等。

7.2.2 电子商务系统的安全要素

电子商务安全属于信息安全的范畴，涉及信息的机密性、完整性、认证性等方面。同时，电子商务安全又有其特殊性，有更复杂的机密性概念、更严格的身份认证功能，对不可拒绝性有新的要求等。安全的电子商务系统要做到以下几个方面：

1.信息的保密性

信息的保密性是指信息在传输过程中或存储过程中不被他人窃取、泄露或披露给未经授权的人或组织，或者经过加密伪装后，使未经授权者无法了解其内容。因此，保密性一般通过密码技术对保密的信息进行加密处理来实现。

2.信息的完整性

信息的完整性是指保护数据不被未授权者修改、嵌入、删除，从而避免原始数据被更改。在信息存储时，要防止非法篡改和破坏网站上的信息；在信息传输过程中，要防止在信息传输过程中遭到破坏，使接收端收到的信息与发送端发出的信息一致。

3.信息的不可抵赖性

不可抵赖性又称不可否认性，是指信息的发送方不能否认已发送的信息，接收方不能否认已收到的信息，这是一种具有法律有效性的要求。不可抵赖性可通过对发送的消息进行数字签名来获得。

4.认证性

认证性是指网络两端的使用者在沟通之前相互确认对方的身份。在电子商务中，认证性一般都通过证书机构和证书来实现。电子商务交易过程中，企业或个人都是在虚拟的网络环境中进行的，对交易双方进行身份认证是电子商务中很重要的一个环节。

5.不可拒绝性

不可拒绝性又称有效性，是指保证授权用户在正常访问信息资源时不会被拒绝。要对网络故障、操作错误、应用程序错误、硬件故障、系统软件错误及计算机病毒所产生的潜在威胁加以控制和预防，以保证交易数据在确定的时刻、确定的地点是有效的、不被拒绝的。

7.2.3　实现电子商务安全的策略

1.完善的管理策略

电子商务系统是一个人机高度综合的系统，除了要确保网络物理方面的安全外，电子商务管理的安全也是非常重要的，并且起着决定性作用。因此，针对整个系统的管理权限的分配、监督，以及管理人员的培训、考核等，必须制定出一套完善的规章制度，提高电子商务的安全管理水平。

2.法律方面的保障

电子商务的安全必须要有相应的法律来保障，必须保证电子合同和数字签名的法律地位，签约双方的电子合同的认可，确保电子合同能够得以实施。另外，应该充分利用现有的计算机安全和交易安全的法律法规，来保障电子商务的正常开展。

3.社会道德规范

解决电子商务的安全问题，除了要有技术方面的保证和法律方面的保障以外，社会道德规范的约束也是重要的保证。应加强对广大电子商务参与者的道德规范的宣传，保证参与者诚实守信。

7.2.4　电子商务安全技术

1.防火墙技术

防火墙是位于两个（或多个）网络之间执行安全策略的一系列组件的集合，包括硬件和软件，目的是保护内部网络不被Internet用户侵扰。防火墙应该具备如下基本条件：一是内部网络和外部网络之间的所有信息流都应该经过防火墙；二是只有符合防火墙安全策略的信息流才能通过防火墙；三是自身要具有较高的可靠性，不易受到各种网络攻击的影响；四是人机界面友好，用户使用方便，系统管理员可以方便地进行配置。

2.数据加密技术

数据加密的基本过程就是对原来为明文的文件或数据按某种算法进行处理，使其成为不可读的一段代码，通常称为密文，使其只能在输入相应的密钥之后才能显示出原来的内容，以达到保护数据不被非法窃取的目的。该过程的逆过程为解密，即将该编码信息转化为其原来数据的过程。根据密码算法所使用的加密密钥和解密密钥是否相同，以及能否由加密密钥推导出解密密钥，可将密码算法分为对称密码算法和非对称密码算法。

3.数字认证技术

数字认证技术是为了满足电子商务系统的安全性要求而必须采用的安全技术。数字认证的目的是确认信息发送者的身份和验证信息的完整性。常用的数字认证技术有数字摘要、数字信封、数字签名、数字时间戳、数字证书等。

4.安全技术协议（SSL 协议和 SET 协议）

安全嵌套层（Secure Sockets Layer，SSL）协议主要用于提高应用程序之间数据的安全系数，是国际上最早应用于电子商务的一种网络安全协议。它主要提供三个方面的服务：用户和服务器的合法性认证、加密数据、维护数据完整性。SSL 协议运行的前提是商家对客户信息的保密提供承诺。SSL 有利于商家而不利于客户，缺少了客户对商家的认证。客户信息先传到商家，商家阅读后再传至银行，客户资料的安全性容易受到威胁。

安全电子交易（Secure Electronic Transaction，SET）协议是由 VISA 国际组织与 MasterCard、Microsoft、IBM 等公司共同制定的，是一个为在线交易而设立的开放的、以电子货币为基础的电子付款系统规范。SET 协议在保留对客户信用卡认证的前提下，又增加了对商家身份的认证，这对于需要支付货币的交易是至关重要的。SET 协议解决了多方认证问题，克服了 SSL 协议的缺点，满足了电子商务持续不断增加的安全要求。

7.3　网上支付与网络银行

网上支付是电子商务活动中不可缺少的一个部分，也是电子商务存在和发展的基础。网上支付需要安全、可靠、便捷的电子支付结算系统，只有在电子商务交易中实现完全的网上支付功能，才可以说是真正意义上的电子商务。

7.3.1　网上支付系统

1.网上支付的定义

网上支付是指以金融电子化网络为基础，利用电子媒介和计算机通信技术，将货币以电子数据（二进制数据）形式存储在银行的计算机系统中，并通过计算机网络系统以电子信息传递形式实现流通和支付。

2.网上支付系统的构成

网上支付系统（如图 7-2 所示）主要由以下要素组成：Internet、客户、商家、客户开户行、商家开户行、支付网关、银行网络、认证中心。

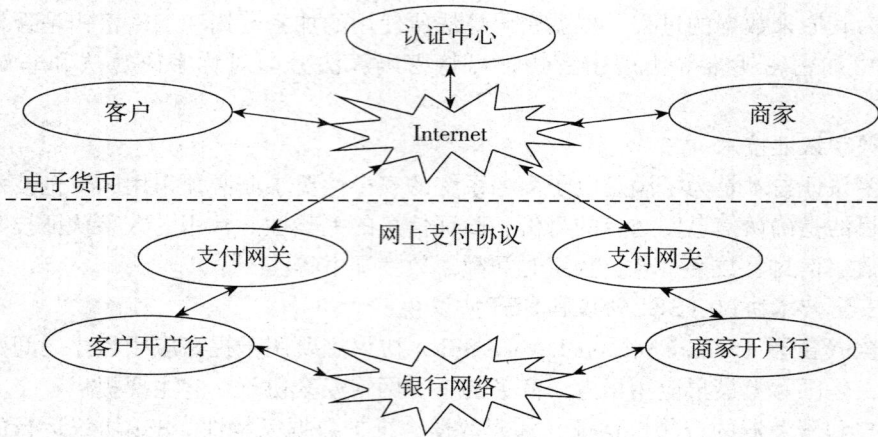

图7-2　网上支付系统的构成

（1）Internet

Internet是电子商务网上支付的基础，是商务信息传送的载体。

（2）客户

客户是指与商家具有交易关系并存在未清偿债务的一方，客户用自己拥有的支付工具（如电子现金、电子支票、银行卡等）来进行支付，是网上支付系统运作的起点。

（3）商家

商家则是拥有债权的商品交易的另一方，它可以根据客户发起的支付指令向金融体系请求获取货币给付。

（4）客户开户行

客户开户行是指客户在其中拥有账户的银行，客户所拥有的支付工具（电子货币）是由开户行提供的，客户开户行在提供支付工具的同时也提供了一种银行信用，用以保证支付工具的兑付。

（5）商家开户行

商家开户行是商家在其中开设账户的银行，其账户是整个支付过程中资金流向的地方，商家将客户的支付指令提交给其开户行后，就由开户行完成支付授权的请求以及银行间的清算等工作。商家开户行是依据商家提供的合法账单来工作的，因此称为收单行。

（6）支付网关

支付网关是Internet公用网和银行网络之间的接口，支付信息必须通过支付网关才能进入银行支付系统，进而完成支付的授权和获取，支付网关关系着结算的安全以及银行自身的安全，关系着金融系统的安全，因此十分重要。

（7）银行网络

银行网络作为一个金融专用网，是银行内部及银行间进行通信的网络，应具有较高的安全性。

（8）认证中心

认证中心又称为数字证书授权中心，简称CA（Certificate Authority）中心，它是法律承认的权威机构，用于对电子商务各参与方客户、商家、支付网关、网上银行等进行身份认证，发放数字证书，以保证电子商务交易和支付能安全、可靠地进行。

7.3.2　网上支付工具

网上支付的基本形式是以电子货币呈现的，电子货币是以金融网络与互联网为基础，以电子计算机技术和通信技术为手段，以各类支付卡和其他无形货币为媒介，通过金融信息的电子化形式实现资金转移的货币。电子货币没有物理形态，是一种货币信息，是持有者的金融信用。

1. 银行卡

银行卡是银行或其他财务机构签发给那些资信状况良好的人士的一种特制卡片，持卡人可凭卡在发卡机构指定的商业机构消费，也可在指定的银行机构存取现金。银行卡有两种，一种是可以透支一定额度的信用卡；另一种是不可以透支，只能在卡上存有的金额范围内支付的借记卡。

银行卡因其不同的种类有不同的支付系统，包括"信用卡"支付系统和"借记卡"支付系统，由于其功能类似，本节只讨论信用卡支付系统。信用卡的支付模式主要有四种：

（1）无安全措施的信用卡支付

当消费者与商家通过互联网达成交易后，消费者按商家的要求，在商家的页面上提交自己的信用卡卡号、密码、有效期等信息。商家在收到消费者传来的支付信息后，将其转发给银行以验证其支付的合法性。商家在得到银行的信用授权后向消费者发货。这种网上支付模式出现在电子商务的早期，消费者的关键信息对商家来说是完全公开的，这对于消费者来说具有极大的风险。

（2）通过第三方经纪人支付

在这种方式中，用户通常提前在某一第三方公司登记一个信用卡卡号和密码口令，当用户通过网络在该公司购物时，用户只需将口令传送到第三方，购物完成后，用户通常会收到一个确认电子邮件，询问购买是否有效。若用户对电子邮件回答有效时，公司就从用户的信用卡账户上减去这笔交易的费用。

（3）简单加密信用卡支付

采用这种模式支付时，用户信用卡卡号被加密，采用的加密技术有S/SHTTP、SSL等。用户在其网页中输入其信用卡卡号时，该卡号会被加密，而这种加密的信息只有业务提供商或第三方付费处理系统能识别，这种支付方式对于用户来说是极为方便的，但由于涉及加密、认证、授权等，其交易成本较高。

（4）SET加密信用卡支付

SET协议是由美国Visa和MasterCard两大信用卡组织联合国际上多家科技机构，于1997年6月共同制定的银行卡在线交易的安全标准。它采用公钥密码体制和X.509数字证书标准，主要应用于B to C电子商务中保障支付信息的安全性。SET协议本身比较复杂，设计比较严格，安全性高，但是在实际应用中，SET要求持卡人在客户端安装电子钱包，增加了顾客交易成本。

2.电子支票

电子支票（Electronic Check）是用电子方式实现纸质支票功能的新型电子支付工具。电子支票的支付是在与商户及银行相连的网络上以密码方式传递的，是用户利用其私钥所签署的一个文件。用电子支票支付，事务处理费用较低，而且银行也能为参与电子商务的商户提供标准化的资金信息，是一种非常有效率的支付手段。

电子支票的使用者凭借信用卡或银行账号到提供电子支票的银行注册，才能在网络上生成电子支票。电子支票的内容包括：支付人的姓名、支付人金融机构名称、支付人账户名、被支付人姓名、支票金额等。此外，上面还有银行的数字签名。

典型的电子支票系统有：NetCheque、NetBill、E-Check等。

3.电子现金

电子现金又称数字现金（Digital Cash），是以数字形式代表的现金货币，具体是用一串加密的数字来表示现金。电子现金在使用时与纸质现金完全类似，多用于小额支付，是一种储值型的支付工具。

电子现金由戴维·乔姆发明，1995年底被设在美国密苏里州的马克·吐温银行接受。电子现金及其支付系统已发展出多种形式，其使用灵活简便，比纸币更安全、隐私性更好，无须直接与银行连接便可使用。电子现金的应用，除要求网络系统保证安全传送和存取外，在其背后还应有现金、银行信用等作为担保，并能方便地与其他货币形式、信用贷款和银行存款等进行交换。

按电子现金的载体来分，可分为具有存储性质的预付卡（币值存储在IC卡片上）和纯电子系统形式（以数据文件的形式存储在计算机的硬盘上）的用户号码数据文件等。用户可以购买特定销售方可接受的预付卡，预付卡一般用于小额支付，在很多商家的POS机上都可受理。例如，银行发行的具有数字化现金功能的智能卡、各种储值卡等；纯电子数字化现金没有明确的物理形式，它将以用户的数字号码的形式存在，这使它适用于买方和卖方物理上处于不同地点的网络和Internet事务处理中。付款行为就是从买方的电子现金中扣除并传输到卖方。目前使用的电子现金系统主要有：DigiCash、CyberCash、NetCash等。

4.电子钱包

电子钱包（E-Wallet）是一个可以由持卡人用来进行安全电子交易和存储交易记录

的软件，就像生活中随身携带的钱包一样，是小额支付时常用的电子支付工具。电子钱包与普通的钱包没有什么区别，只是货币不再是可见的纸币，取而代之的是电子货币，即电子现金、电子零钱、信用卡等。

使用电子钱包支付，通常需要在电子钱包服务系统中进行，网络交易活动中的电子钱包软件通常都是免费提供的，可以直接使用与自己银行账号相连接的网络贸易系统服务器上的电子钱包软件，也可以采用各种保密方式利用互联网上的电子钱包软件。

英国 National Westminster 银行开发的电子钱包 Mondex 是世界上最早的电子钱包系统，于1995年7月在英国的 Swindon 试用。目前国内外比较流行的电子钱包系统有：VisaCash、Mondex、支付宝钱包、微信钱包和QQ钱包等。

7.3.3 第三方支付

第三方支付出现的最初目的是解决在电子商务小额支付情形下交易双方因银行卡不对接而造成的款项转账不便的问题。电子商务交易中的安全、信任以及便捷性要求也促使了第三方支付平台的出现，是电子商务市场发展的必然要求。第三方支付平台是在商家与消费者之间建立的一个公共的、可以信任的中介，建立了网上商家和银行之间的连接，发挥第三方监管和技术保障的作用。

1. 第三方支付的概念

第三方支付是具备一定实力和信誉保障的独立机构，采用与各大银行签约的方式，提供与银行支付结算系统接口的交易支持平台的网络支付模式。在第三方支付模式中，买方选购商品后，使用第三方平台提供的账户进行货款支付，并由第三方通知卖家货款到账、要求发货；买方收到货物，并检验商品进行确认后，就可以通知第三方付款给卖家，第三方再将款项转至卖家账户。第三方支付交易流程如图7-3所示。

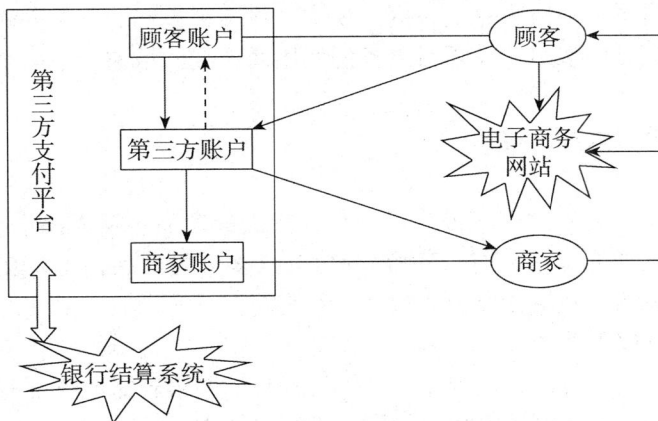

图7-3 第三方支付交易流程图

2. 第三方支付的优势

在网络交易的信用体系还不健全的情况下，第三方支付在一定程度上解决了网上银行支付方式不能对交易双方进行约束和监督，支付方式比较单一，以及在整个交易过程中商品质量、交易诚信、退换要求等方面无法得到可靠的保证，交易欺诈广泛存在等问题。其优势体现在以下几个方面：

（1）第三方支付平台作为中介方，可以促成商家和银行的合作。对于商家而言，第三方支付平台可以降低企业的运营成本；对于银行而言，可以直接利用第三方的服务系统提供服务，帮助银行节省网关开发成本。

（2）第三方支付平台能够提供增值服务，帮助商家网站解决实时交易查询和交易系统分析，提供方便及时的退款和支付服务。

（3）第三方支付平台可以规避一定的风险，能够对交易双方的交易进行详细的记录，从而防止交易双方对交易行为可能的抵赖以及为在后续交易中可能出现的纠纷提供相应的证据。

（4）较之SSL、SET等支付协议，利用第三方支付平台进行支付操作更加简单而易于接受。第三方支付平台采用了与众多银行合作的方式，从而大大地方便了网上交易的进行，对于商家来说，不用安装各个银行的认证软件，从一定程度上简化了费用和操作。

3. 比较流行的第三方支付平台

第三方支付平台可以大致划分为两类：一类是以支付宝、财付通、盛付通为代表的互联网型非独立支付平台，它们以在线支付为主，捆绑大型电子商务网站，此类支付平台一般采用信用中介模式，实行"代收代付"和"信用担保"；另一类是以银联电子支付、快钱、ChinaPay、汇付天下为代表的金融型独立支付平台，侧重行业需求和开拓行业应用，此类支付平台一般采用支付网关模式，将多种银行的支付方式进行整合，充当电子商务各方与银行的接口，使银行服务的使用面更广。目前，中国微信支付也成为重要的第三方支付方式。

下面简单介绍快钱和支付宝：

（1）快钱

快钱是国内领先的独立第三方支付平台，推出的产品包括人民币支付、外卡支付、神州行卡支付、联通充值卡支付、VPOS支付等众多支付产品，支持互联网、手机、电话和POS等多种终端，满足各类企业和个人的不同支付需求。

快钱主要提供以下业务：

①账户充值：用户可以通过银行卡、银行账户、网银转账或线下充值等方式为快钱账户充值，充值完成后即可用账户内的资金进行在线支付。

②账户提现：用户可以将快钱账户内的资金提取到银行账户中。

③支付服务：快钱支付是快钱推出的强大的电子收付款平台，可以帮助客户的网站迅速搭建安全便捷的电子支付系统，包括人民币支付、充值卡支付、外卡支付、B to B 支付、VPOS 支付等。快钱支付使商家避免了与每家银行单独签订协议的繁琐手续和搭建支付平台的技术挑战，大大降低了商家交易的门槛。

④退款功能：接入快钱支付服务的商家可以通过退款功能实现对消费者的退款操作。

⑤网上付款：通过快钱账户的网上付款功能，用户可以轻松地在线把货款支付给收款方，付款的方式包括付款到快钱账户、付款到银行账户、批量付款等。

⑥优惠券：对于用快钱支付货款进行消费的快钱用户来说，可以节约消费支出；而对于使用快钱进行在线收款的商家来说，优惠券又是十分强大的营销工具。

（2）支付宝

支付宝是国内领先的第三方支付平台，是阿里巴巴集团的关联公司，致力于提供"简单、安全、快速"的支付解决方案。支付宝公司创立于2004年，其创立主要是为了解决淘宝用户的资金结算问题。目前，支付宝已经成为中国互联网商家首选的网上支付方案，为电子商务各个领域创造了丰富的价值，自2014年第二季度开始成为全球最大的移动支付厂商，其旗下有"支付宝"与"支付宝钱包"两个独立品牌。

支付宝与国内外众多银行以及 VISA、MasterCard 国际组织等机构建立了战略合作关系，成为金融机构在电子支付领域最为信任的合作伙伴。

支付宝主要提供支付及理财服务。包括网购担保交易、网络支付、转账、信用卡还款、手机充值、水电煤缴费、个人理财等多个领域。在进入移动支付领域后，为零售百货、电影院线、连锁商超和出租车等多个行业提供服务，还推出了余额宝等理财服务。

7.3.4 网络银行

1.网络银行的定义

网络银行也称为网上银行、在线银行，是指利用Internet技术，通过Internet或其他公用电信网络与客户建立信息联系，在线为客户办理结算、信贷服务的商业银行或金融机构，是建立在现代Internet技术基础上的虚拟银行柜台。它实现了银行与客户之间安全、方便、友好、实时的连接，可向客户提供开户、销户、查询、对账、行内转账、跨行转账、信贷、网上证券、投资理财以及其他贸易或非贸易的全方位银行业务服务。

网络银行有别于电子银行，电子银行是指商业银行利用计算机技术和网络通信技术，通过语音或其他自动化设备，以人工辅助或自助形式，向客户提供方便快捷的金融服务。电子银行包括网络银行、电话银行、手机银行、ATM自动柜员机、POS系统等。

2.网络银行在电子商务中的地位

无论是传统的交易，还是新兴的电子商务，资金的支付都是完成交易的重要环节，所不同的是，电子商务强调支付过程和支付手段的电子化。能否有效地实现支付手段的电子化和网络化是网上交易成败的关键，直接关系到电子商务的发展前景。网络银行创造的电子货币以及独具优势的网上支付功能，为电子商务中网上支付的实现提供了强有力的支持。作为网上支付和结算的最终执行者，网络银行起着连接买卖双方的纽带作用，网络银行所提供的网上支付服务是电子商务中的最关键要素和最高层次。

7.4 电子商务与物流

电子商务交易过程涉及"四流"，即商流、物流、资金流以及信息流。信息流、商流和资金流均可通过互联网实现，但作为"四流"中最特殊的物流必须在网下实现，高质量的物流服务是电子商务成功的保证。

7.4.1 电子商务的物流模式

1. 自营物流

自营物流（Self-conducting Logistics）是指生产企业借助于自身的物质条件（包括物流设施、设备和管理机构等）自己组织物流活动。企业自身组织商品配送，掌握了交易的最后环节，有利于控制交易时间。但是，企业拥有自己的配送队伍将耗费一笔庞大的开支。因此，并不是所有的企业都有必要、有能力自己组织商品配送，需要具有以下特征的企业才适合依靠自身力量解决配送问题：一是业务集中在企业所在的城市，送货方式比较单一；二是拥有覆盖面很广的代理、分销、连锁店，而企业业务又集中在其覆盖范围内；三是规模比较大、资金实力比较雄厚、管理能力强。

2. 物流联盟

物流联盟（Logistics Alliance）是指两个或两个以上的经济组织为实现特定的物流目标而采取的长期联合与合作。换句话说，就是指在物流方面通过契约形成优势互补、要素双向或多向流动、互相信任、共担风险、共享收益的物流伙伴关系。一般来说，组成物流联盟的企业之间具有很强的依赖性，物流联盟的各个组成企业明确自身在整个物流联盟中的优势及担当的角色，分工明晰，从而使供应商把注意力集中在提供客户指定的服务上，最终提高企业的竞争能力，满足企业跨地区、全方位物流服务的要求。

物流联盟适用于两种情况：一种是物流在企业的发展战略中起主要作用，而企业自身的物流管理能力、管理水平又比较低。在这种情况下，组建物流联盟将会在物流设施、运输能力、专业管理技巧上收益极大。另一种是物流在其战略中不占关键地位，但其物流水平很高。这时组建物流联盟可以寻找伙伴共享物流资源，通过增大物流量获得规模收益，降低成本。物流联盟的风险在于容易产生对战略伙伴的过分依赖，造成企业核心竞争力丧失。

3.第三方物流

第三方物流（Third Party Logistics，TPL/3PL）是随着物流产业的发展而发展起来的，是物流专业化的重要形式。第三方物流的发展程度反映了物流业发展的整体水平，其占有率与物流业的行业水平之间有着非常紧密的联系。对西方国家的物流业分析表明，独立的第三方物流至少占社会的50%时，物流产业才能形成。

第三方物流的概念源自管理学中的外包（Outsourcing），是20世纪80年代中后期才在欧、美、日等发达国家出现的新概念。第三方物流也称物流代理，是指由交易供需双方之外的、独立性、专业化的物流组织完成物流服务的物流运作方式。由于物流经营者不参与商品的交易过程，只提供从生产到销售的整个流通过程中专门的物流服务（如商品运输、存储配送以及增值性物流服务），因此，从某种意义上，可以认为第三方物流是物流专业化的一种形式。企业在电子商务中实施第三方物流的主要作用有：降低作业成本、降低库存、致力于核心业务、减少资金积压、拓展国际业务、整合供应链管理。

4.第四方物流

第四方物流（Fourth Party Logistics，FPL/4PL）在第三方物流的基础上对管理和技术等物流资源进行了进一步整合，它是一个供应链的集成商，是供需双方及第三方的领导力量。它不是物流的利益方，它通过拥有的信息技术、整合能力以及其他资源提供一套完整的供应链解决方案，以此获取一定的利润。它帮助企业降低成本和有效整合资源，并且依靠优秀的第三方物流供应商、技术供应商、管理咨询以及其他增值服务商，为客户提供独特和广泛的供应链解决方案。

第四方物流的基本功能有三个方面：一是供应链管理功能，即管理从货主/托运人到用户、顾客的供应全过程；二是运输一体化功能，即负责管理运输公司、物流公司之间在业务操作上的衔接与协调问题；三是供应链再造功能，即根据货主/托运人在供应链上的要求，及时改变或调整战略战术，使其经常高效率地运作。第四方物流成功的关键是以"行业最佳"的物流方案为客户提供服务与技术，是第三方物流的"协助提高者"，也是货主的"物流方案集成商"。

7.4.2 电子商务的物流信息技术

在信息化高度发展的电子商务时代，物流与信息流的相互配合越来越重要。在物流管理中必然会用到越来越多的现代物流信息技术，物流信息技术是物流现代化的重要标志。

1.条码（Barcode）技术

条码技术是在计算机应用中产生和发展起来的一种自动识别技术。条码技术的核心内容是利用光电扫描设备识读条码符号，从而实现机器的自动识别，并快速准确地将信息录入到计算机进行数据处理，以达到自动化管理的目的。条码技术在物流管理中的应用主要有：销售信息系统（POS系统）、销售跟踪、库存系统、分货拣选系统以及生产管理等。

2.射频识别（RFID）技术

射频识别（RFID）是一种无线通信技术，可以通过无线电信号识别特定目标并读写相关数据，而无需在识别系统与特定目标之间建立机械或者光学接触。

无线电的信号是通过调成无线电频率的电磁场，把数据从附着在物品上的标签上传送出去，以自动辨识与追踪该物品。某些标签在识别时从识别器发出的电磁场中就可以得到能量，并不需要电池；也有标签本身拥有电源，并可以主动发出无线电波（调成无线电频率的电磁场）。标签包含了电子存储的信息，数米之内都可以识别。与条形码不同的是，射频标签不需要处在识别器视线之内，也可以嵌入被追踪物体之内。

许多行业都运用了射频识别技术。将标签附着在一辆正在生产中的汽车，厂方便可以追踪此车在生产线上的进度。仓库可以追踪药品的所在。射频标签也可以附于牲畜与宠物上，方便对牲畜与宠物的积极识别（积极识别的意思是防止数只牲畜使用同一个身份）。射频识别的身份识别卡可以使员工得以进入锁住的建筑部分，汽车上的射频应答器也可以用来征收收费路段与停车场的费用。

某些射频标签附在衣物、个人财物上，甚至于植入人体之内。由于这项技术可能会在未经本人许可的情况下读取个人信息，这项技术也会有侵犯个人隐私忧患。

3.地理信息系统（GIS）

地理信息系统（Geographic Information System，GIS）以地理空间数据为基础，采用地理模型分析方法，提供多种空间和动态的地理信息，对各种地理空间信息进行收集、存储、分析和可视化表达，是一种为地理研究和地理决策服务的计算机技术系统。GIS应用于物流分析，主要是指利用GIS强大的地理数据功能来完善物流分析技术。一些公司已经开发出利用GIS为物流分析提供专业支持的工具软件，完善的GIS物流分析软件集成了车辆路线模型、最短路径模型、网络物流模型、分配集合模型和设施定位模型等内容。

4.全球定位系统（GPS）

全球定位系统（Global Positioning System，GPS）是一个中距离圆形轨道卫星导航系统。它可以为地球表面绝大部分（98%）地区提供准确的定位、测速和高精度的时间标准。GPS系统在物流管理中的应用主要有：汽车自定位和跟踪调度、铁路运输管理、军事物流等。

7.5　移动电子商务及应用

移动电子商务是互联网、通信网、IT技术和手持终端技术融合发展的必然产物，是一种全新的数字商务模式，是电子商务朝着大众化、便捷化发展的一种延伸和扩展，一股整合电子商务、沟通传统商务的创新营销应用潮流，一个网络经济新的利润增长点。

7.5.1　移动电子商务的定义

移动电子商务是指通过移动通信网络进行数据传输，并且利用手机、PDA等移动终端开展各种商务活动的一种新型电子商务模式，这些商务活动主要以借助移动通信技术，使用移动终端为特征。

从技术角度来看，移动电子商务是技术的创新。移动电子商务以网络信息技术和创新的现代通信技术为依托，把手机、PDA和笔记本电脑等移动通信终端与Internet和移动通信网有机地结合起来。

从商务角度来看，移动电子商务是一种商务模式的创新。移动电子商务是与商务活动参与主体最贴近的，最便于大众参与的电子商务模式，在其商务活动中以应用移动通信技术和使用移动终端为重要特性，极大地提高了商务交往的速度和效率，降低了交易成本。

从管理角度来看，移动电子商务是一种管理模式的创新。移动电子商务的发展促使企业在商业架构、商业运营、商务管理、商务交易等方面进行变革，以适应新的业务需要。

7.5.2　移动电子商务的特点

1.广泛的用户基础

与传统的通过电脑平台开展的电子商务相比，移动电子商务拥有更为广泛的用户基础。

2.多样化和个性化

移动电子商务不仅能提供Internet的直接购物，还是一种全新的销售与促销渠道。它全面支持Internet业务，可实现电信、信息、媒体和娱乐服务的电子支付。不仅如此，移动电子商务也不同于目前的销售方式，它能完全根据消费者的个性化需求和喜好来提供更加人性化的服务，用户随时随地都可使用这些服务。

3.灵活的付费方式

服务付费可通过多种方式进行，以满足不同需求，可直接转入银行、用户电话账单或者实时地在预付账户上借记。通过个人移动设备来进行可靠的电子交易被视为移动电子商务业务的一个重要方面。设备的选择及提供服务与信息的方式完全由用户自己控制。

4.随时随地性

移动Internet的终端设备可以是蜂窝式移动电话或个人数字助理PDA，这些移动终端设备，更加灵活方便，更加个性化，用户可随时随地随身携带。通过移动电子商务，用户可随时随地获取所需的服务、应用、信息和娱乐。用户可以在自己方便的时候，使用智能电话或PDA查找、选择及购买商品和服务。

5.丰富的信息资源

无线互联网的信息来源是Internet，因此相对于其他个人消费类电子产品，其优势在于Internet具有强大的信息存储能力和丰富的信息资源。该信息平台可以将现有Internet网上的信息资源通过采集、整理，按照不同客户的特定要求提供给不同的用户。

6.收入来源

目前移动电子商务的收入来源主要包括三部分：网上交易、付费内容、广告。与传统的电子商务不同的是，这三部分中，份额最大的是付费内容部分，而直接网上交易和广告的比例则相对较小。

7.5.3 移动电子商务的主要技术

1.无线应用协议（WAP）

WAP是一种通信协议，它是开展移动电子商务的核心技术之一，可以支持目前使用的绝大多数无线设备。在传输网络上，WAP可以支持目前的各种移动网络，如GSM、CDMA、3G等。目前，许多电信公司已经推出了多种WAP产品，向用户提供网上咨询、机票订购、流动银行、游戏、购物等服务。

2.蓝牙技术

蓝牙（Blue Tooth）技术是一种短距离无线电技术，它在各类信息设备中嵌入一种微型、廉价的通信模块，不用电缆就可以实现小型移动设备间的无线互联。蓝牙技术采用全世界统一的开放性规范，可以使不同厂家的移动电话、计算机、掌上电脑、笔记本电脑等终端设备之间实现互联互通。

3.4G移动通信技术

随着数据通信与多媒体业务需求的发展，适应移动数据、移动计算及移动多媒体运作需要的第四代移动通信技术（4G）开始兴起。4G集3G与WLAN于一体，能够快速传输数据、高质量音频、视频和图像等。4G能够以100Mbps以上的速度下载，比目前的家用宽带ADSL（4M）快25倍，并能够满足几乎所有移动用户对于无线服务的要求。

4. 5G网络技术

第五代移动电话行动通信标准，也称第五代移动通信技术，外语缩写为5G，也是4G的延伸，正在研究中。5G网络的理论下行速度为10Gb/s（相当于下载速度1.25GB/s）。

物联网尤其是互联网汽车等产业的快速发展，对网络速度提出了更高的要求，这成为推动5G网络发展的重要因素。目前世界许多国家都在投资5G网络技术的研发，有望2020年之后陆续投入运营。

5G网络技术将实现超密集异构网络，自组织网络，内容分发网络，D2D通信，M2M通信，移动云计算，SDN（software-defined networking，软件定义网络）/NFV（network function virtualization，网络功能虚拟化），信息中心网络，软件定义无线网络，情境感知技术。

对于普通消费者而言，5G的价值在于它拥有比4G更快的速度，而业界普遍认为5G将在无人驾驶汽车、VR以及物联网等领域发挥重要作用。5G网络一旦应用，目前仍停留在构想阶段的车联网、物联网、智慧城市、无人机网络等概念将变为现实。此外，5G技术还将进一步应用到工业、医疗、安全等领域，能够极大地提高这些领域的生产效率，以及创新出新的生产方式。

5G技术前景广阔，但离正式商用仍有一段时间，5G标准也尚未正式确定。毫无疑问，在5G标准制定中掌握话语权，将会在新一代移动通信技术革命中占据先机。

5. 移动IP技术

移动IP技术是移动用户在跨网络漫游中，使用基于TCP/IP的网络时，不用修改计算机原来的IP地址，仍能继续享有原有网络中一切权限的技术。简单地讲，就是能让网络节点在移动的同时不断开连接，并且还能正确收发数据包。移动IP技术能在一定程度上较好地支持移动电子商务的应用。

6. 手机定位系统

手机定位服务是在无线状态下基于通信位置的定位服务，手机用户可以方便地获知自己目前所处的准确位置，并用手机查询或收取它附近各种场所的资讯。手机定位服务在无线移动的领域具有广泛的应用前景。

7. 无线公开密钥体系（Wireless PKI，WPKI）技术

WPKI是一套遵循既定标准的密钥及证书管理平台体系，是传统的PKI技术应用于无线环境的优化扩展，用于保障移动电子商务的安全，即交易过程的保密性以及交易文件的完整性和真实性。

7.5.4 移动电子商务的主要业务领域

移动电子商务提供了"随时、随意、随地"的商务，这决定着它在商务应用领域有着先天的优势。Internet、移动通信技术与其他技术的有机组合缔造了移动电子商务，

但真正推动市场发展的却是多样化的服务。移动电子商务的主要业务领域有：

1.交易

移动电子商务具有即时性，因此非常适用于股票等交易。移动设备可用于接收实时财务新闻和信息，也可确认订单并安全地进行在线股票交易。

2.娱乐

移动电子商务可带来一系列娱乐服务。用户不仅可以从移动设备上收听音乐，还可以订购、下载特定的曲目，并且可以在网上与朋友进行交互式游戏。

3.购物

借助移动电子商务，用户能够通过其移动通信设备进行网上购物，如订购鲜花、礼物、食品或快餐等。传统购物也可通过移动电子商务实现改进的目的，如用户可以使用"无线电子钱包"等具有安全支付功能的移动设备，在商店里或自动售货机上进行购物。

4.订票

通过 Internet 预订机票、车票或门票等已经成为一项主要业务，规模还在继续扩大。移动电子商务使用户能在票价优惠或航班取消时立即得到通知，也可支付票费或在旅行途中临时更改航班车次。借助移动设备，用户可以浏览电影剪辑、阅读评论，然后订购电影票。

5.银行业务

移动电子商务使用户能随时随地在网上安全地进行个人财务管理，进一步完善 Internet 银行体系。用户可以使用移动终端核查账户、支付账单、转账及接收付款通知等。

总之，随着技术的不断进步，移动电子商务所提供的服务将越来越丰富。移动电子商务以其随时、随地、随身的独特优势，为电子商务公司提供了新的商机。

7.5.5　移动支付

1.移动支付的概念

移动支付是指消费者以移动互联网为网络支持，以移动终端（通常是手机）为接口设备，以 IC 卡为安全控制工具和交易手段，进行资金转移的方式。

2.移动支付的类型

（1）电信账户手机支付

在消费者对所消费的商品或服务进行账务支付时，其金额通过手机账单扣除。在这种方式中，电信运营商为用户提供了代收费的功能。

（2）银行账户手机支付

在这种方式下，手机用户可以通过银行网络连接移动通信公司的短信平台，实现通过手机直接进行账户查询、银行转账、自助缴费等个人理财服务。

（3）其他账户手机支付

在这种方式下，用户利用快钱、支付宝、财付通、微信等第三方支付企业所提供的手机平台，办理付款、收款、充值、缴费等业务。

3.典型的移动支付方式

（1）手机银行

手机银行是以手机为载体，依托移动通信运营商的网络，以客户端程序的方式，为客户提供账户查询、转账、信用卡、理财、基金、证券、资讯、挂失等金融在线服务，是一种全新的电子银行业务和渠道。

手机银行以其使用便捷、安全高效、操作简单等特性，成为当下多数消费者选择的一种全新理财方式，"随身银行""指点个人金融业务"等消费方式也逐渐被大众所接受。国外手机银行起步较早，1996年捷克率先推出手机银行业务，目前在欧美国家手机银行已经相当普及。我国的手机银行普及较晚，目前四大国有商业银行，交行、招行、民生、光大、浦发、中信等大型股份制商业银行，以及部分城市商业银行也都陆续开始提供手机银行服务。据艾瑞咨询调查统计，手机银行应用较多的业务包括查询银行账户、转账汇款、话费缴纳、手机购物卡、手机理财等。

（2）手机近距离支付

与手机银行不同，手机支付的立足点是解决小额支付问题。手机近距离支付的基础是现场支付，是指用户利用近距离无线通信技术，使手机和自动售货机、POS终端、汽车停放收费表等终端设备之间实现本地化通信。目前，较为广泛使用的近距离无线通信技术包括蓝牙技术、红外技术、无线局域网802.11（Wi-Fi）、NFC、RFID技术等。目前，由于技术标准多样化和合作模式等问题，手机近距离支付并不普及，随着技术标准的不断成熟和统一，电信运营商和银联加强合作推广，手机近距离支付的规模将会迅速壮大。

案例　大商集团的O2O电商模式

"互联网"一夜之间成为"救赎"传统企业的精神纲领。很多企业披上这件外衣，似乎就真的能够枯木逢春。但是，概念永远不能充当零售的挡箭牌，这个行当的残酷之处就在于它永远都是用数字在说话。

从商务部给出的几个数字来看，2014年前三季度，我国零售企业销售额增长10.5%，其中，专业店、百货店和大型超市等传统业态分别增长了6.7%、7.1%和6.6%。不难看出，百货店的增速略高一筹。但是这一点都不值得欢喜，因为它们的增速正在不可阻挡地集体下滑。2015年3月31日，银泰百货公布了2014年年报，其中销售增长8%，这个数字在业内人士看来似乎为百货业多少挽回点颜面。因为在2013年，内地单体百货销售排行前15位的企业中，有4家百货店业绩较2012年下滑、1家持平。正向增长的10家中，也只有2家增幅达到两位数，其余则都是低增长。

电商的势头却有如神助，增长曲线持续向上。来自商务部的数据显示，2014年前三季度，电商交易规模达到1.82万亿元，增速接近49%，差不多是2013年全年的销售规模。这也难怪百货公司都纷纷上马电商了。其中最抢风头的莫过于万达电商，这家新晋上市的房地产公司，联合百度、腾讯发力Ｏ２Ｏ，动静挺大，却迟迟不见效果，令人匪夷所思。大商集团和银泰也在逐步试水电商，尤其是大商集团，作为中国最大的百货零售企业，去年推出天狗网，短短几个月时间就拥有了超过40万的会员，日均达到了10%以上的下单转化率，要知道这个数字在传统电商那里只有2%。

但几家欢喜几家愁，进入电商9年来的王府井电商却再次爆出亏损的消息。在它发布的2014年年报中，王府井电商亏损已达到4 206.28万元。运作将近10年的老牌百货公司尚且如此，大商集团等新玩家怎么在线上延续线下的传奇呢？

百货进军电商之困境

百货业可能陷入十几年来的最低谷，这是很多业内人士的切身感受。制造业空心化，品牌动力不足等等，阻碍了百货业的发展。但是，这无法解释电商每年跳跃式的增长。

2007年，王府井百货成为最早一批试水电子商务的零售企业，其选取几个城市作为电商业务的试点。直到2012年，其独立运营团队才正式组建，次年更是投入了1亿元。紧随王府井百货的是银泰百货，2010年上线的银泰网以精品百货的品牌形象示人，因为接受阿里注资，此后还在天猫开设了旗舰店。看上去，这两家实力雄厚的百货公司在进军电商领域方面，要么占尽先机，要么背靠巨头，但是它们的发展并非坦途。"触网"9年的王府井百货，自上线之日就处于亏损状态。2014年全年仅有2 000多万元销售额，单日成交额仅千元。其负责人对外解释说，王府井电商去年9月才真正发力，初步形成了自营电商的雏形。依托中国电商巨头阿里的银泰网也并非一帆风顺，多次改版，在内部的处境并没有外界想象的容易。银泰网创始人廖斌2013年离职，这引起了外界的不少猜想。值得一提的是，几大百货电商负责人也频繁出走，原万达电商COO刘思军去年加入大商集团负责Ｏ２Ｏ。

那么，问题的根源在哪？理论上，传统百货的生存根本就是平台模式，构建一个场景，吸引品牌入驻，收取租金。这跟阿里模式如出一辙，但是很遗憾，线上平台早就被阿里帝国完成了构建工作，没有线下百货的机会。对他们来说，只能走自营这条道。但是不少人认为，百货公司做自营缺乏电商基因。不懂采购销售、不懂物流，每一步都走得跌跌撞撞。更何况，他们本不愿丢失自己的线下势力范围，反扑线上，无非是想守住城池，免得被电商进一步蚕食。

也就是说，一没基因二没流量的传统零售进军电商，基本上是与京东、阿里正面开战，毫无缓冲。只是当他们意识到这点时，已经难以调整。银泰商业集团CEO陈晓东曾好言相劝百货从业者，不要再做纯粹的PC端电商平台。

如何实现闭环?

实际上，对于传统零售业来说电商并非噩梦。去年新晋"触网"的大商集团在O2O方面已经摸索出一条路来，并且交出了一份值得研究的答卷。大商集团转型电商一开始就避免与阿里、京东等巨头正面冲突，而是强调用互联网体系去改造大商集团的传统线下零售体系，为用户提供O2O服务。也就是说，大商天狗网并不是与大商集团并行的电商，而是O2O语境下的一个重要链条。天狗网为大商集团全国200多家实体百货店铺提供增值服务，帮助商户实现一店双开、一鱼多吃，线上线下同款同价同优惠的服务。移动端向用户提供商品信息查询、在线支付，通过限时抢购、新款分享有礼、派发优惠券、打折清仓四个销售模式与顾客互动，为线下的实体店导入购买意向性强烈的客流。大商集团的做法非常值得借鉴，B2C电商需要投入大量的成本获取流量，而大商集团却更多地为1500万活跃用户和每年5亿的客流服务，大大降低了导流成本；另外，到店转化率提高，立足本地化，激活大商集团自身的用户；更重要的是，能充分利用门店、商户等用户直接接触的场景展开广告推广，比B2C电商在宣传推广方面节省更多营销成本。

2015年春节期间（1月28日至2月28日）大商举行天狗网开门红活动，通过天狗线上派送红包、线下实体店消费，一共派发1300万元红包，最终转化率为35%，红包电子核销交易总额达1.35亿，整个活动期间实体店总销售额400多亿。活动期间单品在线下单、在线支付的交易额是10余万元。而单品在线下单、线下交易支付额近250万元。线下店WIFI和二维码为线上导流，线上又通过礼包形式让其回归线下，大商集团这种线上与线下统一、相互促进的闭环基本被验证。天狗网则通过与线下店共用商户和用户等方式站稳了脚跟。

传统百货零售行业转型势在必行，但未来的方向却令人难以把握。是传统的PC电商，还是主打移动端的O2O模式?是采用开放式的各家电商平台，还是拥有闭环式的商业模式?大商集团旗下天狗网的实体新电商模式，通过直接触点（门店）为线下实体引流、促销、告知，其线上线下、陆空一体的模式也为其他的百货零售商指明了未来的方向。

（根据中文IT社区CSDN文字整理）

案例思考题:

  1.大商集团电商O2O模式的特点和优势是什么?

  2.O2O对传统行业发展带来哪些机会和挑战?

本章小结

电子商务是先进的信息技术对传统商务模式的重大变革。本章主要介绍了电子商务的相关概念、电子商务安全技术、网上支付、电子商务与物流以及移动电子商务，以使读者对电子商务获得全面的了解和把握。

关键概念

电子商务　网上支付　网上银行　第三方物流　第四方物流　移动电子商务

复习思考题

1.什么是电子商务?电子商务有哪几种分类方法?

2.一个完整的电子商务系统由哪些部分组成?

3.电子商务的安全技术有哪些?

4.什么是网上支付?网上支付由哪些部分组成?

5.常用的网上支付有几种形式?

6.电子商务的物流模式有哪些?

7.电子商务的物流信息技术有哪些?

8.移动电子商务的特点有哪些?

第8章
管理信息系统总体规划

内容提要
1. 管理信息系统总体规划的任务、特点和原则
2. 管理信息系统总体规划方法及其优缺点
3. 企业系统规划方法的作用和工作步骤
4. 可行性研究

规划即面向长远发展的计划。系统总体规划是管理信息系统生命周期的第一个阶段，是开发管理信息系统的一项基础工作。这一阶段的主要目标是明确系统整个生命周期的发展方向、系统规模和开发计划。总体规划是站在企业组织的战略层次，把组织作为一个有机的整体，全面考虑组织所处的环境、组织本身的潜力、具备的条件以及组织进一步发展的需要，勾画出组织在一定时期内，所需开发的各类信息系统的应用项目，采用"自顶向下"方式，一步一步地达到建立企业管理信息系统的目标。系统规划是管理信息系统建设成功的关键之一。

8.1 管理信息系统总体规划概述

8.1.1 管理信息系统总体规划的必要性

由于管理信息系统开发建设是一项耗资巨大、技术复杂、开发周期长的系统工程，所以它的成败将对企业的经营产生重大影响。

"凡事预则立，不预则废"。科学的规划对信息系统建设非常重要。发达国家的调查表明，企业管理信息系统项目的失败 70% 左右是由于信息系统规划不当造成的。对于企业信息系统而言，如果一个操作错误会造成几万元损失的话，那么，一个设计错误就会损失几十万元，一个计划错误会损失几百万元，而一个规划错误则将损失几千万元甚至上亿元。缺少信息系统规划，企业将面临很多问题：信息系统建设没有方向和目标；企业战略和关键业务得不到支持；导致企业内部"信息孤岛"，陷于 IT 投资黑洞与重复建设；技术风险和投资风险难以控制；IT 利器变成企业的包袱。所以，现代企业为了避免陷入信息化建设的泥潭，必须克服"重硬件、轻软件"的片面现象，首先要科学地制定信息系统总体规划，把信息系统的总体规划摆到重要的战略位置上。

制定信息系统规划的必要性主要体现在如下几个方面：

（1）信息系统规划是系统开发的前提条件。管理信息系统的开发是一项极其复杂的系统工程，它涉及由高层到低层、由整体到局部、由决策到执行等各个层次和多个管理部门，以及人、财、物等各种资源的合理配置等问题。如果没有一个总体规划来统筹安排和协调，盲目地进行开发，必将造成资源的浪费和开发的失败。所以，信息系统规划是建设管理信息系统的先期工程，是开发的前提条件。

（2）信息系统规划是系统开发的纲领。信息系统规划明确规定了系统开发的目标、任务、方法和步骤，系统开发人员和系统管理人员要共同遵守规划规定的内容，所以信息系统规划是指导系统开发的纲领性文件。

（3）信息系统规划是系统开发成功的保证。信息系统规划把企业的远期目标和近期目标、外部环境和内部环境、整体效益和局部效益、定性分析和定量分析、信息处理和辅助决策等诸方面的关系统筹协调起来。系统规划可以使系统的开发严格按计划有序地进行，同时也可以对在系统开发过程中出现的各种偏差进行微观调控，及时修改和完善计划，有效地避免由于系统开发过程的失误造成的损失。

（4）信息系统规划是系统验收、评价的标准。新信息系统建成后，应该对该系统运行后的情况进行测定验收，对系统的目标、功能、特点、可用性等进行评价，这些工作都是以信息系统规划为标准的。

8.1.2　管理信息系统总体规划的任务

系统规划阶段的主要任务是：

（1）制定管理信息系统的发展战略。管理信息系统服务于企业管理，其发展战略必须与整个企业的战略目标协调一致。制定管理信息系统的发展战略，首先要通过调查分析企业的目标和发展战略，评价现行信息系统的功能、环境和应用状况；在此基础上确定管理信息系统的使命，制定管理信息系统的目标及相关政策。

（2）制订管理信息系统的总体方案，安排项目开发计划。在调查分析企业信息需求的基础上，提出管理信息系统的总体结构方案。根据发展战略和总体结构方案，确定系统和应用项目开发次序及时间安排。

（3）分析管理信息系统开发的可行性。可行性分析的任务是根据确定的问题，通过分析新系统需要的信息技术、可能发生的投资和费用、产生的效益，确定开发的管理信息系统成功的可能性。

（4）制订系统建设的资源分配计划。制订为实现开发计划所需要的硬件资源、软件资源、技术人员、资金、服务等计划，提出整个系统建设的概算。

8.1.3　管理信息系统总体规划的特点

系统规划阶段是概念系统形成的时期。

系统规划具有以下几个特点：

（1）系统规划是面向全局、面向长远的关键问题，具有较强的不确定性，结构化程度较低。

（2）系统规划是高层次的系统分析，高层管理人员是工作的主体。

（3）系统规划不宜过细。系统规划的目的是为整个系统确定发展战略、总体结构和资源计划，而不是解决系统开发中的具体问题。它要给后续工作以指导，而不是代替后续工作。在系统规划阶段，系统结构着眼于子系统的划分，对数据的描述在于划分"数据类"，进一步的划分是后续工作的任务。

（4）系统规划是企业规划的一部分，并随环境发展而变化。

系统规划阶段是一个管理决策过程，要应用现代信息技术有效地支持管理决策的总体方案；它又是管理与技术结合的过程，规划人员对管理和技术发展的见识、开创精神、务实态度是系统规划成功的关键因素。

8.1.4　管理信息系统总体规划的原则

系统规划应遵循以下原则：

（1）支持企业的总体战略目标。企业的战略目标是系统规划的出发点。系统规划从企业目标出发，分析企业管理的信息需求，逐步导出管理信息系统的战略目标和总体结构。

（2）整体上着眼于高层管理，兼顾各管理层的要求。由于不同管理层次的管理活动对信息有着不同的需求，因此必须建立一个合理的框架来定义信息系统。

（3）摆脱管理信息系统对组织结构的依从性。管理信息系统应具有可变更或对环境的适应性，只有摆脱对组织结构的依从性，才能提高管理信息系统的应变能力。

（4）使系统结构有良好的整体性。在管理信息系统开发过程中，由于数据处理单项开发容易形成信息的不一致，为此必须采用"自顶向下的规划"，制定统一的标准和规程，采用"自底向上的实现"过程，来保证系统结构的完整性和信息的一致性。

（5）便于实施。系统规划应给后续工作提供指导，要便于实施。方案选择应追求实效，宜选择最经济、简单、易于实施的方案。技术手段强调实用，不片面求洋、求新。

8.1.5　管理信息系统总体规划的组织

信息系统规划需要成立一个领导小组，进行有关的人员培训，同时要明确规划工作的进度。

（1）信息系统规划领导小组。为了实现系统规划目标，首先必须成立一支在最高层领导的倡导、支持下的强有力的规划队伍，通常称为"信息系统规划领导小组"。这个小组要在企业最高层管理者的直接领导之下，由一名负责全面规划工作的信息系统规划负责人和企业其他有关部门的主要负责人组成（包括信息管理负责人、系统分析负责人、财务负责人、各业务部门经理等）。信息系统规划负责人必须掌握一套成熟的科学规划方法。

（2）人员培训。进行信息系统规划需要采用一套成熟科学的规划方法，这套方法对参加者的大多数来说是陌生的，因此应对高层管理人员、用户分析员以及规划领导小组其他成员进行培训，使他们掌握制定管理信息系统规划的方法。

（3）规定进度。应该为规划工作给出一个大体上的时间限制，以便对规划过程进行严格管理，避免因过分拖延而丧失信誉或被迫放弃。

8.1.6 管理信息系统总体规划的步骤

（1）确定总体规划的性质。明确管理信息系统总体规划的年限及具体的方法。

（2）收集相关信息。

（3）进行总体战略分析。对管理信息系统的目标、开发方法、功能结构、计划活动、信息部门的情况、财务情况、风险度和政策等进行分析。

（4）定义约束条件。根据企业的财务资源、人力及物力等方面的限制，定义管理信息系统的约束条件和政策。

（5）明确规划目标。确定管理信息系统的开发目标，明确管理信息系统应具有的功能、服务范围和质量等。

（6）提出未来通信的略图。给出管理信息系统的初步框架。

（7）选择开发方案、提出实施进度。

（8）通过总体规划。

8.1.7 管理信息系统总体规划的技术成果

信息系统规划阶段的技术成果主要包括系统开发立项报告、可行性研究报告和系统开发计划书等技术文档。

（1）系统开发立项报告。系统开发立项报告是对新系统开发的初步设想。主要内容包括现行系统的描述及存在问题、新系统的期望目标和需求、项目经费预算及来源、开发进度和计划完成期限、项目验收标准和方法、可行性研究的组织及预算、有关文档和其他需要说明的问题。

（2）可行性研究报告。可行性研究报告是对所立项的系统就开发的可能性与必要性做出的研究结果。主要内容包括新系统的预期目标、要求和约束，进行可行性研究的基本原则，对现行系统分析的描述及存在的主要问题，新系统对现行系统的影响，系统开发的投资和效益的分析，系统开发的各种可选方案及比较，可行性研究的有关结论等。

（3）系统开发计划书。系统开发计划书是对正式批准立项的系统所制订的详细系统开发计划。内容主要有新系统开发的目标、基本方针、人员组织、开发阶段等的描述，各主要开发阶段的任务、人员分工及负责人、时间分配、资金设备投入计划等，各项工作任务的验收方法和标准，系统开发中的单位、人员、开发阶段、责任与权益等的衔接、协调方式及协调负责人等。

8.2 管理信息系统总体规划的方法

目前管理信息系统总体规划的方法有多种，主要有关键成功因素法（Critical

Success Factors，CSF）、战略目标集转化法（Strategy Set Transformation，SST）、企业系统规划法（Business System Planning，BSP）。其他还有企业信息分析与集成技术（BIAIT）、投资回收法（ROI）等。使用得最多的是前三种。下面我们只介绍前三种方法的基本原理。

8.2.1　关键成功因素法

关键成功因素法（CSF）是由哈佛大学 William Zani 教授和麻省理工学院 John Bockart 教授提出的，关键成功因素是指对企业成功起关键作用的因素。在每一个企业组织中，都存在着对该组织的成功起关键作用的因素。在不同的业务活动中，关键成功因素会有很大的不同，即使在同一类型的业务活动中，在不同时期内，其关键成功因素也会不同。我们应该把精力集中于那些对管理活动确有帮助的信息，必须具备鉴别与选择信息的能力，即侧重于"成功因素"。CSF 是通过分析找出企业成功的关键因素，然后再围绕这些关键因素来确定系统的需求，并进行规划。其步骤如下：

（1）了解企业（或 MIS）战略目标。

（2）识别所有关键成功因素。

（3）识别性能的评价指标和标准。

（4）定义数据字典。

关键成功因素法的步骤如图 8-1 所示。

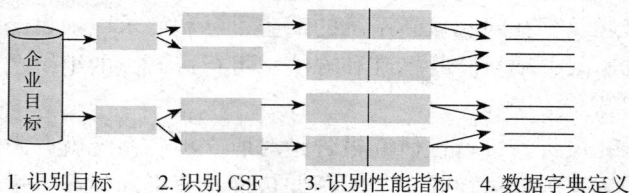

1. 识别目标　　2. 识别 CSF　　3. 识别性能指标　　4. 数据字典定义

图 8-1　关键成功因素法的步骤

关键成功因素法源自企业目标，通过对目标的分解和识别、关键成功因素识别、性能指标识别，一直到产生数据字典。这好像建立一个数据库，一直细化到数据字典，因而有人又把这种方法用于数据库的分析与建立。

关键成功因素法就是要识别联系于系统目标的主要数据类及其关系，识别关键成功因素所用的工具是树枝因果图（如图 8-2 所示）。例如，某企业有一个目标，是提高企业产品竞争力，就可以用树枝图画出影响它的各种因素，以及影响这些因素的子因素。图 8-2 中，影响企业目标——"提高产品竞争力"的因素有"降低成本""提高质量""市场服务"等，而"降低成本"又与"减少人员"、"降低原料价格"等因素有关。然而，如何评价这些因素中哪些是关键的成功因素，不同的企业有不同的做法。对于一个习惯于高层人员个人决策的企业，主要由高层人员个人在此图中选择。对于习惯于群体决策的企业，可以用德尔菲法或其他方法把不同人的关键因素综合起来。关键成功因素法在高层应用，一般效果较好。

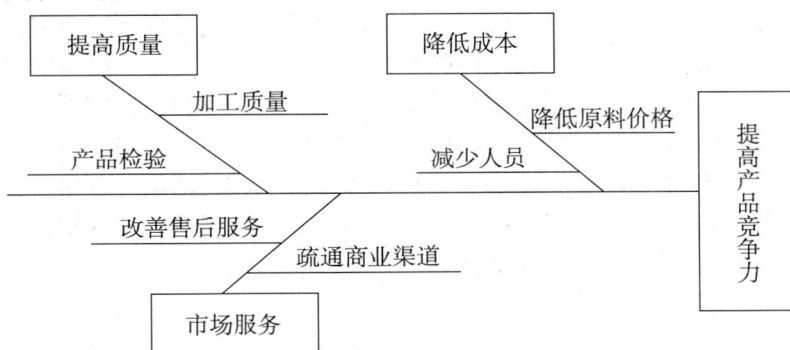

图8-2 树枝因果图

8.2.2 战略目标集转化法

战略目标集转化法（SST）是把企业的战略目标看成是一个"信息集合"，由使命、目标、战略和其他战略变量等组成。战略规划过程是把组织的战略目标转变为信息系统战略目标的过程（参见图8-3）。

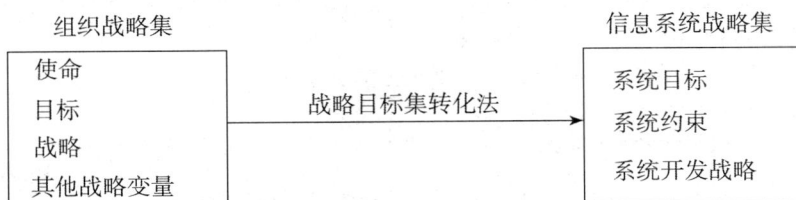

图8-3 战略目标集转化法

这个方法的第一步是识别企业的战略集，先考察一下该企业是否有成文的战略或长期计划，如果没有就要去构造这种战略集合。可以采取以下步骤：

（1）描绘出企业各类人员结构。

（2）识别各类人员的目标。

（3）对于各类人员识别其使命及战略。

当企业战略初步识别后，应立即送交有关领导审阅和修改。

第二步是将组织战略集转化成信息系统战略，信息系统战略应包括系统目标、系统约束以及开发策略和设计原则等。这个转化的过程包括对应企业战略集的每个元素识别对应的信息系统战略约束，然后提出整个信息系统的结构。

8.2.3 企业系统规划法

企业系统规划法（BSP）是一种对企业管理信息系统进行规划的结构化方法，是由 IBM 公司于 20 世纪 70 年代提出的，与 CSF 法一样，也是自上而下识别系统目标，识别企业过程，识别数据，然后自下而上设计系统，以支持系统目标的实现。

BSP 法从企业目标入手，逐步将企业目标转化为管理信息系统的目标和结构。它摆脱了管理信息系统对原组织结构的依从性，从企业最基本的活动过程出发，进行数据分析，分析决策所需数据，然后自下而上设计系统，以支持系统目标的实现。

图 8-4 显示了企业系统规划法的基本思想和过程。

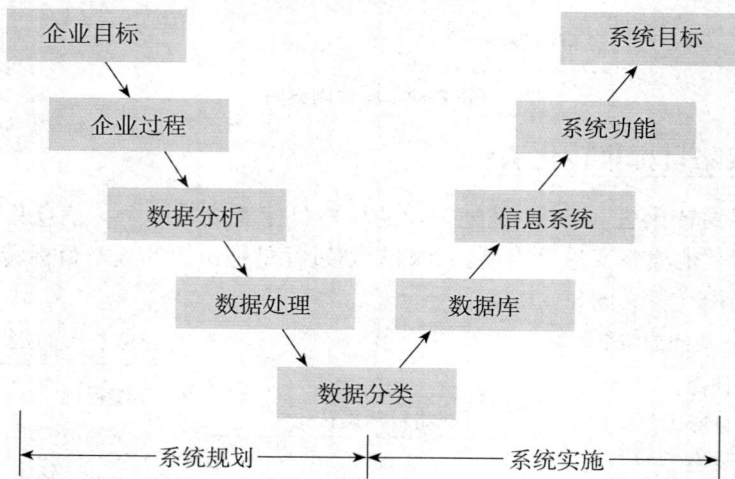

图 8-4　企业系统规划法的基本思想和过程

1.BSP 法的作用

（1）确定出未来管理信息系统的总体结构，明确整个系统的子系统组成以及开发这些子系统的先后顺序。

（2）对数据进行统一规划、管理和控制，明确各子系统之间的数据交换关系，保证信息的一致性。

BSP 法的优点在于利用它能保证 MIS 独立于企业的组织机构，使其具有对环境变更的适应性。即使将来企业的组织机构或管理体制发生变化，MIS 的结构体系也不会受到太大的冲击。

2.BSP 方法的工作步骤

（1）准备工作

①成立由企业最高领导牵头的总体规划委员会，下设具体规划小组。

②确定总体规划的范围，一般要延伸到高层管理。

③调查研究、收集数据。规划组成员通过查阅资料，深入各级管理层，了解企业有关决策过程、组织职能和部门的主要活动及存在的主要问题。

④制订计划，画出总体规划工作的计划评审技术图或甘特图。

⑤开好管理信息系统建设的动员大会。

（2）定义企业管理目标

需要调查了解企业的管理目标和为了达到这个目标所采取的经营方针以及实现目标的条件。通过对企业管理目标的定义，才能明确界定信息系统的目标。一个信息系统的好坏，不在于它的设备是否先进，而在于它是否适合企业的目标，是否能解决企业需要解决的问题。

（3）识别管理功能

在系统初步调查基础上，进一步确定系统功能模型。系统功能应独立于现行系统的组织结构，它不是企业现行各组织机构职能的罗列，而是从企业的全部管理工作中理出相关的管理活动，即管理功能。这样得出的管理信息系统的功能与企业的组织机构相对独立，因此，组织结构的变动不会引起管理信息系统结构的变动。

识别系统功能的方法通常有两种：

①归纳法。这是从现状出发，从基层开始，对现行各职能部门的职能进行整理、归纳，识别系统的管理功能。

②演绎法。这是从各管理决策所需的信息角度出发，由高到低来分析企业的管理功能。

系统功能模型表示系统为了实现其目标而需具备的功能，它具有层次结构，最高层是功能整体，下一层功能是上一层功能的分解，逐层分解直到不再表现系统"做什么"，而表现系统"如何做"时为止，功能模型最底层为"任务层"。

图8-5显示了某制造企业的功能模型。

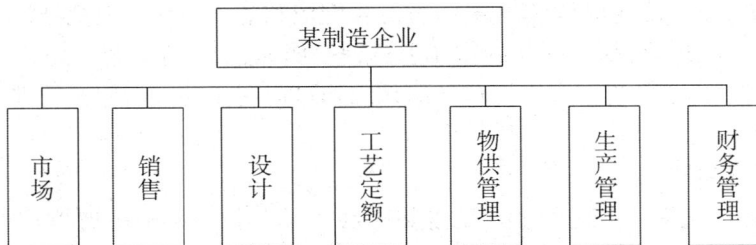

图8-5 某制造企业的功能模型

（4）定义企业过程

企业过程为逻辑上相关的一组决策或活动的集合，它构成整个企业的管理活动。

　　对功能模型进一步进行分解即到了企业过程层次。一项任务可以分解为若干个执行过程，每个执行过程都是相对独立的一项功能，如销售功能可以分解为：销售策略与管理、订货服务、合同管理、产品与库存管理等过程。

　　过程确定后，应结合功能模型和调查资料来检查过程的正确性和完备性，并对过程按功能分组。最后把过程与组织结构之间的关系列在一张组织/过程矩阵表上，如表8-1所示。

表8-1　　　　　　　　　　　　　　　　组织/过程矩阵表

组织 \ 过程	市场			销售				设计			工艺定额			物供管理			生产管理				财务管理			
	市场研究	市场/产品预测	市场计划	销售策略与管理	订货服务	合同管理	产品与库存管理	产品开发与设计	生产设计	技术规格	工艺过程设计	制定材料定额	制定工时定额	材料计划与采购	收、发、存管理	材料成本核算	生产计划大纲	作业计划	生产统计	调度	财务计划	资金筹措	成本控制	应收应付管理
规划	●																○							
经营	○	●	●	●	●	●	●										○							
设计								●	●	●	○	○												
工艺定额											●	●	●				○							
物供														●	●	○								
生产																	●	●	●	●				
财务																○					●	●	●	●
质管																								

　　表中：●主要负责者；○主要参加者。

　　值得一提的是，管理功能和业务过程的确定应独立于当前的组织结构，组织结构可能变化，但企业仍然会执行同样的功能和过程。例如，"库存管理"可以由一个部门单独完成，也可以由多个部门联合完成。组织结构可以有变动，但库存管理的业务过程大体上是不变的。

　　（5）定义数据类

　　数据类是指支持业务过程所需的逻辑上相关的数据，即业务过程产生和利用的数据，定义数据类的第一步是识别数据类，识别数据类有两种方法——实体法和过程法。

　　①实体法。实体法是先识别系统的实体，如记账凭证、物资、产品等，然后用四种类型的数据类描述每个实体，这四种类型的数据为：计划型、统计型、存储型和事务型，然后把实体和数据类型作在一张表上就得到了实体/数据类型表，如表8-2

所示。

表8-2 实体/数据类型表

数据类 ＼ 实体	记账凭证	设备	材料	人员
计划	资金筹措计划	设备使用、添置、维修、保养	材料需求	人员需求计划
统计	统计销售收入、成本、应收、应付	设备利用率	材料耗用	各类人员统计
存储	凭证文件	设备维护使用记录	材料入库、出库记录	职工档案
事务	记账	设备进出记录	采购订货、收发	调动、晋升记录

②过程法。它利用以前定义的企业过程，分析每一个过程利用什么数据、产生什么数据，或者说每一个过程的输入和输出的数据是什么，对每一个过程标出其输入、输出数据类。它可以用"输入-过程-输出"图来形象地表达（见图8-6），再与用第一种方法得到的数据类比较并进行调整，最后归纳出系统的所有数据类。

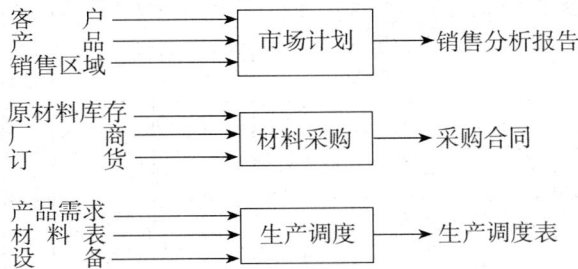

图8-6 "输入-过程-输出"数据类图

（6）设计管理信息系统结构

过程和数据类都定义好之后，可以得到一张过程/数据类表格，该表格又可称为过程/数据类矩阵或U/C矩阵，其表达过程与数据类之间的联系，如表8-3所示。过程与数据类的交叉点上标以C（Creat），表示这个数据类由相应的过程产生，标以U（Use），表示这个过程使用这个数据类。

①划分子系统

有了过程/数据类矩阵，就可以定义管理信息结构系统的结构了，即划分子系统。步骤如下：

第一步，调整过程/数据类矩阵。

表8-3　　　　　　　　　　　　过程/数据类矩阵

过程 ＼ 数据类	客户	订货	产品	操作顺序	材料表	成本	零件规格	材料库存	成品库存	职工	销售区域	财务	计划	机器负荷	材料供应	工作令
经营计划						U						U	C			
财务计划						U				U		U	C			
资产规模												C				
产品预测	U		U									U	U			
产品设计开发	U		C		U		C									
产品工艺			U		C		C									
库存控制								C	C					U	U	
调度			U											U		C
生产能力计划				U										C	U	
材料需求			U	U											C	
操作顺序				C										U	U	U
销售区域管理	C	U	U													
销售	U	U	U								C					
订货服务	U	C	U													
发运		U	U						U							
通用会计	U	U								U						
成本会计		U				C										
人员计划										C						
人员考核										U						

首先，过程这一列按过程组排列。过程组指同类型的过程，如"经营计划""财务计划""资产规模"属计划类型，归入"经营计划"过程组。

其次，排列"数据类"这一行，使得矩阵中C最靠近主对角线。因为过程的分组并不绝对，在不破坏过程成组的逻辑性基础上，可以适当调配过程分组，使U也尽可能靠近主对角线。表8-3的过程/数据类矩阵经上述调整后，得到表8-4所示的过程/数据类矩阵。

表8-4　　　　　　　　　　　　　　调整后的过程/数据类矩阵

过程 \ 数据类	计划	财务	产品	零件规格	材料表	材料库存	成品库存	工作令	机器负荷	材料供应	操作顺序	客户	销售区域	订货	成本	职工
经营计划	C	U													U	
财务计划	C	U													U	U
资产规模		C														
产品预测	U		U									U	U			
产品设计开发			C	C	U							U				
产品工艺			U	C	C											
库存控制						C	C	U		U						
调度			U						C	U						
生产能力计划									C	U	U					
材料需求			U		U					C						
操作顺序									U	U	U	C				
销售区域管理			U									C		U		
销售			U									U	C	U		
订货服务			U									U		C		
发运			U					U						U		
通用会计			U									U				U
成本会计														U	C	
人员计划																C
人员考核																U

第二步，画出过程组对应的方框，并起个名字，这就是子系统，见表8-5。

表8-5　　　　　　　　　　　　　划分子系统

过程		计划	财务	产品	零件规格	材料表	材料库存	成品库存	工作令	机器负荷	材料供应	操作顺序	客户	销售区域	订货	成本	职工
经营计划	经营计划	C	U													U	
	财务计划	C	U													U	U
	资产规模		C														
技术准备	产品预测	U		U									U	U			
	产品设计开发			C	C	U							U				
	产品工艺			U	C	C											
生产制造	库存控制						C	C	U		U						
	调度			U					C	U							
	生产能力计划									C	U	U					
	材料需求			U		U					C						
	操作顺序								U	U	U	C					
销售	销售区域管理			U									C		U		
	销售			U									U	C	U		
	订货服务			U									U		C		
	发运			U			U								U		
财会	通用会计			U									U				U
	成本会计													U	C		
人事	人员计划															C	
	人员考核															U	

　　第三步，用箭头把落在框外的U与子系统联系起来，表示子系统之间的数据流。例如，数据类"计划"，由经营计划子系统产生，而技术准备子系统要用到这一数据类，见表8-6。

　　②确定子系统实施顺序

　　由于资源的限制，系统的开发总有个先后次序，而不可能全面开发。划分子系统之后，根据企业目标和技术约束确定子系统实现的优先顺序。一般来讲，对企业贡献大的、需求迫切的、容易开发的优先开发。以下是确定子系统实施顺序的原则：

　　第一步，系统需求程度与潜在的效益评估。

　　通过对管理人员、决策者的调查访问，进行定性评估。根据评估准则（如潜在

表8-6　　　　　　　　　　　子系统之间的联系

过程＼数据类	计划	财会	产品	零件规格	材料表	材料库存	成品库存	工作指令	机器负荷	材料供应	操作程序	客户	销售区域	订货	成本	职工
经营计划												U			U	U
技术准备	U									U	U	U	U			
生产制造			U		U											
销售			U				U									
财会			U									U		U	U	U
人事																

效益、对企业的影响、迫切性等），对每个子系统在管理人员和决策人员中用评分的办法进行评估，每个子系统的得分作为优先顺序的参考。

　　第二步，技术约束分析。

　　对子系统之间的关联，可用表8-6进行分析。利用该表很容易评出每个子系统产生的数据有多少被其他子系统所共享。有较多子系统共享的数据应较早实现。当然也要考虑数据的重要性及关联的紧密程度。

8.2.4　三种系统规划方法的比较

　　关键成功因素法（CSF）能抓住主要矛盾，使目标的识别突出重点。由于经理们比较熟悉这种方法，使用这种方法所确定的目标，经理们乐于努力去实现。该方法最有利于确定企业的管理目标。

战略目标集转化法（SST）从组织的各类管理者的角度识别管理目标，它反映了各种人的要求，能保证目标比较全面，疏漏较少，但它在突出重点方面不如前者。

企业系统规划法（BSP）的最大特点就是具有比较强大的数据结构规划功能，它全面展示了组织状况、系统或数据应用情况及其差距，可以帮助众多管理者和数据用户形成组织的一致性意见，并通过对管理者们的信息需求调查，来帮助组织找出在信息处理方面应该做些什么。该方法比较适用于刚刚启动或可能产生重大变化的企业组织。该方法的缺点是收集数据的成本较高，数据分析难度大，实施起来耗时、费资。

在总体规划中一定要强调数据位于管理信息系统的中心观念，即"数据中心"[①]原理或"数据稳定性"原理。所谓"数据中心"原理是指，只要企业的性质和目标不变，它的数据类就是稳定的，任何经营管理活动都离不开对这些数据的存取。管理信息系统的开发应该面向数据类，而不应该面向处理过程，因为处理过程是多变的。尽管通过识别过程可以得到很多数据项，但开发新的管理信息系统时一定要明确"数据模型是稳定的而处理是多变的"基本原理和前提，在此基础上，尽量识别出企业的元数据和数据类。只有这样，开发的管理信息系统才有较强的适应性。

8.3　可行性研究

在做完总体规划之后，根据开发先后顺序的安排，确定近期需要开发的信息系统。这时就要仔细分析信息系统的开发是否可行，对目标系统进行可行性研究。对信息系统进行可行性研究，要从系统调查入手，再进一步从技术上、经济上和社会效益等方面论证其可行性，最后提交一份可行性研究报告。

8.3.1　信息系统的初步调查

用户提出管理信息系统的开发要求后，必须对用户的要求以及当前系统进行初步调查，确定用户的开发要求是否可行。初步调查的主要内容为：

（1）新系统的目的和要求。初步调查的第一步就是从用户对新系统的要求和提出新系统开发缘由入手，调查用户对新系统的需求以及新系统预期达到的目的，包括对新系统的功能、性能的要求以及新系统的运行环境、限制条件等。

（2）组织机构的概况。包括组织机构的性质、内部的组织结构、办公楼或生产车间等的布局、上级主管部门、横向协作部门、下属部门等。这些与系统开发可行性研究、

---

① 高复先. 信息资源规划——企业信息化建设基础工程［M］. 北京：清华大学出版社，2002.

系统开发初步建议方案以及进行详细调查直接相关，应该在初步调查中弄清。

（3）现行系统的运行情况。在决定是否开发新系统之前，一定要了解现行系统的运行状况、特点、所存在的问题、可利用的资源、可利用的技术力量以及可利用的信息处理设备等。现行系统可能是计算机管理信息系统，也可能是手工处理信息的系统。

初步调查工作为可行性研究提供依据，在此阶段对系统的业务流程等不可能进行很详细的调查，只是对系统的当前状况、系统结构等做初步的了解。在确定系统具有可行性并正式立项后，将投入大量的人力和物力展开大规模的、全面的系统业务调查。

8.3.2　可行性研究的内容

可行性研究是在系统初步调查的基础上，对新系统是否能够实现和值得实现等问题做出判断，避免在花费了大量的人力和物力之后才发现系统不能用或新系统投入使用后没有任何实际意义而引起的浪费。对新系统可行性的研究，要求用最小的代价在尽量短的时间内确定系统是否可行。

管理信息系统的可行性研究应从以下三个方面考虑：

（1）技术可行性

技术可行性是指：

①根据现有的技术条件，能否达到所提出的要求。

②所需要的物理资源是否具备，能否得到。

特别要注意，这里的技术条件是指已经普遍采用、确实可行的技术手段，而不是正在研究中没有把握的新技术。

技术条件包括以下几个方面：

①硬件。包括计算机存储量、运算速度、外部设备的功能、效率、可靠性，通信设备的能力、质量是否满足要求。

②系统软件。包括操作系统提供的接口能力是否符合需要，如是否具备实时处理能力或批处理能力，分时处理的响应时间是否可接受，数据库管理系统的功能是否足够，程序设计语言的种类和表达能力是否满足要求，网络软件的性能是否满足需要等等。

③应用软件。是否已经有专用的软件。

④技术人员。各类技术人员的数量、水平、来源。

（2）经济可行性

经济可行性分析要估计项目成本和效益，分析项目经济上是否合理。如果不能提供研制系统所需的经费，或者不能提高企业利润，或一定时期内不能回收它的投资，就不应该开发该项目。

经济可行性要解决两个问题：资金可得性和经济合理性。

①资金可得性

先要估计成本，计算项目投资总额。成本包括初始成本和日常维护费用。

系统的初始成本包括：

- 各种软、硬件及辅助设备的购置、运输、安装、调试费用。
- 机房及附属设施费用。
- 其他（差旅等）费用。

日常维护费用包括：

- 系统维护。
- 人员费用。
- 易耗品。
- 内务开销。
- 其他。

应注意防止成本估计过低的倾向，如只算开发费，不算维护费；只算硬件，忽视软件；只算主机，不算外设。

②经济合理性

考虑资金可得性要计算系统开支。要说明经济合理性，还需计算管理信息系统带来的效益。效益可分为直接经济效益和间接经济效益。直接经济效益为系统投入运行后，对利润的直接影响。这些效益可直接折合成货币形式。把这种效益与系统投资、运行费用相比，可以估算出投资回收期。

管理信息系统的效益大部分是难以用货币形式表现出来的社会利益。如系统运行后，可以更及时地得到更准确的信息，对管理者的决策提供有力的支持，改善企业形象，增强竞争力等。据国外统计，管理信息系统的效益，按其重要性排列如下：

- 提供以前提供不了的统计报表和分析报告。
- 提供比以前准确、及时、适用、易理解的信息。
- 为领导决策提供有力的支持。
- 促进体制改革，提高工作效率。
- 减少人员费用。
- 改进服务，增强顾客信任度，增强企业的竞争地位。
- 改善工作条件。
- 将来需要的潜力。

由此看来，管理信息系统的效益主要是难以用货币表现的间接效益。

（3）社会可行性

社会可行性是指所建立的信息系统能否在该企业实现，在当前环境下能否很好的运行，即组织内外是否具备接受和使用新系统的条件。从组织内部讲，管理信息系统的建立，可能导致某些制度甚至某些体制的变动。对于这些变动，组织的承受能力影响这个系统的生存，尤其是从手工过渡到人机系统，这个因素影响更大。对于涉及社会经济现象的系统，还应考虑原始数据的来源有无保证。

8.3.3 可行性研究报告

总体规划的最后阶段是撰写可行性报告。可行性报告包括总体方案和可行性论证两个方面，一般内容有以下几点：

（1）引言。说明系统的名称、系统目标和系统功能、项目的由来。

（2）系统建设的背景、必要性和意义。报告要用较大的篇幅说明总体规划调查、汇总的全过程，要使人信服调查是真实的，汇总是有根据的，规划是可信的。

（3）拟建系统的候选方案。这部分要提出信息系统的逻辑配置方案，可以提出一个主要方案及几个辅助方案。

（4）可行性论证。从技术、经济、社会三个方面对规划进行论证。

（5）几个方案的比较。若结论认为是可行的，则给出系统开发的计划，包括各阶段人力、资金、设备的需求及开发进度。

8.3.4 可行性研究举例

我们通过一个实例来看一下可行性分析的内容。这是一个工贸公司的业务管理系统的例子，下面是该系统可行性研究的主要内容：

（1）基本情况

某工贸公司是经省人民政府批准成立的、经国家经贸部批准具有对外经营权的全民所有制公司，是由数十家大中型工厂、科研机构、高等院校共同投资组成的股份制经济实体，于1980年成立。公司本部设在××市××××路×××号。

该公司以工贸结合、技贸结合、内外贸结合的方式开拓国内外市场，具备完整的国际国内贸易、仓储运输、新产品开发、技术咨询和服务等功能。公司设有10个分部、分公司，主营国际贸易；还设有一个化工基地，专门生产化工类产品。公司正向着贸、工、技、金融一体的多元化经营的集团公司发展。

近年来，随着外贸业务量的快速增长，原有的手工处理方式已不能满足需要。在这种情况下，公司提出了管理信息系统的开发要求。

（2）初步调查和可行性分析

经过初步调查之后，我们认为在该公司建立管理信息系统是可行的。

首先，公司领导重视，管理层普遍支持，公司业务人员同样也表现了对管理信息系统的迫切需求。当然，部分领导对计算机管理信息系统存在过高的期望，错误地认为新系统建立后，什么事情都可以解决。经过与系统分析人员的交流，公司领导层对新系统的目标有了较正确的认识。显然，用户能够积极参与系统开发，这是系统开发的前提和基础。

其次，技术方面的可行性。技术可行性可从以下几个方面进行分析：

①公司管理规范，特别是在对贸易业务的处理上，管理部门与业务部门之间的来往文档规范，审批手续比较齐全，可以保证新系统数据的规范和全面。

②公司有一定的计算机应用基础，公司大部分人员对计算机技术有一定的了解，有一定的计算机操作能力，实施新系统后只需经过简单的培训即可。公司原有的计算机管理和维护工作由综合管理部门下属的微机室负责，有两名以上的具有一定软硬件维护能力的计算机专业人员。

③软件覆盖业务范围。根据公司的业务情况，采用常见的数据库应用程序开发工具实现公司本部的业务管理是完全可行的。业务部门之间采用共享数据库的方式可以方便地实现数据信息的传递。与外地分公司或工厂的业务联系的实现与网络的连接方式有关，考虑暂缓实现。

④硬件设备的可行性。公司原有部分 PC 机，配置较高，可运行 Windows 2000 操作系统，可作为网络工作站连接到 Novell Netware 或 Windows NT 服务器上。根据这些条件，可增加一台微机服务器、若干网络无盘工作站和一些网络连接设备，即可建立一个基本局域网，满足信息系统运行的需要。

（3）新系统设想方案

根据对公司情况的初步调查和可行性分析研究，可以得出结论：在公司总部开发实施管理信息系统是可行的。对新系统的建设方案主要有下面的几点设想：

①新系统的功能覆盖公司的业务流程管理、人事劳资、档案管理、财务管理等。这涉及公司的综合管理部门、各业务部门、财务部门、办公室等主要部门。

②系统主要委托外单位开发，本单位人员配合并参与开发的全过程，以消化吸收并掌握技术，为今后负责系统的管理和操作运行打下基础。开发过程可采用如下几步：

第一步：开发者在用户的配合下展开全面的系统调查和系统分析。

第二步：开发者进行系统分析和系统实现（编程）工作。

第三步：开发者进行系统调试，并逐步培训各岗位的操作人员。

第四步：系统调试工作完成后，将系统和所有开发文档移交给该公司，由公司自行管理系统的运行。

③由于财务管理部分数据处理复杂，对可靠性要求较高，开发费用也较高，拟采用购买财务软件（如金蝶、用友等流行的财务软件）的方法来实现。由开发人员完成财务软件与系统其他部分的数据交换程序的开发。人事劳资和档案管理也可以采用购买通用软件的方法来解决，可降低系统的开发费用，加快开发进度。

④开发方法采用自顶向下的方法，先调查、分析，理顺所有的管理环节，然后再根据实际情况制订并实施新系统方案。

⑤系统拟投入的人力有：开发人员2名，公司电信室2名计算机管理人员参与系统的分析工作，调试阶段有4~5名操作人员参加。预计开发时间为1.5年，其中调查时间为2个月，系统分析与设计时间为4个月，编程时间为3个月，调试和试运行时间为7个月。

⑥系统的软硬件设置。购买一台高性能微机或PC服务器作为文件服务器，将公司原有微机通过网络设备连接到文件服务器作网络工作站，并根据需要增加部分无盘工作站。文件服务器的操作系统采用Windows NT 4.0服务器版；网络工作站操作系统采用Windows 2000。网络工作站由于用户数较少，同时将文件服务器作为数据库服务器，数据库服务器软件采用微软的SQL Server 7.0。网络设备包括两台16端口的集线器和文件服务器及网络工作站使用的网络接口卡。

系统开发工具拟采用Inprise公司的Delphi或C++Builder，这两种开发工具可视化程度高，数据库连接和操作方便，可快速完成系统的编程工作。

⑦开发费用预算（略）。

可行性研究涉及系统初步开发计划的制订，需要对开发工作量做出初步的估计。可以使用软件工程学中的成本估算方法。

本章小结

管理信息系统的总体规划是一个企业的战略规划的重要组成部分，是关于MIS长远发展的规划。总体规划的主要任务是制定信息系统的发展战略，确定总体方案、开发计划，分析项目开发的可行性，制订资源分配计划。

管理信息系统的总体规划方法有多种，主要有关键成功因素法、战略目标集转化法和企业系统规划法等。关键成功因素法是通过分析找出企业成功的关键因素，然后再围绕这些关键因素来确定系统的需求，并进行规划。战略目标集转化法把企业的战略目标看成是一个"信息集合"，由使命、目标、战略和其他战略变量等组成。战略规划过程是把组织的战略目标转变为信息系统战略目标的过程。企业系统规划法从企业目标入手，逐步将企业目标转化为管理信息系统的目标和结构。它摆脱了管理信息系统对原组织结构的依从性，从企业最基本的活动过程出发，进行数据分析，分析决策所需数据，然后自下而上设计系统，以支持系统目标的实现。

可行性研究是分析信息系统的开发是否可行，对目标系统进行可行性研究。对信息系统进行可行性研究，要从系统调查入手，再进一步从技术上、经济上和社会效益等方面论证其可行性，最后提交一份可行性研究报告。

关键概念

管理信息系统总体规划　关键成功因素法（CSF）　战略目标集转化法（SST）企业系统规划法（BSP）　可行性研究

复习思考题

1.为什么要进行管理信息系统的总体规划?总体规划的任务是什么?

2.总体规划有什么特点?

3.试述BSP方法的工作步骤。

4.制定MIS总体规划时使用BSP法的主要作用是什么?

5.可行性的内容是什么?信息系统的可行性研究报告包括哪些内容?

第 *9* 章
管理信息系统开发

内容提要
1. 管理信息系统的开发策略
2. 管理信息系统的开发方法
3. 信息系统分析
4. 信息系统设计
5. 信息系统实施

管理信息系统开发是在信息系统规划的指导下，分析、设计、实现一个管理信息系统，是一个信息系统项目建设工程。信息系统项目建设有不同的策略，信息系统开发也有不同的方法。信息系统开发方法是指在信息系统开发过程中的指导思想、逻辑、途径以及工具的组合。

9.1 管理信息系统的开发策略

早期的管理信息系统具有一定的探索性，主要依靠企业自己开发或委托高校、研究机构等做专门的开发。随着管理信息系统应用面的拓宽和逐渐成熟，出现了专门从事管理信息系统开发和实施服务的企业，以及以软件包形式出售的商品软件。目前管理信息系统的开发策略主要有自行开发、委托开发、合作开发、利用现成的软件包和信息系统外包等。

9.1.1 自行开发

由用户依靠自己的力量独立完成系统开发的各项任务。这种开发方式适合于有较强专业开发分析与设计队伍和程序设计人员、系统维护使用队伍的组织和单位，如大学、研究所、计算机公司、高科技公司等。

自行开发方式的优点是开发费用少，容易开发出适合本单位需要的系统，方便维护和扩展，有利于培养自己的系统开发人员。缺点是由于不是专业开发队伍，除缺少专业开发人员的经验和熟练水平外，还容易受业务工作的限制，系统整体优化不够，开发水平较低。同时开发人员一般都是临时从所属各单位抽调出来进行管理信息系统的开发工作，他们都有自己的工作，精力有限，这样就会造成系统开发时间长、开发人员调动后系统维护工作没有保障的情况。

随着专门的第四代软件工具和信息系统生成器的发展，越来越多的企业进行自行开发是可能的。采用自行开发方式时，应注意以下两点：

（1）需要大力加强领导，实行"一把手"原则。

（2）向专业开发人士或公司进行必要的技术咨询，或聘请他们作为开发顾问。

9.1.2 委托开发

使用单位（甲方）通常委托有丰富开发经验的机构或专业开发人员（乙方），按照用户的需求承担系统开发的任务。这种开发方式适合于使用单位（甲方）没有管理信息系统的系统分析、系统设计及软件开发人员或开发队伍力量较弱、但资金较为充足的单位。开发一个小型管理信息系统需要几万元，开发一个大型管理信息系统则需要几十万、几百万甚至上千万元。甲乙双方应签订管理信息系统开发项目协议，明确新系统的目标与功能、开发时间与费用、系统标准与验收方式、人员培训等内容。

委托开发方式的优点是省时、省事，开发的系统技术水平较高。缺点是费用高、系统维护与扩展需要开发单位的长期支持，不利于本单位的人才培养。

采用委托开发方式应注意以下两点：

（1）使用单位（甲方）的业务骨干要参与系统的论证工作。

（2）开发过程中需要开发单位（乙方）和使用单位（甲方）双方及时沟通，进行协调和检查。

9.1.3　合作开发

由使用单位（甲方）和有丰富开发经验的机构或专业开发人员（乙方），共同完成开发任务。双方共享开发成果，实际上是一种半委托性质的开发工作。合作开发方式适合于有一定的管理信息系统分析、设计及软件开发人员，但开发队伍力量较弱，希望通过管理信息系统的开发建立、完善和提高自己的技术队伍，便于系统维护工作展开的单位（甲方）。

合作开发方式的优点是相对于委托开发方式比较节约资金，可以培养、增强使用单位的技术力量，便于系统维护工作，系统的技术水平较高。缺点是双方在合作中沟通易出现问题，因此，需要双方及时达成共识，进行协调和检查。

9.1.4　利用现成的软件包开发

目前，软件的开发正在向专业化方向发展。一些专门从事管理信息系统开发的公司已经开发出大量使用方便、功能强大的应用软件包。所谓应用软件包是预先编制好的、具有一定功能的、供出售或出租的成套软件系统。它可以小到只有一项单一的功能，也可以是由多个模块组成的复杂的运行在主机上的大系统。为了避免重复劳动，提高系统开发的经济效益，可以利用现成的软件包开发管理信息系统，可购买现成的应用软件包或开发平台，如财务管理系统、小型企业管理信息系统、供销存管理信息系统等等。该开发方式对于功能单一的小系统的开发颇为有效。但不太适用于规模较大、功能复杂、需求量的不确定性程度比较高的系统的开发。

利用现成的软件包开发这一方式的优点是能缩短开发时间，节省开发费用，技术水平比较高，系统可以得到较好的维护。缺点是功能比较简单，通用软件的专用性比较差，难以满足特殊要求，需要有一定的技术力量根据使用者的要求做软件改善和编制必要的接口软件等二次开发工作。

9.1.5　信息系统外包

随着网络技术的深入应用和经济全球化进程的加快，全球性的资源配置、分工和协作越来越频繁，信息技术的快速发展使信息系统更加庞大和复杂，专业化趋势也更加明显，越来越多的组织选择将信息系统项目外包给外部供应商，信息系统外包业务正成为国内外IT业发展的重要途径。

所谓外包，就是指同组织外部供应商签约，由外部供应商实现具体的项目。信息系统外包是指组织委托外部专业信息系统供应商来提供所需的有关信息系统产品或服务。信息系统外包的具体范围可以是信息系统相关的资产、人员、活动和功能，信息系统外包是将组织的部分或全部信息系统的资产、人员和（或）活动委托给一个或多个外部供应商来完成执行。它包括下面的任何一种类型或其多种形式的组合：系统规划、系统应用分析和设计，系统应用开发、系统运行和维护，系统集成，数据中心实施，通信管理和维护，软件、硬件产品、设备管理（如维护），最终用户支持（如培训）等。

外包的优点是经济，服务质量高，可以用相同的和较低的成本获得更好的服务，灵活性增强，可根据业务的发展情况调整外包的费用和能力，更有效地利用人才，盘活资产。

外包的缺点是将自己的战略信息转入他人之手，有可能使管理失控，一旦信息系统业务外包，就很难将这些业务再重新进行组建了，外包容易将自己限定在不灵活的合同里。

总之，不同的开发策略有各自的优点和缺点，企业在开发管理信息系统之前，应根据自己的实际情况和开发策略的特点进行匹配选择。

9.2 管理信息系统的开发方法

管理信息系统的开发是一项复杂的系统工程。它涉及的知识面广、部门多，不仅涉及技术，而且涉及管理业务、组织和协调；它不仅是科学，而且是艺术。管理信息系统从产生到现在发展了许多开发方法，通常不严格地将它们分为结构化系统开发方法、原型法、面向对象开发方法和CASE开发方法等几大类。

9.2.1 结构化系统开发方法

结构化系统开发方法是比较经典的一类系统开发方法，在20世纪七八十年代，该类方法非常盛行，在信息系统的开发上，取得了较好的效果。该方法强调从系统的角度出发来分析问题和解决问题，面对要开发的系统，从层次的角度，自顶向下地分析和设计系统，认为任何系统都有一个从发生、发展到消亡的生命周期，新系统是旧系统的继续。开发过程强调严格的规范管理，工作文档要成文，要标准。目前，该类方法仍不失为一种有效的信息系统开发方法。

1.结构化系统开发方法的基本思想

"结构化"一词出自程序设计,即我们熟知的结构化程序设计。在结构化程序设计出现之前,程序员按照各自的习惯和思路编写程序,没有统一的标准,也没有统一的方法。同样一件事情,不同的程序员编写的程序所占用的内存空间、运行时间可能差异很大。更严重的是,这些程序的可读性和可修改性很差。一个程序员编写的程序,别人可能看不懂,修改更是困难,往往修改不如重写。

1964年,波姆和雅科比尼提出结构化程序设计的理论,认为任何一个程序都可以用三种基本逻辑结构(即顺序结构、选择结构、循环结构)来编制。戴克斯特拉等人主张程序中避免使用GOTO语句,而仅用上述三种结构反复嵌套来构造程序。在这一思想指导下,一个程序可按"自顶向下,逐步求精"的方法来完成,即把一个程序分成若干个功能模块,这些模块之间尽可能彼此独立,用作业控制语句或过程调用语句把这些模块联系起来,形成一个完整的程序。这种方法大大提高了程序员的工作效率,改进了程序质量,增强了程序的可读性和可修改性,修改程序的某一部分时,对其他部分的影响也不太大。可以说这种方法使程序设计由一种"艺术"成为一种"技术"。

人们从结构化程序设计中受到启发,把模块化思想引入到系统设计中来,将一个系统设计成层次化的程序结构。这些模块相对独立,功能单一。

结构化系统开发的基本思想是:用系统工程的思想和工程化的方法,按用户至上的原则,结构化、模块化、自顶向下地对系统进行分析与设计。也就是说,先将整个管理信息系统的开发划分成若干个不同阶段,如系统规划、系统分析、系统设计、系统实施、运行和维护;然后在系统规划、分析和设计阶段采用自顶向下的方法对系统进行结构化划分;最后在系统实施阶段,采用自底向上的方法逐步实施。

2.结构化系统开发方法的特点

(1)系统观点。要采用结构化系统开发方法,就要把待解决的问题看成一个系统,就是说我们要建立的信息系统和建立这个系统的整个过程是一个系统问题,我们要按照系统的观点来分析和解决它。首先,要明确信息系统建立的目的,要把企业的需求搞清楚,不能含糊;其次,要从整体的角度出发分析问题和解决问题,不能见木不见林,只管局部的最优,而忽略全局的最优;最后,还要考虑系统的相关性以及环境适应性,注重子系统之间的各种联系,并给系统留有一定的扩充余地。

(2)严格区分工作阶段,每个阶段都有明确的任务和应得的成果。结构化方法强调按照时间顺序、工作内容,将系统开发过程划分为几个阶段,如系统规划阶段、系统分析阶段、系统设计阶段、系统实施阶段、系统运行和维护阶段。明确每个阶段的任务和目标,在开发领导小组的检查和督促下逐一完成各个阶段的任务,前一阶段是后一阶段的工作依据,不可打乱或颠倒。

（3）自顶向下的分析与设计和自底向上的系统实施。按照系统的观点，任何事情都是互相联系的整体。因此，在系统分析与设计时要站在整体的角度，自顶向下地工作。但在系统实施时，先对最底层的模块编程，然后一个模块、几个模块地调试，最后自底向上逐步构成整个系统。

（4）工作成果文档化，文档资料规范化、标准化。管理信息系统开发是一项复杂的系统工程，参加人员多，经历时间长，为了保证工作的连续性，根据系统工程的思想，管理信息系统的各个阶段性的成果必须文档化，文档资料标准化、格式化。只有这样，才能更好地实现用户与系统开发人员的交流，才能确保各个阶段的无缝连接。因此必须充分重视文档资料的规范化、标准化工作，充分发挥文档资料的作用，为提高 MIS 的适应性提供可靠保证。

3.结构化系统开发方法的五个阶段

用结构化系统开发方法开发一个系统，一般将整个开发过程划分成五个首尾相连的阶段，称之为结构化系统开发的生命周期（Life Cycle），如图9-1所示。

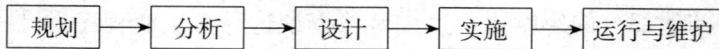

规划 → 分析 → 设计 → 实施 → 运行与维护

图9-1　结构化系统开发方法的生命周期

（1）系统规划阶段。系统规划阶段的任务是对企业的环境、企业目标、现行系统的状况进行初步调查，根据企业的目标和发展战略，确定信息系统的目标和总体结构，对开发新系统的需求做出分析和预测，同时还要考虑开发新系统所受的各种约束条件，研究新系统的必要性和可能性，给出拟开发系统的备选方案，对这些方案进行可行性研究，写出可行性研究报告。确定分析阶段实施进度，最后编写系统设计任务书。

（2）系统分析阶段。系统分析阶段的任务是根据系统设计任务书所确定的范围，通过对组织的现行系统进行详细调查分析，描述现行系统的业务流程，指出现行系统的局限性和不足之处，确定新系统的基本目标和逻辑功能要求，即提出新系统的逻辑模型。这个阶段又称为系统逻辑设计阶段。这个阶段是整个系统建设的关键阶段。系统分析阶段的工作成果体现在系统分析说明书中，这是信息系统开发的必备文件。它既是给用户看的，也是下一阶段的工作依据。因此，系统分析说明书既要通俗又要准确。用户通过系统分析说明书可以了解未来系统的功能，判断是不是其所要求的系统。系统分析说明书一旦讨论通过，就是系统设计的依据，也是将来验收系统的重要依据。

（3）系统设计阶段。简单地说，系统分析阶段的任务是回答系统"做什么"的问题，而系统设计阶段要回答的问题是"怎么做"。该阶段的任务是根据系统说明书中规定的功能要求，考虑实际条件，具体设计实现逻辑模型的技术方案，也即设计新系统的物理模型。这个阶段又称为物理设计阶段。这一阶段可分为总体设计和详细设计两个阶段。这个阶段的主要技术文档是"系统设计说明书"。

（4）系统实施阶段。系统实施阶段是将设计的系统付诸实施的阶段。这一阶段的任务包括计算机等设备的购置、安装和调试，程序的编写和调试，用户人员的培训，数据文件转换，系统调试与转换等。这一阶段的特点是几个相互联系、相互制约的任务同时展开，必须精心安排、合理组织。系统实施是按实施计划分阶段完成的，每个阶段应写出实施进度报告。系统测试之后写出系统测试分析报告。

（5）系统运行与维护阶段。系统投入运行后，需要进行系统的日常运行管理、维护和评价三部分工作。若运行结果良好，则送管理部门，指导生产经营活动；如果存在问题，则要对系统进行修改、维护或者是局部调整；如果出现了不可调和的大问题（这种情况一般是系统运行若干年之后，系统运行的环境已发生了根本的变化时才可能出现），则用户将会进一步提出开发新系统的要求，这标志着老系统生命的结束、新系统的诞生。

以上五大阶段，构成了系统开发生命周期。

4.结构化系统开发方法的优缺点

（1）优点

整体思路清楚，能够从全局出发，步步为营，减少返工，有利于提高开发质量；设计工作中阶段性非常强，每一阶段均有工作成果出现；每一阶段的工作成果是下一阶工作的依据，工作进度比较容易把握，有利于系统开发的总体管理和控制。另外，由于该方法强调从整体来分析和设计整个系统，因此在系统分析时，可以诊断出原系统中存在的问题和结构上的缺陷，这一点是其他方法难以做到的。

（2）缺点

①系统的开发周期太长，有时，系统开发尚未完成，而内外环境已经发生了变化，对系统的需求也发生了变化。

②这种方法要求系统开发者在调查中就充分地掌握用户需求、管理状况以及预见可能发生的变化，这不大符合人们循序渐进地认识事物的规律。

③需要大量的文档和图表，这方面的工作劳动量非常大，有时会造成效率低、成本高的问题。

5.结构化系统开发方法的适用范围

结构化系统开发方法主要适用于大系统或系统开发缺乏经验的情况。

9.2.2　原型法

原型法（Prototyping）是与结构化系统开发方法完全不同的开发方法，它是在20世纪80年代随着计算机技术的发展，特别是在关系数据库系统（Relational Data Base System，RDBS）、第4代程序生成语言（4GL，4th Generation Language）和各种系统开发生成环境产生的基础之上提出的一种设计思想、工具、手段都全新的系统开发方法。与结构化系统开发方法相比，原型法扬弃了对现行系统的全面、系统的详细调查与分析，而是根据系统开发人员对用户需求的理解，在强有力的软件环境支持下，快速开发出一个原型系统，提供给用户，与用户一起反复协商修改，直至实现新系统。其系统开发是一个分析、设计、编程、运行、评价多次重复、不断演进的过程。因此原型法一经问世，立即得到广泛的重视，迅速得以推广。

1.原型法的基本概念

在建筑学和机械设计学中，所谓"原型"是指其结构、大小和功能都与某个物体相似的、模拟该物体的原始模型。在信息系统中，"原型"是指该系统早期可运行的一个版本，反映系统的部分重要功能和特征，其主要内容包括系统的程序模块、数据文件、用户界面、主要输出信息和其他系统的接口。信息系统的原型不是对原系统的仿真，而是区别于最终系统的初始模型。这种原型经过多次修改完善后，可以成为欲开发系统的最终系统。

原型法的基本思想是：开发管理信息系统，首先要对用户提出的基本需求进行总结，然后构造一个合适的原型并运行，此后通过系统开发人员与用户对原型运行情况进行不断分析、修改和研讨，不断扩充和完善系统的结构和功能，直到符合用户的要求。

原型法不同于结构化系统开发方法，它不区分系统开发的各个阶段，而是同时完成各个阶段的活动，并快速反馈给用户，通过反复迭代，完成系统的开发。

2.原型法开发过程

原型法的开发过程分为四个阶段：

（1）确定用户的基本需求。要在很短的时间内调查并确定用户基本需求，这时的需求可能是不完全的、粗糙的，但也是最基本的，如系统功能、数据规范、结果格式、屏幕及菜单等。

（2）开发初始原型系统。开发者根据用户基本需求开发一个应用系统的初始原型，并交付原型的基本功能及有关屏幕画面。

（3）对原型进行评价。让用户试用原型，根据实际运行情况，明确原型存在的问题。

（4）修正和改进原型系统。开发者根据用户试用及提出的问题，与用户共同研究确定修改原型的方案，经过修改和完善得到新的原型。然后再试用、评价、再修改完善，多次反复一直到满意为止。

原型法的开发过程是一个循环的、不断修改完善的过程，其开发流程如图9-2所示。

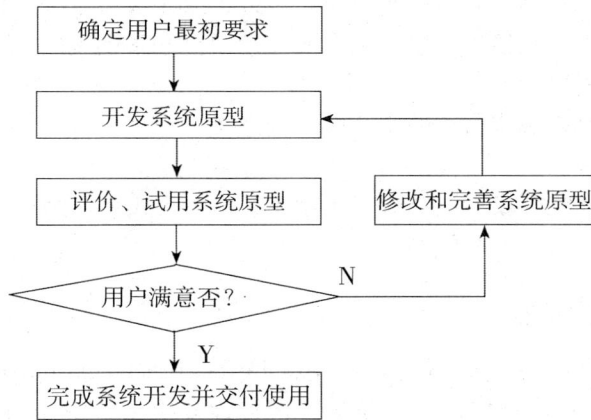

图9-2 原型法开发流程

3.原型法的优缺点

（1）优点

①认识论上的突破。开发过程是一个循环往复的反馈过程，它符合用户对计算机应用的认识逐步发展、螺旋式上升的规律。开始时，用户和设计者对系统功能要求的认识是不完整的、粗糙的。通过建立原型、演示原型、修改原型的循环过程，设计者以原型为媒介，及时取得来自用户的反馈信息，不断发现问题，反复修改、完善系统，确保用户的要求得到较好的满足。

②提高了综合开发效益。原型法减少了大量重复的文档编制时间，缩短了开发周期，减少了用户培训时间，降低了开发成本，加快了开发进度，从而提高了综合开发效益。

③用户满意度提高。强调了用户的主导作用，增进了用户与开发人员之间的沟通，用户的直接参与能直接而又及时地发现问题，并进行修正，因而可以减少产品的设计性错误，提高了用户的满意程度。

（2）缺点

①开发工具要求高。原型法需要有现代化的开发工具支持，否则开发工作量太大，成本过高，就失去了采用原型法的意义。应该说开发工具水平的高低是原型法能否顺利实现的第一要素。

②文档欠缺、维护困难。因为强调以"原型迭代"的演进方式代替完整的分析与设计方式，为了加快开发进度而取消软件或降低对软件文档的要求，或者忽略建立完整的开发文档和详细的测试工作，短期能满足用户需求，但长期来看系统维护困难并且系统容易失败。

③解决复杂系统和大系统问题很困难。对大型系统或复杂系统的原型化过程，反复

次数多、周期长、成本高的问题很难解决。另外，对于大型系统，如果不经过系统分析来进行整体性划分，想直接用屏幕来一个一个地模拟是很困难的。

4.原型法的适用场合

（1）用户事先难以说明需求的较小的应用系统。

（2）决策支持系统。

（3）与结构化系统开发方法结合起来使用。整体上仍使用结构化系统开发方法，而仅对其中功能独立的模块采用原型法。

9.2.3　面向对象法

面向对象法（Object-Oriented Method 或 Object-Oriented Developing Approach，OO方法）是从20世纪80年代各种面向对象的程序设计方法（如Smalltalk、C++等）逐步发展起来的。最初用于程序设计，后来扩展到系统开发的全过程，出现了面向对象的分析与设计。面向对象法为管理信息系统的开发提供了全新思路，是21世纪的重要开发方法之一。

1.面向对象法的基本思想

面向对象方法是分析问题和解决问题的新方法，其基本出发点就是尽可能按照人类认识世界的方法和思维方式来分析和解决问题。客观世界是由许多各种各样的对象所组成的，每种对象都有各自的内部状态和运动规律，不同的对象之间的相互作用和联系就构成了各种不同的系统。我们设计和实现一个客观系统时，如果能在满足需求的条件下，把系统设计成由一些不可变的（相对固定）部分组成的最小集合，这个设计就是最好的。因为它把握了事物的本质，因而不再会被周围环境（物理环境和管理模式）的变化以及用户没完没了的变化的需求所左右，而这些不可变的部分就是所谓的对象。客观事物都是由对象组成的，对象是在原来事物基础上抽象的结果。任何复杂的事物都可以通过对象的某种组合而构成。面向对象的方法正是以对象作为最基本的元素和分析问题、解决问题的核心。

面向对象法使设计的软件尽可能直接地描述现实世界，构造模块化、可重用、维护性好的软件且能控制软件的复杂性和降低开发费用。

2.面向对象法的基本概念

（1）对象。对象是现实世界中具有相同属性、服从相同规则的一系列事物的抽象，也就是将相似事物抽象化，其中的具体事物称为对象的实例。对象可以是具体的，如一台空调、一辆轿车等；对象也可以是概念化的，如一种思路，一种方法等。

对象是一个封闭体，它由一组数据和施加于这些数据上的一组操作组成。

（2）对象的属性。对象的属性是指描述对象的数据，可以是系统或用户定义的数据类型，也可以是一个抽象的数据类型。

（3）类。类是具有相同属性和相同行为描述的一组对象。比如，人、公司、高校、管理信息系统都是类。类有明显的层次结构（如图9-3所示），相对上层是父类，相对下层是子类，一个父类可以派生多个子类，父类层有的数据可被多次重用，子类也可以扩展自身的属性和方法。

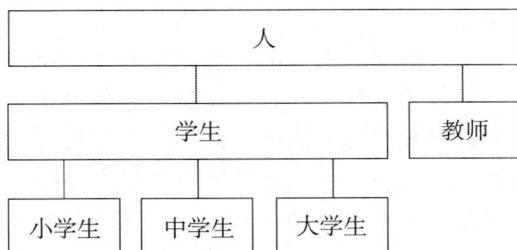

图9-3 类的层次结构举例

（4）行为。行为是指一个对象对于属性改变或消息（Message）收到后所进行的行动和反应。一个对象的行为完全取决于它的活动。

（5）关系。关系是指现实世界中两个对象或多个对象之间的相互作用和影响。比如，交易关系、师生关系、上下级关系、机器与配件的关系等。

3.面向对象法的特点

面向对象法是以对象为中心的一种开发方法。具有以下特点：

（1）封装性（Encapsulation）。在面向对象法中，程序和数据是封装在一起的，对象作为一个实体，其操作隐藏在行为中，其状态由对象的"属性"来描述，并且只能通过对象中的"行为"来改变，外界一无所知。不难看出封装性是一种信息隐蔽技术，是面向对象法的基础。因此，Coad-Yourdon（面向对象法的创始人）认为面向对象就是"对象+属性+行为"。

（2）抽象性。在面向对象法中，把抽出实体的本质和内在属性而忽略一些无关紧要的属性称之为抽象。类是抽象的产物，对象是类的一个实例。同类中的对象具有类中规定的属性和行为。

（3）继承性。继承性是指子类拥有父类的属性与操作，即子类不必重新定义已在父类中定义过的属性和操作，而是自动地、隐含地拥有父类的属性和操作，这是类特有的性质。可见，继承大大地提高了软件的可重用性。

（4）动态链接性。动态链接性是指各种对象间统一、方便、动态的消息传递机制。

4.面向对象法的四大开发阶段

（1）系统分析阶段（Object-Oriented Analysis）。根据用户对系统开发的需求进行调查研究，在繁杂的问题领域中抽象地识别出对象及其行为、结构、属性等。

（2）系统设计阶段（Object-Oriented Design）。根据系统分析阶段的文档资料，作进一步地抽象、归类、整理，运用雏形法构造出系统的雏形。

（3）系统实现阶段（Object-Oriented Programming）。根据系统设计阶段的文档资料，运用面向对象的程序设计语言加以实现。

（4）系统运行维护阶段。进行系统的日常运行管理、维护与评价工作。

5.面向对象法的优缺点

面向对象法的优点是更接近于现实世界，可以很好地限制由于不同的人对于系统的不同理解所造成的偏差，它以对象为中心，利用特定的软件工具直接完成从对象客体的描述到软件结构间的转换，缩短了开发周期，是一种很有发展潜力的系统开发方法。缺点是需要一定的软件支撑，并且在大型MIS开发中不经自顶向下的整体划分，而直接采用自底向上的开发，同样会造成系统结构不合理，各部分关系失调等问题。

9.2.4 计算机辅助软件工程方法

计算机辅助软件工程（Computer Aided Software Engineering，CASE）是计算机技术在系统开发活动、技术和方法中的应用，是软件工具与开发方法的结合体。CASE工具则是指能够支持或使结构化系统开发生命周期法中一个或多个阶段自动化的计算机程序（软件）。CASE的目的是使开发支持工具与开发方法学统一和结合起来；通过实现分析、设计与程序开发、维护的自动化，提高管理信息系统开发的效率和管理信息系统的质量，最终实现系统开发自动化。

严格地讲，CASE并不是一门真正独立意义上的方法，而只是一种系统开发环境，但目前就CASE工具的开发和它对整个开发过程所支持的程度来看，又不失为一种实用的信息系统开发方法，所以值得推荐。在具体开发时，仍需与其他方法结合。

1.CASE环境的特点

（1）在实际开发一个系统中，CASE环境的应用必须依赖于一种具体的开发方法，例如结构化方法、原型法、面向对象法等，而一套大型完备的CASE产品，能为用户提供支持上述各种方法的开发环境。

（2）CASE只是一种辅助的开发方法。这种辅助主要体现在它能帮助开发者方便、快捷地产生出系统开发过程中的各类图表、程序和说明性文档。

（3）由于CASE环境的出现从根本上改变了开发系统的软件基础，从而使得利用CASE开发一个系统时，在考虑问题的角度、开发过程的做法以及实现系统的措施等方面都与传统方法有所不同。

2.CASE采用的软件工具

（1）查询语言。用来从数据库中检索数据的高级语言，如SQL。

（2）报表生成器。

（3）图表软件。

（4）决策支持系统生成器。

（5）应用软件包等。

应当指出，上述对开发方法的分类并不是严格的分类，因为实际上这些方法之间有不少交叉的内容。例如，用结构化系统开发方法时，可能部分采用原型法，而用CASE方法开发时，首先要认真做好结构化的系统分析。应该说结构化系统开发方法才是真正能够全面支持整个系统开发过程的方法，其他方法尽管有很多优点，但只能作为结构化系统开发方法在局部开发环节上的补充，暂时不能替代其在系统开发过程中的主导地位，尤其是对大系统开发过程中的系统调查和系统分析环节，主要应用结构化系统开发方法。

9.3 信息系统分析

系统分析是由系统分析人员和用户单位的管理人员和业务人员按照系统观点，在对现有系统做深入调查和需求分析的基础上，综合运用系统科学、管理科学、计算机科学、通信网络技术和软件工程等多学科知识，深入了解及研究现行系统的活动和各项工作及用户的各种需求，使用一系列分析工具与技术绘制出一组描述系统总体逻辑方案的图表，建立目标系统逻辑模型。

9.3.1 系统分析的任务

信息系统分析是在系统规划指导下的关于组织信息系统解决问题的分析，该阶段相当于工程建设中的初步方案设计，只涉及解决什么问题和在逻辑上如何解决，不涉及解决问题的具体做法，所以，系统分析也称逻辑设计，即建立新系统的逻辑模型，在逻辑上规定新系统的功能但不涉及新系统具体的物理实现，也就是要解决"系统做什么"而不是"如何做"的问题。其任务可以归纳为：

1. 分析用户要求

分析用户要求就是分析用户在系统功能、性能等方面的要求及用户在硬件配置、开发周期、处理方式等方面的意向与打算。其中明确用户在功能、性能等方面的要求是系统分析的核心，需要用户和系统分析人员共同完成。先由用户提出初步的要求，然后由系统分析人员通过对系统的详细调查，进一步完善系统在功能、性能方面的要求，最终以软件需求说明书的形式将用户要求确定下来。

2. 现行系统的详细调查

现行系统的详细调查是通过各种方式和方法对现行系统做详细、充分和全面的调查，弄清现行系统的边界、组织机构、人员分工、业务流程、各种计划、单据和报表的格式、处理过程、企业资源及约束情况等，使系统开发人员对现行系统有一个比较深刻的认识，为新系统开发做好原始资料的准备工作。

3.组织结构与业务流程分析

详细了解各级组织的职能和有关人员的工作职责，决策内容对新系统的要求，业务流程各环节的处理业务及信息的来龙去脉。

4.系统数据流程分析

在对业务流程分析的基础上，分析数据的流动、传递、处理与存储过程，用数据流程图进行描述，建立数据字典。

5.建立新系统的逻辑模型

在系统调查和系统化分析的基础上建立新系统的逻辑模型，采用一组图表工具来表达和描述新系统的逻辑模型，使新系统的概貌清晰地呈现在用户面前，方便分析人员和用户针对模型进行交流讨论，在与用户充分交流的基础上使新系统的逻辑模型得到完善。

6.提出系统分析报告

对前面的分析结果进行总结，把用户的要求成文，完成系统分析报告。系统分析报告是系统分析阶段的成果和总结，是向开发单位有关领导提交的正式书面报告，也是下一工作阶段系统设计的依据。

9.3.2　系统分析的方法

目前，对于系统分析主要采用结构化的分析方法。

1.结构化系统分析的基本思想

结构化系统分析的基本思想是用系统的思想，系统工程的方法，按用户至上的原则，结构化、模块化，自顶向下地对信息系统进行分析，并用结构化分析的图表作为系统逻辑模型描述的主要手段。结构化系统分析的图表工具主要由数据流程图、数据字典和数据处理说明组成。

结构化系统分析与设计的方法强调将整个系统的开发过程划分为若干阶段，每个阶段都有其明确的任务。这也就是生命周期法阶段划分的基础。

2.结构化系统分析的一般过程

结构化分析方法所采用的基本方法是抽象和分解，分析过程体现为"自顶向下逐层分解"。

"分解"就是把一个复杂的问题"化整为零，各个击破"，即把一个复杂庞大的系统，分解成为容易理解、容易实现的子系统、小系统。但是分解并不是等分，而是要根据系统的逻辑特性和系统内部各成分之间的逻辑关系进行分解。在分解中要充分体现"抽象"的原则，逐层分解中的上一层就是下一层的抽象，系统的抽象模型应该按照一定的层次关系组织而成。下层是上层的分解，而上层是下层的抽象。

9.3.3 系统分析的主要工具

系统分析是系统开发过程中最基础的工作。由于系统开发人员和用户之间知识的差距，造成在工作中互相沟通的困难，从而使用户需求描述中的功能和性能要求很难精确表达清楚。为了解决这一问题，为了比较形象地精确定义用户需求，准确建立新系统的逻辑模型，要在系统分析中使用形式化的工具。下面介绍在结构化分析过程中常用的一些系统分析工具：

1.组织结构图、功能结构图

（1）组织结构图

组织结构图是一种传统的、非结构化的图形工具，是用图的形式来描述组织的总体结构以及组织内部各部分之间的联系，它把企业组织分成若干部分，按级别、分层次地以树型结构显示，是一张反映组织内部之间隶属关系的树状结构图。通常是用矩形框表示组织机构，如图9-4所示的就是某企业的组织结构图。

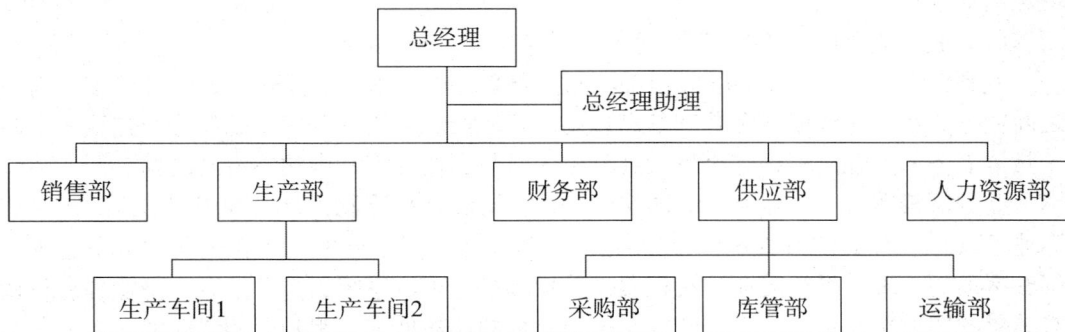

图9-4 某企业组织结构图

（2）功能结构图

功能，是指完成某项业务工作的能力。每个信息系统都具有一定的功能，以组织结构图为背景，对调查资料进行整理，分析清楚各部门的功能后，分层次将其归纳、整理出以系统目标为核心的整个系统的树型功能结构图，如图9-5所示的就是某企业销售管理功能结构图。

组织结构图、功能结构图给出了信息处理工作主要集中在哪些部门以及这些部门的主要职能，下一步要弄清这些职能是如何在有关部门具体完成的以及在完成这些职能时信息处理工作的具体详细情况。

2.业务流程图、表格分配图

流程就是做事的顺序，它是一组将输入转化为输出的相互联系或相互作用的活动。流程由活动组成，各个活动之间有着特定的流向，它包含着明确的起始活动和终止活

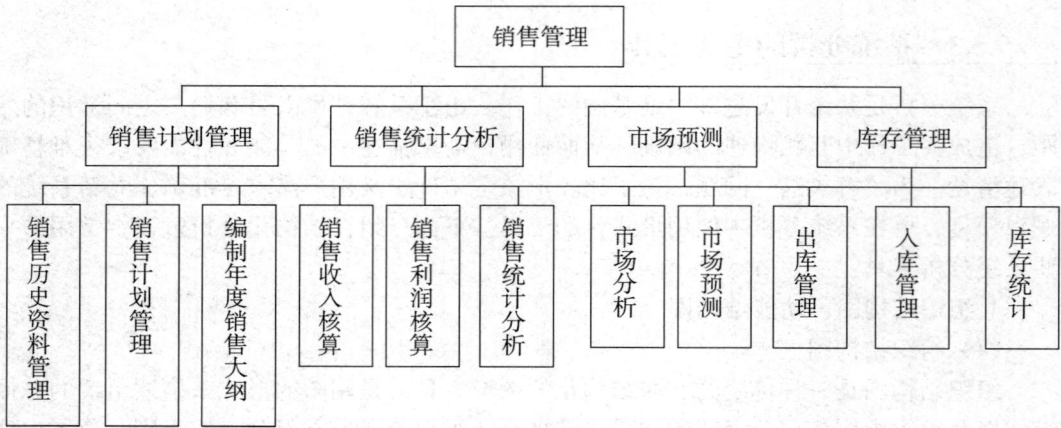

图9-5 某企业销售管理功能结构图

动。业务流程是在功能确定的组织结构中，能够实现业务目标和决策的、相互连接的过程和活动的集合。

（1）业务流程图

业务流程图（Transition Flow Diagram，TFD）是一种描述管理系统内各单位、人员之间业务关系、作业顺序和管理信息流动的流程图，它用一些规定的符号及连线表示某个具体业务的处理过程，它可以帮助分析人员找出业务流程中的不合理流向。

业务流程图基本上按照业务的实际处理步骤和过程绘制，是一种用图形方式反映实际业务处理过程的"流水账"。绘制这个"流水账"对于开发者理顺和优化业务过程是很有帮助的。现行系统的业务流程图是分析和描述现行系统的重要工具，是业务流程调查结果的图形化表示。它反映现行系统各机构的业务处理过程和它们之间的业务分工与联系，以及连接各机构的物流、信息流的传递和流动关系，体现现行系统的界限、环境、输入、输出、处理和数据存储等内容。TFD是一种用尽可能少、尽可能简单的图形符号，描述业务处理过程的方法。由于它的符号简单明了，所以非常易于阅读和理解业务流程；不足的是对一些专业性较强的业务处理细节缺乏足够的表现手段，它比较适用于反映事务处理类型的业务过程。

①业务流程图的基本符号

业务流程图的基本图形符号有四个，如图9-6所示。

②业务流程图的绘制

业务流程是在已经理出的业务功能基础上将其细化，利用系统调查的资料将业务处理过程中的每个步骤用一个完整的图形将其串起来。TFD正是根据系统调查表中所得到的资料和问卷调查的结果，按业务实际处理过程，用给定的符号将它们绘制在同一张图上。在绘制TFD的过程中发现问题、分析不足，优化业务处理过程，所以说绘制TFD

系统中人员　　系统外实体　　数据流向　　数据、报表、账目

图9-6　业务流程图的基本图形符号

是分析业务流程的重要步骤。TFD的绘制并无严格的规则，只需简明扼要地如实反映实际业务过程。

图9-7是某企业库存管理领料业务流程图，其显示的具体业务过程如下：车间填写领料单给仓库要求领料，库长根据用料计划审批领料单，不合格的领料单不予批准，未批准的领料单退回车间，已批准的领料单批转到仓库保管员处，由他首先查阅库存账，若账上有货则通知车间前来领取所需物料，并修改库存账，否则生成缺货通知单给采购人员。

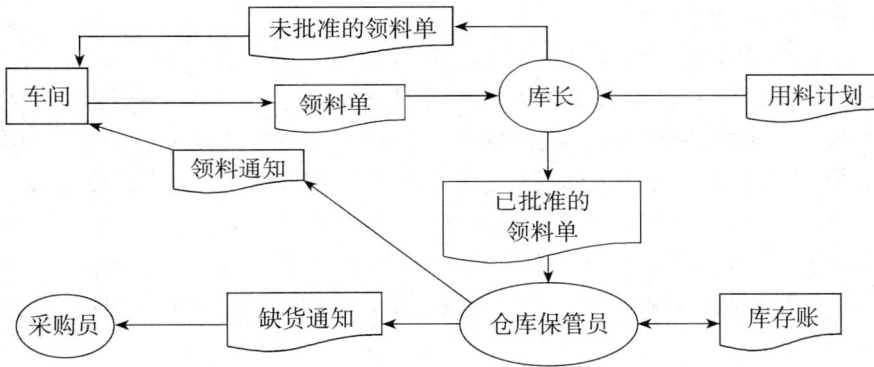

图9-7　某企业领料业务流程图

（2）表格分配图

为了传递信息，管理部门经常将某种单据或报告复印多份分发到其他多个部门，在这种情况下，可以采用表格分配图来描述有关业务，图9-8是一张描述物资采购业务的表格分配图。图中采购部门准备采购单一式四联，第一联送供货单位，第二联送收货部门，用于登入待收货登记表，第三联交会计部门作应付款处理，记入应付账，第四联留在采购部门备查。表格分配图表达清楚，可以帮助系统分析人员描述系统中复制多份的报告或单据的数量以及这些报告或单据都与哪些部门发生业务联系。

3.数据流程图

数据流程图（Data Flow Diagram，DFD）是进行数据流程分析的主要工具，也是描述系统逻辑模型的主要工具。数据流程图用几种基本符号反映了信息在系统中的流动、存储和处理。

采购部门　　　　财会部门　　收货部门

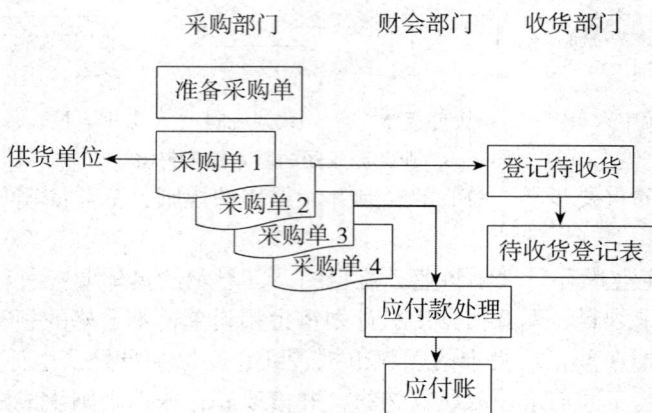

图9-8　采购业务的表格分配图

（1）数据流程图的特性

①抽象性。数据流程图不考虑具体的物理因素，如具体的组织结构、工作场所、物流、存储介质、具体的处理方法和技术手段等内容，只是抽象地反映信息的流动、加工、存储和使用的情况，使我们能抽象地总结出管理信息系统的任务，以及各项任务务之间的顺序和关系，从信息处理的角度将一个复杂的实际系统抽象成一个逻辑模型。

②概括性。数据流程图把系统对各种业务的处理过程联系起来，形成一个整体，从而给出系统一个全貌。无论是手工操作部分还是计算机处理部分，都可以用它系统地表达出来。

（2）数据流程图的基本成分

数据流程图由四种基本符号组成，如图9-9所示。

外部实体　　　数据流　　　　数据存储　　　处理逻辑（加工）

图9-9　数据流程图的基本符号

①外部实体。外部实体是指在所研究系统外独立于系统而存在的，但又和系统有联系的实体，它表示数据的外部来源和去向，它可以是某个人员、组织、某一信息系统或某种事物，它是系统的数据来源或数据终点。确定系统的外部实体，实际上就是明确系统与外部环境之间的界限，从而确定系统的范围。例如，银行系统中的顾客是数据的源头，存取款人的信息、存取款类型、金额、密码等都需要由顾客提供。我们用一个正方形，并在其上角外边另加一个直角来表示，在正方形内写上这个外部实体

的名字。

②数据流。数据流表示流动着的数据，它可以是一项数据，也可以是一组数据（如扣款数据文件、订货单等）。数据流用带有名字的箭头表示，名字表示流经的数据，箭头则表示流向。

③数据存储。它指逻辑意义上的数据存储环节，即系统信息处理功能需要的、不考虑存储的物理介质和技术手段的数据存储环节，如数据文件、文件夹或账本等。用一个右边开口的长方形条表示，图形右部填写存储的数据和数据集的名字，左边填入该数据存储的标识，标识号通常是"D"开头。

④处理逻辑（加工）。这是对数据进行的操作，处理逻辑（加工）也称为处理。处理逻辑（加工）包括两方面的内容：一是变换数据的组成，即改变数据结构；二是在原有的数据内容基础上增加新的内容，形成新的数据。处理逻辑用上下相连的两个矩形表示，上部为标识号，通常是"P"开头，下部为功能描述、执行部门或程序名。

说明：在一些介绍结构化系统分析的书中，所用符号可能与本书所用的符号有所不同，但基本元素都是以上四种。

（3）数据流程图的绘制

绘制数据流程图的一般步骤如下：

①确定与本系统有关的外部实体，即确定与本系统有关的单位、部门和人员。

②确定系统的处理逻辑。

③确定系统的存储单元，即确定系统中需要存储的文件和数据。

④绘制顶层的数据流程图。按照系统功能结构绘制顶层的数据流程图，即按照从左到右、自顶向下的顺序，将各个处理单元和存储单元通过数据流连接起来，并填写处理单元、存储单元及数据名称，但顶层的数据流程图是概要性的，不涉及细节，不考虑特殊情况。

⑤绘制低层的数据流程图。将顶层的数据流程图中的处理单元展开，扩展成多个子处理框，进行详细描述，并加入特殊情况的处理。低层的数据流程图的绘制方法与顶层相似，这样逐层细化，直到对处理过程进行足够详细的描述为止，从而得到多个分层的数据流程图。

⑥组织用户领导、管理人员和业务人员等各方面代表反复讨论、分析、比较，直到得到一个用户和开发人员都能理解的、满意的数据流程图。

图9-10是前面某企业库存管理领料业务的顶层数据流程图。

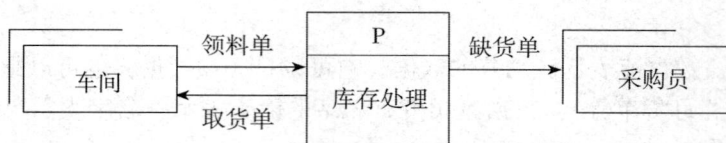

图9-10 库存管理领料业务的顶层数据流程

对顶层数据流程图的分解从"库存处理"开始，将"库存处理"分解为三个主要的处理逻辑，如图9-11所示。

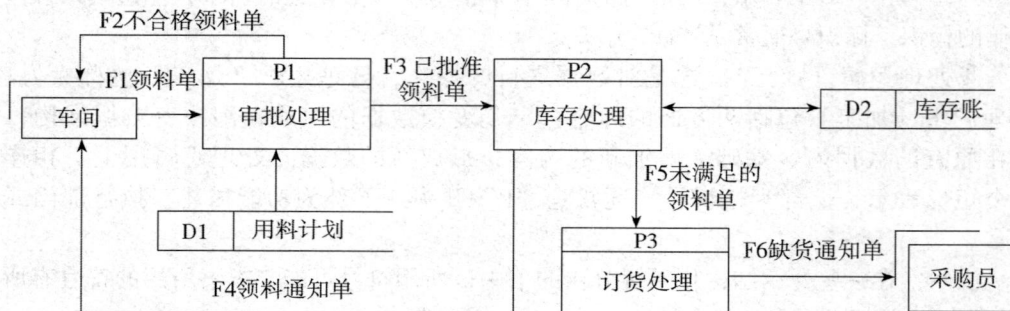

图9-11 某企业库存管理领料业务数据流程

- 审批处理P1。将填写不符合用料计划的领料单退回车间，将合格的领料单送到下一步"库存处理"。

- 库存处理P2。查阅库存台账，根据库存情况分为两类情况，若账上有货则将领料情况通知给车间，并修改库存账，否则送到下一步"订货处理"。

- 订货处理P3。开缺货通知单给采购员。

（4）绘制数据流程图的注意事项

数据流程图是系统分析人员与用户信息交流的主要工具。这种流程图符号少、通俗易懂、层次性强，适合对不同管理层次的业务人员进行业务调查。在调查过程中，随手就可记录有关情况，并与业务人员讨论，使不足的地方得到补充，有出入的地方得到纠正。最后绘制出正式的流程图。在绘制数据流程图时要注意以下几点：

①数据流是现实环境中传递的一组数据，是由一组数据项组成的。数据流可以从一个加工处理流向另一个加工处理，也可以从一个加工处理流向一个文件（数据存储），或从一个文件流向一个加工处理。每一数据流都要有一个合适的名字，一方面为了区别不同的数据流，另一方面能使人容易理解数据流的含义。

②加工处理是对数据进行处理的单元。在分层数据流程图中，要对加工处理进行编号，以便进行管理。加工处理也要选取合适的名字，以提高数据流程图的可读性。

③数据存储是用来存储数据的文件，如图9-11中的"库存账"。但是要注意：数据流方向从文件到加工处理表示读文件，数据流方向从加工处理到文件表示写文件。

④关于层次的划分。最上层的数据流程图概括地反映出信息系统最主要的逻辑功能，最主要的外部实体和数据存储。逐层扩展数据流程图是对上层图（父图）中某些处理框加以分解。下层图（子图）是上层图中某个处理框的"放大"。因此，凡是与这个处理框有关系的外部实体、数据流、数据存储必须在下层图中反映出来。逐层扩展的目的，是把一个复杂的功能逐步分解为若干较为简单的功能。逐层扩展不是肢解和蚕食，使系统失去原来的面貌，而应保持系统的完整性和一致性。

⑤需要说明的是，数据流程图的表示方法不是唯一的，系统分析员的个人经验和水平不同，对问题的理解不同，所绘制的数据流程图可能也有所不同。

（5）数据流程图的用途①

①利用它，系统分析人员可以自顶向下地分析整个系统的信息流程。

②根据逻辑存储，可以进一步做数据分析，向数据库设计过渡。

③可以根据数据流向，确定存储方式。

④可以在流程图上标出需要计算机处理的部分。

⑤对应一个处理过程，用相应的程序语言、判断表等工具来表达处理方法，向程序设计过渡。

4.数据流程图与业务流程图的关系

业务流程图主要是描述业务走向，比如"看病"这一过程，病人首先要挂号，然后再到医生那里看病开药，之后交款，再到药房领取药物，最后回家。而数据流程图则是描述数据的走向。再以"看病"为例，这个时候主要了解的是病人挂号系统需要哪些表，数据如何存储，医生看病用到哪些表，数据如何存储等。

业务流程图描述的是完整的业务流程，以业务处理为中心，一般没有数据的概念。数据流程图描述的是处理和数据，不强调流程的先后，以处理、数据流、数据存储为核心。

从业务流程图到数据流程图的本质是抽象；其主要的工作是抽象出业务流程中的内部人员的管理工作；数据流程图是在业务流程图的基础上形成的。

5.数据字典

数据流程图从数据流向的角度描述了系统的组成和各部分之间的联系，但却没有具体说明各个组成部分和数据流的具体含义。为此，还需要其他工具对数据流程图加以补

---

① 参见苏选良. 管理信息系统［M］. 北京：电子工业出版社，2003.

充说明。

数据字典就是这样的工具之一，数据字典（Data Dictionary，DD）是关于数据的数据，是描述系统中数据流程图中全部组成部分的清单，它能弥补数据流程图对数据的具体内容不能详细说明的不足。在数据流程图中包括：数据流、数据存储、加工（处理逻辑）和外部实体，数据字典正是对这些组成部分进行说明、保存和维护。数据字典的建立能帮助系统分析师全面地确定用户的要求，而且为以后的系统设计提供参考依据。

（1）数据字典的定义

所谓数据字典，是以特定格式记录下来的、对系统的数据流程图中各个基本要素（数据流、加工、存储、外部实体）的内容和特征所做的完整的定义和说明。它是结构化系统分析的重要工具之一，是对数据流程图的重要补充和说明。

（2）数据字典的内容

数据字典的内容包括六个方面：数据项、数据结构、数据流、处理逻辑、数据存储和外部实体。下面分别说明它们的含义和定义的方法：

①数据项。也称数据元素，具有独立逻辑含义的最小数据单位，是不可再分的数据单位。在数据字典中对其定义包括：

- 数据项的名称、编号、别名、简述
- 数据项的取值范围
- 数据项的长度

【例】数据项定义

数据项编号：A03

数据项名称：库存量

别　　名：数量

简　　述：某种物料的库存数量

长　　度：6个字节

取值范围：0~999999

②数据结构。由若干数据项构成的数据组合称为数据结构，它描述了某些数据项之间的关系。一个数据结构可以包括若干数据项或（和）数据结构（可以递归）。在数据字典中对其定义包括：

- 数据结构的名称、编号
- 简述
- 数据结构的组成

【例】数据结构定义

数据结构编号：F01

数据结构名称：领料单

简述：车间填写的所需物料要求等信息

数据结构组成：日期+材料编号+材料名称+单价+数量

③数据流。表明系统中数据的逻辑流向，可以是数据项或数据结构。包括：

- 数据流的名称及编号
- 简述
- 数据流的来源
- 数据流的去向
- 数据流的组成
- 数据流的流通量
- 高峰期流通量

【例】数据流定义

编　　　号：F06

数据流名称：缺货通知单

简　　　述：库管员为采购员开出的缺货单

数据流来源：订货处理功能

数据流组成：缺货单数据结构

流　通　量：60份/天

高峰流通量：20份/每天上午8：00—11：00

④处理逻辑（加工）。仅对数据流程图（DFD）中最底层的处理逻辑加以说明。包括：

- 处理逻辑名称及编号
- 简述
- 输入
- 处理过程
- 输出
- 处理频率

【例】处理逻辑定义

处理逻辑编号：P01

处理逻辑名称：审批处理

简述：审批车间填写的领料单是否符合用料计划

输入的数据流：领料单，来源是外部实体"车间"

处理：审批领料单，看是否符合用料计划

输出的数据流：合格的领料单，去向是处理逻辑"库存处理"；不合格的领料单，去向是外部实体"车间"

处理频率：80次/天

⑤数据存储。数据存储是数据流动的暂停或永久保存的地方。包括：

- 数据存储的编号
- 名称
- 简述
- 组成
- 关键字
- 相关的处理

【例】数据存储定义

数据存储编号：D02

数据存储名称：库存账

简述：存放物料的历年库存和单价

数据存储组成：时间+物料编号+物料名称+单价+库存量+主要供应商+备注

关键字：物料编号

相关的处理：P2（"库存处理"）

⑥外部实体。外部实体是数据的来源和去向。在数据字典中主要说明外部实体产生的数据流和传给该外部实体的数据流，以及该外部实体的数量。包括：

- 外部实体编号
- 外部实体名称
- 简述
- 输入的数据流
- 输出的数据流

【例】外部实体的定义

外部实体编号：S01

外部实体名称：车间

简述：使用库存货物的用户

输出的数据流：F1（"领料单"）

输入的数据流：F2（"不合格领料单"），F4（"领料通知单"）

数据字典实际上是"关于系统数据的数据库"。在整个信息系统开发过程中以及运行和维护阶段，数据字典都是必不可少的工具。数据字典是所有人员工作的依据、统一的标准。在数据字典的建立、修改和补充过程中，始终要注意保证数据的一致性和完整性。

9.3.4 表达处理逻辑的工具

数据流程图中的处理逻辑已在数据字典中作了简要的定义，但对一些比较复杂的处理逻辑，还有必要作更为详细的说明。对处理逻辑加以说明，只需针对数据流程图中最底层的处理逻辑进行即可，而不必去描述各上层数据流程图中的处理逻辑，因为上层处理逻辑仅是底层处理逻辑的概括。

为了简洁地表达处理逻辑中的一些难以说明的逻辑判断功能，可以采用以下几种工具：

1.结构化查询语言

结构化语言是由结构化程序设计思想启发而来的，是介于形式语言和自然语言之间的一种语言，主要作用是解决自然语言描述不准确的问题。结构化程序设计只允许三种基本结构。结构化语言也只允许三种基本语句，即简单的祈使语句、判断语句、循环语句。其与程序设计语言的差别在于结构化语言没有严格的语法规定，与自然语言的区别在于它只有有限的词汇和语句。在结构化语言中使用三类词汇，即祈使句中的动词、数据字典中定义的名词以及某些逻辑表达式中的保留字。

（1）祈使语句

祈使语句指出要做什么事情，包括一个动词和一个宾语。动词指出要执行的功能，宾语表示动作的对象，如计算利息、输入年限等。需要注意祈使句中的动词要表达明确，祈使句力求准确、精炼。

（2）判断语句

判断语句类似于结构化程序设计中的分支结构，其一般形式为：

如果 条件成立

　则 动作A

否则 （条件不成立）

　　动作B

例如，对图9-11中的处理逻辑"审批处理"用判断语句进行描述为：

如果 领料单合格

则 输出合格领料单

否则 输出不合格领料单

（3）循环语句

循环语句表达在一定条件下重复执行的相同动作，重复执行的次数取决于循环的条件。循环语句的一般形式为：

当 条件 成立时

执行动作A

2.决策树

当某个动作的执行不是只依赖于一个条件,而是和若干个条件有关,如果仍然用结构化语言表达,可能要使用多层判断语句,结构会较复杂,不能一目了然。在这种情况下使用决策树比较合适。

决策树又称判断树,是用来表示逻辑判断问题的一种图形工具。它用"树"来表达不同条件下的不同处理,比用语言的方式更为直观。

判断树的左边为树根,从左向右依次排列各种条件,左边的条件比右边的优先考虑。根据每个条件的取值不同,树可以产生很多分支,各分支的最右端(即树梢)即为不同的条件取值状态下采取的行动(也称策略)。

例如,某公司的折扣政策为:购货在5万元以上的顾客,如果最近3个月无欠款,则折扣率为20%;虽然有欠款但与公司已经有5年以上的交易关系,则折扣率为10%,否则折扣率为5%;如果年购货在5万元以下的顾客,则没有折扣。

通过分析得知:该折扣政策取决于三个条件:年购货额、客户的支付信用以及与本公司的业务史,采取的行动分别为20%、10%、5%折扣和没有折扣四种。具体表示方法如图9-12所示。

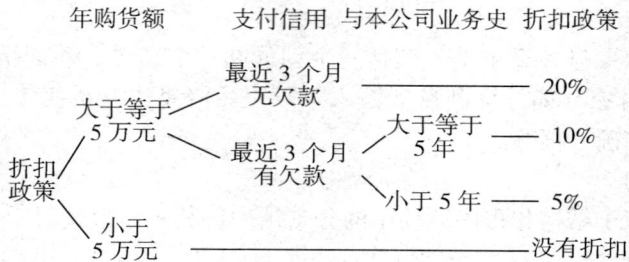

图9-12　某公司顾客购货折扣政策的决策树

由上例可知,决策树的优点是直观和明确,可以清楚地看出各种条件下的不同取值状态下应当采取的行动,还可以看出根据条件的优先级别逐步判断、决策的过程。

3.决策表

决策表也称判断表,也是一种表达逻辑判断的工具,它以表格的形式给出各种条件的全部组合以及在各种组合下应采取的行动。当条件的个数较多,每一条件的取值有若干个、相应的动作也很多的情况下,使用决策表比决策树更加有效和清晰。

决策表分成四大部分,左上角为条件说明,左下角为行动说明,右上角为各种条件的全部组合,右下角为各种条件组合下采取的行动,如图9-13所示。

条件说明	条件组合
行动说明	采取行动

图9-13 决策表结构

决策表要反映出所有的条件组合，若有 C_1，C_2，$\cdots$，C_n 共 n 个条件，每个条件分别可能取 S_1，S_2，$\cdots$，S_n 个值，则全部的条件组合有 $S_1 \times S_2 \times \cdots \times S_n$ 个。前面所举的例中，由于各条件均取两个值，所以共有 $2 \times 2 \times 2 = 8$ 个条件组合，每个条件组合及相应的行动如表9-1所示。表中"Y"表示条件成立，"N"表示条件不成立，"√"表示采取此行动。

表9-1 某公司顾客订货折扣政策的决策表

条件和行动 ＼ 各种条件组合	1	2	3	4	5	6	7	8
C_1：年购货额大于等于5万元	Y	Y	Y	Y	N	N	N	N
C_2：最近3个月无欠款	Y	Y	N	N	Y	Y	N	N
C_3：与本公司交易大于等于5年	Y	N	Y	N	Y	N	Y	N
A_1：20%	√	√						
A_2：10%			√					
A_3：5%				√				
A_4：没有折扣					√	√	√	√

上述某公司顾客购货折扣政策的例子，可用判断表9-1表达。

通过对折扣政策的分析，我们可以看出，当顾客的年购货额小于5万元时，不管其他两个条件是否成立，结果都是无折扣。也就是说，和其他两个条件无关。所以，我们可以把上面决策表的后四列进行合并，用一列表示。同理，第一、二列也合并为一列。表中的"–"的意思是既可以是"Y"，也可以是"N"，表示与相应的条件无关。具体表示方法见表9-2。

表9-2 某公司顾客订货折扣政策的决策表

条件和行动 ＼ 各种条件组合	1	2	3	4
C_1：年购货额大于等于5万元	Y	Y	Y	N
C_2：最近3个月无欠款	Y	N	N	–
C_3：与本公司交易大于等于5年	–	Y	N	–
A_1：20%	√			
A_2：10%		√		
A_3：5%			√	
A_4：没有折扣				√

由上我们可以总结出构造决策表的方法：

（1）列出所有可能的条件及方案。

（2）按全部方案列出其选择的行动。

（3）按合并规则化简决策表，缩小表的列数，即在相同的行动列中，寻找不必要存在的条件所列出的方案，并将这些方案从表中删除。

9.4　信息系统设计

系统设计是在系统分析的基础上，按逻辑模型的要求，科学合理地进行系统的总体设计和详细设计。总体设计又称结构设计，内容包括系统功能结构图设计、功能模块结构图设计；详细设计包括代码设计、数据库设计、人机界面设计、处理流程设计、系统物理配置方案设计等。选择介绍如下：

9.4.1　功能模块结构图设计

功能模块结构图就是按照功能从属关系画成的图表，图中每一个框称为一个功能模块。功能模块可以根据具体情况划分得大一点或小一点。分解的最小的功能模块可以是一个程序中的每一个处理过程，而较大的功能模块则可能是完成某一任务的一组程序。图9-14是某企业ERP系统的功能模块结构图实例。

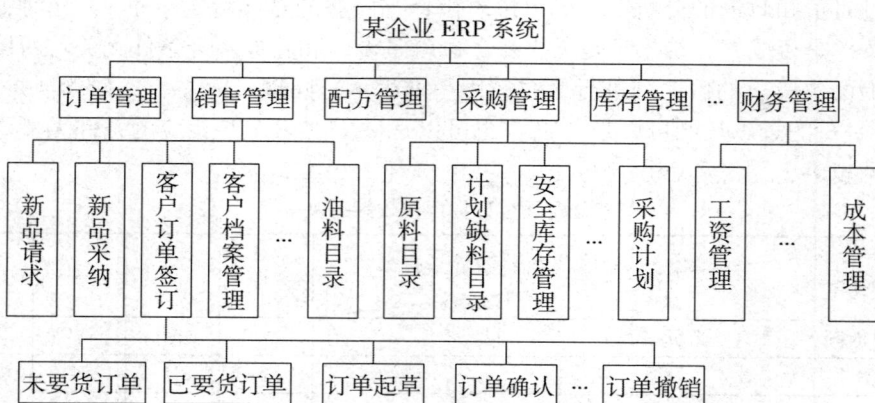

图9-14　企业ERP系统的功能模块结构图

由图可见，经过层层分解，可以把一个复杂的系统分解为多个功能较单一的功能模块。在信息系统领域，模块是指能实现某种事物处理或管理业务的一个程序化的软件单元。这种把一个信息系统设计成若干模块的方法称为模块化。模块化是一种重要的设计思想，这种思想把一个复杂的系统分解为一些规模较小、功能较简单、更易于建立和修改的部分。一方面，各个模块具有相对独立性，可以分别加以设计实现；另一方面，模块之间的相互关系（如信息交换、调用关系）则通过一定的方式予以说明。各模块在这些关系的约束下共同构成一个统一的整体，实现系统的功能。

9.4.2　代码设计

代码是用来表示事物名称、属性、状态等的符号。在管理信息系统中，代码是人和机器的共同语言，是信息系统进行分类、校对、统计和检索的依据。代码设计的目的是便于计算机对信息的处理，是为数据模型逻辑设计做准备。代码一般用数字、字母或它们的组合来表示。

1.代码的功能

（1）标识：代码是鉴别编码对象的唯一标志。

（2）分类：当按编码对象的属性或特征（如工艺、材料、用途等）分类，并赋予不同的类别代码时，代码又可以作为区分编码对象类别的标志。

（3）排序：当按编码对象发现（产生）的时间、所占有的空间或其他方面的顺序关系分类，并赋予不同的代码时，代码又可作为编码对象排序的标志。

（4）特定含义：由于某种客观需要采用一些专用符号时，此代码又可提供一定的特定含义。

（5）代码是人和计算机的共同语言，是两者交换信息的工具。

代码设计在系统分析阶段就应该开始。由于代码的编制需要仔细调查和多方协调，是一项很费事的工作，需要经过一段时间，在系统设计阶段才能最后确定。

2.代码设计的原则

代码设计时应遵循以下基本原则：

（1）唯一性。每个代码都仅代表唯一的实体或属性。

（2）标准化与通用性。凡国家和主管部门对某些信息分类和代码有统一规定和要求的，则应采用标准形式的代码，以使其通用化。

（3）合理性。代码结构要合理，尽量反映编码对象的特征，并与事务分类体系相适应，以使代码具有分类的标识作用。

（4）稳定性。代码应能适应环境的变化，要具有不能改变的持久性，避免经常修改代码，具有稳定性。

（5）可扩充性与灵活性。代码系统要考虑系统的发展变化。当增加新的实体或属性时，直接利用原代码加以扩充，而不需要变动代码系统。

（6）有规律性，便于编码和识别。代码应具有逻辑性、直观性好的特点，便于用户识别和记忆。

（7）简洁性。代码的长度应以短小为好，代码的长度会影响所占据的存储单元和信息处理速度，也会影响代码输入时出错的概率及输入、输出速度。

3.代码的种类

（1）顺序码

顺序码（或称系列码），是一种用连续数字代表项目名的编码。例如：

00学校

01数学系

02物理系

这种编码的特点是码的位数少，一个项目一个连续号，处理容易，设计和管理也容易。如果要追加编码，只需要在连续号的最后添加一个号即可。但这种编码缺乏分类组织，一旦确定后没有弹性，不适宜分类，同时项目比较多的时候，编码的组织和体系性较差。所以编码除了起序列作用之外，本身并无意义。

顺序码适用于项目比较少、项目内容长且时间不变动的编码。

（2）区间码

区间码把数据项分成若干组，每一区间代表一个组，码中数字的值和位置都代表一定意义。典型的例子是我国的行政区代码和邮政编码。例如，我国国家标准化管理委员会编写的中华人民共和国行政区代码（GB2260-84）。用6位数字，按层次分别表示我国各省（自治区，直辖市）、地区（市，州，盟）、县（市，旗，镇，区）的名称，从左至右的含义是：第1、2位表示省（自治区，直辖市）；第3、4位表示地区（市，州，盟）；第5、6位表示县（市，旗，镇，区）。

区间码的特点是：信息处理比较可靠，检索、分类和排序都很方便；但这种码的长度与它的分类属性有关，有时可能会造成很长的码，同时这种码的维护也较困难。

（3）表意码

表意码（或称助记码）是把直接或间接表示编码化对象属性的某些文字、数字、记号原封不动地作为编码。例如：

CM　厘米

MM　毫米

KG　千克

这种编码的特点是见码知意，易记、易理解。但随着编码数量的增加，其位数亦需增加，给处理带来不便。

表意码适用于物质的性能、尺码、重量、容积、面积和距离等。

（4）合成码

合成码是把编码对象用两种以上编码进行组合，可以从两个以上的角度来识别、处理的一种编码。它可以由多个数据项/字段构成，每个数据项/字段分别表示分类体系中的一种类别。

这种码的特点是容易进行大分类、增加编码层次，可以从多方面去识别，做各种分类统计非常容易，但位数和数据项个数较多。

4.代码结构中的校验位

代码作为计算机的重要输入内容之一，其正确性直接影响到整个处理工作的质量。特别在人们需要重复抄写代码和将它通过人工输入计算机时，发生错误的可能性极大。为了保证正确输入，有意识地在编码设计结构中原有代码的基础上，另外加上一个校验位，使它事实上变成代码的一个组成部分。校验位通过事先规定的数学方法计算出来。代码一旦输入，计算机会用同样的数学运算方法按输入的代码数字计算出校验位，并将它与输入的校验位进行比较，以证实输入是否有错。

（1）校验位可以发现错误的种类

① 抄写错误　　　　　　1（正）——7（误）

② 移位错　　　　　　　1234（正）——2341（误）

③ 双移位错　　　　　　27913（正）——21973（误）

④ 其他随机错误

（2）确定校验位值的方法

①算术级数法

原代码	4	0	1	0	1	0	1
权	7	6	5	4	3	2	1

加权和　S=1×1+0×2+1×3+0×4+1×5+0×6+4×7=37

用加权和S除以模数M求余数，把得出的余数作为校验位：

设模M=11

S/M=37/11=3…4

即校验位为4，所以带校验码的代码即为40101014。

②几何级数法

原代码	4	0	1	0	1	0	1
权	64	32	16	8	4	2	1

加权和　S=1×1+0×2+1×4+0×8+1×16+0×32+4×64=277

用加权和S除以模数11求余数，把得出的余数作为校验位：

S/M=277/11=25…2

即校验位为2，所以带校验码的代码即为40101012。

③质数法

原代码   4   0   0   1   0   0   1

权   17   13   11   7   5   3   2

加权和 $S=1×2+0×3+0×5+1×7+0×11+0×13+4×17=77$

用加权和S除以模数11求余数，把得出的余数作为校验位：

$S/M=77/11=7\cdots0$

若余数是10或0，则按0处理。

即校验位为0，所以带校验码的代码即为40010010。

5.代码设计的步骤

（1）确定代码对象。

（2）考察是否已有标准代码。如果国家或某个部门对某些事物已规定了标准代码，那么应遵循这些标准代码。如果没有标准代码，那么在代码设计时要参考国际标准化组织、其他国家、其他部门、其他单位的编码标准，设计出便于今后标准化的代码。

（3）根据代码的使用范围、使用时间、实际情况选择代码的种类与类型。

（4）考虑检错功能。

（5）编写代码表。代码编好后，要编制代码表，作详细说明，通知有关部门组织学习，以便正确使用。

代码设计是系统设计的重要内容，一个好的代码方案，不仅便于信息系统开发，且能促进信息系统，使系统具有科学性、先进性和实用性。

9.4.3 数据库设计

数据库设计是在选定了操作系统、数据库管理系统（DBMS）的基础上，准确地表达用户的需求，并将其转换为有效存储数据的数据模型的过程。数据库设计的全部内容包括：用户需求分析、概念结构设计、逻辑结构设计和物理结构设计四个阶段。这部分内容已在3.2.4数据库设计中做了比较详细的介绍。

9.4.4 用户界面设计

系统用户界面是目前评价软件质量的一条重要指标，是用户与信息系统交互的接口，它的设计包括输入设计、输出设计和人机界面设计。一个好的用户界面可以为用户和系统双方带来良好的工作环境，为管理者提供简洁明了、有效实用的管理和控制信息。用户界面设计需要先进行输出设计，然后再反过来根据输出所要求的信息来进行输入设计。

1.输出设计

输出设计是系统实现业务、管理功能所不可或缺的部分，能否为用户提供准确、及时、适用的信息是评价信息系统优劣的标准之一。输出信息的使用者是用户，所以输出的内容与格式等是用户较关心的问题。因此，在设计过程中，开发人员必须深入了解用户要求，及时与用户充分协商。输出设计的主要工作和基本步骤包括：确定输出类型、输出内容、输出格式和输出方式等。

2.输入设计

管理信息系统的输入所完成的功能是将机外或外地机的信息转换成机内信息，它是对信息进行处理的出发点，是信息处理的"源"，因此保证这个"源"的正确性是输入设计中的一项重要内容。如果输入数据有误，即使计算和处理十分正确，也无法获得可靠的信息。同时，输入设计是信息系统与用户之间的交互纽带，决定着人机交互的效率。输入设计的主要工作和基本步骤包括：确定输入内容、输出格式、输入方式、输入数据的校验等。

3.人机界面设计

（1）人机界面设计的原则

人机界面是人、机交互的重要界面，其设计应该掌握以下几个原则：

①可靠性。保证输入界面提供的环境可靠性高、容错性好。

②简单性。即输入操作要尽可能地简单。在数据的输入过程中应尽可能减少操作人员的击键次数，采用启发式、交互式的操作过程，以提高输入速度。

③易学与易用性。由于用户的个人背景不同，对学习和使用的性能要求也不同。对于初学者来说，可以采用以计算机为主导的对话方式，降低用户操作的难度，多采用菜单等方式。对计算机专业人员来说，则选用以人为主导的命令操作方式。

④立即反馈性。一个良好的、效率高的输入界面应能对用户所有输入都立即做出反馈，这个反馈响应时间也称系统的延迟，取决于软、硬件的性能。

（2）人机界面的基本类型

①菜单：菜单是传统的系统功能选择操作方式，使用菜单方式可使整个界面清晰、简洁。菜单主要有下拉菜单、弹出菜单等形式。

②图像：在用户界面中，加入丰富多彩的画面能够更形象地为用户提供有用的信息，达到可视化的目的。

③对话框：在系统必要时，显示于屏幕上的一个矩形区域内的图形和正文信息，通过对话框实现用户和系统之间的联系。

④窗口：通过窗口显示观察其工作领域全部或一部分内容，并可对所显示的内容进行各种系统预先规定好的正文和图形操作。

9.4.5 处理流程设计

系统分析阶段的新系统逻辑模型不涉及具体物理环境的逻辑上的设计，在系统设计阶段，必须将其转换为物理模型，也就是处理流程设计。

处理流程设计主要通过处理流程图，描述信息在计算机存储介质之间的流动、转换和存储情况，以便为程序框图设计提供详细的输入输出数据。处理流程设计的成果是程序设计说明书。

随着计算机系统软件功能的增强，有许多处理不必专门编写计算机程序，这时，信息系统处理流程图设计的步骤可以省略。

9.4.6 系统物理配置方案设计

系统物理配置方案设计主要有计算机硬件的选择、计算机软件的选择及系统网络的设计和选择。

1.计算机硬件的选择

计算机硬件的选择包括客户端计算机、服务器、打印机等设备机型和数量的选配。当前的信息系统大都是基于服务器的 C/S 或 B/S 结构的网络系统，客户端计算机和服务器因技术已相当成熟而选择比较简单，一般的大型计算机制造企业的品牌个人微型计算机和服务器都适用。硬件的采购可以通过招标方式进行。

2.计算机软件的选择

（1）操作系统的选择。操作系统是统一管理计算机软硬件资源的系统软件。当前流行的操作系统有：UNIX、OS/2、Windows 和 Windows NT 等。

（2）数据库管理系统的选择。通常不同型号的计算机系统配备的数据库管理系统性能不尽相同，选择时应考虑硬件条件、应用需求和系统规模。常用的管理系统有 Oracle、DB2、Sybase、SQL Server、Visual FoxPro 和 Access 等。

（3）开发工具的选择。开发工具的选择首先要依据信息系统的总体结构设计。基于 C/S 结构的开发工具有 Power Builder、Visual Basic、Delphi、C++ Builder 等，基于 B/S 结构的开发工具有 ASP、ASP.NET、JSP、PHP 等。具体使用哪一种工具主要取决于开发人员对于语言的熟悉程度。

3.计算机网络的设计和选择

（1）网络拓扑结构的设计。网络的拓扑结构指的是网络上的通信线路以及各个计算机之间相互连接的几何排列或物理布局形式。目前常用的网络拓扑结构有总线型、星型、环型、混合型等。网络拓扑结构的设计应根据应用系统的地域分布、信息流量等因素进行综合考虑。

（2）网络的逻辑设计。通常首先按部门职能将系统从逻辑上分为各个分系统或子系统，然后按需要配备主服务器、主交换机、分系统交换机、子系统集线器（Hub）、通信服务器、路由器和调制解调器等。

（3）网络操作系统的选择。网络操作系统是管理网络资源和提供网络服务的系统软件，当前流行的网络操作系统有：Novell 公司的 Netware、UNIX，Microsoft 公司的 Windows NT 等。

9.5 信息系统实施

系统实施的任务是实现系统设计阶段提出的物理模型，按实施方案完成一个可以实际运行的信息系统，交付用户使用。如果将管理信息系统开发比做盖一栋大楼，那么系统分析与系统设计就是根据盖楼的要求画出各种蓝图，而系统实施则是调集各种人员、设备、材料，在盖楼的现场，根据图纸按实施方案的要求把大楼盖起来。在系统实施期间，将投入大量的人力、物力、财力，占用较长的时间，使用部门也将发生组织机构、人员、设备、工作方法和工作流程的重大变革，所以系统实施是系统开发的又一重要阶段。

9.5.1 系统实施的主要内容

系统实施包括硬件的获取、软件的获得或开发、用户准备、聘用和培训人员、地点和数据的准备、安装、测试、试运行及用户验收。系统实施阶段的典型步骤如图 9-15 所示。

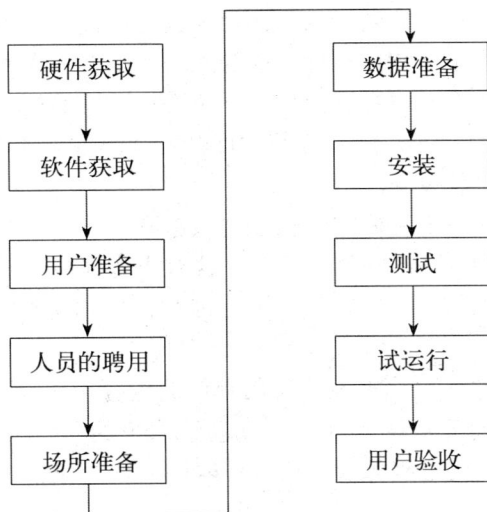

```
硬件获取        数据准备
   ↓              ↓
软件获取         安装
   ↓              ↓
用户准备         测试
   ↓              ↓
人员的聘用       试运行
   ↓              ↓
场所准备        用户验收
```

图9-15 系统实施的典型步骤

　　系统实施中硬件的获取可按总体设计的要求和可行性报告对财力资源的分析,采用购买、租借或租用的方式,选择适当的设备,包括计算机主机、输入输出设备、存储设备、辅助设备、通信设备等,通知供货厂家按要求供货并安装。软件包括系统软件、数据库管理系统以及一些应用程序,可根据实际情况采用从外部购买或自行开发等方式,这需要相当多的人力、物力和时间。信息系统实施的过程实际上就是知识的转移过程,为了保证系统调试和运行顺利进行,应根据用户(包括管理人员和业务人员)的基础,进行相应的信息系统知识培训。数据的收集、整理、录入是一项既繁琐劳动量又大的工作。没有一定基础的准备,系统调试就不能很好地进行。一般来说,确定数据库物理模型之后,就应进行数据的整理、录入。

　　由于系统实施阶段所占用的时间很长,且耗资巨大,必须加强组织和领导工作。根据系统实施的目标,将不同部门的人员组织起来,进行有条不紊的工作,安排各项任务并按其不同特点进行协调与配合是极为重要的。新系统的实施领导工作应由新系统开发领导小组承担,也可由专门成立的实施领导小组承担,但组长必须由用户单位的最高层领导担任。

　　新系统实施领导小组必须做好新系统实施计划的编制工作,布置和协调各方面的关系;检查工作的进度和质量并做必要的调整和修改;处理和解决实施过程中发生和发现的一切重大问题。此外,领导小组还要验收各部分工作,组织新系统的调试,负责现行系统向新系统转换的一切组织工作和管理工作。

9.5.2　程序设计

　　管理信息系统是以计算机为基础的,而计算机处理信息完全依赖于程序。因此,在管理信息系统的开发过程中,程序设计就成为系统实现的主要内容。程序设计的主要任务是,以用户需求为出发点,以系统分析与系统设计阶段的结构图、判断表、设计说明书等为依据,选择适当的程序设计语言及软件开发环境和工具,编制程序和调试程序,检查运行结果是否符合设计要求。

　　随着计算机硬件价格越来越便宜,软件费用急剧上升,人们对程序设计的要求发生了变化。过去主要是强调程序的正确和效率,这对小型程序来说无疑是正确的。但对于大型程序,人们则倾向于首先强调程序的可维护性、可靠性、可理解性、效率和健壮性。

　　编写程序应符合软件工程化思想。应用软件的编写工作量极大,而且要经常维护、修改。如果编写程序不遵守正确的规律,就会给系统的开发、维护带来不可逾越的障碍。软件工程的思想即利用工程化的方法进行软件开发,通过建立软件工程环境来提高软件开发效率。

9.5.3　系统测试

任何软件系统，特别是像MIS这样的大型软件系统，都不可能是完美无缺、没有任何错误的。这些错误可能来自程序员的疏忽，也可能在系统分析和设计时就已产生，有些错误很容易发现，而有些错误却隐藏得很深。彻底发现这些错误的最终方法就是系统测试。然而，系统测试的意义不仅在于发现系统内部的错误，人们还通过某些系统测试，了解系统的响应时间、事务处理吞吐量、载荷能力、失效恢复能力以及系统实用性等指标，以对整个系统做出综合评价。所以说，系统测试是保证系统开发成功的重要一环。

测试是对软件计划、软件设计、软件编码进行查错和纠错的活动。测试的目的是找出软件开发过程中各个阶段的错误，以便分析错误的性质和确定错误的位置，并纠正错误。

根据MIS的开发周期，系统测试可分为五个阶段，包括单元测试、组装测试、确认测试、系统测试和验收测试。

9.5.4　系统切换

在完成系统测试工作以后，即可将其交付使用。所谓交付使用是新系统与旧系统的交替，旧系统停止使用，新系统投入运行。整个交付过程也可以称为系统切换过程，在这个过程中要选择切换的方式，要进行用户的操作培训，完成数据的转换等工作。

1.系统切换前的准备工作

在完成系统切换任务之前，必须预先做好大量的准备工作，这样才能保证切换工作的顺利进行。准备工作可以从数据准备、文档准备、用户培训等几个方面进行。

（1）数据准备

数据准备是系统切换工作中的一项十分艰巨的任务。如果新系统是在手工管理基础上建立起来的话，那么就要将手工处理的数据如各类单证、报表、账册、卡片等按照新系统的规则进行分类并集中在一起，然后组织人力进行数据的录入工作，将这些纸介质中存放的数据转换成机内信息。由于系统运行需要的可能是一年、几年甚至更长的时间段内的数据，因此数据的录入过程所耗费的人力、时间是巨大的，相应地也必须耗费一定的财力，必须做好录入计划，以便合理安排人力、规定录入进度、检查录入质量，进而保证系统的正常运行。

如果新系统是在已有的计算机信息系统上开发的，那么就要通过合并、更新、转换等方法，将原系统的数据转换到新系统中来。这种转换工作也是十分复杂而耗时的，有时要涉及数据库的改组或重建。

（2）文档的准备

总体规划、系统分析、系统设计、系统实施、系统测试等各项工作完成后，应有一套完整的开发文档资料，这套资料记录了开发过程中的开发轨迹，是开发人员工作的依据，也是用户运行系统、维护系统的依据，因此文档资料要与开发方法相一致，并且符合一定的规范。在系统运行之前要将这套文档资料准备齐全，形成正规的文件。

（3）用户培训

用户培训可以根据实际需要采取不同的方式进行。例如，在进行具体操作培训并且被培训人员较少的情况下可以采用面对面、手把手的方式，在实际系统上进行演示和培训；当被培训人员较多或是对一些具有共性的问题需要培训时可以采用授课方式来进行；对于管理规则的培训可以通过授课的形式，或是将这些管理规则印制成文件形式下发到各类人员，组织他们进行学习。

2.系统切换的方式

系统切换（又称系统转换）过程实际上是新旧系统交替过程，旧的系统被淘汰，新的系统投入使用。这种交替过程可以根据实际需要选择不同的方式进行。

系统切换方式示意图如图9-16所示。一般来说可将几种切换方式互相配合使用，以达到平稳过渡到新系统的目的。

（1）直接方式（如图9-16（a）所示）：是指在某一特定时刻，旧系统停止使用，同时新系统立即投入运行。这种方式简单，人员、设备费用很省，但风险较大。如电话号码升位采用的就是这种方式，它规定在某年某月某日的某一时刻旧系统停止使用，新系统投入运行。对于信息系统来说，如果要采用这种方式则预先要经过详细的测试和模拟运行，否则一旦运行失败，旧的系统已被弃之不用，新系统又不能正常运转，将直接影响到企业或组织的日常工作秩序，严重的可能会导致企业或组织的瘫痪。所以，这种方法通常是最不值得采用的。

（2）平行（并行）方式（如图9-16（b）所示）：是指在一段时间内新旧系统并存，各自完成相应的工作，并相互对比、审核。这样做需要双倍的人员、设备，其费用是比较大的，但系统运行的可靠性得到大大提高，风险较低。在新旧系统并存阶段可以继续用户的培训、规范用户的行为、检查并改进新系统的功能，新系统运行的成功率较高。

（3）逐步方式（如图9-16（c）所示）：是指分阶段、按部分地完成新旧系统的交替过程，开发完一部分则在某一时间段内就平行运行一部分。这样做既可避免直接方式的风险，又可避免平行方式的双倍费用，但这种方式的不足之处是接口多。目前它是许多组织选择采用的切换方式。

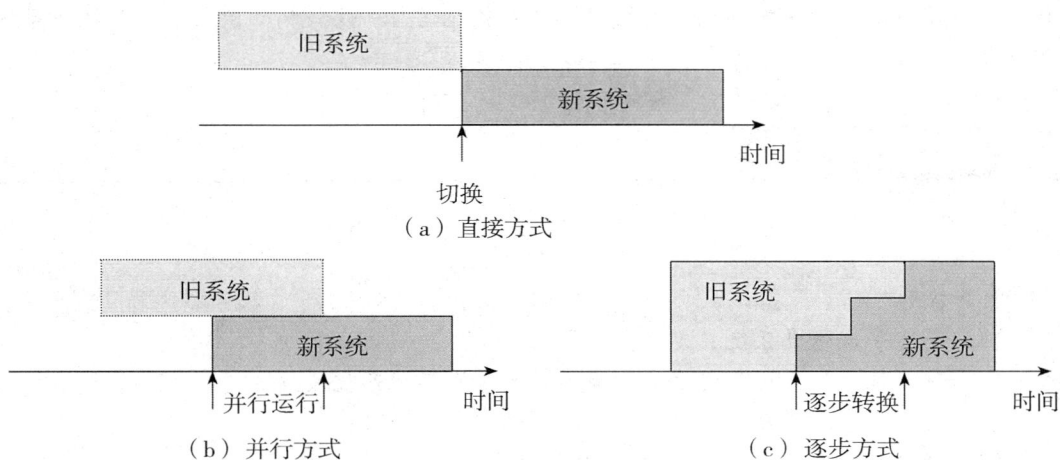

图9-16 系统切换方式示意图

本章小结

本章介绍了管理信息系统开发的开发策略、开发方法。管理信息系统开发方法分为结构化系统开发方法、原型法、面向对象法和CASE。用结构化系统开发方法开发MIS分为五大阶段：系统规划、系统分析、系统设计、系统实施、系统运行和维护。系统规划确定系统目标和总体结构，系统分析建立新系统逻辑模型，系统设计在逻辑模型的基础上构建新系统物理模型，系统实施完成系统软硬件的获取、程序设计开发、系统调试、系统切换、系统运行与维护等工作。

本章的重点是掌握管理信息系统开发方法，特别是结构化系统开发方法、原型法和面向对象法，掌握信息系统分析的主要工具——组织结构图、功能结构图、业务流程图、数据流程图、数据字典、决策树、决策表，会进行信息系统的总体设计和详细设计，熟悉信息系统实施过程。

关键概念

结构化系统开发方法 系统生命周期 原型法 面向对象法 结构化系统分析 流

程　业务流程图　数据流程图　数据字典　结构化语言　决策树　决策表　代码　系统测试

复习思考题

1. 简答题

（1）简述管理信息系统开发的主要策略。

（2）试述结构化系统开发方法、原型法的基本思想和优缺点。

（3）结构化系统开发生命周期各个阶段的任务是什么？

（4）什么是业务流程图？画出自己熟悉的组织的业务流程图。

（5）数据流程图有哪些特性？简述绘制数据流程图的主要步骤。

（6）数据字典包括哪些内容？

（7）代码具有哪些功能？简述代码设计的种类并举例说明。

（8）系统实施的主要内容是什么？

（9）系统切换的三种方式各有什么优缺点？

2. 实务题

（1）根据银行活期存款、取款业务流程，绘制出数据流程图，并编制数据字典。

（2）对所在学校的图书馆借书业务进行系统分析，画出业务流程图和数据流程图。

（3）试按以下业务过程画出业务流程图：成品库保管员按车间送来的入库单登记库存台账。发货时，发货员根据销售料送来的发货通知单将成品出库并发货，同时填写三份出库单，其中一份交给成品库保管员，由他按此出库单登记库存台账，出库单的另外两联分别送销售科和会计科。

（4）某国内快递公司投递流程为收件员接收客户提交的快件，并按照一定的规则计算收费数量。收费员验证收件员的收费计算结果，并收费和开票。然后，客户将收费单据传递给收件员，收件员审核后将快件交给投递员投递。试画出业务流程图。

（5）邮寄包裹收费标准如下：若收件地点在 1 000 公里以内，普通件每公斤 2 元，挂号件每公斤 3 元；若收件地点在 1 000 公里以外，普通件每公斤 2.5 元，挂号件每公斤 3.5 元；若重量大于 30 公斤，超重部分每公斤加收 0.5 元。绘制收费标准的决策表（重量用 W 表示）。

第 10章
信息系统的管理

内容提要
1. 信息系统运行管理机构
2. 信息系统开发项目管理
3. 信息系统文档管理
4. 信息系统安全管理
5. 信息系统外包管理

管理信息系统的开发作为一项复杂而艰巨的系统工程，不仅要依靠先进的科学技术，更要依靠强有力的组织管理措施。人们常说，"开发管理信息系统是三分技术、七分管理"，这说明了在管理信息系统开发阶段，企业采取相应的管理措施的重要性。

信息系统的管理包括系统开发的项目管理、文档管理、系统安全管理、系统外包管理。

10.1 信息系统运行管理的组织机构

随着信息技术的发展，目前具有一定规模的企业都设置了信息管理部门，该部门全面负责企业信息管理工作。

10.1.1 信息系统管理机构

由于企业规模大小不同，目前我国各企业内的信息管理部门在结构、称谓和人员组成上存在一定的差别，规模大的分工较细，一般按部、中心、组来划分。人员的组成以信息管理与信息系统、计算机专业的人才为主。如图 10-1 所示的是企业信息管理部门的主要分支机构。

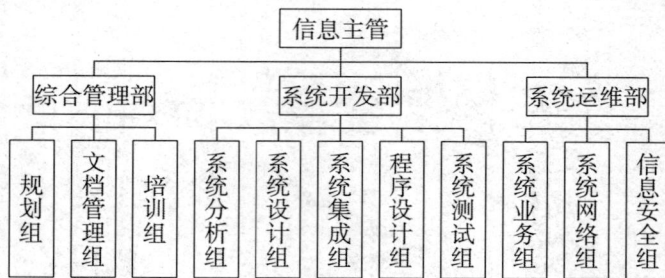

图 10-1　企业信息系统管理部门的设置

信息主管（Chief Information Officer，CIO）全面管理信息化建设，向组织的最高领导负责。CIO 一般由组织的高层决策人士来担任，其地位如同企业的副总经理，有的甚至更高。综合管理部门负责综合性工作，包括信息化规划、为各业务部门提供培训、信息化各项工作的文档管理，以及进行信息管理部门的内部事务管理等。系统开发部承担信息系统的开发、升级以及业务部门的业务更新、调整，按项目开发阶段划分为系统分析组、设计组、集成组、程序设计组和测试组等。系统运维部负责保证信息系统的正常运行与维护，业务组负责与业务部门沟通，解决与业务相关的问题，网络组负责网络的建设和管理，保证网络的正常运行，信息安全组主要负责与信息系统安全有关的问题。

各个企业的实际情况不同，机构设置不同，机构改革和整体的目标也不同，因此不能套用一种模式。设置信息管理机构是一个总的发展趋势，具体实施时可以在原有机构的基础上落实人员，抓好几项重点工作，然后逐步充实，不一定一步到位。

10.1.2　信息系统管理人员与职责

信息管理部门的主要职责是管理正在开发或实施的信息系统项目；负责信息系统的正常运行和维护；建立和实施企业信息系统使用的指南和制度；向企业各业务部门提供信息技术服务；支持企业战略目标的实现。其中信息主管（CIO）的主要职责是：

（1）在企业主管（总经理、总裁）的领导下，主持制定、修改企业信息资源开发、利用和管理的全面规划。

（2）主持管理信息系统开发建设。

（3）审批企业信息管理有关规章制度、标准、规范并监督实施。

（4）负责信息管理与信息技术人员的招聘、选拔与培养。

（5）负责企业信息资源开发、利用与管理所需资金的预算与筹措。

（6）参与企业高层决策。

企业信息系统管理的中层、基层管理人员有：系统分析员、系统设计员、程序员、系统文档管理员、硬件维护员、软件维护员、数据库维护员和网络维护员等，此外还包括企业中承担重要的信息管理任务的组织机构，如计划、统计、产品与技术的研究与开发、市场研究与销售、生产与物资管理、标准化与质量管理、人力资源管理、宣传与教育、政策研究与法律咨询等部门的分管信息的负责人。

10.2　信息系统开发的项目管理

10.2.1　信息系统项目管理概述

1.项目管理的概念

项目是为实现一个特定的目标，限定在一定时间内，有效利用资源（时间、资金、人力、设备、材料和能源等）来完成的一次性任务。

项目管理是指在一定资源，如时间、资金、人力、设备、材料、能源、动力等约束下，实现项目既定目标，对项目全过程进行计划、组织、指挥、协调和控制的管理活动。

2.项目管理的特征

项目管理与传统的业务管理相比，其最大的特点是注重综合性的管理，可以跨部门进行，而且有严格的期限，即项目管理是通过不完全确定的过程，在确定的期限内提供不完全确定的产品。项目管理有如下特征：

（1）项目管理的对象是项目。项目管理是针对项目的特点而形成的一种管理方法，特别适用于大型的、复杂的工程。

（2）系统工程思想贯穿项目管理的全过程。

（3）项目管理的组织具有一定的特殊性。项目管理中有团队的概念，围绕项目本身组织人力资源。团队是临时性的，团队也是柔性的。

（4）项目管理的体制是基于团队管理的个人负责制，项目经理是整个团队中协调、控制的关键岗位。

10.2.2　信息系统开发项目的特点

与一般技术项目相比，信息系统项目有以下特点：

（1）系统的目标不精确。对于信息系统的开发，在许多情况下，客户一开始只有一些初步的功能要求，给不出明确的想法，提不出非常确切的信息要求。信息系统项目的任务范围很大程度上取决于项目组所做的系统规划和需求分析。由于客户方对信息技术的各种性能指标并不熟悉，所以，信息系统项目所应达到的质量要求更多地由项目组来定义，而客户只能是尽可能地审查和确认。

（2）用户的需求不断被激发。尽管已经做好了系统规划、可行性研究，签订了较明确的技术合同，但是随着系统分析、系统设计和系统实施的进行，客户的需求会不断被激发，被不断地进一步明确，导致项目进度、费用、程序以及与其相关的文档经常需要修改。

（3）项目团队决定信息系统的成败。信息系统开发项目是智力密集型项目，受人力资源影响最大，项目组的结构、项目组成员的责任心和能力对项目的成功与否起决定作用。由于信息系统开发的核心成果——应用软件是不可见的逻辑实体，如果人员发生流动，对于不深入掌握软件知识或缺乏信息系统开发实践经验的人员，是不可能在短时间里做到无缝承接信息系统的后续开发工作的。为高质量地完成项目，必须充分发掘项目成员的才能和创造精神，不仅要求他们具有一定的技术水平和工作经验，而且还要求他们具有良好的心理素质和责任心。

10.2.3　信息系统项目管理的内容

与其他项目的管理一样，信息系统项目的管理也涉及项目研制中的计划制订、进度估计、资源使用、人员配备、组织机构、质量监控等许多问题。鉴于信息系统项目的上述特点，我们重点介绍一下信息系统项目的计划管理、人员管理和质量管理。

1.计划管理

为了避免信息系统严重超出预算和拖延进度，信息系统项目应事先编制好各方面的计划，比如进度计划、费用计划、人员安排计划等。除了这些与项目密切相关的实质性计划外，为了信息系统建设的顺利进行，还要编制一些保证性计划，比如质量保证计划、风险管理计划等。

信息系统的项目计划可以是全过程计划，也可以是阶段性计划或子系统计划。鉴于信息系统项目的特点，为了使项目团队富有成效地开展工作，项目的全过程计划应该尽可能制订得留有一定余量和弹性，而阶段性计划和子系统计划则可以按照近期精细、远期概略的方法展开。这样，随着项目的开展，后期客户的要求和期望会越来越具体，越来越明确，阶段性计划和子系统计划可以随之精细化，而全过程计划则能保持大体上的稳定。

实现项目工作计划可以应用甘特图、网络计划技术等方法，这里我们主要介绍一下甘特图。甘特图（Gantt图）又称横道图，是安排工程进度计划的简单工具，图10-2给出了一个甘特图的例子。从甘特图上我们可以清楚地看出各子任务在时间上的对比关系，以及目前的进展状况等。

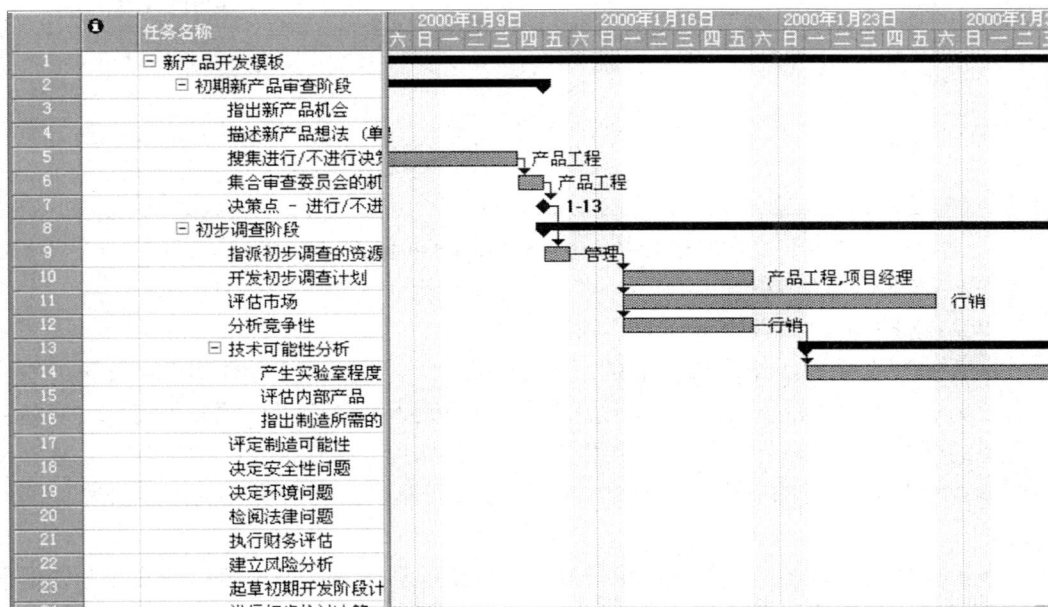

图10-2 甘特图实例

2. 人员管理

一个项目要成功，制订计划是必不可少的，但构成项目组的人员是关键，项目的管理，归根结底是人的管理。人在信息系统建设项目中既是成本，又是资本。人力成本通常都是信息系统项目成本构成中最大的一块，这就要求我们对人力资源从成本上去衡量，尽量使人力资源的投入最小；人力资源作为资本，又要求我们尽量发挥资本的价值，使其产出最大。

（1）人力资源平衡

信息系统项目对人力资源的需求并不一直是水平的，而是大致符合Rayleigh-Norden曲线[①]的分布，如图10-3所示，呈现出前后用人少、中间用人多的不稳定的人员需求态势。开始阶段人力过剩，造成浪费（图中a所示），到开发后期需要人力时，又显得人手不足（图中b所示），以后再补偿又已为时过晚（图中c所示）。因此，在制订人力资源计划时，就要在基本按照Rayleigh-Norden曲线配备人力的同时，尽量使某个阶段的人力稳定，并且确保整个项目期人员的波动不要太大，我们称这样的过程为人力资源的平衡。

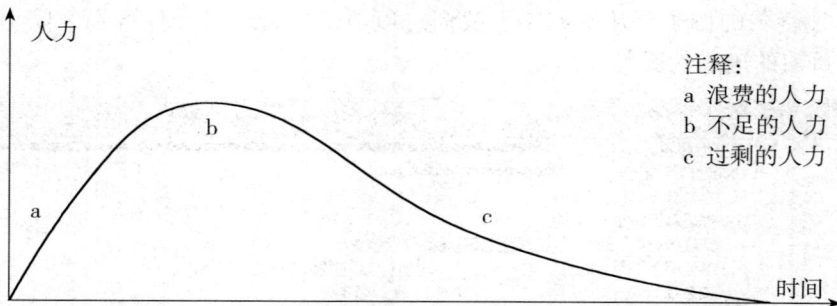

注释：
a 浪费的人力
b 不足的人力
c 过剩的人力

图10-3　Rayleigh-Norden曲线

（2）项目团队的组织管理

①系统开发的组织机构与分工：

• 系统开发领导小组。由企业的一把手负责，与与系统相关的部门的领导（如财务、营销、生产、产品开发、物料供应等部门的负责人）一起组成领导小组，负责新系统开发的行政组织和领导工作。该小组具有权威的作用，行使涉及机构调整、人员、设备的调配，规章制度的制定，资金的使用，项目管理以及对系统开发做出重要决策的权力。

• 系统开发工作小组。负责系统开发工作的组织和实施。该小组在系统开发领导小组的领导下，具体执行系统开发的过程。技术负责人在小组中起主导的作用，主持系统

---

① 左美云. 企业信息管理［M］. 北京：中国物价出版社，2002.

分析、建立逻辑模型、总体设计及系统实施与转换等重要的开发环节。小组中可以根据人员的构成情况和开发进程的需要，进一步组织系统分析与设计小组、管理模型开发小组、程序设计小组、测试小组、试运行小组等等。

②系统开发的人员组成与职责：

● 系统分析人员。系统分析员又称系统分析师，主要承担系统的调查与分析工作，往往来自于专业开发机构，经过专业训练，对计算机、管理信息系统、现代管理理论和实践都有比较丰富的知识，知识面广，善于学习不同行业系统的业务知识，有很强的责任心，善于与不同背景的人员进行讨论，交流思想，有较强的组织工作能力。

● 系统设计人员。负责系统的设计工作，称为系统设计师。参与系统开发的总体设计、模块设计及各种具体的物理设计工作。具有熟练的计算机专业知识，掌握建立管理信息系统的技术基础，责任心强，熟悉系统实施与转换的一般技术方法。

● 程序员。负责系统程序设计、调试和转换工作。要求精通程序设计语言与编程技巧，掌握系统测试的原理和方法，具有准确理解和贯彻系统分析与系统设计思想的素质和能力，善于学习和运用程序设计的新方法和新技术，有一定的美学修养。

● 操作员。参与系统调试与转换工作，负责系统正常运行期间对系统功能的执行，包括数据的录入、删改、统计、打印输出、数据的备份与恢复等。要求有熟练的键盘操作技能，准确快速的汉字输入能力，掌握基本的硬件操作知识与操作系统命令，善于学习和掌握应用系统的功能结构和性能特点，遵守操作规程，有责任心。

● 其他人员。在系统开发及正常运行后的管理与维护中，可根据需要配备。例如，设备维护、文档资料管理以及网络系统管理等专门人员及兼职人员。

以上所有的人员及其分工要根据实际情况而定。在我国，往往是一人承担多种角色，人员之间互有交叉，兼职也是常有的事。人员的组成涉及人才队伍的建设问题，必须引起足够的重视。

除此以外，开发项目还需要抽调管理人员参加工作。这是非常重要的，因为计算机业务部门对具体的问题不够熟悉，没有使用部门和管理人员参加配合，往往使设计脱离实际，不能很好地投入运行。另一方面，由于管理人员和计算机技术人员考虑问题的出发点不同，有时会发生矛盾。例如，技术人员总希望从技术角度上首先考虑如何提高机器运转效率，而管理人员则首先要求使用方便。这些矛盾需要经过项目管理来进行协调。

在开发系统的过程中，还会遇到系统设计员和用户的矛盾。计算机和用户的关系是计算机为用户服务，不是用户为计算机服务，这个看来简单的道理却并不容易做到。因为对计算机来说是简单的方案，往往意味着用户使用起来麻烦，甚至根本不愿意用，或简直就无法使用，从而导致系统失败；而对用户来说是方便的方案，就意味着设计人员和程序员要花费更多精力做出一套功能强大且适用的程序。为了解决这个矛盾，在项目管理上应采取措施加强设计人员和用户之间的联系和合作。

尤其值得一提的是 Brooks 定律。曾担任 IBM 公司操作系统项目经理的 F.Brooks 从大量的软件开发实践中得出这样的结论："向一个进度已经落后的项目增派开发人员，可能使它完成得更晚！"许多文献将其称为 Brooks 定律。Brooks 定律说明了"时间与人员未必能互换"这一原则。对此的合理解释是：当开发人员以算术级数增长时，这些人员之间的交换意见的路径数将以几何级数增长，从而可能导致"得不偿失"的结果。在许多情况下，开发时间宁可长一点，开发人员宁可少一点，才符合经济原则。

3.质量管理

目前人们对信息系统项目提出的要求，往往只强调系统必须完成的功能和应该遵循的进度计划以及生产这个系统花费的成本，却很少注意在整个生命周期中信息系统应该具备的质量标准。这种做法的后果是：许多系统的维护费用非常高，为了把系统移植到另外的环境中，或者使系统和其他系统配合使用，都必须付出很高代价。

信息系统的质量管理不仅仅是项目开发后的最终评价，而且是在信息系统开发过程中的全面质量控制。也就是说，不仅包括系统实现时的质量控制，也包括系统分析、系统设计时的质量控制；不仅包括对系统实现时软件的质量控制，而且还包括对文档、开发人员和用户培训的质量控制。

（1）信息系统质量的指标体系

信息系统的质量是比较难管理的。难管理的重要原因之一是信息系统的质量指标难以定义，即使能够定义，也比较难度量。由于信息系统的核心是其中运行的应用软件，软件的质量决定信息系统的生命，而软件质量的指标及其度量有较多的研究成果，下面是一种从管理角度对软件质量的度量指标。

①正确性。系统满足规格说明和用户目标的程度，即在预定环境下能正确地完成预期功能的程度。

②健壮性。在硬件发生故障、输入的数据无效或操作错误等意外环境下，系统能做出适当响应的程度。

③效率。为了完成预定的功能，系统需要消耗计算机资源的有效程度。

④完整性。对未经授权的人使用软件或数据的企图，系统能够控制的程度。

⑤可用性。系统在完成预定功能时令人满意的程度。

⑥风险性。按预定的成本和进度把系统开发出来，并且为用户所满意的概率。

⑦可理解性。理解和使用该系统的容易程度。

⑧可维护性。当环境改变或运行现场发现错误时，使其恢复正常运行的难易程度。

⑨灵活性。修改或改进正在运行的系统需要的工作量的多少。

⑩可测试性。软件容易测试的程度。

● 可移植性。把程序从一种硬件配置或软件环境转移到另一种配置和环境时的难易程度。

● 可重用性。在其他应用中该程序可以被再次使用的程度。

● 互运行性。把该系统和另一个系统结合起来的难易程度。

（2）信息系统实施全面质量控制的办法①

①实行工程化的开发方法。信息系统的开发是一项复杂系统工程，必须建立严格的工程控制方法，要求开发组的每一个人都要遵守工程规范。

②实行阶段性冻结与改动控制。信息系统具有生命周期，每个阶段有自己的任务和成果。在每个阶段末要"冻结"部分成果，作为下个阶段开发的基础。冻结之后不是不能修改，而是其修改要经过一定的审批程序，并且涉及项目计划的调整。

③实行里程碑式审查与版本控制。里程碑式审查就是在信息系统生命周期的每个阶段结束之前，都正式使用结束标准对该阶段的冻结成果进行严格的技术审查。这样，如果发现问题，可以在阶段内解决。版本控制是指通过给文档和程序文件编上版本号，记录每次的修改信息，使项目组的所有成员都了解文档和程序的修改过程。

④实行面向用户参与的原型演化。在每个阶段的后期，快速建立反映该阶段成果的原型系统，利用原型系统与用户交互，及时得到反馈信息，验证该阶段的成果并及时纠正错误，这一技术称为"原型演化"。原型演化技术要有先进的CASE工具的支持。

⑤强化项目管理，引入外部监理与审计。要重视信息系统的项目管理，特别是人力资源的管理。同时，还要重视第三方的监理和审计的引入，通过第三方的审查和监督来确保项目质量。

⑥尽量采用面向对象和基于构件的方法进行系统开发。面向对象的方法强调类、封装和继承，能提高软件的可重用性，能将错误和缺憾局部化，同时还有利于用户的参与，这些对提高信息系统的质量都大有好处。基于构件的开发，又称"即插即用编程"（Plug and Play Programming）方法，是从计算机硬件设计中吸收过来的优秀方法。这种编程方法是将编制好的软件"构件"（Component）插在已做好的框架上，从而形成一个大型软件。构件是可重用的软件部分，构件可以自己开发，可以使用其他项目的开发成

---

① 参见侯炳辉. 论管理信息系统开发的全面质量控制［J］. 微电脑世界，1996（5）.

果，也可以向软件供应商购买。当我们发现某个构件不符合要求时，可对其进行修改而不会影响其他构件，也不会影响实现和测试，好像整修一座大楼中的一个房间，不会影响其他房间的使用。

⑦进行全面测试。要采用恰当的手段，对系统调查、系统分析、系统设计、实现和文档进行全面测试。

10.3 信息系统的文档管理

信息系统的文档是系统开发过程的"痕迹"，是系统维护人员的指南，是开发人员与用户交流的工具。规范的文档意味着系统是按照工程化开发的，意味着信息系统的质量有了形式上的保障。文档的欠缺、文档的随意性和文档的不规范，极有可能导致原来的系统开发人员流动后，系统不可以维护、不可以升级，变成一个没有扩展性、没有生命力的系统。所以，为了建立一个良好的信息系统，不仅要充分利用各种现代化信息技术和正确的系统开发方法，同时还要做好文档的管理工作。

10.3.1　信息系统文档的类型

信息系统的文档有多种分类方法：

（1）按照产生的频率，信息系统文档分为一次性文档和非一次性文档。一次性文档是指在系统开发过程中只产生一次的文档，如系统分析报告、系统设计说明书等；非一次性文档是指在系统开发过程中产生多次的文档，如需求变更申请书、维护修改建议书、信息系统运行日志等。

（2）按照信息系统生命周期的阶段不同，信息系统文档可以划分为系统规划阶段文档、系统分析阶段文档、系统设计阶段文档、系统实现阶段文档和系统运行与维护阶段文档。系统规划阶段文档如系统可行性研究报告、项目开发计划书等；系统分析阶段文档如系统分析说明书等；系统设计阶段的文档如系统设计说明书、需求变更申请书等；系统实现阶段的文档如程序设计报告、系统测试报告、开发总结报告等；系统运行与维护阶段的文档如用户手册、操作手册与维护修改建议书等。

（3）按照文档服务目的不同，信息系统文档可以分为用户文档、开发文档与管理文档。用户文档主要是为用户服务的，如用户手册、操作手册、系统运行日志、系统维修建议书等；开发文档主要是为开发人员服务的，如系统分析说明书、系统设计说明书、程序设计说明书、系统测试计划、系统测试报告等；管理文档主要是为项目管理人员服务的，如可行性研究报告、项目开发计划、需求变更申请书、开发进度报告、开发总结报告等。

10.3.2　信息系统文档管理的主要工作

为了最终得到高质量的信息系统文档，在信息系统的建设过程中必须加强对文档的管理。文档管理应从以下几个方面着手进行：

1.文档管理的制度化、标准化

必须形成一整套的文档管理制度，其内容包括：

（1）明确必须提供文档的种类、格式规范。

（2）明确文档管理人员。

（3）明确文档的设计、修改和审核的权限。

（4）制定文档资料管理制度。

根据这一套完善的制度最终协调、控制系统开发工作，并以此对每一个开发成员的工作进行评价。

2.文档管理的人员保证

项目小组应设文档组或至少一位文档保管人员，负责集中保管本项目已有文档的两套主文本。两套文本内容应完全一致，其中的一套可按一定手续办理借阅。

3.维护文档的一致性

信息系统开发建设过程是一个不断变化的动态过程，一旦需要对某一文档进行修改，要及时、准确地修改与之相关的文档；否则将会引起系统开发工作的混乱，而这一过程又必须有相应的制度来保证。

（1）项目成员可根据工作需要在自己手中保存一些个人文档。这些文档一般是主文本的复制件，并注意和主文本保持一致，在做必要的修改时，也应修改主文本。

（2）项目开发结束时，文档管理人员应收回开发人员的个人文档。发现个人文档与主文本有差别时，应立即着手解决。

（3）在新文档取代了旧文档时，文档管理人员应及时注销旧文档。在文档内容有变更时，管理人员应随时修订主文本，使其及时反映更新了的内容。

（4）主文本的修改必须特别谨慎。修改以前要充分估计修改带来的影响，并且要按照提议、评议、审核、批准和实施等步骤加以严格的控制。

4.维护文档的可追踪性

由于信息系统开发的动态性，系统的某种修改是否最终有效，要经过一段时间的检验，因此文档要分版本来实现。而版本的出现时机及要求也要有相应的规定。

信息系统开发的产品是软件，即程序加文档。程序是供计算机执行的指令，对用户而言是"看不见、摸不着"的。程序执行对与错，用户只有检查结果才知道。程序主要是供计算机"读"的。当然，打印出来的程序，人也可以读，但效率太低。读一份风格独特、注释不充分的程序，犹如读"天书"。没有规范的文档，程序不可能维护。可以说没有文档，就没有信息系统，文档是信息系统的生命线。

10.4 信息系统安全管理

10.4.1　信息系统安全概述

随着信息技术的发展，管理信息系统在运行操作、管理控制、经营管理、战略决策等企业经济活动各个层面的应用范围不断扩大，并发挥着越来越重要的作用。但是，管理信息系统越发展，人们对其的依赖性就越强，管理信息系统的安全也就越来越重要，尤其是Internet在社会各领域的广泛应用，使得信息系统安全的概念发生了根本的变化。管理信息系统就像一把双刃剑，一方面它使企业能够更加有效地利用信息，另一方面也使得企业面临更加严峻的信息安全问题。因此，信息系统的安全管理是一项极其重要的管理工作。

信息系统安全是指组成信息系统的硬件、软件和数据资源不受自然和人为的有害因素的威胁和危害。信息系统安全内容主要包括如下几个方面：

（1）实体安全。保证信息系统的各种设备及环境设施的安全。具体包括场地环境、设备设施、供电、电磁屏蔽、信息存储介质等。信息系统的实体安全是整个信息系统安全的前提。

（2）软件安全。保证操作系统、数据库管理系统、网络软件、应用软件等软件及相关资料的完整性及可用性。具体包括软件开发规程、软件安全测试、软件的修改与复制等。

（3）数据安全。防止数据被故意或偶然的泄露、破坏、更改，保证数据资源的保密性、完整性、有效性和合法性。具体包括输入、输出、身份认证、存取控制、加密、审计与追踪等方面。

（4）运行安全。系统资源和信息资源的合法使用。具体包括电源、环境条件、人事、机房管理、出入控制、数据与存储介质管理、运行管理和维护等。

10.4.2　信息系统安全的特性

信息系统的安全特性包括信息的真实性（Authenticity）、完整性（Integrity）、保密性（Confidentiality）、可用性（Availability）和不可否认性（Non-repudiation）五个方面，具体如下：

（1）真实性。这一属性要求对信息输入、输出和处理的全过程都进行必要的识别和验证，确保信息的真实可靠。真实性是其他属性的前提条件，如果信息失去了真实性，反映的是不真实不可靠的情况，那么其他属性将变得没有任何意义，信息系统的安全也无从谈起。

（2）完整性。这一属性要求信息没有在未授权的情况下被修改，确保信息在传输过程中保持一致。

（3）保密性。这一属性要求信息没有在未授权的情况下被泄露，只有经过认证的人员才可以获取保密的信息。

（4）可用性。这一属性要求合法用户及时、正确地取得所需的信息。

（5）不可否认性。这一属性要求信息的传输、处理和存储过程有据可查，不能否认过去真实发生的对信息的访问和操作。

10.4.3 影响信息系统安全的主要因素

从目前的实际运行状况来看，信息系统本身存在着许多不完善的地方，如系统软件和应用软件设计存在缺陷，硬件系统存在缺陷，软硬件配置不当，安全管理制度不完善，人员管理不当等。这些缺陷的存在，使得信息系统面临各种安全威胁。

能够对信息系统安全造成危害的影响因素很多，按照安全威胁产生的原因，可以分为自然因素和人为因素两大类。

自然因素包括：①自然灾害：包括失火、地震、风暴、洪水、雷击和静电等灾害。②自然损坏：是指因系统本身的脆弱性而造成的威胁。例如，元器件老化及失效、设备故障、软件故障、保护功能差和整个系统不协调等。③环境干扰：如高低温冲击、电压降低、过压或过载、震动冲击、电磁波干扰和辐射干扰等因素。

人为因素包括：①无意损坏：无意损坏是过失性的，是因人的疏忽大意造成的。如操作失误、错误理解、设计缺陷、软件 Bug 以及无意造成的信息泄露或破坏。②有意破坏：有意破坏是指直接破坏信息系统的设备或设施、盗窃资料及信息、非法使用资源、释放计算机病毒以及篡改系统功能等。

按照威胁来源，可以将影响信息系统安全的因素划分为内部因素和外部因素。

内部因素包括：信息系统本身的安全漏洞，也包含了信息系统运行平台（OS、DBMS、NOS等）的漏洞和内部人员的错误、过失和恶意操作。

外部因素包括：自然灾害、恶意代码（病毒、蠕虫、木马等）以及黑客/竞争对手破坏等。

此外，还可以从计算机安全治理的角度划分，影响信息系统安全的因素包括：自然灾害、故障、失误、违纪、违法和犯罪等。

10.4.4 信息系统安全策略

信息系统的安全策略是为了保障系统一定级别的安全而制定和必须遵守的一系

列准则和规定。先进的安全技术只有在正确有效的管理控制下才能得到有效的实施。在整个计算机信息系统的安全管理工作中，管理制度所占份额高达60%，物理实体安全占20%，法律和技术各占10%。因此，信息系统的安全管理不是单纯的技术问题，同时还是一项需要法律政策、管理制度和技术保障互相配合的复杂的系统工程。

1.法律、法规保证

有关信息系统的法律、法规大体上可以分为社会规范和技术规范两类。

社会规范是调整信息活动中人与人之间的行为准则。要结合专门的保护要求，定义合法的信息活动，不正当的信息活动要受到民法或刑法的限制和惩处。发布阻止任何违反保护要求的禁令，明确用户和系统人员应履行的权利和义务，包括保密法、数据保护法、计算机安全法、计算机犯罪法等。

技术规范是调整人与自然界之间关系的准则，其内容包括各种技术标准和规程，如计算机安全标准、网络安全标准、操作系统安全标准、数据和信息安全标准、电磁兼容性标准、电磁泄露极限标准等。这些法律和标准是保证信息系统安全的依据和主要的保障。

2.安全管理制度

安全管理制度是安全管理的一般行政措施，是依据系统的实践活动，为维护系统安全而建立和制定的规章制度和职能机构。这些制度主要有：

（1）组织及人员制度

建立健全各种安全结构，加强人员的安全意识、安全教育、技术培训及人员选择，严格操作守则，严格分工原则，如严禁程序设计人员担任系统操作员，严格区分系统管理员、终端操作员和程序设计人员，杜绝工作交叉。

（2）运行维护和管理制度

这包括设备维护制度、软件维护制度、用户管理制度、密钥管理制度、出入门管理、值班守则、操作规程、行政领导定期检查和监督制度等。

（3）计算机处理的控制与管理制度

这包括编程流程及控制，程序和数据的管理，拷贝及移植、存储介质的管理，文件的标准化以及通信和网络的管理。对各种文档、资料和媒体都要妥善保管，严格控制。做信息处理用的机器要专机专用，不允许兼作他用。终端操作人员因事离开终端，必须退回到登录界面，以避免其他人员使用终端进行非法操作。

（4）机房保卫制度

机要机房应规定双人进出的制度，严禁单人在机房操作计算机。机房门可以加双锁，且只有两把钥匙同时使用时门才能打开。

（5）环境安全制度

这包括机房建筑环境、三防（防火、防盗、防水）设备、供电线路、危险物品以及室内温度等相应的管理制度。

3.技术措施

技术措施是信息系统安全的重要保障。实施安全技术，不仅涉及计算机和外部设备及其通信和网络等实体，还涉及数据安全、软件安全、网络安全、运行安全和防病毒技术。安全技术措施应贯穿于系统分析、设计、运行和维护及管理各阶段。

由于不同组织开发的信息系统在结构、功能、目标等方面存在着巨大的差距，因而，对于不同的信息系统必须采取不同的安全措施，同时还要考虑到保护信息的成本、被保护信息的价值和使用的方便性之间的平衡。

10.4.5　信息系统安全技术

信息系统安全技术是在信息系统内部采用技术手段，防止对系统资源的非法使用和对信息资源的非法存取操作。下面简要介绍几种常见的信息系统安全技术：

1.身份认证技术

身份认证（Authentication）是指系统通过审查和鉴别用户的真实身份，确定该用户是否具有对某种资源的访问和使用权限。

（1）口令验证。口令是最常采用的身份认证方式。用户向系统输入口令后，通过了系统的验证，就能获得相应的权限。但口令是较弱的安全机制，在实际使用时，应该使用随机的、较难猜测的口令。

（2）智能卡。智能卡是一种内置集成电路的芯片，芯片中存有与用户身份相关的数据，智能卡由专门的厂商通过专门的设备生产，是不可复制的硬件。智能卡由合法用户随身携带，登录时必须将智能卡插入专用的读卡器读取其中的信息，以验证用户的身份。

（3）USB Key。基于USB Key的身份认证方式是近几年发展起来的一种方便、安全的身份认证技术。它采用软硬件相结合、一次一密的强双因子认证模式，很好地解决了安全性与易用性之间的矛盾。USB Key是一种USB接口的硬件设备，它内置单片机或智能卡芯片，可以存储用户的密钥或数字证书，利用USB Key内置的密码算法实现对用户身份的认证。

（4）生物特征识别。生物特征识别是利用人的唯一（或相同概率极小）的生理或行为特征作为身份认证依据的一种身份认证技术。生物特征分为身体特征和行为特征两类。身体特征包括指纹、掌型、视网膜、虹膜、人体气味、脸型、手的血管和DNA等；行为特征包括签名、语音、行走步态等。指纹识别技术是目前应用最广泛的生物识别技术。

此外，还有基于密码的身份认证、基于IP地址的身份认证、基于数字证书的身份认证等多种认证方式，在实际使用中，往往是将两种或两种以上的认证方式结合起来使用。

2.数据加密技术

数据加密是为了防止存储介质的非法复制、盗窃，以及信息传输线路被窃听而造成机要数据的泄露，在系统中对机要数据要采取加密存储与加密传输等安全保密技术。

数据加密是利用密码学的原理，把机密而敏感的明码信息和数据加以转换，使得信息窃贼无法认识或理解其原意。整个加密系统由加密和解密两部分组成。加密是把信息数据转换成无法直接辨识或理解的形式；解密是把经过加密的信息、数据还原成原来的可读形式。

加密技术是一种主动的防卫手段。进行数据加密要注意密钥的保护，否则，任何加密都是无意义的。加密技术的方法和算法很多，并且其发展与解密技术是相辅相成、互相促进的。

3.防病毒技术

计算机病毒（Computer Virus）在《中华人民共和国计算机信息系统安全保护条例》中被明确定义为："指编制或者在计算机程序中插入的破坏计算机功能或者破坏数据，影响计算机使用并且能够自我复制的一组计算机指令或者程序代码。"

（1）计算机病毒的特征

①传染性。这是病毒的基本特征，一旦病毒被复制或产生变种，其传染速度之快令人难以想象。

②破坏性。任何计算机病毒感染系统之后，都会对系统产生不同程度的影响，比如占用系统资源，影响计算机运行速度，破坏用户数据，甚至破坏计算机硬件，给用户带来巨大的损失。

③寄生性。一般情况下，计算机病毒都不是独立存在的，而是寄生于其他的程序中，当执行这个程序时，病毒代码就会被执行。

④隐蔽性。计算机病毒通常附在正常的程序之中或隐藏在磁盘的隐秘之处，有些病毒采用了极其高明的手段来隐藏自己，如使用透明图标、注册表内的相似字符等。

⑤潜伏性。大部分的病毒感染系统之后一般不会马上发作，而是隐藏在系统中，就像定时炸弹一样，只有在满足特定条件时才被触发。例如，黑色星期五病毒，不到预定时间，用户就不会觉察出异常，一旦遇到13日并且是星期五，该病毒就会被激活并且对系统进行破坏。

（2）计算机病毒的预防措施

①软件预防。软件预防是指通过安装防病毒软件来防御病毒的入侵。目前防病毒软件主要采用的病毒检测方法有：特征代码法、校验和法、行为监测法、软件模拟法。这些方法依据的原理不同，实现时所需开销不同，检测范围不同，各有所长。

②硬件预防。硬件预防是指采用防毒卡等硬件来防御病毒的入侵。

4.防火墙技术

防火墙是指设置在不同网络（如可信任的企业内部网和不可信任的公共网）或网络安全域之间的一系列部件的组合。它是不同网络或网络安全域之间信息的唯一出入口，能根据企业的安全政策控制（允许、拒绝、监测）出入网络的数据。防火墙本身具有较强的抗攻击能力，能够防止那些不可预测、具有潜在破坏性的入侵。防火墙是实现网络安全最成熟的技术，已经成为世界上使用最为广泛的网络安全产品之一。

防火墙是一种综合性的技术，涉及网络通信、数据加密、安全策略、硬件设计和软件开发等。防火墙本质上是一种隔离控制技术，在逻辑上，可以把它看成是一个设置在被保护网络和外部网络之间的一道隔离器，通过分析内部网和外部网之间的通信数据，限制非法数据的流入和流出，从而保证内部网络的安全。因此，防火墙是一个限制器，也是一个分析器。防火墙的作用如图10-4所示。

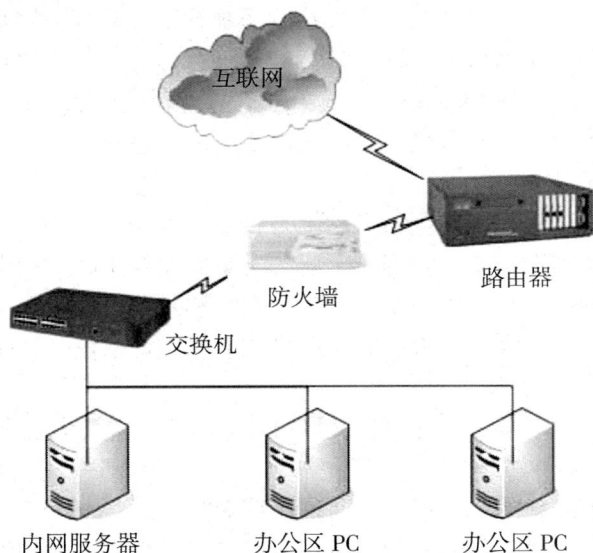

图10-4　防火墙作用示意图

5.漏洞扫描技术

漏洞扫描技术是一种基于Internet远程检测目标网络或本地主机安全弱点的技术。

通过漏洞扫描，系统管理员能够发现所维护的服务器的各种TCP/IP端口的分配、开放的服务、服务软件版本和这些服务及软件呈现在Internet上的安全漏洞。

从不同角度可以对扫描技术进行不同分类。从扫描对象来分，可以分为基于网络的扫描和基于主机的扫描。从扫描方式来分，可以分为主动扫描与被动扫描。

（1）基于网络的扫描和基于主机的扫描

基于网络的扫描是从外部攻击者的角度对网络及系统架构进行的扫描，主要用于查找网络服务和协议中的漏洞。

基于主机的扫描是从一个内部用户的角度来检测操作系统级的漏洞，主要用于检测注册表和用户配置中的漏洞。

（2）主动扫描和被动扫描

主动扫描是通过给目标主机发送特定的网络包并收集回应包来取得相关信息的。

被动扫描是通过监听网络包来取得信息。由于被动扫描一般只需要监听网络流量而不需要主动发送网络包，也不易受防火墙影响，因而近年来备受重视。

6.入侵检测技术

入侵检测技术是为保证计算机系统的安全而设计与配置的一种能够及时发现并报告系统中未授权或异常现象的技术，是用于检测任何危害或企图危害系统保密性、完整性及可用性的一种网络技术。它通过分析被检测系统的审计数据或网络流数据，从中发现网络或系统中违反安全策略或危及系统安全的恶意行为。进行入侵检测的软件与硬件的组合便是入侵检测系统（Intrusion Detection System，简称IDS）。入侵检测系统处于防火墙之后，对网络活动进行实时检测，是防火墙系统的有益补充。

7.安全审计技术

信息系统安全审计是评判一个信息系统是否真正安全的重要标准之一。通过安全审计收集、分析、评估安全信息，掌握安全状态，制定安全策略，确保整个安全体系的完备性、合理性和适用性，使系统调整到"最安全"和"最低风险"的状态。安全审计已成为企业内控、信息系统安全风险控制等不可或缺的关键手段，也是威慑、打击内部计算机犯罪的重要手段。

根据安全审计的基本内容，我们可以从技术上将信息系统安全审计分为以下几个模块：

（1）网络审计模块，主要负责网络通信系统的审计。

（2）操作系统审计模块，主要负责对重要服务器主机操作系统的审计。

（3）数据库审计模块，主要负责对重要数据库操作的审计。

（4）主机审计模块，主要负责对网络重要区域的客户机进行审计。

（5）应用审计模块，主要负责对重要服务器主机的应用平台软件，以及重要应用系统进行审计。

10.5 信息系统外包管理

随着网络技术的深入应用和经济全球化进程的加快，全球性的资源配置、分工和协作越来越频繁，信息技术的快速发展使信息系统更加庞大和复杂，专业化趋势也更加明显，越来越多的组织选择将IS（IT）项目外包给外部供应商，IS（IT）外包业务正成为一种信息系统建设和管理的新模式。

10.5.1 外包的概念

所谓外包是组织在内部资源有限的条件下，为获取市场竞争优势而采取的一种战略方法和经营管理方式。就是指组织与组织外部供应商签约，由外部供应商实现具体的项目。

外包（Outsourcing）是"Outside Resource Using"的缩写，最直接的解释是"外部寻求资源"或"外部资源利用"，即授权一家合作伙伴管理自己的部分业务或服务。外包并不是一个新的概念，100多年来，可口可乐公司所做的工作就是制造可乐糖浆和销售可口可乐灌装饮料，真正制造可口可乐的是该公司遍布全球的合作伙伴——灌装厂。可口可乐公司集中精力保护它的核心配方，维护其企业形象，而其供应链的绝大部分并不在企业内部运行。

1990年，Gary Hamel 和 C.K.Prahalad 在《哈佛商业评论》中以《企业的核心竞争力》为题撰文，首次提出了外包的概念。企业为了改善服务和产品质量，缩短生产周期，降低成本，把一些重要但非核心的业务职能外包给专业的外包商，企业要专注于最能创造价值的业务，以最大化这些业务的潜在效率，从而提高企业核心竞争能力，即将外包作为企业的一种重要管理理念和经营手法。

最近的20年来，业务外包在广度与深度上都获得了较大的发展，越来越多的企业将外包视为重塑企业架构的方式，借助外包来强化核心业务和改善与客户的关系，很多企业都从自身利益的角度出发在某些服务项目上采取了外包的方式，外包已成为一种新的管理模式。

企业采取外包战略可以增强企业的研发能力，提高企业的柔性、协同性和高效性，集中有限资源以塑造企业的核心能力。也就是说，企业通过外包战略转移价值链上的非核心业务，全力发展自身的核心业务，专注于自己的核心竞争优势，实现降低成本和提升竞争力的双赢局面。

10.5.2　信息系统外包

信息系统外包（Information System Outsourcing，ISO）是组织为了实现自己的目标，通过合同或协商的方式将部分或全部信息系统资产、功能和（或）活动交给外部的服务供应商，由他们向组织提供信息和信息系统管理服务的一种新的管理模式。

我们知道，信息系统作为组织的一个重要组成部分，对组织核心能力的提升起着非常重要的支持作用。然而，信息技术的发展、信息系统的广泛应用，也带来了信息系统建设和管理成本的增加，以及严重的专业技术人员匮乏的压力。要充分利用信息技术的优势，从信息系统应用中获得持续的竞争力，企业组织不得不面对一系列挑战。如一方面必须努力用信息系统去支持企业战略并开发新的高级战略；另一方面必须为低成本、高质量的信息系统服务设计并管理有效的策略和选择合适的技术平台以有效运行各类应用系统。所以，为了保持竞争优势，越来越多的企业开始采用全部或部分外包信息技术的策略。通过信息系统外包，可以整合利用外部最优秀的信息技术资源，从而达到降低成本、提高资金利用效率、充分发挥自身核心竞争力和控制经营风险的目的。

随着信息技术的发展和信息系统的广泛应用，信息系统外包概念的外延被大大扩展，其内涵也发生了深刻的变化。正像管理学大师彼得·德鲁克所说："在IT市场越来越细分的今天，IT外包将从根本上改变IT业乃至传统行业的运作模式。未来的IT服务会像水和电一样，成为新一代公共设施。"

信息系统外包的历史由来已久，自计算机进入商业领域以来，各种形式的信息系统外包就一直存在，如在大型机被广泛采用的时期，企业可以通过分时操作来获得这些昂贵机器所提供的服务。但是，直到1989年，当时的柯达公司将其信息技术的主要业务外包给IBM、数字设备公司和业务园公司后，信息系统/信息技术外包才盛行起来。信息系统/信息技术外包的具体范围可以是下面的任何一种类型或其多种形式的组合：系统规划、系统应用分析和设计，系统应用开发、系统运行和维护，系统集成，数据中心实施，通信管理和维护，软件、硬件产品、设备管理（如维护），最终用户支持（如培训）等。

信息系统外包首先是建立在假定信息系统外部供应商具有无可替代的专业化的信息服务的竞争优势的基础上的。如今企业的竞争由单供应链的竞争转向多供应链间的竞争，在这样一个竞争世界中，企业欲获得竞争优势，必须从企业与环境的特点出发，培养自己的核心竞争力。在这个多态、复杂的环境中，越来越多的企业面临信息系统的改造和提升，信息系统外包为企业信息管理部门提供了扩展能力和手段的机遇，尤其是中小型企业由于资金、人力等因素的限制，更应该开展信息系统外包业务。

10.5.3　信息系统外包的方式

目前信息系统外包方式较多，本书主要根据外部力量在信息系统建设中的不同作用进行分类，具体如下：

1.按照外包的程度划分

按照外包的程度，信息系统外包可以划分为整体外包和选择性外包。

整体外包（Total Outsourcing）是指组织将内部信息系统建设与管理服务的整个过程或其绝大部分由承包商来完成。整体外包涉及所有的信息系统功能领域，包括数据中心、应用开发、系统维护、网络、桌面服务等。整体外包并不是指完全外包，在整体外包中，组织内部只保留联系人与合同管理功能，负责以下事务：管理与承包商不断负责的外包关系；监督和审定承包商的技术决策；积累外包经验并协助制定将来的外包决策；洽谈和履行以后的外包合同；制定组织将来的信息系统战略。

选择性外包（Selective Outsourcing）是相对于整体外包而言的，与整体外包相比，选择性外包只将信息系统整个生命周期的某些阶段的一些活动或多个信息系统功能外包出去，重大功能或活动仍保留，外包的总额远远低于整体外包。

整体外包的优点是能够以较合理的资金投入，快速建立符合客户要求的信息系统；避免以自身摸索的方式建立信息系统造成的资金和人力的浪费；客户无须聘请专门的IT人员，就能享受到专业IT技术服务人员的高效率服务。但整体外包也会因为外包范围大、合同持续时间长而导致自身的信息系统灵活性差，从而将使组织面临着巨大风险。企业信息化是一场革命性的变革，企业的信息系统通常被比喻成企业的神经系统，所以企业在做出外包选择时一定要慎重。外部市场的实践显示，企业在做出外包决定后，大部分采取的都是选择性外包，选择性外包的成功率远大于整体性外包，目前选择性外包是外包的主导模式。

2.按照外包的业务范围划分

按照外包的业务范围，可以划分为软件开发外包、信息系统运营维护外包、信息技术咨询外包和定制业务外包。

（1）软件开发外包

软件开发外包系指在建设信息系统之时，承包商只负责信息系统软件的开发任务，信息系统的硬件、网络建设都由系统需求者自行完成或外包给其他承包商，这称之为软件开发外包。信息系统的开发方式主要有自行开发、委托开发、合作开发和购买软件包与二次开发等。其中委托开发方式是将软件开发的全部职能外包给专业承包商，合作开发属于将软件开发的部分职能外包给专业承包商。软件开发外包是在有契约的前提下，要求承包商提供优质的服务与管理。

（2）信息系统运营维护外包

信息系统运营维护简称系统运维，是指为保证信息系统长期、稳定、持续运行，从技术、管理等各个方面做出的保障。运营和维护的范畴包括信息系统运行和系统支撑（包括组织和人员保障、管理和制度保障、运行监测和预警、应急故障处理等）。系统运维外包是指信息系统的使用者采用付费的方式向承包商购买信息系统的使用权，信息系统的运行、维护由承包商全权负责。此时，软件应用系统的开发、信息系统的建设、系统运行和维护都由承包商完成，信息系统的所有权归承包商所有。双方通过合作协议规定各自的权利和义务，承包商将保证系统运行的稳定可靠，保证客户数据的安全。

（3）信息技术咨询外包

信息技术顾问是以专业化的知识、经验、信息为资源，根据不同的实际需求，具备提供解决信息系统特定问题的建议和方案的专业人员。信息技术咨询外包是指信息系统的使用者将特定的咨询服务委托给承包商，由承包商完成有关信息系统特定问题的建议和方案，同时遵守协议和履行义务，如信息系统孵化期的各类问题的建议和解决方案等。

（4）定制业务外包

定制业务外包则是指信息系统的使用者将特定的业务处理功能委托给承包商，由承包商完成与特定业务处理功能有关的信息系统建设和业务处理操作，双方通过合作协议规定各自的权利和义务，如按特定的业务要求提供软件开发、安装、调试、技术支持、维护等服务。

10.5.4 信息系统外包关系的管理

信息系统外包尽管有着诸多优势，但值得注意的是并非所有的信息系统都能够外包，信息系统外包中存在着较高的风险，必须进行外包关系的管理。对外包关系的管理应该是企业经营管理中极其重要的组成部分。企业自始至终强化外包关系管理，有助于改善企业与承包商的合作，避免或者妥善解决冲突，促进外包关系向着健康、合理、优化的方向发展，从而保证信息系统外包双方实现双赢。

1. 外包关系管理的尺度与标准

外包关系管理既强调纪律又强调协作。它反映了通过外包，一个组织依赖另一个组织提供服务的内在冲突的本质。一方面强调纪律，客户希望外包商绝对遵守曾经在合同中做出的履行义务的承诺，或者希望与承包商保持严格的、规范的合作关系。另一方面协作更是必要的，由于外包合同在大多数的情况下是不完善的，在逐步实施合同的同时环境也是不断变化的，所以在合同中不可能对外包服务需求的所有环节都做出具体的规定。客户可能会对合同中没有做出具体规定的服务产生需求，因此客户就需要同承包商建立一种相互协作、相互理解的关系。此外，在外包关系中分歧是不可避免的，而协作也是一个比对抗和报复更为有效的解决分歧的方法。

2. 外包合同管理

从某种意义上说，外包管理就是合同管理。合同管理提供了行为的基础或规范。保持承包商行为规范的基本方法是监督和控制。监督是用来观察承包商是否在做他应该做的事情，如果监督分析表明外包商正在偏离预订的行为目标，此时就需要控制，控制就是使承包商回到正确的轨道上去。在外包关系中，合同是监督和控制行为的基础。

3. 外包风险管理

信息系统外包作为一种战略选择，是企业追求核心竞争力的一条有效途径。但是信息系统外包始终处于风险环境之中，面临太多不确定性。

企业选择外包策略时能否有效控制外包带来的风险，关系到信息系统外包的成功与否。外包风险中来自于企业内部的风险包括：外包范围的界定、技术成本、责任义务和标准的风险等；来自企业外部的风险包括：外包市场的成熟度（法律制度、行业标准和职业道德等）、信息技术的不确定性、知识产权、咨询顾问、外包商的选择等风险。

外包中的风险管理始于外包过程的分析决策阶段。当风险不能消除但可预测时，可以通过合同将风险分散给客户或承包商，或者在合同中规定一个风险共担机制。

4. 承包商的选择

要选择一个优秀的承包商，首先必须对承包商进行全面的评价，对承包商的评价主要包括以下几个方面：

（1）承包商的业界经验。主要在于是否为业内相关的社会组织提供过类似服务，如果某些承包商有过为同行业提供优秀服务并取得成功的经历，则可以将他们作为备选对象。

（2）承包商的信誉。如果承包商有不良信用记录，则要慎重考虑将其纳入合作对象的范围。

（3）承包商的专业能力。包括承包商的技术实力，人力、物力和财力及承包商的创新和应变能力。

（4）外包费用。在质量、进度要求一致的情况下，要比较不同承包商之间管理费用和信息系统外包成本的差距。

目前选择承包商的方法有两种，一种是直接磋商的方式，另一种是招标的方式。直接磋商就是社会组织选择一定数量的承包商与其直接磋商，然后择优选择，签订合同。这种承包商的选择方法就比较简单，一般来说社会组织可能与该承包商已有过合作经历，只是磋商具体的工作内容，或者说该承包商在业内享有盛誉，只要社会组织能够承担起一定的费用，信息系统外包成功的概率就比较大。招标方式就是让对外包项目有兴趣的承包商参加投标，社会组织通过评标、筛选确定承包商。招标方式能在大范围内选择性价比最优的承包商，是目前非常流行的选择承包商方式。

案例1　从联想ERP看CIO的作用

实施ERP实际是用技术手段把业务流程系统化、集成化。业务流程的梳理、规范、优化、重组是ERP项目实施最基础和最核心的工作。在推进ERP项目的过程中，联想的经验是：把推进信息化工作的重心放在业务部门而不是技术部门，因为业务流程是信息化的基础，这个定位直接决定着项目的成败。而柳传志任命联想ERP项目负责人的故事，正是一个联想电脑公司CIO王晓岩"穆桂英挂帅"的故事。

"穆桂英挂帅"

刚上ERP时，联想也把ERP当成一个软件项目来做，项目组以IT部门为主导，业务部门没有介入。后来发现这是一个很大的误区。面对重重困难，1999年4月，联想毅然重组ERP项目组，改为以业务部门为主、技术部门为辅的团队，由电脑公司掌管财务和人力的助理总裁王晓岩临危受命——出任项目总监，直接对柳传志负责。王晓岩本人代表业务部门，她能从业务的角度去考虑系统的需要，由她来担任电脑公司的CIO，从业务部门自身来推动实施进程，使联想ERP项目产生了一个质的飞跃。

王晓岩不仅熟悉联想的业务，为人热情，学习能力强，而且是一个意志非常坚强的人。按照柳传志的评价："王晓岩是那种如果墙上没有洞，在墙上撞出个洞也要过去的人。"在王晓岩的带领下，1999年5月联想成立了ERP项目业务流程重组小组，由当时任联想集团常务副总裁的李勤担任组长，一大批业务部门骨干员工加入了ERP项目组。

CIO的三大作用

王晓岩进入项目组之后，做的首要工作就是把ERP实施需要的一些背景知识、管理理念尽快消化，用业务的语言转译给企业的最高领导者。她上任之后，大概用半个月左右的时间，给柳传志等企业高层汇报了上ERP的过程中哪些关键点可能会出现风险，企业高层需要如何重视和防范可能出现的风险等问题。在此之前，由于咨询顾问讲的内容太专业，与企业高层管理人员的需求有一定距离，因此，沟通的效果并不是很好。

王晓岩的第二个作用就是在企业内分层次、分阶段地推进ERP知识的理解和普及，从而使相关知识顺利转移到企业的各级员工那里。对于高层来说，最重要的是让他们了解ERP的管理思想和可能出现的潜在风险；对于中层员工来说，关键是了解业务流程的变化；对于基层员工来说，测试和操作使用是必备的知识。

王晓岩的第三个作用是建立一套决策机制。企业在实施ERP过程中，一定会涉及一些业务的改变，涉及一些责任和权力的再分配。这个过程绝不是项目组说了算的，而更多是项目组的集体决策，而决策的依据是按照业务的流程，各个部门应该做成什么样。这种方法能够保证决策过程的客观性，保证一切问题是从企业的整体利益出发，而不是从部门的局部利益出发，在这个过程中，项目总监主要是给业务部门做决策支持和协调工作。

聪明的妥协

项目总监的另一个重要职责是把握企业在实施信息化过程中对变革的承受力和对信息化期望值的管理的问题。如果企业对信息化寄予厚望，追求一步到位，一下子达到理想境地，而企业的现实管理水平和员工的承受能力和技能又一下子达不到这样的水平，信息化过程因而可能会遭遇各种明的或暗的抵制，甚至在经历组织变革的痛苦时夭折。

联想在实施ERP项目的过程中，在选择推进方案的时候，考虑到了业务部门的接受能力，尽可能地将转型和学习过程的痛苦程度降到最低。王晓岩对于变革的程度有三种解决办法：一是如果需要对企业原有的陋习和惰性加以改变，不管是来自哪方面的阻力，必须坚决地改变。二是如果业务部门所遇到的问题是由于业务的成熟程度、企业的成熟程度、市场经济的成熟程度所决定的，那么项目组就尽可能地去找出解决办法来推荐给业务部门，由业务部门去选择决定改还是不改；三是如果在实践中发现自身的一些创新行之有效，尽管ERP的标准功能不支持，那么也要做增强功能的开发，或者是用Web来开发，以保持原有的竞争性。

（根据《计算机世界报》2003（14）董小英文整理）

案例思考题：

1.你如何排列作为CIO资质的业务知识、信息技术知识以及经验的重要程度?为什么?

2.从联想ERP来看，CIO的作用有哪些?

案例2 中国银行业IT外包的破冰者——中国国家开发银行

中国国家开发银行（以下简称"国开行"）于1994年3月成立，直接接受国务院领导。目前在全国设有32家分行和4家代表处。成立以来，国开行始终认真贯彻国家宏观经济政策，发挥宏观调控职能，支持经济发展和经济结构战略性调整。在关系国家经济发展命脉的基础设施、基础产业和支柱产业等重大项目及配套工程建设中，发挥着长期融资领域主力银行的作用。

一、新的机遇和挑战

随着中国加入WTO，银行业对外开放以及外资银行的陆续进入，从长期来看，政策性银行也可能参与全球银行的市场竞争，国开行也将面临长期发展的挑战，当务之急是增强银行的应变能力和业务适用性，而专业、可靠、高质量的信息技术系统和IT服务则是业务和决策部门能够从容应对变化、抓住并创造机遇的前提和保障。如何快速灵活地部署新设备？如何应对新技术和新设备的更新换代？如何控制和降低IT运营成本？

面对机遇和挑战，国开行坚定不移地在内部机构和业务流程上进行改革。作为内部重组计划的重点，国开行将业务部门与操作部门分离，设立前台、后台和中间部门三大组织元素。前台部门发挥客户接洽、业务拓展职能，中间部门执行风险控制职能，后台承担审计、会计、信息技术和其他后备支持职能。内部重组之后，国开行为了使业务重组得以顺利实施，信息技术也必须相应快速发展，他们需要使用最先进的IT技术，实现后台管理的自动化操作。但从内部人员配置来说，国开行当时在全国有32家分行，总行也有30多个部门，而IT人员只有30人左右，负责硬件的技术人员只有五六个。显然，国开行靠自身的IT力量来支持业务的发展已明显形成瓶颈。从内部的管理机制来说，对于提高IT服务、提高IT效率和管理水平、实现相关决策的公开透明，国开行也仍然缺乏高效的机制。

二、中国银行业IT外包破冰之作

在通盘考虑自身需求特点，并借鉴国外同行业成功实践经验的基础上，国开行决定将其IT系统包括软硬件的运营维护和管理等外包给专业的IT服务供应商。经过慎重选择后，2003年底，国开行与惠普（HP）签署了战略合作伙伴协议，指定HP为国开行北京总行及分布在全国32个城市的分行提供全方位的桌面服务管理，包括软硬件设备的管理与维护、系统运行维护服务、IT资产管理等一系列服务。国开行也因此成为中国金融业中最早借助外包来加速信息化从而提高核心竞争力的金融机构。

HP为国开行提供全面、长期的一系列IT外包服务，其具体内容如下：

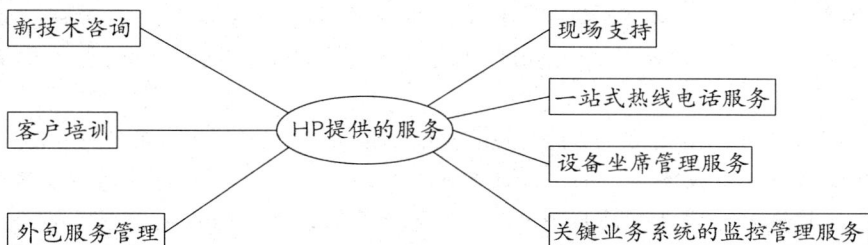

```
新技术咨询          现场支持
客户培训    HP提供的服务    一站式热线电话服务
                    设备坐席管理服务
外包服务管理         关键业务系统的监控管理服务
```

就日常硬件维护来说，HP派出5名现场工程师到总行，每个分行还派1名工程师。除承担维护服务以外，在设备选型、设备引进、设备管理等方面也为国开行提供专家咨询或者直接服务。国开行的信息设备管理与服务开始步入正常有序、科学合理的轨道，减少了非生息资产，提高了资产流动性，为国开行实现"按国际标准办最好银行"的奋斗目标奠定了坚实的基础。

国开行从2002年开始信息化建设，通过在信息系统各层面实施外包，在2~3年间就达到了国际先进水平，成功地扮演了中国银行业IT外包破冰者的角色。

国开行在IT外包的过程中认识到：协调外包公司的利益和工作，管理、整合服务资源，使得整体外包的效率要更高一些。基于此种认识，国开行在2006年7月又与中国惠普正式签署了一份为期三年的战略性IT外包服务合同。根据合同，中国惠普将从今年至2009年，为国家开发银行提供全面、长期的一系列IT外包服务，包括计算机服务、防计算机病毒管理服务、服务器服务、总行机房7×24值班服务、关键系统监控平台服务、桌面系统软件管理服务及防垃圾邮件系统建设。该合同的签署，不仅使国开行成为国内金融界首家战略外包的成功典范，同时也创下了国内金融机构外包合同期限最长的纪录。

三、伴随好处而来的风险

但是，IT外包在给国开行带来一系列好处的同时也带来了一系列潜在风险。

风险一，达不到外包的目的。外包公司对国开行情况不熟悉，两者的磨合期有多长?能否成功跨越磨合期?这些风险，会直接影响国开行的业务。

风险二，怎样调动现有IT人员的积极性。IT外包需要借助外部的力量。IT人员如果不支持，会对整个IT业务的运行产生消极的影响。因此，国开行在内部反复统一思想，在此基础上大力推行外包。

风险三，如何保证银行数据的安全。虽然国开行的IT外包仅限于PC服务器以下的桌面端系统，没有涉及核心系统，但是银行的数据安全至关重要。

国开行在引进IT外包的同时，也引进了国际风险管理和控制机制。国开行与中国惠普经过反复探讨后，签订了详细的保密协定，采取法律的约束手段来保护自己。同时，在外包服务方面，除了平时有一个动态的、经常的考评外，国开行运营中心还每个季度组织分行及有关部门，对外包公司的外包服务水平进行考评。基本上是问题不过夜，一有问题就碰面。在实施过程中一旦出现问题，外包公司都能够及时解决。

通过IT外包，国开行硬件响应与服务大大提高。原来由于自身力量不足、自身技术不够造成的一些对服务的影响，现在基本上不存在了。外包服务也得到了国开行各分行和各部门的好评。国开行的IT外包，"不是简单地为外包而外包，不是为降低成本而外包，而是要引进领先的资产管理理念以及IT业先进的技术"。因为IT外包，国开行IT硬件更新换代、资产管理、新技术运用，紧跟业务发展的需求，形成良性循环机制，对业务的支持力度大大增强。

（郝京.中国银行业IT外包的破冰者———记国家开发银行信息化建设［J］. 中国金融电脑，2006（10））

案例思考题：

1.中国国家开发银行为什么要选择IT外包？

2.IT外包的主要业务包括哪些?给中国国家开发银行带来了哪些好处?

3.IT外包的主要风险有哪些?

本章小结

信息系统的开发是一项费时费力的艰巨复杂的系统工程，其难度要明显大于技术系统的开发。为了尽可能经济有效地按质按时开发好信息系统，我们应该重视信息系统的管理。信息系统的建设是通过一系列的项目来实现的，因而可以把项目管理的思想引入管理信息系统的建设过程中。本章介绍了信息系统运行管理的组织机构，如何运用项目管理思想指导管理信息系统建设，信息系统在整个建设过程中的文档内容及其管理，以及信息系统安全管理和信息系统外包管理。

关键概念

项目　项目管理　信息系统安全　身份认证　数据加密　计算机病毒　入侵检测技术

外包 信息系统外包 整体外包 选择性外包

复习思考题

1. 信息系统开发项目有什么特点?

2. 简述信息系统项目的管理内容。

3. 信息系统文档管理应从哪几方面进行?

4. 信息系统安全主要包括哪些内容?

5. 信息系统的安全策略主要包括哪些?

6. 试述信息系统外包方式。

7. 外包过程中对承包商的评价主要包括哪几个方面?

主要参考文献

[1] 城田真琴.大数据的冲击［M］.周自恒，译.北京：人民邮电出版社，2013.

[2] 哈格，卡明斯.信息时代的管理信息系统［M］.严建援，等，译.8版.北京：机械工业出版社，2014.

[3] 拉姆.Hadoop实战［M］.韩冀中，译.北京：人民邮电出版社，2011.

[4] 黄铠，福克斯，唐加拉.云计算与分布式系统：从并行处理到物联网［M］.武永卫，等，译.北京：机械工业出版社，2013.

[5] 刘云浩.物联网导论［M］.2版.北京：科学出版社，2013.

[6] 迈尔-舍恩伯格，库克耶.大数据时代［M］.盛杨燕，周涛，译.杭州：浙江人民出版社，2013.

[7] 涂子沛.数据之巅：大数据革命，历史、现实与未来［M］.北京：中信出版社，2014.

[8] 芮廷先.电子商务教程［M］.上海：上海财经大学出版社，2014.

[9] 田芯，黄玉蓓.电子商务概论［M］.北京：化学工业出版社，2014.

[10] 马刚，李洪心.电子商务支付与结算［M］.大连：东北财经大学出版社，2017.

[11] 蒲忠.电子商务概论［M］.北京：清华大学出版社，2013.

[12] 袁毅.电子商务概论［M］.北京：机械工业出版社，2013.

[13] 曹磊，陈灿，等.INTERNET+互联网+跨界与融合［M］.北京：机械工业出版社，2015.

[14] 薛华成.管理信息系统［M］.北京：清华大学出版社，2012.

[15] 左美云.信息系统的开发与管理教程［M］.北京：清华大学出版社，2001.

[16] 陈圣国.信息系统分析与设计［M］.西安：西安电子科技大学出版社，2001.

[17] 陈佳.信息系统开发方法教程［M］.北京：清华大学出版社，2013.

[18] 苏选良.管理信息系统［M］.北京：电子工业出版社，2003.

[19] 甘切初.信息资源管理［M］.北京：经济科学出版社，2000.

[20] STAIR R M，REYNOLDS G W.信息系统原理［M］.张靖，译.北京：机械工业出版社，2000.

[21] 滕佳东.经济信息管理与分析教程［M］.北京：经济科学出版社，2001.

［22］徐志坚.信息系统与公司竞争［M］.北京：科学出版社，2002.

［23］高复先.信息资源规划［M］.北京：清华大学出版社，2002.

［24］麦克劳德.管理信息系统［M］.张成洪，等，译.北京：电子工业出版社，2002.

［25］罗超理.管理信息系统原理与应用［M］.北京：清华大学出版社，2002.

［26］王恩波.管理信息系统实用教程［M］.北京：电子工业出版社，2002.

［27］刘伯莹，等.MRP/ERP原理与实施［M］.天津：天津大学出版社，2002.

［28］罗鸿.ERP原理、设计、实施［M］.北京：电子工业出版社，2002.

［29］陈志祥.现代生产与运作管理［M］.广州：中山大学出版社，2002.

［30］高洪深.决策支持系统（DSS）［M］.北京：清华大学出版社，2000.

［31］王众托.企业信息化与管理决策［M］.北京：中国人民大学出版社，2001.

［32］哈格，卡明斯，道金斯.信息时代的管理信息系统［M］.严建援，等，译.北京：机械工业出版社，2000.

［33］滕佳东.管理信息系统［M］.大连：东北财经大学出版社，2004.

［34］李红.管理信息系统设计与实施［M］.沈阳：东北大学出版社，2001.

［35］倪庆萍.管理信息系统原理［M］.北京：清华大学出版社，北京交通大学出版社，2006.

［36］段杨.电子商务［M］.成都：西南财经大学出版社，2010.

［37］杨路明.客户关系管理理论与实务［M］.北京：电子工业出版社，2010.

［38］毛基叶，郭迅华，朱岩.管理信息系统——基础、应用与方法［M］.北京：清华大学出版社，2011.